管理者怎样学习

那子纯◎著

How Managers Learn

中国工人出版社

推荐序一

悟道·行道·授道

（一）

精神分析类的书，我总是有距离感，连弗洛伊德的著作也不愿意多读，翻不过几页，但很多书的名字给我留下了深刻的印象。有一本写比昂精神治疗临床思想的书——《思想等待思想者》。仔细看着这个书名，您是否也像我一样深受触动？

读子纯的书，就是这个感觉。那些思想原本就是存在的，只不过是等一个叫那子纯的人悟到了而已。这么说，并不是唯心，换一种说法，真理、规律是不是早已客观存在呢？是不是在等待被发现？英国诗人亚历山大·蒲柏在牛顿的墓志铭中写道：自然与自然之间的法则隐藏在黑暗中，上帝说，让牛顿去吧，于是世界一片光明！

思想是思想者生命中最重要的组成部分，因为只有思想，才能看到他们本质意义上的与众不同。要承认，我们很多人，在很多时候，是懒于思想的，而思想者则不同，正如笛卡儿说“我思故我在”，他们已经把思想变成了生命本身。为什么会如此呢？我只能推测，他们有更强烈的使命感，一种回答时代之问、世纪之问、亘古之问的使命感。正像国企问题之于子纯，朝斯夕斯，念兹在兹，忧之虑之，思之盼之，谓之以“路漫漫其修远兮，吾将上下而求索”，并不为过。

“自由之思想，独立之精神”，这是陈寅恪写给王国维的。我第一次读这句话就认定，这其实是这位“教授之教授”自己的内心写照。现在，我又有了新的感受：这句话也是写给所有思想者的，是思想者精神与人格的写照。思想者因其照亮了这个世界，所以永远应该被尊敬、被崇尚，也唯其如此，人类进步，或者说我们每个人的进步，才会有更大的推力。

（二）

给子纯前三本书（《思维创新》《大匠无弃材》《隐藏的教练》）作序，反复使用了一个词，就是“实践”。源于实践，着眼实践，推进实践，这是他固有的特质。相较于一般学者，他的最大优势就是实践。他是思想的实践者，是实践的反思者。实际上，子纯之于我，之于很多读者，是一个不断自我更新着的坐标式的存在。他在《悟道的碎片》中说：“道不是用来听的，而是用来悟的，更是用来行的。行，才是道的最终意义。”这正如书中记述的同一课程的不同呈现、同一工作的不断变化，他表现出的弹性，都是“行道”实践的发展使然。子纯属于完全、彻底的实践导向型，躬行于先、反思于后，相比于陆游的“纸上得来终觉浅，绝知此事要躬行”，更接近于冯友兰的“人对于外部世界首先应当尽力而为，只有在竭尽所能之后，才能沉静接受人力所无法改变的部分”。这方面，北师大一位学生课后的评价可谓一语中的：他“有坚守的东西，也有妥协的手段”。当然，我们也能深切感受得到，除了结果，行道者在大多时候并不惬意，每一个成功案例，背后都是隐忍与坚持，都有压力与决绝。也正是由于缺少这种义无反顾的精神，对很多人来讲，在很多时候，很多事还没有开始，就已经结束了。

子纯很喜欢鲁迅，读《阿Q正传》的遍数，是以“百”来计算的，可以称得上忠实的“鲁粉”了。事实上，他也颇有鲁迅的气度，譬如他的斗争精神，他的敏锐，以及有时表现出的冷峻等，确有神似之处。况且，他对鲁迅的思想也多有弘扬。鲁迅说，“其实地上本没有路，走的人多了，也便成了路”。而对于子纯来说，似乎他的面前，到处都是路，绝不仅仅是人多走“成”的路。

行道者的背影尽管有些孤独，却始终是一种召唤。他也特别希望在他回首时刻，“走的人多了，也便成了路”。

（三）

从本质上讲，子纯近二十年来是在做着一个社会实验：在改变自己的同时，尝试着改变更多的人。这就是他的培训，他的行动学习，他的教练技术，归结为一句话，就是他的“以改变为目的”的学习。

很多人怀疑过讲师的水平，却不怀疑培训的组织方式，我也一度在想，子纯是不是让培训工作复杂化了？接受他的培训，并不是一件让人感到舒服的事，这不仅包括他的学员，也包括他的读者。听他的课、读他的书，要是在进行中间找愉悦感，那就太难了。这或许是他有意而为之，因为他的理念是：学习必定要脱离舒适区。对于很多人来讲，如果能够经历一番皱眉、一番郁闷，甚至要经受住有些让人愤怒的拷问后，平静下来再想，扪心自问式地想，就能收获到属于自己的通透与澄明。

不舒服的根源是什么呢？我反复体味，觉得每次与他对话，包括在书中与他对话，都有一种被俯视的感觉，似乎他更清楚你的问题，似乎他已经替你思考过了应该怎样解决问题，似乎他霸道地逼迫着你去正视、解决问题——尽管那些问题与他本人毫不相干。但是，这不是似乎，这是真实发生着的培训，在我们认可之前，没有人会喜欢，没有人会不抗拒，没有人不在怀疑那些提问的意义。而只有发生转变之后，才会真切地意识到，原来，问题是可以这样来看待和解决的！进而，立即付诸实践的冲动，也必将油然而生。

相比于听课，我更倾向于推荐多读子纯的书。一则是减少了面对面的压迫感，二则可以有更多的时间充分思考他的发问与实践。我有一个感觉：由于我们讨论的问题都很常见，很多时候，我们和子纯都觉得自己是站在高山上，居高临下审视着山谷中的同一个问题，以为自己已经看得很清楚了，却没有意识到各自的立足点并不在同一个山头。视角不同，分歧自然难免。读书最大的好处是，我们可以多花一些时间来磨合、来碰撞，或悄然渐进，或幡然顿悟，或另辟蹊径，真正来一次“以改变为目的”的学习。

(四)

为什么要尝试改变别人呢？

不得不承认，自扫门前雪，一直是千百年来世俗社会的主流意识，一句“关你什么事”，常常是最自然的心迹流露。

然而，在这个深夜，我一边写序，一边关注着汹涌疫情，心情复杂而沉重。这场疫情中，你能成为孤岛吗？局部问题、个例问题都是整体问题的一部分，整体中的每一分子其实都是有解决问题的职责的，只不过，很多人常常把解决问题看成是别人的事，并没想到或想尽自己的责任。

显然，子纯是要站出来解决问题的人。在他的世界里，为国企做好培训就是他的使命，“天天被这使命感驱使着，使命驱动着我做的很多事情已经超越了界限”。他为行动学习设定的三大目标是：“解决工作难题”“优化心智模式”“推动组织变革”，这与我们固有的培训体验有着明显的不同。尽管有人在怀疑，但他一直在努力，较之那些身在“局”内却超脱为“局”外的人，那些带着冷漠或者冷冷笑意看着问题在企业、在单位、在团队、在同事身上恣意发展的人，完全是不同的认识、不同的境界。

没有人是一座孤岛——不管你身处体制内还是体制外，不管我们活动的轨迹是否存在交集，统统如此，一定如此。局部问题一旦演化为系统性问题后，没有人能置身事外。

子纯是意识到了自己责任的人，并一直在行动，是王阳明那种知行合一意义上的行动。所以，我再一次强调，子纯是坐标式的存在。

（五）

有人讲，大道无形，行者无疆，我觉得这只适用于宏观的观察与思考。诗和远方再美好，回到当下，还是要从琐碎而具体的事务做起。这就又需要以入世的态度来承接，必须做到胸有谋略、动有章法。子纯之于培训，不仅是思想，更是落地的工具。这些工具的优劣利弊，我不甚了了，评价权还是要交给使用者，是否顺手，是否有效，只有使用后才有发言权。同时，既然是工具，也就必然需要不断发展、不断优化、不断更新迭代，正如子纯所期盼的，希望有更多的人一起持续实践、持续探索。

（六）

文章千古事，得失寸草心。就子纯的三观来讲，著书绝对是一件庄重的事。但是，他终究选择在困苦中坚持。

有求皆苦，这是行道者的代价。

谭成庄
2021 年 2 月 10 日

推荐序二

学习的榜样

那老师是一位资深的学习者，他深切地知道如何才能使学习发生，他是学习的榜样。他内心对推动学习发生是出于本能的，这种本能来自老师本人系统最高层次的自我澄清。我尝试猜想这样的自我澄清，我想是来自“我所能够创造的价值和贡献是什么?”或者“我能为这个世界带来什么?”正如那老师书中的一句话：“为别人服务最多的人最富有。”

每个生命都有天赋可以绽放，那老师经由学习绽放自己的生命。这本书是那老师作为学习者、管理者、培训者三个主要角色的人生经历，全书看似短篇汇聚，实则是案例的集结。因为那老师特别会讲故事，他曾用一个野鸭子的故事让二十几位一线员工如痴如醉了 45 分钟。作为学习者，他为每一分钟都赋予意义；作为管理者，他对下属以亲人相待；作为培训者，他用超前的眼光和坚韧的决策在流向未来的时间里震撼你的心灵。

这本书的内容在本质上说的是学习的事，学习是为了更好地行动。书中让我们看到行动的同时，更是在告诉我们如何学习也是行动的一部分，甚至是行动的前提。熟悉那老师的人都知道他几乎每天晚饭后都会练习定点投篮和游泳。投篮是刻意的练习，一般投 3 轮或 4 轮，每轮投篮 50 个，最后一轮是移动跳投。最高纪录 50 投 45 中，3 次平纪录，连续投中的最高纪录是 36 个。这样刻意练习的主题是“专注当下”，通过练习可以提升学习运行的质量，甚至可以改造学习。老师书中释放的思想或价值观、原则或标准、方法论或方法，都是他亲身经历和体验过的。他活在真实的世界里，回应着多彩的大千世界。

老师的思想很有名气，为人安静、平实、勤奋。对他来说岁月是静好，静的是心，好的是状态，如此流逝的时间就有了价值。我期盼读者在书中找到专属于自己的答案，我的感受只是一个学生的独白。先生（从此以后我改口称老师为先生）在书中创造的是一个自由拾取的空间，允许每个人拿起或放下，而他只是用欣赏的眼光注视来往或经过的人们，只有回应，没有判断。前些日子，先生许了一份期待给我，希望我在十年内出一本书。对此，我在心里感激这份厚爱！

再次应先生要求为他的新书写序，我仍然是惶恐的同时心怀感恩。欣然接受的理由是“学习”。

段钢

2020 年 8 月 11 日

目 录

第一辑　案例会说话

第二辑　与大师相遇

第三辑　悟道的碎片

第四辑　公开的教练

第五辑 工作即修行

第六辑　对话的艺术

第一辑

案例会说话

道理向来难以使未曾经历者信服，即使成功说服也只是基于知识层面的扩充。而案例的力量会超越人们认知的范畴，调动出每个人不同经历中的相似体验。

内训的价值

企业培训的品质，很大程度取决于内训。

高品质的内训，其价值难以估量。

2000年的夏天，在我的职业生涯中发生了两件重要的事。

第一件事，我被聘任为大庆石油管理局党委组织部干部管理室主任。很快，部长指示我：给你几个月时间准备一下，举办处级后备干部培训班，要“办出特色，打个样子”。

第二件事，我被派往广州中国石油培训中心进行为期30天的人力资源管理干部培训。这是我大学毕业13年来，第一次参加企业干部培训。

培训期间，我一直在思考：我们为什么一定要请那么多专家教授讲课？我们从中到底想得到什么？培训后我们究竟能在实际工作中用到什么？取得什么？

一个月的思考使我得出两点结论：

第一，好的管理，要求管理者能够解决问题。而解决问题的本事，谁都无法教，只有通过个人实践才能获得。譬如后备干部的培训，本质上是为事业培养接班人。那就不仅应由准接班人来参加培训，而且应由那些将被接班的人来做培训，并且这种培训的设计从一开始就必须建立在准备行动的基础之上。

第二，管理者必须走自我成长的路子，决定着企业培训必须走内训的路子。尤其大中型企业内部要培养大批内训师，由优秀管理者、包括技术专家和技能拔尖人才担纲授课，以完成企业绝大部分培训任务。

从广州回来后，我花了六个月的时间做了一件事情：在企业内部找到21位优秀管理者，开发了21门内训课程。

当时设想出一套简单实用的研发方法——“三层套娃法”：

第一层，发挥我做干部管理工作的优势，从分公司的总经理、党委书记、总会计师、副总经理、党委副书记、纪委书记、工会主席、组织部长、宣传部长中各挑选10名（共95名，另5名是公司领导班子成员和总部机关的领导）最优秀的领导干部，根据每名领导干部最深厚的积累和最突出的特长，设想出一门课程名称（去掉重复的，共得到75个课程名称）；

第二层，将这75门课程名称对应后备干部培训需求，按照培训天数（15天）设计出一张课程表（共21门内部课程）；

第三层，按照课程表，一个一个地去与设想师资（21名领导干部）沟通，请他在规定时间内（五个月）开发出课程，要求“课程内容以个人案例和个人经验为主，不讲或少讲理论。”

从结果看，这21位内训师都非常优秀。

有一位是钻井公司的党委书记，我给他的题目是“如何修炼领导艺术”。他大学毕业就在钻井公司，是从钻井工人一路走上来的领导干部。在我眼里，他敦厚、乐观、作风民主、善于集思广益、工作很放手。我最看重的是他的人品，这成为我日后选择内训师的重要标准。

还有一位是电泵公司的总经理，该公司海外市场的收入占到总收入的70%以上，我给他的题目是“如何开拓海外市场”。从现在中国石油的长远发展来看，当初这个选题还是比较超前的。可惜他的南方口音比较重，这让我在日后的研发中非常重视授课者的口音问题。

讲得超乎我意料的是一位分公司总会计师，我给他的题目是“如何读懂三张表”（现金流量表、损益表、资产负债表）。他的授课擅用比喻，深入浅出，当堂练习，始终使培训在研讨和互动中进行，效果奇佳。他让我日后非常相信，做培训研发只要选对人就会成功一大半。

让我没想到的是财务处长（后来成为总会计师），竟然很痛快地答应来讲课，我给他的题目是“正确认识财务管理与经营管理的关系”。他说，这个题目正是他很想讲的一个题目。他讲得既有深度，又极具现实指导意义，很受学员认可。这使我在日后的培训研发中，非常看重研发者的个人意愿。

让我深受触动的是一位分公司总经理，我给他的题目是“如何成为优秀的总经理”。他的课程几乎全部是在讲自己亲身经历的案例，既生动翔实，又惊心动魄，令人深深感到成长为一名优秀的总经理有多么不易，必须要足够勤奋、足够有胆识。这使我在日后的研发中非常看重授课者个人案例的厚度，提出内训师必须来自“岗位实践极其出色”的群体，必须讲出足够数量的亲身经历的案例。

给我启发最大的是一位分公司组织部长，给他的题目是“管理者如何培养自己”。他的授课方法，非常符合我在广州培训时得出的第一条结论：准备行动。他会给学员提出各种难题，这些难题在工作中经常会遇到，然后问学员如何解决。当学员们纷纷发言后，他会为解决这个难题讲出若干不同解决方式的案例，然后还是问学员们如何解决。这套授课方法非常开放和赋能，是我迄今为止所见过的最实用的授课方法。

翌年春，精心筹备的后备干部培训项目开班。内部课程21门，外部课程只有一门。这唯一的一门外部课程，让我颇费思量。最后决定，从高校请一位教授专门讲潜意识开发。这门课程成为我今后设计培训项目的必选外部课程。培训结束后，学员们反响强烈。他们对几乎清一色的内训很感兴趣，纷纷表示这样的内训课程很实用、针对性强、对自己解决工作中的实际问题有很大启发和帮助。

我圆满完成了部长交给我的任务："办出特色，打个样子。"

我非常庆幸自己的培训之路能够在大庆油田起步。那是一块英雄的土地，孕育出优秀的中国企业文化。我更庆幸自己选择的培训方向，一开始就走在正确的路子上。

案例本身会说话。

一言以蔽之：内训最大的价值就是具有极强的针对性和实用性。

致力于做高品质的内训，应该成为企业培训机构的重要使命。

聚焦于解决问题

培训不同于教育。

培训更看重：针对实际的具体问题、在较短的时间内、采取团队研究和体验的方式、尽快熟悉和掌握某项技能、达成十分明确的学习目标。

2006年初，在我的职业生涯中发生了一件重要的事。部长将企业培训工作交给我。我当时已经是组织部副部长，分管干部管理和监督工作，这使我本就很繁重的任务又增加了新的份量。部长就是我当年开发的第一批内训师中讲"如何修炼领导艺术"的领导。

接受任务后，深入思考很久，得出结论：今后的培训工作，要从工作需要和实际需求出发，本着务实、管用、解决问题的原则，干什么培训什么，缺什么补什么，什么紧迫做什么。

我把这个想法汇报给企业老总，请他在会上讲一讲。不久，老总在干部大会上讲："今后在培训上，要提高实用性和针对性，岗位需要什么就培训什么，实际操作中需要什么就培训什么，要做到培训内容与工作有机结合，不要搞那些华而不实、实用性差的培训。”老总曾当过我的部长。

那年可以说是企业的“培训年”。我们做了一件事：分公司级以上领导干部650多人分九批进行了集中培训，全部由“岗位实践极其出色”的内训师授课，使培训聚焦于解决问题。老总顶着花白的头发，亲自授课，不用讲稿，也不用PPT，每次授课一站就是四个小时。这次集中轮训规模大，效果好，很多当年参加培训的人至今还常提到那次轮训。

这一年，采用“三层套娃法”，又开发出油田培训师42名。

在培训专业人员会议上，我提出企业培训要以“内训为主，外训为铺”，走内涵式发展的路子，把这一条作为今后企业培训工作的战略。

提出培训工作要做到“三个围绕”：围绕生产经营转，围绕市场转，围绕效益转。为此，要做实用性和针对性强的培训。

提出要下功夫培养企业自己的培训师，建设一支基本能够涵盖主营业务的企业内训师队伍。提倡各级“一把手”要成为本组织的“首席学习官”“首席内训师”，形成“一级带动一级”的学习风气。

为使内训的针对性更强，提出“六个结合”：第一，与企业文化和企业发展理念结合；第二，与企业发展趋势结合；第三，与当前重点工作结合；第四，与岗位分析结合；第五，与员工职业生涯设计结合；第六，与激励约束结合。

强调“五个突出”：第一，突出技能队伍培训，培训经费向技能工人倾斜；第二，突出领导干部观念培训和技术干部专业培训；第三，突出形势任务培训；第四，突出问题培训，培训项目按问题立项，聚焦解决实际问题；第五，突出素质培训，特别是政治素质、大庆精神和铁人精神。

针对“轻闲的人总是有机会参加培训”的问题，在优化培训对象上，提出“五个优先”：一是日常担负工作任务较重较多的优先培训；二是外拓市场的优先培训；三是急需和紧缺的人才优先培训；四是年轻、有发展潜力的优先培训；五是多年未受培训的关键岗位人员优先培训。

现在看，当时自己对企业培训的认知是符合实际的，并在此后多年的培训实践中得到了印证。

聚焦于解决工作中遇到的实际问题，才是企业培训的本质。

企业的一切培训活动，都不应偏离这一本质。

考核指标是最好的指挥棒

企业培训机构究竟应以什么为最重要的考核指标?

2010年7月，我从组织部调到培训中心任主任兼书记。如果说在培训中心任职期间哪件事情最让我感觉痛快，就是与油田总经理关于考核指标的那场谈话。那是上任第三天，本想礼节性地拜见总经理，没想到他示意我坐下聊。对上级，我多年一直保持谈论最重要事情的习惯。绝少在办公室聊天。于是，话题很快转到培训中心的考核指标。

我:“老总，有一件事情不知当不当讲?”

老总微微点头。

我:“据我所知，世界上没有一家有作为的企业培训机构或企业大学是以收入为主要考核指标的。当然应以培训品质为主要考核指标。但是我们的培训中心却是只考核经济指标。其实就算这个指标翻番，我也能完成。但我想对老总来讲，单纯把钱从左口袋掏到右口袋的过程不会产生价值。”

我看到总经理的眼光里闪过一丝不悦。其实这正是我想要的反应。

我身体前倾，一字一句地说:“当然，我们不一定马上纠正这个问题。今年的指标我可以完成，希望明年砍掉一半，后年全砍光。老总，让我专心致志搞研发，精准地确定培训对象和培训项目，提升培训品质。”

老总眼光开始变得平和，却忽然问道:“你带过队伍吗?”

我:“没有。这次正好去补上这一课。”

我起身告辞。我完全没有在基层带过队伍。我刚刚履新，老总当然知道我的履历。这问话另有含意。整个对话过程中老总只讲了这一句话。

与总经理见面的第二天，忽然接到油田王副总经理打来电话。他负责油田培训工作及绩效考核工作，是我的直接上级。

副总经理:“你昨天去见老总了?谈指标了?怎么没先来与我商量一下?刚才老总打电话来，说今年的指标你要完成，明年砍掉一半，后年全砍光。”

我抑制住内心的惊讶，镇静地说:“好，谢谢领导关心!去找过您两次，您不在。昨天本想礼节性拜见老总，但他让我坐下聊，就聊到了指标。”

放下王副总经理电话，正沉思间，油田闫总会计师打来电话。

闫总："那主任，你昨天去见老总了吧？是不是谈到考核指标？刚才老总打电话来，说今年的指标你还是要完成的，明年先砍掉一半，后年就全部砍光。你看可以吗？你找一下业绩考核处长，商量一下年度业绩考核的事情。以后，我们用什么指标考核你的业绩？你俩讨论一下。"

我惊讶、忐忑、归复平静："好，谢谢领导关心！那天早上去找过您，您不在。本想礼节性地拜见老总，但他让我坐下聊一会儿，就聊到了指标。"

我很快与业绩考核处长见面。

处长："那主任，关于以后对你单位的考核，你有什么想法?"

我："考核我的培训品质优良率。"

没想到处长非常赞成："早就应该考核这个！不过，你什么时候能给我们推荐一个培训品质优良率的考核计算方法?"

我："给我一年半的时间，明年底给你。"

处长惊讶："要那么久?"

我："我需要积累良性数据。"

处长反应很快："是的，没有良性数据，就成了玩儿。"

一年半之后，我带着培训品质优良率的考核公式与处长见面。

处长只看了两分钟，就拍案叫好："非常好！不过，你提出要按80分考核，这太难了！我看按70分考核比较稳妥。你测算过吧，现在能达到多少?"

我："80多分。"

处长："你看，悬乎啊！再考虑到不可预见的因素呢?"

我："我考虑过了，80分才会让我们的中层干部和员工有动力，我才好带队伍啊！70分，连我自己都会感觉没有压力。"

处长："你自己想好，完不成任务，是要沉没奖金的。如果真的那样的话，队伍就更不好带了。不过，你自己拿主意。"

我："就80分。"

处长："从去年的考核来看，你的指标虽然砍了一半，但反而指标完成了200%以上。等于没有砍啊!"

我："这正是抓培训品质的结果啊！从明年开始，经济收入会越来越多。有位学者说，'有价值的企业一定会有利润，但有利润的企业未必有价值。'"

后来的发展果然如我所料。当聚精会神、一心一意抓培训品质的时候，经济收入反而增多，有创意的新项目多得做不过来。实践过程中队伍的专业素养也得到最有效的培植与提升，这才是更加重要的。

所有企业培训机构存在的意义及重要理由，都不应该是因为能赚钱，而是因为能够做出高品质的培训。退一步讲，赚钱只能是做高品质培训的副产品、只能是做高品质培训的辅助性手段。

从道理上讲，赚钱与做高品质培训并不矛盾。但从现实上讲，两者发生冲突几乎是相当长时期里国企培训遇到的主要矛盾。

企业培训机构必须回答的九个问题

企业培训机构关于自身定位与发展所必须回答的重要问题是什么？

2010 年到油田培训中心工作，我首先用三个月时间组织讨论九个问题。

1. “我们的使命是什么？”一向少有培训工作者认真想过这个问题。甚至很多人认为这是一个很虚的问题。但这的确不是一个能够简单回答的问题。讨论过程中，众说纷纭，莫衷一是。我有意不讲自己的想法，观察每个人的参与程度，忖度他们的专业素养和内心深处的意愿。这是一个很好的了解下属的机会。最终我字斟句酌，将使命确定为“为油田可持续发展所需要的高层次人才、急需人才和创新型人才的成长提供助力。”

2. “我们的核心价值观是什么？”对这个问题的讨论很热烈。虽然很难集中意见，但我看到大家开始认真思索培训的意义和价值。最终我决定用“做高品质培训”这六个字清晰地回答这个问题。

3. “我们的愿景是什么？”讨论出来的想法很分散，既不宏大，也不具体。最终我提出近期、中期、远期的愿景为“2018 年成为中国石油石化企业培训基地，2023 年成为国有企业培训基地，2033 年成为世界一流企业培训机构。”

4. “我们的战略是什么？”讨论中我启发大家，不要把战略想得那么复杂，只要讨论出我们必须做好的、最重要的两件事情就够。最终我提出“内训为主，做强内训，内训外化；外训为辅，做精外训，外训内化”的战略。

5. “我们的行动方案是什么？”随着讨论的问题越发具体，大家的贡献渐渐增多。最终我反复推敲文字，将行动方案表述为“挖掘和培养内训师，整合和重塑外训师，针对油田培训需求，设计研发以课程和学法为主要内容的个性化培训产品。”在这段话中，明确提出要将学习方式定位为培训产品来进行研发。

6. “我们的专业精神是什么？”经过多轮的讨论和萃取，我最终将专业精神简洁地表述为“创新、实用”四个字。

7. “员工的目标是什么？”我最终将员工目标确定为“追求成长，激发潜能，尽职尽责，快乐工作。”这16个字，可以说既充满着大庆精神与铁人精神，也凝结着全体员工内心的期望与梦想。

8. “我们的校训是什么？”讨论这个问题的时候，大家很有兴趣，气氛也非常好。最终我决定从《大学》里撷取十个字，“博学，审问，慎思，明辨，笃行。”对照西方学习路径图理论，这段话其实就是中国古人总结的学习路径图。

9. “我们的风险观是什么？”对这个问题的讨论，大家有一点迷茫。最后，我确定“最大的风险是缺乏做高品质培训的核心能力。”

每一家企业培训机构都应该且必须回答这九个问题。答案可以是不同的，宗旨应该是一样的。但更好的答案，一定是来自独特的、个性化的、长期的实践，而绝不应该靠应景造句或变相抄袭来回答这些问题。

执着的力量

企业培训机构要构建内部课程体系，非有一股执着的力量不可。

九次约课　2010年7月到培训中心工作，当时正在办第一期油田处级干部培训班，要连续办十期，每期三个月。看到课程表，最让我揪心的就是缺少由企业内部管理专家担纲授课的实战性课程。我找到负责大庆油田绩效管理与培训工作的副总经理王总，请求增加这样的课程，他非常赞同。我请他带头，就绩效管理专题备一门课。王总说，这门课可以请外边老师来讲。我说已经请外部专家讲这门课，但请他从油田绩效管理实际工作的角度再深入地讲。他却说，眼前工作太忙，下期再说。

第二期开班后，我就此事再次找王总。王总又说，他考虑过，觉得自己来讲这门课不太合适。几周后，我又找王总。王总有些不悦，说以后不要再提这件事情。第四次坐在王总对面，王总问，什么事？我欲言又止。王总说，不要再提讲课的事。第五次找王总，王总问可否由绩效考核处长来讲，我说这不是最好选择，因为同样的话，他讲没有您讲力度大效果好。第六次找王总，王总口气缓和下来，说容他再考虑考虑。第七次找王总，王总说还没考虑好。第八次找王总，王总默默推开手头的文件，不说话。第九次找王总，王总说，我答应你，你以后不要再来找我，我备好课打电话找你。我问，我需要等多久？王总说不一定。我问，两个月够不够？这样吧！知道您忙，四个月！等不到您的电话，我还来。

两个月后，已经是第四期班开班。一天，王总打电话找我，说课备好了。从第四期到第十期，王总的授课效果非常好，远比外部专家的课还受到学员欢迎，王总也一次比一次放得开、讲得实。

颁发聘书 2012 年秋天的时候，我又去找王总。我说要在教师节那天开一个大会，给两年来开发的105 名油田内部培训师及前些年开发的58 名油田内部培训师颁发聘书，同时庆祝教师节。王总不同意开这样一个会，理由是油田各项工作紧锣密鼓，尽量不开或少开大规模的会议。我说，我们开会的日期只能是教师节那天，最好您有时间参加。他说，我建议你不要开这个会，又不是多么着急的事情，至于我更是不可能去参加的。

临近会期，我又去请示王总。王总说，你确定要开这个会吗？我说是。他仍表示，自己不能去。但开会的当天早上，王总让秘书给我打电话，说要参加。在会场边的休息室里，我对王总说，您还要做好准备，我要在大会上给您颁发聘书。他说，千万不要给我颁发聘书。我说，一定要颁发。工作人员请我们入场，他边走边正色对我说，不要颁发。我也边走边说，要颁发的。在会上，颁发聘书流程刚一启动，我就第一个站起来给王总颁发聘书，几百人注视下他也只好接受。

建设数量充足、门类齐全、素质优良的，由企业管理专家、技术专家和技能大师担纲授课的兼职师资队伍，是企业培训机构最为核心的业务。

但若没有一种执着的精神，这支队伍是建不起来的。

建不起来这样一支队伍，增强培训的针对性和实用性就是空谈。

直接与一把手沟通

企业培训机构，要经常直接与上级一把手沟通。只有避免沦为上级业务主管部门的“腿”——单纯的执行机构，才有机会不断用新理念、新技术和新成果引领企业培训工作的新趋向。

明确定位 在大庆油田培训中心工作时，我心目中视为一把手的领导有四位：油田总经理、油田党委书记、油田负责培训工作的副总经理、油田组织部长。与四位领导沟通的内容，聚焦于一件事：企业培训中心到底是做什么的。沟通方式，很简单：直说、重复说、多次说。

企业培训中心到底是做什么的？现实中太多企业培训中心，所做的事情无非是不停地办班或围绕办班做一些保障性的服务工作。那些培训项目设计的出炉大抵两个渠道：一是自己拼盘，二是找社会上的培训机构拼盘。

我分析，很少或根本没有跟一把手沟通的原因有三：1. 总以为一把手太忙；2. 总以为一把手不会管得那么细；3. 总以为即便是去沟通，一把手也不会同意的。真是这样吗？还真是这样。

但这只是表面原因。深层原因又有三：1. 缺乏对培训理念与趋势的洞见与专业素养；2. 缺乏直接面对面沟通的勇气与决心；3. 缺乏反复沟通的艺术与韧性。

所谓“一把手不会同意的”，多数情况下只是对尚未采取行动的遮掩、托词和猜测。若没沟通，怎会知道一把手不会同意？若没多次沟通，又怎会知道一把手一直会不同意？若缺乏培训洞见与专业素养，又拿什么说服一把手？

我与四位领导在沟通中讲得最多的是国内外先进培训机构的特点：

1. 投入大。例如井冈山干部学院第一期建设即投入30亿，中粮集团的忠良书院投入5亿，宝钢人才开发院投入近5亿。培训不计较成本，多数为小型班，甚至摩托罗拉开展一对一培训。招用人员学历高。如中国大连高级经理学院规定只招聘博士学历，国家电网的两所培训机构全部是国内名校毕业的硕士、博士。

2. 引进和应用行动学习。例如华润集团、中粮集团等国内优秀企业都较早地开展了行动学习。

3. 独自研发课程能力强。普遍十分看重建设强大的研发团队。国际培训界公认企业培训机构的核心业务就是建设企业内部课程体系。

4. 优秀管理者、技术专家和技能大师亲自授课。很多企业培训机构清一色是企业内部培训师。甚至惠普商学院规定内部管理者授课没有讲课费，讲课已成为高管的岗位职责。培训项目设计以内训为主体，内部管理者授课比例高达80%以上，企业一把手成为“首席内训师”。

5. 内设机构少、人员精干。例如井冈山干部学院只有六个部门。惠普商学院只有七个人，不办实体，硬件全靠租用。华润集团培训机构的北京和深圳南北两个校区加在一起只有21人。

6. 业务聚焦度与专业整合度极高。只专注干一、两件事，非主体业务一律外包。甚至班级管理也外包，班主任不干杂事，专心成为导学者、听课者、督学者、评估者、催化师和项目设计者。

7. 没有经济指标的考核，只看重培训品质。对企业进行诊断，开展个性化的咨询式培训，成为企业战略的研究者、参谋者和制定者。

通过宣讲，我与四位主要领导能够达成三点共识：1. 企业培训机构存在的唯一理由与最终意义是以培养人的方式促进企业战略逐级落地；2. 企业培训机构只能是质量中心而非收入中心，企业对培训机构的考核重点应是培训品质优良率；3. 企业培训机构的主要任务是以研发和搭建内部课程体系的方式为企业做好知识管理，并通过创新应用高效的学习方式使培训活动实现由知识补充向能力提升的跨越。

取消公费读研　对培训机构的定位取得共识后，首先要做的就是取消公费读研。早在油田党委组织部工作的时候，我几次对部长提出取消公费读研。部长终于同意，提交油田党委会讨论。在没有获得通过后，我建议部长下次还要提交党委会讨论，直到通过为止。第二次提交讨论，便获得通过。但是文件没有下发，因为油田两大企业要整合。一直到2010年到油田培训中心任职，我又多次提出取消公费读研。负责油田培训工作的王总说："这可是你的支柱性业务啊！"我说："经济指标都砍光了，我还怕丢失这部分收入吗？"终于油田党委通过，正式下文取消公费读研。我为什么一定要取消公费读研？第一，企业管理者读研没有大用。读研者以为提拔的时候可能有用，其实组织提拔干部时更看重第一学历。第二，一名干部读研的费用，可以培训一百个工人。大庆油田技术工人青黄不接，节省这部分费用十分重要。取消公费读研，不与一把手沟通是做不到的。不与一把手多次沟通、没有韧性更是做不到的。

申请引进人才政策　明确培训机构的定位后，必须申请引进人才政策。我去找油田组织部长，希望允许我面向整个油田公开招聘硕士和博士。他问："理由呢？"我说："未来的培训事业，需要高学历的年轻人来做。虽然他们未必一定会做好，但做好的概率毕竟要大一些。"他说："为什么要面向油田公开招聘？从院校直接引进不行吗？"我说："我不要那样的新人，从校门出来又进校门，愈久弊端愈大。我要在油田工作了几年的人，有基层艰苦的经历，更会理解培训和珍惜新的工作环境。"他说："如果其他单位也跟我要面向整个油田公开招聘硕士和博士的政策，你说我给不给好呢？"我说："那要慎重考虑。"他说："譬如研究院、设计院呢？”我说：“通过其他渠道务必满足他们。”他说：“那为什么要偏偏只给你政策呢？”我说：“因为我们是培养人的地方，包括培养研究院和设计院的人才。”他说：“这样吧，你可以选调你想要的人，但招聘政策是不能给的。”我说：“好吧，我先用中心网站发布人才需求信息，再启动选调程序。”他笑了，说：“那我也不允许，不能用网站发布。”他当时的笑，含义丰富。我也笑了，说：“放心，我回去就这样做，但不会说是得到过您的允许。”我只招聘哲学、管理、心理、教育、人力资源专业的硕士或博士，要通过笔试、无主题研讨、两次面试等七轮测试。后来，招进的九位年轻人都快速成长为业务骨干和中层干部。其实在我组织企业内部管理专家、技术专家的课程研发工作中，这位组织部长给予我异乎寻常的支持，调集油田资源帮我做研发。事实上，若没有他的支持，我在培训中心的四年里，不会做成一件重要的事。

敢于担当 这期间，我找油田党委书记谈一件想做的事。他正在读书，推开书，望着我，过了一会儿，十足诚恳地说：“如果你真想做，去做就是了。同我商量，我应该同意吗？我不确定。我要反对吗？其实也不确定。只好原则上提一下要求，意义不大。”说完，就那样静静地望着我。我简洁地回答：“明白了！我去做，并准备好承担一切责任。”有这样信任下属的领导，下属就没有干不好工作的理由。

依我的经验，一把手在绝大多数情况下会同意下属做一件正确的事情。否则无法解释他能走到今天那个位置。下属要相信一把手有做出正确判断的能力。很多情况下，当一把手不同意或提出缓办意见的时候，其实是因为他没听清楚下属究竟想要说什么。或者干脆就是下属表达意见时的决心、勇气和专业性没有感染到他，使他不能放心大胆做决策。毕竟管理的本质是实践，从某种意义上说，上级管理者做决策，往往是根据下级执行者的决心、过往业绩和经受过严峻考验的专业素养。

培训项目设计的15个要点

培训项目设计的意义，相当于军事作战计划。

多次应企业之邀为培训项目设计研修班授课，我经常强调以下15个要点。

1. 没有资源建设的考虑和长期准备，所有的培训项目设计都是无本之木。资源建设是第一设计，是项目设计之母。建设特色资源有七大主题：内部课程研发、学习方式创新、现场教学基地、情景教学、外部课程内化、国际化资源、需求大数据。前两大主题，显性目标分别是内训师数量和催化师数量；最后一项主题，是运用新理念新技术将需求当作最宝贵的资源来长期滚动经营。

2. 没有具体对象的设计缺乏实际意义。这好比在没有具体病人的情况下就炮制治疗方案。设计者手里没有拿到学员名单，无法做调研，做设计的盲目性就很大。高品质培训的第一要义，就是细分学员。但目前绝大多数的设计，都是在没有拿到学员名单的情况下做出来的。固然有客观原因，但好项目是教育和共创出来的，不能强调客观因素。过去常讲："不唯上，不唯书，只唯实。"对培训工作应该讲：不唯学员，不唯主办方，只唯品质。

3. 突出核心课程。核心课程不突出，就好比一个病人进了医院，医生不治大病偏治各种小病。项目的主题要小、目标要专。因此必须减少模块，要从几个模块逐渐减至只有一两个模块。减少模块，才能突出核心课程。所谓核心课程，就是减至最后剩下的、不可以减掉的那一门课。每门核心课程要整日课时以上，才算是核心课程。核心课程，就是针对培训主题最为贴切、阐释最为深刻、案例最为丰富，且最具实战味道的那门课程。往往是企业内部的优秀管理者、技术专家或技能大师的个性化特征极强的专业课。

4. 设计方案以内部课程为主。先达到 1/2，慢慢达到 2/3 或 80% 以上。当然，这要看企业内部课程体系搭建的程度与质量。退一步讲，即便本企业内部课程研发不够，从其他同类企业引入内部课程，也总要比从高校等引进的课程更具实战性，这也是可取的过渡性办法。但要清楚，企业内部的培训机构里那些从校门出来就进校门的老师，严格意义上来讲并非业界一贯所称的内训师。

5. 高水平的"破冰课"必不可少。不只开班前要上"破冰课"或"热身课"，每堂课前都要上这样的课，不惜投入时间。特别要反复讲清楚成人学习的特征、管理者学习的原理、大脑的学习机制。学习发生的原理，作为培训导入内容，一定要有，机构要着重研发此类个性化的课程。

6. 加大行动学习比重。至少先有一门这样的课，慢慢达到 1/3、1/2，但 2/3 才是理想比例。当然，这要看催化师的培养程度与质量。退一步讲，即便内部催化师不够，也要从外部引入。但要清楚，企业内部的培训机构里那些从校门出来就进校门的老师，严格意义上来讲只能培养成为引导师、促进师，最适合培养成为催化师的人选，是企业内部的管理者、技术专家和技能人才。

7. 先做项目设计，后配师资，避免因人设课。因人设课，并非理想状态，而且很多时候也是没有办法，或图省事。先做项目设计，是指首先考虑什么是正确的方案。后配师资，是指充分考虑到现实师资的情况，调整设计，权宜配置师资。但若设计伊始就采取直接配置师资的方式，就会被所谓的现实因素所限制或麻痹，不能设计出更好的方案。当然，师资库是项目设计的第一资源。好比治疗方案再好，没有好的医生配置，也是没有用的。

8. 方案设计时要把握的节奏：逻辑贯通，由浅入深，张弛有度，讲练结合。这四句话很浅白，不须解释。但要做到并不易。

9. 研发、听课、访谈、评估、沟通，恰恰是培训方案设计者的主业。动手设计方案，更像副业。有些设计者貌似很用功，把自己关在房间里，这无异于闭门造车，只是靠臆想工作，这是由于没有真正理解培训本质的缘故。甚至刚毕业的大学生也这样做，坑人坑己。设计者的研发、听课、访谈、评估、沟通是基本功，并且要将信息提供给师资，以供备课使用。设计者培养自己登台授课，是提升设计水平的一条捷径。

10. 授课题目要小而专。设计者的主要沟通对象，就是主办方、学员、师资。对师资，要引导其将授课题目改为小而专的题目。只有这样，授课内容才会少而精，才会增加案例，增加互动与训练时间。

11. 每个项目都要进行学员成熟度、知识成熟度的二维矩阵分析。四个象限各有不同的学习内容侧重与学习方式侧重。

12. 项目设计全过程要不断自问："我如何得知项目效果?"将所有思考都记录下来，再转化成能够保障效果的设计。

13. 课程名称不能证明项目设计，培训师不能证明课程内容。切忌望文生义或望人生义，想当然地将课程名称罗列为项目设计或视老师为课程内容。

14. 设计者要事先确认主办方沟通对象是否能够说了算。

15. 优秀项目设计的特征是"三高两强"：学员区分度高、内容聚焦度高、方式体验度高；意愿激发力强、成果自成力强。"两强"指项目的实施效果，是对"三高"是否够高的检验或印证。

每次授课结束后与学员互动，对常见问题的应答如下。

问："这15个要点，贯穿其中的理论是什么?"

答："没想过。这些要点，都是从实践中总结出来的，背后都有大量案例支撑。授课中我习惯于先不谈思路、理论，只谈具体的做法。更没想过要构建项目设计的理论体系。因为很多时候苦心经营着一个体系之后，发现它过时了。所以我一直聚焦于具体的做法。”

问：“为什么一定要破冰？对高层管理者也要这么做吗？”

答：“破冰的重要性出自成人学习、管理者学习的原理，高层管理者当然不例外。但破冰不只是做游戏、热身，更要热脑。有必要用半天或一天的时间做训前导入。例如‘学习是怎样发生的’这门课，一直到我从事培训15年之后才开发出来。这类课在管理者培训班上应是必修课。”

问：“行动学习一定要那么大的比例？高层管理者会接受吗？”

答：“这还是由学习原理决定的。先僵化、再优化、后固化。”

问：“您对设计者主业的描述，显得很突兀，能再解释一下吗？”

答：“设计者对培训的理解，影响到设计质量，也影响到引导师资、引导主办方、引导学员的质量。更重要的是，他对培训项目彻底负责的使命感，会更深刻地影响到他超越职责所产生的辐射力。譬如他要把从学员、一把手、主管领导那里调研到的所有信息全部提供给师资，并且要说服授课老师将这些重要信息整理到课程里，使授课老师乐意跟他长期合作。培训项目设计者其实是培训领域的无冕之王。”

问：“从评估的角度怎样印证‘三高两强’呢？有具体又简单的方法吗？”

答：“建议用微信群做，学员三分钟就能点击完成，放四个问题足够，以共15门课程的培训班为例：1. 以下15门课程当中，哪5门对您解决当前的工作难题很有帮助？2. 以下15门课程当中，哪5门对您思考未来的工作很有启发？3. 以下15门课程当中，哪5门您不建议推荐到下一期班？4. 以下10门课程当中，哪3门您建议推荐到下一期班？这10门课是指备选课程。”

认真探究起来，这15个要点其实可以看作培训项目设计的硬性措施。

适合国企的六种研发模式

研发，向来是一切组织最富有技术含量的头等大事。

探索适合国企的培训研发模式极为重要。

约人订制

前面提到的“三层套娃法”，后改称约人订制。这种研发模式，只要选对人，就一定会成功。但选对人的概率，却不那么高。以我过往的研发经历判断，可达到90%，似乎很高。但这主要是由于我从事过很长时间的企业领导人员考核与选拔工作，对企业干部很了解。又因为与上级组织部门建立起非同寻常的信任关系，能够得到强有力的支持。达到90%这个概率，就显得比较顺理成章。但多数企业培训机构的负责人没有相应的工作背景，选对人的概率就会大打折扣。在我们的企业内部师资库中，采取约人订制模式开发出来的培训师，大概占15%。约人订制的研发模式，适合那种公认的、无需采用其他方法来印证的管理专家、技术专家和技能大师。

问题导向

问题导向的研发模式是六种研发模式中最重要的研发模式。在我们的内部师资库中，采取问题导向模式开发出来的培训师，大概占70%。问题导向的研发模式，适合那种不为人所知、埋头苦干、掌握独特工作技能、岗位实践却极其出色的优秀管理者，其中包括技术专家和技能人才。例如党支部书记课程研发，就是采取问题导向研发模式。

油田25万员工，有5500位专职党支部书记。绝大部分国企的党支部书记都是兼职的，但在大庆油田设置专职党支部书记是传统，这是大庆油田基层党建工作扎实有效的原因之一。我们从中优选了128位岗位实践极其出色的党支部书记，干了8个月，每周集中一次，每次一天，找到91类问题，形成了300个案例，打造出33门课，128位党支部书记中有39位成为内训师。这33门课，题目小而专，内容少而精，主要是讲案例，师生互动既是亮点，又是特色。

当研发进行到两个多月的时候，研发组长来找我："主任，出事了!"我问："怎么了?"研发组长递给我一张纸，上面打了几行字，盖着上级组织人事部门的公章。大意是说：大庆油田的党支部书记培训班，今后不再放在我们中心。油田20多个培训机构，除了我们，其它都可以办。

我心里诧异甚至愤怒，却作出若无其事的样子："那又怎么样?"研发组长愤怒地："那我们还搞研发做什么?"那一刻我其实更像是在问自己："为什么不呢?"研发组长："研发出来有什么用?"我进入自我教练状态，接着问："谁会用到?"研发组长："当然是我们油田其它培训机构。"我其实是言不由衷地："那就给他们用好了，不可以吗?"研发组长恨恨地："我们辛辛苦苦研发出来，凭什么给他们用?"我边思考边继续问："假如给你两个选择，你会怎样选择? 一个是做上游，研发。另一个是做下游，办班。你会选哪个呢?"

研发组长毫不犹豫："当然是做上游!"我说："那么你现在就已经得到做上

游的机会了，为什么要放弃呢？”研发组长怔了一下，点点头，然后羞赧地：“其实还有一点不甘心。”我举起那张纸，继续问：“那你现在决定怎么做？”

研发组长略有迟疑、却又坚定地：“继续研发！”我那一刻也下了决心，说：“同意，就照你说的办。”研发组长转身要走，我叫住问道：“等一下，这张纸上有没有说，同时也不准我们办油田外部企业的党支部书记培训班？”研发组长转身，困惑地：“没有啊？”我举着那张纸摇晃着，以坚定的口气继续问：“这张纸上有没有说，以后也不准我们办油田党支部书记培训班？”研发组长愈加困惑地：“没有啊？”我将那张纸扔到桌子上，继续坚定地问：“这张纸上有没有说，不准我们在油田其他党建类的培训班中使用这次研发的课程？”研发组长恍然大悟地：“没有！”我用手指戳了一下那张纸，换成揶揄的口吻：“那你看这张纸，它能管住什么？又能管多久？”

研发组长看上去有些兴奋地站在门口。我又换回坚定的语气：“即便什么班都不让我们办，我们依然要做研发！因为这是为企业整理和经营最有价值的记忆，是为企业做知识管理。原本企业培训机构就不只是办班的地方！”研发组长也坚定地：“我明白了！”

仅仅两个月后，研发组长就又出现在我的办公桌前，这次是兴高采烈地报告“好消息”。说刚刚接到上级组织人事部门的电话，称我们又可以办党支部书记培训班了。当时已经研发出 17 门课，早已具备办班条件。但我对研发组长说，不必急于办班，先专心搞完研发。但研发组长情绪正高，跃跃欲试，还强调说正好可以检验一下这些课程。我一向不愿打击下属积极性，痛快答应了。于是一口气承办了 15 期党支部书记培训班。后来我坚决叫停，催促研发小组一心一意将研发搞完。研发组长告诉我，上级人事部门为此还不太满意呢，责怪我们只顾埋头搞研发。

经典再现

这是为开发体验类培训课程而设计的研发模式。在我们的内部课程中，采用经典再现的研发模式所开发出来的课程很少，大概不到5%。经典再现的研发模式，适合以企业曾经发生过的经典案例为蓝本，学员亲身参与，再现当年故事的精彩片断。

一次在餐厅的走廊里，我跟体验培训部的同事说：“你们研究一下，把‘活帐本’开发成体验式课程。”体验培训部之前叫拓展培训部，我更名为体验培训部。更名之际，要求他们今后要将培训做到“从四肢向大脑过渡、从室外向室内过渡、全年无淡季”。后来又修正为“无四肢与大脑的区分、无室外与室内的区分、无旺季与淡季的区分”。

我提到的“活帐本”是油田很有名的经典案例。材料员齐莉莉苦练基本功，不看账本就能对所管器材中收发量大的520多项的7万多种器材的名称、规格、单价、库存等数据对答如流，对所管的14种机型的800多项部件性能、安装部位和代用情况掌握得清清楚楚，被誉为“活账本”。当时油田经常停电，她为了不耽误发料，练成了“蒙目摸料”的硬功夫。1979年被评为全国新长征突击手标兵、全国劳动模范，受到了邓小平、叶剑英等党和国家领导人的接见。

体验培训部的同事兴奋地说：“这是一项很有挑战的任务！让人很有新鲜感。但我想知道，这门课开发到什么程度，算是成功?”我说：“给80后上课，到落泪的程度。”体验培训部同事沉思片刻，问：“那么，这门课叫什么名称呢?”我脱口而出：“互联网时代蒙目摸料的现实意义。”

半年后，体验培训部的同事兴奋地跑来对我说：“主任，‘活帐本’这门课成功了！80后落泪了！”原来他们在课程的后半程，请齐莉莉到现场，蒙目亲手摸料，瞬间80后的眼泪就涌出来了。我说：“好！值得庆贺。不过，将来齐莉莉无法到现场的时候，你们也要想办法让一代一代的年轻人体会到齐莉莉的精神，仿佛她还在一样。”

后来，体验培训部又陆续开发出“人拉肩扛”“重走铁人路”“脸盆端水保会战”等体验类课程。这类课程研发时间长，投入精力大，很多项目还需要建造现场，逼真地再现当年景象。同时这类课程由于现场感、体验感、动感、仪式感都很强，学员之间身体联结紧致、内心分享充分，特别受到油田外部企业学员的欢迎，使他们能够近距离地体验大庆当年的会战创业和普通人的生活、亲身感受大庆精神和铁人精神。

素质模型

素质模型的研发模式更适用于进行专业性强和技能操作类培训的课程研发。在我们研发的内部课程中，采取素质模型研发模式开发出来的课程，大概不到10%。对国企中高层管理者培训而言，素质模型的研发模式偏于理想化，不够适用。或者说，素质模型的研发模式更适用于“底线课程”的研发，即针对那些应知应会的、十分明确而具体的、必须做到的、能够精准评估的学习内容。

平行演绎

目前，平行演绎的研发模式还仅限于我个人在探索和使用。以往的研发，经常讲“研发一代、储备一代、应用一代”。而平行演绎的研发模式，没有储备的机会，也没有储备的必要，因为它是现场调研、现场研发、现场使用、过期作废。采用平行演绎的研发模式所开发出来的课程，每一门都只是框架，没有内容，内容需要学员现场填入，因此每一堂课都是现场创造的、都是当下唯一的。因此它更适用于在现场进行完全互动、看似随机、自然流淌式的授课。由于这样研发出来的并非灌输式课程，只有基于主题的框架，鲜活生动的内容要靠学员贡献，因此便使授课成为现场生发需求、汇聚案例、风暴灵感以填满框架的过程。其难度不仅来自于培训师的引导与催化能力，更来自于学员自主学习意识的觉醒与焕发。这样的课程，就像既无器乐伴奏、又无既定旋律的人声合唱，完全是一种当下的修炼。

在我个人的47门课程中，也只有9门是采取平行演绎的研发模式研发出来的。平行演绎的研发模式，适合于一切管理者课程的研发。之所以称为平行，是指研发与授课两条线同时进行。之所以称为演绎，是指没有也不主张事先确定内容，完全听凭学员在课程上风暴出来。相比于素质模型的“底线课程”研发模式，平行演绎更像是“高线课程”的研发模式，适合针对那些学习意愿度高的、组织刻意培养的、岗位实践经历丰富的、不易精准评估且根本就不在意精准评估的、对未来抱有极大期望的学员。

这种研发模式，最初是2012年产生的灵感，我跟北京一家培训机构的韩先生交流过这个设想，我称之为“在授课中备课”“在课堂上研发”。他非常感兴趣，后来他还向身边的培训界朋友介绍过这种研发模式。也就是从那时候，我开始进行课堂上的实践探索，至2018年逐渐成熟起来，至今经历过数百次的课堂应用。我曾多次对人形容这种模式，研发与授课之间没有时间差，完全是现场制作、纯手工打造。但这样的课程上起来很累，哪怕同样一门课程框架上了无数次，又即便是同样的主题，甚至是同样的学员，只要时间地点不同，上起课来都会不一样，都会有非常个性化的内容呈现，也都会给我惊喜。

以上五种研发模式，都是企业内部课程的研发模式。大庆油田推动内部课程研发的意义，可由2014年的三组数字来诠释：

第一组数字：在我任培训中心主任的四年里，像党支部书记课程研发这样的项目干了33个，总计开发课程319门，培养企业内部培训师329名。若再加上2000年培养的21名培训师、2006年培养的42名培训师、2010年至2014年我们培训中心自身培养起来的29名培训师（其中大部分是催化师），油田内部培训师总数已达421名。

第二组数字：油田处级干部培训班的课程，69% 由油田内部师资授课。科级干部培训班的课程，88% 由油田内部师资授课。科以下干部培训班的课程，95% 由油田内部师资授课。催化师主导的行动学习越来越受欢迎，在培训项目中所占课时比例日趋提升，一般可达 1/3 左右，有的项目高达 100%。

第三组数字：2010 年至 2014 年，油田内部培训师越来越多走出油田授课，油田承办外部企业的培训班越来越多，层次越来越高，频次越来越快，时间越来越长，由以往的多是来油田参观发展成现在多是来油田学习特色课程，共承办外部企业培训班 142 期、5916 名学员。

外训内化

这种研发模式，只针对油田外部课程，尤其是学院派师资讲授的课程。简单地说，这种研发模式就是将外部课程进行内化。外部课程，采取两种方式进行内化：第一种是由企业内部培训师担纲授课，彻底内化；第二种是仍然由外部培训师授课，但内容经过某种程度的内化。第一种内化方式，适合信息类、科普类、操作类的课程。例如礼仪课程、企业案例课程、会议组织课程等。这类课程，易复制、易传播、对师资要求不高。第二种内化方式，适合理论类、专业类、思想类的课程。例如哲学课程、逻辑课程、思维课程、管理课程、心理课程等。

不过，第二种方式的内化是很难做的。主要难度来自于外部师资通常不愿意配合，因为研究一个企业，虽说是研究型师资的治学方法，但培训市场上的研究型师资很少，大多是搞短平快的。同时，投入精力研究一个企业，周期长，见效慢。另外一个难度，是沟通门槛高。企业培训中心负责外部课程内化的人员，既要一定程度地懂企业，又要一定程度地懂课程，这比较难。但也有一蹴而就的内化案例。

中国人民大学的陈老师讲逻辑与思维素养，我亲自负责内化这门课程。在陪老师吃饭当中，我告诉他，在油田永远不会发生老师课上讲的那样的案例，如果老师能讲我们油田发生的案例，从逻辑与思维的角度给我们解析，那会很有趣，对老师也是一个挑战。看到陈老师对这个话题感兴趣，我就给老师讲企业的案例，讲企业干部在逻辑与思维素养方面的特点及需求，陈老师很高兴，回去将自己的课程进行了相当程度的改造。陈老师第一次授课的五分率为 36%，经过内化，第二次授课的五分率一下子达到 66%。我又在陪陈老师吃饭当中，聊学员们对课程的反应，并反馈评估率的增长，陈老师大为兴奋，回去又修改了课件。第三次授课的五分率又增至78%。有趣的是第四次授课的五分率降了三个点，为75%。吃饭的时候陈老师笑着说，自己赶飞机，带错了课件，将第一次授课的课件带来了。当时我对陈老师说："这恰恰证明课程内化是成功的，因为即使带错了课件，五分率依然很高啊！"

解决外部老师内化课程配合度的问题，我们使用过三个办法。前面的案例用的是慢渗透的办法。下面的案例，是用讲情怀的办法。

我曾在北京大学参加过第27期企业家培训班，跟刘文忻老师学过经济学这门课程，我很佩服她的学问，也跟她讲大庆精神和铁人精神，她很感动。后来我就请她专门备课来给油田干部讲经济学，她欣然同意，在内容的取舍上也采纳了我的意见。

第三个办法，要肯花钱。给研发费就可以，或者给数倍的课酬。凡是花钱能办到的都不是多么难办的事情，不值得去计算代价，花钱买不到的东西才是需要我们自己全力以赴去做的事情。

以上这六种研发模式，都是经过了长期实践而总结提炼出来的。切合国企的实际，进行企业内部课程体系构建。不培养研发人才的企业培训机构，在人才培养上是不会有什么作为的。不构建内部课程体系的企业，在人才培养上也是不会有什么作为的。

中国式的管理者学习方式

企业培训机构需要投入主要精力去做的核心业务，就是研发。

第一，研发内部课程。以内部课程覆盖全部岗位培训，完成绝大部分的培训任务。因此必须构建由企业内部管理专家、技术专家、技能专家担纲授课的课程体系，前文已介绍过六种研发模式。

第二，研发学习方式。管理者的学习方式，西方主要是运用行动学习。行动学习起源于英国，至今成为风靡全球的学习理论与技术，在几十年实践中又发展出流派众多、各具特色的学习理念与学习方式。中国有自己的学习传统，西方的行动学习要在中国落地、开花、结果，还必须结合中国的企业实际进行内化和创造性的应用。中国企业培训机构的核心能力，就体现在必须着力研发独具中国特色的管理者学习方式。

对管理者来讲，被割裂的时间没有价值。最有价值的工作，往往是在超过 90 分钟的、安安静静的、不受干扰的整块时间里做出来的。在 2010 年至 2014 年担任大庆油田培训中心主任的四年时间里，我利用晚上的时间开发了 12 种管理者的学习方式。至今这些学习方式还在运用中不断改进、迭代。至今，已创造了 15 种学习方式。

研究式

流程：

1. 开场。助教首先交代研讨主题和学习规则，进行破冰。

2. 定题。各组围绕主题，讨论分解出 2～3 个重要、迫切且有一定难度的专题。通过个人在讨论中的表现，各组自主推选或由助教指定组长。

3. 解题。将全部专题贴在白板上投票，各组从票数较多的其他组提出的专题中选择一个专题带回小组进行研讨，并将解决方案书写在大白纸上。

4. 分享。各组长陈述解决方案，培训师引导大家提问，促动思考。

5. 深入解题。各组再认领一个其他小组已经研讨过的专题（最好曾是本组提出的），进行深入研讨，形成新的方案。

6. 分享。各组长陈述新的解决方案，培训师引导大家提问，促动思考。

7. 补充。各组研讨其他组的解决方案，至少对每个解决方案补充一条措施。同时就其他组对本组解决方案的每一条补充措施做出反对、同意或有条件同意的回应，并陈述理由。

8. 深入补充。各组成员报号，相同号者组成新组，新组轮流走动观看所有组大白纸，每至一处由原组成员讲解，新组成员提问，相互讨论。原组成员将新收集到的见解带回到原组分享。

9. 激励。全部大白纸贴在墙上，全体学员自由浏览，每人配发一定数量的赞贴，每位学员在其本人认为有创意的、操作性强的、见效快的措施上贴赞。统计赞贴数量，为优胜小组或优秀学员颁奖。

10. 成果管理。将全部大白纸拍照发至学习社群，一周内整理学习成果上报相关部门或决策者。为每名学员建立本次学习档案，统一存档。

后来，研究式又分化出三个版本：问题版、解决版、跨界版，分别侧重精准定义问题、深化解决方案、跨界收集创意。

案例式（V 字形理论）

产生背景：

在油田大规模举办处级干部培训班的时候，正值我到培训中心任职，我要求承办部门在项目设计中加入学员个人的案例解构。这是一项很有挑战性的任务。大家很为难，但我很坚决。开始时，我放手让承办部门自主设计学员个人案例学习的流程。我在培训班的每次案例学习后，帮助承办部门总结经验。这样的总结会，共开了 35 次，每次半天甚至整天，很多时候是利用周末休息时间。总结会开到第 13 次的时候，承办部门主任急了！在会上就对我说："那主任，您已经领着我们开了 13 次总结会了。可您说过的话我们仍然不能理解！您能否给我们画出来您的想法？几分钟就解释清楚？"我马上说："可以啊！"边说边走到白板前，随手就开始画图形，边画边解释，真的在几分钟时间里就讲清楚了学员个人案例学习的结构和流程，现场的业务骨干们顿时沸腾，纷纷说"这下子清楚了！""怎么不早说？"由于图形是 V 字形，我随口就命名为 V 字形理论。

流程：

1. 导入。每个小组设助教，助教交代本次案例学习的主题、规则，破冰，鼓励大家全过程做真实的自己。

2. 讲述。小组内每位学员围绕主题讲述一件发生在工作中的、本人亲身经历的、一直以来印象深刻的、故事性较强的案例。

3. 筛选。组内成员对每个案例打分，打分标准是与自己工作关联大的、显得重要又迫切的、直觉判断很有解构价值的，根据得分将案例排序。

4. 向下解构。小组按照排序选得分最高的案例进行解构。小组成员轮流向案例贡献者提问，提问要有开放性、延展性、建设性，提问者只提问题，不评判或讨论。案例贡献者简要回答每个问题并根据受到触动和启发的程度为每个提问打分，最高 10 分，最低 1 分。整个过程都不允许偏离提问与回应进行讨论。小组助教对每人的发言都做简要记录，记录 9 分以上的提问。得到 15 个提问时，小组每位提问者打分测评这 15 个提问的整体质量（1～10 分），案例贡献者从如何反思或如何更好解决问题的角度进行总结发言。每位提问者以书面语描述该案例揭示出来的重要问题，案例贡献者确认每个人的问题描述是否符合自己原来的判断或行为的本意。小组产生一名志愿者，小组成员对其提问质量进行打分与口头评价。至少重复一次上述流程，小组做出判断：是否已将案例由“大、空、浅”下切至“小、实、深”？如果小组判断还不够，则第三次、第四次重复上述流程。达到下切标准后，小组每个人自我反思，并在小组内分享：在提问或回答问题中，自己表述得是否简洁准确？自己是否始终在聚神聆听（例如有没有低头看手机、走神、出去接电话等）？自己应该怎样做才能做得更好？

5. 向上解构。案例贡献者围绕自己的案例，从改进工作方案、完善制度与流程、总结方法论、重塑价值观、改变思维与心智模式的角度进行总结发言。小组其他学员轮流切己：“如果我在实际工作中遇到这样的问题应如何面对和解决？”要提出明确、可行、具体的做法。进而更深入地切己：“我曾经也发生过类似的问题，根源在于……”对每个人的切己，其他人轮流提问（至少15个提问），助教与催化师要引导切己者在改进工作方案、完善制度与流程、总结方法论、重塑价值观、改变思维与心智模式等方面提出自己真实的、具体的、承诺实施的想法。每人切己结束都打分测评问答与引导效果（1~10分），切己者进行总结发言。每组产生一名志愿者，小组成员对其切己与提问质量分别进行测评。

6. 分享。小组每个人总结并分享学习收获：反思到什么，想改变什么，在从理到事的回馈中如何优化心智模式。助教分享自己“我观察到了什么”“我学习到了什么”。

7. 点评。催化师从每个人面对的案例焦点、难点所表现出的前后变化的角度对学习效果进行讲评。

8. 成果管理。将学习过程中产生的纸质资料拍照发至学习社群，两周内整理学习成果上报相关部门或决策者。将精彩案例及解构成果整理成册。为每名学员建立本次学习档案，统一存档。

运用V字形理论，会发生很多让人意想不到的事情。

一次，案例贡献者在聆听提问的过程中脸色越来越红，却一言不发，忽然他跑出去，小组成员看到他一个人站在窗边吸烟，足足15分钟，才回来继续接受提问，虽然还是一言不发，但始终认认真真给每个提问打分。

又一次，案例贡献者忽然哭了起来，但边哭边说：“你们继续提问啊！”

还有一次，提问者忽然开始切己，小组催化师提醒他还没有到那个环节，让他等一等，他才醒悟过来。

切己一词，我是从史称“鹅湖之会”的两大主角朱熹与陆九渊那里截取来的。陆九渊13岁时说：“宇宙内事乃己分内事，己分内事乃宇宙内事。”这可看作心学“万物皆备于我”的宇宙观。朱熹的弟子对朱子的读书方法概括为“循序渐进、熟读精思、虚心涵泳、切己体察、着紧用力、居敬持志”。这可看作理学“格物致知”的方法论。我对“切己体察”四字十分推崇，看作“简易功夫”。中国古人讲究修养功夫在于“求诸内”，以“尊德行”为宗。孔子说：“见贤思齐焉，见不贤而内自省也。”奠定省察文化的传统。曾子说：“吾日三省吾身，为人谋而不忠乎？与朋友交而不信乎？传不习乎？”这又是中国古人精进修持的绝佳三问。

运用V字形理论，催化师要以讲解学习规则和提问的方式来引导、启发、纠偏，但又不可简单干预。更需要催化师通于管理理论与案例萃取技术，同时精于提问与切己技术，特别要善于调动学员情绪，敏锐地觉察学员在管理中可能遇到的瓶颈，引导学员通过提问为团队学习做贡献，并通过切己使自己获得提高。

我在创造“V字形理论”的时候，还不知道“U形理论”。学习“U形理论”之后，我还是更喜欢使用“V字形理论”，因为它很中国化。其实，“V字形理论”与“U形理论”只是形状和构思相似，内涵区别还是挺大的。

一次我到秦皇岛参加全国党校校长研讨会，曾在中央组织部从事培训工作的姚老师问我：“听说V字形理论是你创立的，我也在使用，效果很好。”我问：“您是听谁讲到这个工具的？”对方回答后，接着问我：“我能请你这位创始人讲一下这个工具怎样运用吗？”我说：“可以，您要听多少分钟？”姚老师说：“上次我听了五分钟，这次我想听40分钟，可以吗？”我说：“完全可以。”40分钟后，姚老师说：“啊！没想到这个工具这么有深度，我还以为我全部掌握了呢。”

汇报式

一般应用于三种情形：检验入学前的线上自学效果、回收线下学习后的收获、特定主题学习竞赛。

流程：

1. 准备。提前通过指定、征集、研讨等方式确定线上学习内容或学习竞赛主题。培训师备课，PPT形制，不多于五张，时长15分钟。每位学员进行自学和独立研究，PPT形制，限定一张，时长三分钟。助教提前一天收集学员的PPT，抽签排序，联结成为一个课件，培训师课件附后。

2. 汇报。培训师阐述主题、讲解规则、介绍助教，学员按顺序上台进行汇报。每位学员汇报完毕，培训师都鼓励台下学员对汇报学员进行提问。培训师在每三位学员汇报后做一次小结，以关键词句来分别复述和提炼学员讲的主要内容。

3. 重温。汇报中场休息前及汇报全部结束后，培训师当场检验学习效果，请若干学员说出自己喜欢哪位学员的汇报及印象最深的一句话。

4. 授课。培训师汇报自己的研究成果，巧妙利用学员的贡献，进一步催化学员汇报中的亮点，丰富自己的授课。

5. 激励。评选和奖励优秀学员。

6. 成果管理。将学习资料发至学习社群，两周内整理学习成果上报相关部门或决策者。为每名学员建立本次学习档案，统一存档。

从以往的汇报式学习效果来看，这种学习方式富有饱满的开放度、多维度呈现思考过程、趣味性强，师生的意外收获都很多。既是学员之间的竞赛，又是师生之间的 PK。更重要的是能够促进自学、增强独立思考意识、提升聚焦表达力、汇聚灵感与创意、增进学员之间的了解和感情。

分享式

分享式是最容易上手的一种学习方式。很多人都说：“这不就是像做电视访谈类节目吗？”我说：“是的，所以你一定有兴趣尝试吧？”事实上，只要尝试运用两三次，就一定能够学会。这 15 种学习方式，都是我第一次做。案例式的 V 字形理论运用起来比较难，我做过几次后，观摩的老师才自己去尝试运用。而分享式，我只需做一次，就有很多观摩过的老师运用自如。甚至有一位年轻老师，仅听我描述了一下流程，就去运用，居然效果也很好。

流程：

1. 准备。通过指定、研讨、征集等方式确定话题，将话题分解为 3 ~ 4 个专题。根据话题从业界权威、上级领导、优秀学员中优选 3 ~ 4 位嘉宾，提前沟通话题及专题。

2. 开场。培训师简要阐述话题，介绍嘉宾、助教，营造气氛。

3. 访谈。培训师一一抛出专题，邀请每位嘉宾分享观点和案例，每个专题至少提问三轮，对其中一位嘉宾可以连续追问，或引发嘉宾之间的观点碰撞。培训师适时对每位嘉宾分享的重要内容进行复述、概括、总结、升华。每一轮嘉宾分享之后，培训师引导学员现场提问、与嘉宾互动。助教将嘉宾观点、学员提问通过大屏幕及时呈现（嘉宾也要能看得到屏幕）。

4. 催化。中场休息前及全部分享结束后，培训师当场检验学习效果，请若干学员分享他印象最深的一句话或自己的故事和感悟。

5. 收场。

分享式学习的要点在于培训师要把握好自己的身份和角色。培训师其实是以主持人的角色完成催化师的任务。难点在于提问技巧的掌握以及中正态度的拿捏。不可突破三条底线：质问连连、咄咄逼人；喧宾夺主、喋喋不休；立场鲜明地支持一方嘉宾、反对另一方嘉宾。

移动式

移动式，或称为移动训练营。这是一种利用所有零碎时间、团队成员在线上进行专题训练的学习方式。

以提问技术训练为例，流程：

1. 准备。训练营由教练、助教（由学员轮流兼任）、学员构成，学员分组（每组6人或8人，要求偶数，便于小组内两两练习。每个月重新分组，便于增强学员成对练习的兴趣）。每两周为一个训练单元。第一周全体训练，第二周小组训练。训练专题由学员轮流贡献，即学员把自己在工作或生活中遇到的难题抛出来。难题与难题产生背景应提前一天预告。

2. 全体训练。包括助教在内的每名学员，在本周的任何时间内都可以向难题贡献者提问，提问不可重复。难题贡献者在本周的任何时间内，都可以根据感受和收获给每个提问打分，最高10分，最低1分，并有选择地简要作答。难题贡献者要努力使自己成为深度聆听者、反思者、行动者。教练有选择地对一些提问和应答进行点评，引导提问向纵深发展，适当进行理论讲授。每题的训练量，一般要达到60个提问。但教练也可根据实际效果，提前结束本周的训练。训练最后进行验收，难题贡献者发布反思与行动方案，其他每位学员分享学习收获，教练总评。难题贡献者负责整理和发布本次训练记录，在线上发布，供全体学员留存温习。

3. 小组训练。小组内两两结对，另辟线上空间单独进行练习。训练进行两轮，轮流担任难题贡献者与提问者的角色，进行双重体验。训练后整理对话记录发给组长，组长统一发到线上，供全体学员相互学习借鉴，教练进行点评。难题贡献者发布反思与行动方案，其他每位学员分享学习收获，教练总评。小组长轮流负责整理和发布本周训练记录，在线上发布，供全体学员留存温习。

4. 激励。助教负责统计和发布每名学员的学习积分，出席计 1 分，贡献一个 8 分以上的提问计 1 分。每周和每月对得分最高者进行奖励。

5. 验收。学员定期反馈行动方案执行情况。

将零碎的时间利用起来，在线上完成一个团队对某一个专题的思考和训练，正是这种移动式学习的独到优势。

角色式

角色式，或称为角色思考法。自有人类文明史以来，换位思考、角色扮演、横向思维，一向是被较多运用的思考方法。英国学者爱德华·德·博诺开发的六顶思考帽（戴上白色、红色、绿色、黄色、黑色、蓝色的帽子，代表不同的思考倾向或特点），便是这样一种思考工具。六顶思考帽本是风靡全球的水平思考经典工具，可我最初在课堂上运用这些思考方法的时候，明显感到国企的领导干部不太适应甚至不太喜欢使用带有西方色彩的思考模式。他们往往在运用“绿色帽子”的时候，都要开一会儿玩笑，使得研讨不得不花几分钟时间才能回到正轨。后来，我尝试用孔明、曹操等三国里的人物来设定角色，感觉很适合国人。但慢慢又感到，这种将角色具体到某个人的做法会导致对人物理解的脸谱化。所以，最终选择了运用法官、巫师这样涵盖更广和寓意更深的五个角色。也可看作中国版的五顶思考帽。使用时中国的企业管理者表现出非常适应和喜欢接受的样子。所以，用中国人习惯的角色思维代替那些不同颜色的帽子，只要研讨的流程设计合理，同样能完成水平思考的训练。

流程：

1. 准备。确定学习主题。将主题分解为若干专题。小组领取专题。培训师讲解学习规则与五个角色的思考方式。怨妇：尽情地表露情绪，凭本能、直觉、好恶和预感来说话，只抒发感情和表达感觉，但并非胡言乱语，要求语速极快。法官：持客观的态度，注重摆事实，定目标，用数字说话，多去分析人在特定环境中的行为、素质和能力。赤子：从正面思考问题，阳光乐观，注重逻辑，擅长发现优点、价值、利益和希望，从中确定身份和精神归属。精灵：展现生机勃勃的创新姿态，善于提出各种假设和创意，擅长进行多种选择，提出颠覆性的思路和办法。巫师：保持严肃而多疑，注重推理，擅长批评，以谨慎的方式思考问题，发现潜在的风险、缺点，进行最坏判断和负面评估。

2. 角色研讨。每位学员依次同时运用怨妇、法官、赤子、精灵、巫师五种角色思考和发言，每完成一种角色的研讨都要萃取该角色思考的精华，书写在白板上。然后允许学员自由运用任何一种角色发言，进行补充，但发言前先声明将以何种角色来发言。培训师全程保持中正，维持秩序，督促大家探索不同角色的思考深度，同时注意观察和记录。

3. 收敛。培训师要求大家放弃所有角色，同时更新之前关于真实的自己的身份认知，运用刚刚经角色训练而整合起来的新的身份，独立思考5~8分钟，书写3~4条最终发言意见，轮流发言，过程中不讨论。全部发言结束，进行10~15分钟的自由讨论，形成几点小组意见，书写在小组大白板上。在自由讨论中，培训师要不断提醒大家，此刻的自己是全新的自己，之前的自己和刚刚扮演的角色都不是自己，但又都是自己，此刻的自己更像有着各种切面的钻石刚刚被抛光一样，富有非凡的自我觉察力，进行深度聆听与深度反思，大脑要迅速进入汲取模式，成为集体思想的整合者。小组针对各自专题，形成解决方案。同时，培训师要求小组研讨和梳理过程中每个人在思维方式与心智模式等方面体验到的内心感受和细微变化，将感受到的“新我”表达出来、呈现出来、分享出来，使大家都能感受到。

4. 分享。小组进行分享。全体学员在白板间自由走动、三三两两探讨。

5. 激励。评选和奖励优秀小组或学员。

6. 成果管理。将学习资料发至学习社群，一周内整理学习成果上报相关部门或决策者。为每名学员建立本次学习档案，统一存档。

其实，现实中每个人的内心都住有怨妇、法官、赤子、精灵、巫师这五种角色。扮演这些角色，对探寻更深刻的理性思考十分重要。过程中，培训师要注意把握何时适合强制分配角色，何时适合让大家自由选择角色，最后调动大家运用经整合而成的“新我”进行深入思考。

选择式

选择式，更多的时候称为CHOICE式学习。这是一种由拥有相似选择性难题的管理者组成团队互助进行选择的工具。

以新员工规划职业生涯为例，流程：

1. 准备。由主办方提供岗位序列，承办方帮助主办方从宏观的角度区别战略性机会与现实存在的问题，形成岗位分析报告。培训师备课，全程都将根据岗位分析报告及学员现场反应进行引导。

2. 第一次讨论。每位学员开列三个岗位或职业方向，汇集公投，选取若干得票较高的粘贴在智慧墙上，并制成标签分置各桌。学员按自己心目中的价值排序选择第三意愿（岗位），按桌签就座，自由讨论岗位机会与好处。

3. 第一次描述。培训师侧重机会与好处对全部岗位进行描述。可根据需要增加新岗位贴在墙上、制签。

4. 第二次讨论。学员按自己心目中的价值排序选择第二意愿，在卡片上写三个理由，粘贴在智慧墙上，按新选择寻找桌签落座。每桌轮流提问（侧重困难与挑战）、打分、记录、分享，将成果粘贴在智慧墙上。

5. 第二次描述。培训师侧重困难与挑战对全部岗位进行描述，学员按自己心目中的价值排序选择第一意愿，按新选择寻找桌签落座。

6. 第三次讨论。每桌轮流提问（侧重岗位能力与素质模型）、打分、记录、分享，将成果粘贴在智慧墙上。

7. 第三次描述。培训师侧重岗位能力与素质模型、个性化分工（业务细分）对全部岗位进行描述，允许学员重新选择并落座。

8. 第四次讨论。每桌轮流提问（侧重个人特长、幸福感）、打分、记录、分享，将成果粘贴在智慧墙上。

9. 第四次描述。培训师根据岗位分析报告，侧重从个人特长、幸福感、岗位三者之间的关系进行描述。

10. 收敛。学员走动浏览智慧墙，重新按自己心目中的价值排序，做最终选择并落座，自由讨论、分享。

11. 学员制订职业生涯规划（行动计划书）。

选择的困难最初在于权衡机会与好处。但当不同选择所带来的困难和挑战逐步呈现的时候，人们的选择会发生变化。可是当不同选择所需要具备的能力与素质完全呈现的时候，人们的选择还会发生变化。最后，当从个人特长、幸福感、岗位三者之间的关系进行考量的时候，人们才可能做出最终的、适合的、理性的选择。将这一过程浓缩在学习工具里，让参与者清晰地看到自己的选择过程，就是 CHOICE 式学习的意义。

落地式

落地式，更多的时候称为五级落地。这个工具是在课堂上产生灵感，信手画出来的。这是一种在制定措施的时候使用的工具，使措施更具体、更落地。很多使用这个工具的人都认为五级落地比很多西方的工具更加落地，主要是因为符合国情。在课堂上，管理者们既很熟悉始于战略，落到原则、标准、方法论、措施这些层次的内涵，又感觉很新鲜，很愿意动手去做那些结合难题的练习。后来我围绕这五级的战略系统，又发展出两个辅助系统作为反思的层次，分别是组织系统与个人心智系统的反思，使得整个工具更加系统、完整、灵活和高效。五级落地是一种由主系统和两大辅助系统构成的大型工具。

主系统流程：

1. 破冰。小组自由讨论“如何才能使研讨不局限于空谈而得到最为落地的措施?”每组得出五条结论，进行分享，不重复发布。

2. 讨论案例。培训师拿出案例（通常至少五个案例）的题目部分，请小组讨论如何破解每个案例的措施部分。小组分享，不重复发布。

3. 讲解案例。培训师在白板上画一个分为五个层级的三角形，自上而下分别为：使命、核心价值观、战略；原则、观点；要求、标准；方法论、常规方法；超常规的、创新的、量化的、具体的措施。讲解每个案例真实采取的措施部分。

4. 选题。各组确定一个所有成员都关心并要解决的难题。条件：难题要小，能够在规定时间内研讨出较为落地的措施；难题要实，在工作中普遍遇到的不可回避的实际问题；难题要有一定的难度，必须发挥团队智慧去解决。可以采取难题分解的方式得到符合条件的、更为聚焦的难题。

5. 小组研讨。研讨分六个阶段，水平进行：基本假设（每名成员沉默书写，然后再交流，形成共识）、表现（症状）、原因、若要解决会遇到或产生的阻滞因素、若要解决会遇到或产生的积极因素、解决方法。在每个研讨阶段中，小组每人书写若干条，一条一条轮流发布。过程中只允许通过提问、为提问打分方式互动。如果学员多次运用过行动学习法，相互建立起宝贵的信任感，则允许在打分的同时简要回答提问。将第六阶段研讨成果分别填写进五级图形里，注意前后逻辑，形成正态分布。

6. 反思。小组反思：是否已将难题分解、切碎为更适当的难题（越深入越具体，越具体越深入）？是否已不断描述冲突（不断分解问题，直至不可分解）？是否已转化阻滞因素（满足什么条件、什么时候会可能）？是否已尽情开列资源（同时开列阶段性成果清单）？是否已不断进行补偿与替代（用足有利条件）？是否已不断定位工作（停止做什么、继续做什么、多做什么、少做什么、开始做什么）?

7. 完善方案。根据反思，细化措施。

上述七步即主系统的落地流程，我称之为战略系统。

两大辅助系统之组织系统，流程：

1. 讨论。每位学员围绕“我该怎样改进?”进行头脑风暴。

2. 讨论。“我与我的伙伴应如何做？我与对方应如何合作?”

3. 讨论。“谁受到了重要影响?”

4. 讨论。“组织该如何做？我怎样告知?”

5. 讨论。“对外部的影响是什么？成果是什么?”

6. 讲解。培训师讲解以上促动反思的五句提问，旨在将“我”理解为“个人”（重点理解心智模式与思维方式）、将“你”理解为“伙伴”或“对方”、将“他”理解为“第三方”、将“我们”理解为“组织”、将“外部世界”理解为“整个系统”。

7. 讨论与分享。小组围绕反思话题进行反思，完善方案，向全班分享。

两大辅助系统之个人心智系统，流程：

1. 讨论。每位学员围绕“我为什么那样做?”进行头脑风暴。

2. 讨论。“我的辩解说明了什么更重要的问题?”

3. 讨论。“还可以探索哪些更有价值的可能?”

4. 讨论。“假设一定会成功，会怎样？当如何?”

5. 讨论。“这如果不是我的使命，又会是谁的呢?”

6. 讲解。培训师讲解以上促动反思的五句提问，旨在将“解释”理解为“单纯呈现事实细节与个人判断”（重点理解心智模式与思维方式）、将“抗辩”理解为“产生焦点”、将“汲取”理解为“价值探索”、将“假设”设定为“必然成功”、将“我”暗示为“舍我其谁?”

7. 讨论与分享。小组围绕反思话题进行反思，完善方案，向全班分享。

我将两大辅助系统称为反思系统。反思系统与战略系统相结合，力量强大，大量的教学实践证明这一工具能够有效解决措施不落地的问题。

学员们应用五级落地的感受，很让我欣慰：

“五级落地是一个非常锻炼人的系统思维能力的方法，给大脑打下了深刻烙印。”“虽然老师未必满意我们今天研讨的成果，但我们会带回五级落地的理念与方法，运用在工作中，这才是更为重要的。”“奇怪啊！五级落地真的解决了我们小组的问题!”“从开始的水中望月、雾里看花，到后来的拨云见日、水落石出。五级落地很神奇!”

知行式

最初称之为践行式，几年后改称为知行式。但现在很多人还是喜欢称其为践行式。这是一个极为重要和实用的大型工具，很多人说比V字形理论和五级落地还要难运用。知行式学习是以工作需要为导向、以改变行为为宗旨、岗位实践与集中学习相叠加的学习模式。多个岗位实践与多次集中学习相结合，时间一般为半年、一年或两年，每个月集中一天或每隔两个月集中一个月进行集中学习，其他时间为轮岗锻炼等岗位实践时间。这种学习方式，追求岗位实践与集中学习交叉递进、相互促进和相互印证。集中学习期间，主要由学员针对学习主题结合工作实际提出问题并共同寻找解决问题的方案，培训师在全过程中进行引导启发、总结催化和提炼升华。岗位实践期间，主要是执行在集中学习时制定的解决方案，并通过运用在集中学习时学到的理论与方法，检验学习效果，同时发现新的问题，确定为下次集中学习的主题。学员在整个岗位实践与集中学习的全过程中，进行写实性记录，“写我所做，做我所写”。通过“实践、认识、再实践、再认识”的螺旋上升式学习，达成设计目标。

知行式学习更适合用于高潜人才培养，一般以20人左右小型班为宜，学习周期较长，需要配备全程导师（一名）、企业导师（每两位学员配备一名，在拜师会上进行双向选择）、岗位师傅（每个轮岗企业为每位学员配备一名）、项目设计师（两名）、学习催化师（每个小组配备一名）、专职班主任（一名），培养成本比较高。

知行式学习总体设计框架：

1. 准备。确定培养目标人群、培养目标、学习主题。最初学员要分组，但每个学习阶段随着学习侧重点的变化要不断重新分组。每个阶段班主任都要提前与学员沟通，要求学员准备工作中产生的难题、案例、想法。

2. 第一次集中学习。培训师就培训主题及培训方式进行交代，重点练习和讲解V字形理论、五级落地。各组结合主题，以呈现案例的形式研讨“我们在实际工作中遇到了哪些问题?”各组将问题提交培训师（如提交的问题质量不够或与教学设计不符即决定重新讨论）。培训师对问题进行催化、归类并按类分配给小组，学员根据个人意愿重新选择学习小组。各组自主推选或由培训师指定组长（此后每次集中学习则轮流担任组长）。各组以呈现案例的形式研讨解决方案（所提出的必须是明确的、可执行的、具体的措施）。组长综合成员发言进行陈述，培训师进行讲评。各组根据其他组的发言和培训师点评再次深入研讨，补充和修正解决问题的方法。组长再次陈述（只陈述补充和修正的内容），培训师再次进行讲评。各组推荐案例与大家分享，培训师进行点评。培训师要求学员设计本人的课程大纲（个人初步的行动计划书），培训师走动观看。培训师对解决方案进行催化（要将主要内容板书出来，助教现场制作PPT投射）。助教以观察员身份进行发言。培训师要求学员回到工作岗位后结合课程大纲进行工作观察与问题解决。第一次集中学习结束之后，培训师为学员设计下次集中学习时的讲授式课程与行动学习工具（每次集中学习结束之后都要这样做，这是知行式学习最体现专业性的部分，也是最难做好的部分）。

3. 第一次岗位实践。学员结合课程大纲在原岗位进行有针对性的实践或在原单位进行轮岗实践，并记录实践效果及工作中遇到的新问题，以备在下一次集中学习时与大家分享及寻求进一步的解决方案；实践期间，小组成员运用新媒体随时进行移动式学习和交流。

4. 第二次及以后的集中学习（不包括最后一次集中学习）。学员在小组内汇报实践课程大纲的体会。组长综合成员发言进行客观陈述，培训师进行讲评，并介绍此后到其他企业进行轮岗锻炼的若干岗位描述。各组根据其他组的发言和培训师的点评与介绍再次深入研讨，检定每名学员的课程大纲，运用头脑风暴为每名学员推荐新岗位并列出所有可能的解决办法，由个人丰富并形成个性化的课程大纲。组长再次进行客观陈述（只陈述补充和修正的内容），培训师再次进行讲评。助教以观察员身份进行发言。培训师要求学员走到新的工作岗位后结合课程大纲进行工作观察和问题解决。学员接受讲授式课程学习，并应用行动学习工具进行消化。

5. 第二次及以后的岗位实践。学员结合新的课程大纲进行更有针对性的不同企业和不同岗位上的岗位实践，并记录实践效果及工作中遇到的新问题，以备在下一次集中学习时与大家分享及寻求进一步的解决方案；运用新媒体随时进行移动式学习。

6. 最后一次集中学习。采取汇报式进行，并结业。回到本岗位后学员定期自我检验学习与实践收获，完善个人职业生涯规划，运用移动式学习，长期活跃在虚拟学习社区。

知行式培训项目，第一次可以组织几十人、上百人参加，然后按层次与目标分建小型班级。学员之间、学员与培训师之间应无干系。区别问题与机会尤其重要，识别真伪问题，需要一个缓慢的过程。要帮助学员确定具体的、明确的、有时限的目标，宁肯小，必达成。月度执行方案要具体、明确、可行，且有数量规定。在学员的同事、朋友、亲属中确定观察员。培训师要坚持与学员

“在一起”，取得充分信任，营造平等、自由、开放的空间。同时要坚持用案例说话，要有感染力，不讲或少讲道理。助教负责每次的开场和收场，全过程应用多种行动学习工具协助教学。引导每名学员致力于为其他成员做贡献，通过增进友谊来助力成长。学员在轮岗锻炼期间，项目负责人要经常与全程导师、企业导师、岗位师傅、项目设计师、学习催化师、专职班主任进行沟通，及时了解情况，共同商量，不断调整和改进，并研究确定下一次集中学习的方案设计。最后一次集中学习只是起点，不是终点，鼓励大家长期生活在虚拟学习社区，学会自我管理。

咨询式

咨询式是被需求倒逼和催生出来的学习方式。由于只追求培训品质而不追求办班数量，很多同事开始的时候还很担心培训总量会下降。实际恰恰相反，随着培训品质的提升，口碑越来越好，各种需求应接不暇。

流程：

1. 识别。识别委托方的需求产生方式属于哪一种——内生的、外部影响或告知的、两者交互生成的。

2. 调研。以案例为主，需要整理出大量真实的案例，重视积累数据。

3. 分析。通过案例梳理问题，根据国内国际行业趋势选择方向，通过不断聚焦，精准定位需求。

4. 设计。初步形成方案，邀请内部与外部专家审核方案，与委托方商量并签订可行性文件。

5. 运行。必要的内部培训，先行试点，派驻人员进行现场指导，确保随时实地监督或线上督办，定期检查、修正，试点验收后推进与推广。

6. 反馈。进行360度考核，重视一把手、管理专家、技术与操作骨干人员的意见。

7. 改进。描述效果，改进方案，完善知识管理体系（制度、流程、手册、案例、教材）。承办方向委托方进行交付。

8. 总结。承办方进行知识管理，发现潜在的、新的需求。

咨询式学习，其重要特征就是在培训中完成项目，完成项目的每一步都是通过培训的方式在实际工作（真正的学习）中完成的。

上述流程只是通用的完整结构，只有透过完成具体项目才会产生更为真实的感受。当时做过的咨询式项目非常个性化、专题化，连连惊到我们很多接到需求的老师。

后备干部选拔项目 项目组人员在前期调研中收集到大量案例，中期进行深入研究，将案例改造设计成为选拔环节中的测试题目，后期测试的很多环节都很情景化，考官运用提问等方式对被测试者进行价值观、工作能力、思维方式和发展潜力测试。最终，项目组根据综合得分从53名被测试者中为主办方选出20名优胜者。主办方对比公司人事部门掌握的情况直接录用了得分排名的前12名。主办方的项目负责人非常惊讶，连声称赞这个项目做得“既很国际、又很本土、还很专业”。

专业知识考试项目 当时接到需求的是专项培训部（这个培训部刚建立不久，专为“80后”成立，虚拟编制实体运作）主任，她急匆匆来找我。

她：“我要不要接这个项目？”

我：“为什么不呢？”

她：“我们不懂专业，试油试采。”

我：“那他们为什么还找到我们呢？”

她怔了一下：“或许是出于考卷保密的心理？我不知道。”

我坦然：“我知道。因为他们相信我们的工作流程是专业的。”

她恍然：“是的，他们说我们近年为很多公司做的项目也都是靠流程完成的，并非因为我们对油田的各项工艺有多么了解。”

我：“你现在怎么想？”

她毫不犹豫地：“接！但请您出主意。”

我：“我出的主意很简单，就是调研，拿到大量案例。”

她：“然后呢？”

我：“还要拿到大量难题，他们在工作中遇到的难题。”

她：“还有呢？”

我：“还要拿到大量想法，他们在工作中产生的想法，散落在平凡的每一天，需要你们来帮助他们回忆，收集起来。”

她：“您这几招都一样啊！几乎每个项目您都是出这几招。”

我：“管用就行。”

她：“可最难的部分是出题啊！”

我：“是的，但感到难是因为收集功夫不到位。收集到的难题，就用来出题。收集到的案例、想法，就用来解题。”

她："明白！巧妙的是出的题和参考答案让他们辨认不出是来自他们自己。评卷主要靠他们的专家呗？"

我："嗯！记住，要是任务完成得好，那主要是因为我们是一个目标性强的团队，他们只是散落的个体。"

她："我请求当项目长。"

我："那是必须的。"

后来我听她来跟我汇报项目交付情况，主办方特别满意，也很惊讶我们怎么可能做得"如此专业、如此有针对性、如此接地气"。她得意地对我说："他们果然辨认不出考题和参考答案其实是来自他们自己。"

"子女工"群体心智模式优化项目 我与一位接到需求的、刚刚提拔的某部门主任有过五次对话，每次都很有趣，至今留有极深的印象。

第一次对话，他讲得既真实又直接，我则既耐心又坚决。

主任："这个项目我不打算接，太难了！"

主任将每句话的尾音都扬起来："改变心智模式？那些娇贵的油田子女工？只给两天的课程来完成？这可能吗？有谁做成过这样的项目吗？"

我轻缓地微扬尾音："为什么你不可以是第一个呢？"

主任迅速摇头："就这条件？连您都不一定能做成！我怎么可能？"

我："我承认你讲的是心里话，也是实情。但，那又能怎样？"

主任惊讶地瞪大眼睛："那又能怎样？口碑啊！做不好影响声誉啊！"

我笑了，很放松地说："好吧，就算会那样，可那又能怎样？"

主任像是惊异得无法言语，只好直直地看着我。

我坦然坚决地说："接下来这个项目！我做项目长，你替我跑。同意吗？"

主任并不感觉振奋："那您需要我做什么？"

我忍住想说的后两句话，只说了一句："调研，拿到大量案例。"

主任："又是这套路！可这次能管用吗？不过我服从您的安排。"

大约一周，第二次对话。

主任："您看看这份调研报告。"

我迅速看完，心里很不满意，嘴上说："很好！但要再跑一趟。"

主任惊讶地说："为什么？"

我："案例不够支持课程。另外，我需要你收集他们情绪化的难题。"

主任脱口而出："您没交代要收集他们情绪化的难题呀？"

我平静地说："我后来想到的。"

我讲出了上次忍住没说的一句，但还有一句留着下次讲。

大约又一周，第三次对话。

主任："您看看这次的调研报告。"

我迅速看完，心里仍不满意，嘴上说："好很多！但要再跑一趟。"

主任似乎并不感到特别惊讶："这次又是为什么？"

我："案例还是不够支持课程，难题也不够情绪化。另外，我想你去收集一下他们管理层的各种想法，也包括子女工的。"

主任很平静地说："您能一次交代完整吗？上次没有说要收集想法呀？"

我也很平静地说："我也需要有一个思考过程，总有新的想法冒出来。"

主任不放心地确认："您这次确定，没有其他要交代的事情了吗？"

我轻轻点头："我确认。"

我与他第一次对话时，原本就是只要他做这三方面的调研。之所以没有全说出来，并非刁难，只是希望他在过程中能够学会自己动脑思考。

大约又一周，第四次对话。

主任有些忐忑地说："您看看这次的调研报告。"

我迅速看完，心里稍感满意，嘴上却说："非常好！只是收集到的想法还不够离奇。"

主任的表情足够离奇："离奇？您是说离奇？"

我："这词不妥，换一个词，收集到的想法不够特别。"

这次主任的表情足够特别："特别？您是说特别？"

我："是的，特别！特别的意思，就是让我意想不到、又很真实。"

大约又一周，第五次对话。

主任神态笃定、语气放松："您看看这次的调研报告。"

我迅速看完，心里很满意，嘴上也说："非常好！"

主任淡定："对方问何时办班。"

我："等我备课。"

主任继续淡定："您亲自讲课？还有谁的课？您备课需要多久？"

我："没有其他课程，我需要30天备课。"

主任无法淡定："只有一门课？30天？我光调研就去了四次！对方已经等了我们将近五周共29天，您让我怎么跟对方解释？"

轮到我淡定："如果想要好的培训效果，就得肯花时间等待。拼盘弄两天的课程很容易，你问他们愿意要那样的课程吗？"

主任平静地看着我，他大概觉得此时跟我说什么都不再重要。

我："而且，建议他们同时办子女工管理者培训班和子女工家长恳谈会。我一同将课备好。这是一个联动项目，共三个项目。"

主任大概又觉得此时跟我说点什么很重要："理由呢？"

我："子女工的问题，子女工自身只占一小部分。打个比方吧，我不能只顾洗衣服，总要对穿衣服的人提点什么要求。"

主任："子女工是衣服？子女工管理者和子女工家长是穿衣服的人？"

我掂着不算薄的调研报告："难道不像吗？"

后来的事情发展是这样的：主办方告诉我们，他们不办了，等不起，也不会为这么个事联动办班；我让主任转告他们，可以不办，但课要备出来留用，因为这是一个很好的联动项目；他们紧接着又告诉我们，还是要办，因为他们觉得我们比他们还认真，且已经等了很久，好奇会是什么样的课程，决定继续等我们；自接到需求起59天后，子女工培训班终于开班，他们居然派一位领导跟班，说是来督学，主任告诉我其实也是来验收课程；两天的培训全是练习式课程，他们很满意，跟主任说要一口气办十期子女工培训班、五期子女工管理者培训班、两期子女工家长恳谈会。

我们内部开项目总结会的时候，主任兴奋地说："没想到会这么成功！其他的采油厂也要引进这个项目。"我故意拖长话音说："那不能直接使用这门课程，需要重新调研案例、情绪化难题和离奇的——呃——特别的想法。"主任大笑，说："只要您一次交代完整任务，我愿意做任何项目。"

正能量提升项目　一次，又一位部门主任找到我。

主任："连您听到项目名称都不会淡定，一个公司提出需求，要办中层干部正能量提升项目，只能拿出三天时间。"

我："这个项目听起来似乎有很真实的背景。你了解到些什么？"

主任："这个公司的新任经理，感到这个公司的中层干部正能量不足。"

我："例如什么样的事情呢？"

主任："中层干部们连到经理和书记的办公室都要事先打听一下，趁其中一位领导不在，再去另一位领导的办公室。"

我："这不算稀奇。好吧，这个项目我们接。"

主任倒很淡定："知道您但凡有需求就接。您想怎么做？"

我："你去叫段老师来，我交代他来帮我做。"

很长一个时期，我与段老师经常组合做带有先锋试验性质的项目。后来这个项目我与段老师在国内培训论坛上介绍过。这个项目三天三夜，讲授与练习相结合。三天我来做，蓝本是《大匠无弃材》与 NLP。三夜段老师来做，主要是导入与催化。主办方很满意，连办三期。

技术骨干创新项目 采油一厂提出需求，对他们的 23 名技术骨干进行为期五天的培训，直接出技术创新成果。这个项目我们下了很大功夫，但最终结果甚至大大出乎我自己的意料：五天五夜的培训（晚上经常到后半夜），23 名学员，每人带来一个技术难题，共形成 113 套执行方案，在被专家评为具备充分可行性的 51 个方案中有 18 项获得厂、集团公司和国家级专利。这个项目只有两门课程：我与段老师承担两天两夜，以《思维创新》为蓝本进行大量练习；黑龙江某 TRIZ 团队承担三天三夜，以前苏联 TRIZ 理论为蓝本进行大量练习。我将这两门课称之为“东方的道与西方的术之间完美结合”。后来这个项目在油田得到推广，大获成功。在我到北京石油管理干部学院工作后，还将这个项目带给更多中国石油所属企业，学员连续在国内创新大赛中获奖。

文艺骨干培训项目 接到需求，我忽然产生灵感，何不成立一个由年轻人组成的部门？专门做一些特殊需求的项目！这样既可以培养年轻人，又可以冲击其他部门，起到鲶鱼效应。如果运作成功，将来用这个办法可以不断组建新的部门、消灭老的部门，只将老部门编制留下来给新部门，这样一步步就能够实现韦尔奇所说的无边界化管理，所有的人员都在新旧部门的轮转中自由流动和组合，业务不再固化于部门，业务或项目可以随人流动到任何一个部门去，部门和部门之间没有业务边界，最终实现人尽其才。于是我迅速成立了虚拟编制、实体运作的专项培训部。采取美国选举总统的方法，凡 80 后都可参加自由竞选，张贴海报、到各部门游说、各种拉票。通过海选产生四位人选，又通过竞选委员会面试投票胜出两位人选，恰好一个男孩和一个女孩，进行最后一轮辩论赛。很多同事问我会投给谁，我始终不说。辩论赛结束，我上前与两位年轻人握手，对男孩说“我本想投给你的。”又与女孩握手说“最后选择投给了你。”这位女孩就是前面提到的做试油试采专业知识考试项目的女孩。专项部由三人组成，一位主任，通过无障碍组阁方式，邀请到两位项目经理。我给专项部配备了专车、电脑、办公室，主任可以参加中心部门主任例会。可以说除了没有级别，完全是正规部门规格。主任任期一年，不得连任，以给更多年轻人锻炼机会。在专项部成立会议上，我要求专项部要做“开创性的、没做过的、很难的、很有技术含量的事”，强调要做知识管理，不要想着挣钱。仅一年，这个部门就打造油田内训师 44 名、内训课程 48 门，内化外训师 32 名、外训课程25门，建立13套课程体系、15项部门工作制度或流程。不仅完成了文艺骨干培训项目，还完成了其他很多咨询式项目。记得专项部成立之初下达考核指标的时候，我与某部门主任有一段对话。

主任胆怯地："今年能否给我们部门减少工作量?"我一口答应："可以。你希望减到多少?"主任堆着笑容："去年是80万，今年可否减少30万?"我："才减少这么多吗?"主任愣了一下："还可以减吗?"我："当然。"主任："那减少50万行吗?"我："没问题。还有什么事吗?"主任惶惑地站起身："没了！我部门六个人，争取每人完成五万。"

我将上级对中心的经济考核指标已经全部取消，我对下的经济考核指标只是虚拟的。连虚拟指标都要讨价还价，我没时间与之周旋。从事干部管理13年，我体会：除了自己，没有谁可以将一个人边缘化。

接着就是女孩来找我谈指标。女孩："主任，我们部门指标怎么确定?"我："你希望是多少呢?"女孩谨慎地："50万吧?"我："你想好了?"女孩开始犹豫："要不80万？您定!"我："30万。"女孩吃惊："那么少？您别担心我们三个女孩子，保证不会比别人少。"我有些不高兴："少吗？我给你的任务是什么?"女孩迅速地："做'开创性的、没做过的、很难的、很有技术含量的事'，多做知识管理，不要想着挣钱。"我满意地："所以，就30万。"

将近年底时，女孩来了。女孩："我犯错误了！很严重。"我一惊："怎么了?"女孩："钱挣多了。"我放心地："哦，多少钱呀?"女孩："不敢说。"我："为什么?"女孩："怕您生气。"我："挣钱也不是坏事，说吧。"女孩："您不生气？好，210万。"我瞬间愤怒："什么？多少?"女孩："不是说不生气嘛？我也是刚刚去财务部看了一下才知道的。这一年忙蒙了，才想起来去看一下帐目。结果……"我："说吧，你想怎么处理这件事?"女孩："请求只按一部分算到我部门头上，其余的收入转到其他部门。"我："好吧，那你想按多少收入算到你部门?"女孩："120万。"我："看你部门全年的成绩还不错，同意你的请求。"

专项部在全年每月的绩效考核中，月月是部门冠军。从事管理工作多年，我体会：除了自己，没有谁可以真正帮到你。

考察式

读万卷书，还要行万里路。不走出去考察是不行的，考察就要精心设计学习方式。

流程：

1. 准备。提前一周要求学员自己动手收集关于考察对象及其所在行业发展现状的材料，进行自学，撰写和上交学习心得。考察出发前一天下发相关材料，要求学员围绕若干重要问题进行思考。

2. 考察。以人物和案例为主线进行实地考察和现场观摩，增加感性认知。集中观看纪录片，听专家（2～3 位）讲授，与专家互动。

3. 汇报。返回后采取汇报式或研究式进行学习，形成个人行动方案。

4. 升华。采取分享式进行学习，邀请更高层面的专家（一般 3 位，其中 1 位跨界）进行抽象化学习。

讲一个案例，从侧面了解考察式学习。

一位曾组织过考察式学习的老师回来跟我说："主任，有备而去比没有准备而去实在好太多啦！"我问："为什么这么说？"老师说："那些出发前交上来的心得都有深入的思考。考察中特别会提问题。"我问："考察中你的感受主要是什么？"老师说："直接与对方组织的标志性人物见面，讲亲身经历的案例，特别感性，学员们感触很深。"我问："对你来讲最难的是什么？"老师说："就是回来进行汇报式、研究式、分享式学习，跟不上学员的思路，感觉太深、太专业了。"我说："这不是你遇到的难处，只能算你遇到的幸运。"老师惊讶："怎么会呢？"我说："换上我也一样觉得难啊！多难得的机会。"老师咧嘴笑了。

辩论式

不提前告知任何信息，重在考察学员临场思考和发挥的能力。

流程：

1. 导入。临时分为两组，分配共同目标之下相对立的 A、B 观点。约定辩论中不得在政治、宗教、种族、性别、人权等方面发出不当言论。

2. 第一次讨论。两组各自讨论，为辩论做准备。

3. 第一次辩论。在遵守公约前提下，可采取任何语言或方式展开辩论。

4. 第二次讨论。两组互换观点，再次分别讨论，为第二次辩论做准备。

5. 第二次辩论。双方可站可坐可走动，可以一对一，也可以一对多。

6. 第三次讨论及第一次发布。两组均匀混合后分为四组，各组研讨并萃取 A 观点面临的挑战、B 观点面临的挑战、最佳的 A 观点论据与论证、最佳的 B 观点论据与论证。研讨结束后各组分别向全体学员发布。

7. 第四次讨论。全体合为一组自由研讨，反思所学所悟，如何听到对方、感受对方，总结沟通原理与方法。

8. 分享与收敛。设收获满分为 10 分，培训师分轮邀请自评收获在 5 分、7 分以上的学员分享。培训师根据自己现场对学习效果的评估进行总结。

实际操作中，也可由两组各选派四位选手上场，组内其他学员以发短信或微信的方式进行场外支援。也可在第二次辩论中换选手上场。后来我在一本书中看到，西方的辩论式学习也有双方交换观点进行辩论的环节。交换观点，其实就是颠覆假设。辩论式学习，将过程看作结果。收获的不仅是知识，更是思维方式的拓展，对口才、反应能力和反思能力的训练效果有很大提升。

三到法

三到法来源于我在组织部工作时期总结和使用的谈话方法，用于复盘和催化课程也非常有效。很多人甚至将三到法应用于会议管理、实地考察、人际沟通、自我教练。后来忽然想到，这不就是中国版的 ORID（客观性、反应性、诠释性、决定性）吗？但三到法更中国化。三到，指听到、想到、做到。ORID 在西方本是很强大的工具。但三到法更易被国企管理者所接受。中国人习惯将感受当作认识来表述，三到法较 ORID 少一个“反应性”维度，却并不影响整体效果，使用起来更简洁，会节省大量时间。

流程：

1. 讨论。小组自由讨论课程收获。

2. 自评与分享。请学员以打分方式真实评价自己在研讨中的收获。请全体学员中打最低分的两位学员发言：若有了什么才会打高分？

3. 讨论与分享。小组围绕“对自己在研讨中的表现应该反思什么？”“对提高研讨质量有何建议？”两个问题进行自由讨论。请小组长发言：我们的反思与建议是……

4. 讲解。培训师讲解课程复盘和催化的目的和意义。

5. 书写。每人将老师讲的对自己最有触动的一句原话写在便利贴上。

6. 发布、提问与反思。小组内第一位学员发布：听到（重复一遍）、想到、做到（举例：我听到老师讲到雷格·瑞文斯说“没有研究就不要轻易进行实践”。我想，缺少实践也难以产生有价值的研究，因此对每次实践都应及时总结和研究。我要做到在每项重要工作结束后的当天或最迟第二天，至少拿出两个小时进行总结和研究，为下次实践做准备）。其他学员提问（至少 15 个提问），发布者为每个提问打分、反思并分享。以此类推，直到小组成员全部进行完毕，再进行第二轮发布。发布过程中只允许以提问、根据触动程度为提问打分、回应提问、分享反思的方式进行互动。反思集中在两点：自己需要改变什么、今后能够做到什么。

7. 评选。运用五秒手指法（小组长倒数 5 个数，数到 1 时大家一齐手指某位组员），为每轮发布评选最优发布者、最优提问者、最优反思者。

8. 分享。小组最优发布者、最优提问者、最优反思者分享：收获到什么？怎样才能提出好问题？怎样进行反思？

通常，每门课都需要拿出半天时间运用三到法进行复盘和催化。复盘和催化某堂课，其价值不亚于那堂课本身。三到法有很多细节要是做到位，效果会更好。例如：开班式上应做三到法的课程设计说明；给足时间写原话；发言要有明确限时；强调发言音量仅限本组人听到；当一人发布时，其他成员不得翻看笔记本或做其他事情，保持目光注视；发布的原话最好不包括老师讲的大小标题；每人将几句原话按价值排序，发布时采取倒序发布的方式，更有利于渐入佳境；每轮发布结束时，小组鼓一次掌，然后再开始下一轮发布，以提醒其他小组和催化师掌握整体进度；培训师应选择一个小组完整地旁听一轮；鼓励学员在提问与反思中相互建立起宝贵的信任感；发布一轮后，最好每人复述一句印象最深的别人发布的原话；结束时可以运用五秒手指法评选最优学习小组；助教和班长以观察员身份在最后环节分享自己“看到了什么”“学到了什么”；做过三到法的班级应该省略前四项流程。

三到法的特点，是简单实用。但用好三到法，却并不简单。三到法最大的特点，是利用过程和结构而不仅是利用内容来学习。我总结出三到法的三项禁忌及思考逻辑，并常对学员讲：“听到忌凑，要牢牢记住几句最触动自己的原话，辨识自己内心的感受是什么。”“想到忌散，这几句最触动自己的原话是在提醒你，你可以对应自己的经历是什么？与当前和未来的实际工作的关联是什么？其中你赞成什么？你不同意什么？为此你观察到自己究竟是怎样思考的？”“做到忌空，既然你是这样想的，那接下来你决定未来做什么？现在做什么？怎样做？何时开始？第一步是什么？怎样向我证明你做到了？”

前面介绍的是标准版流程，提问与反思有相当难度。对连续多次运用三到法的班级，还开发出了三到法渐进版：第一次只发布，评选最优发布者；第二次加提问，评选最优提问者；从第三次起加反思，评选最优反思者。

对接受行动学习有困难的班级，培训师可以挑选几位学员现场做三到法发布演示，其他学员观摩。为此，又开发出四种三到法简易版。

共创版：每人将自己感触最深、对自己最有启发的老师讲的一句原话写在小组白板上；小组投票，从中选出最值得全组深入探讨的一句话；每人针对这句话写出两条想到，依次发布；围绕所有人发布的想到，小组共创形成5～7条简明有力的做到。

卫星版：小组每人写两句听到，分别写在两张便利贴上，再贴在小组白板上；大家静默阅读一遍，然后每人从白板上默记4句（默记后在原帖上画对号），回到座位针对4句分别写4张便利贴，两张写想到，两张写做到；清理掉白板上没有画对号的帖子，将写好的帖子粘在画对号的原帖旁边（呈卫星状）；集体站在白板旁，逐个星群地自由讨论。

圆圈版：全体学员围坐一圈，任何一人都可以第一个发布听到，然后任何人都可以回应催化师提出的几个问题："这句话使你脑海中浮现出什么画面?""这句话使你想起读过的哪本书或听讲过某人的哪句话?""这句话使你想起自己的哪段经历或什么故事?""这句话使你想起哪个数字?""接下来你想要采取的行动是什么?"

金字塔版：小组每人发布一句听到，讨论产生最有共鸣的一句贴在墙上（道生一）；共同讨论出两句旗鼓相当又迥然不同的想到（一生二），并列贴在听到的下方；根据两句旗鼓相当又迥然不同的想到，共同讨论出两句旗鼓相当又迥然不同的做到，并列贴在想到的下方；整合协调两个不同的想法，形成一句恰到好处的做到（二生三），贴在两句做到的中间；根据3句做到，再共同讨论出4句更加落地的、新颖的、恰到好处的做到（三生万物），并列贴在最下方（呈金字塔状）；可重复上述流程继续向下分解；自由讨论收获与感受。

学员们应用三到法的感受很强烈："有工具与没有工具就是不一样!""做了三到法才知道听课不记录不行，课后不复习更不行，我没想到前天的课程，现在就忘了大半！甚至连前几天都上过什么课程也想不起来了。""三到法好像挺简单的，其实要做出高质量还是挺难。""开班式上老师讲，每堂课至少要记录下老师讲的十句原话，不包括标题。当时我还以为这个要求不算高。现在看，通过三到法检验，这个要求真是挺高的。"

讲一个案例。

一次，关于三到法与一位年轻老师有段对话。

年轻老师："为什么一般来讲行动学习的测评结果会低于传统的讲授式课程

的测评结果？”

我：“你的问话似乎隐含着一个假设。”

年轻老师：“啊！还真是的，行动学习的测评结果应高于传统的讲授式课程的测评结果。”

我：“但是，如果大量数据支持你的判断，那证明此阶段我们的行动学习做得有问题，要好好反思才对。”

年轻老师：“此阶段，这个词用得太细腻了。那您的反思是什么？”

我：“譬如，行动学习课程的设计与讲授式课程的设计不相配套或连接不够紧密。”

年轻老师：“哇！真的是这样啊！那还有呢？以三到法为例？”

我：“例如，应用三到法时所选择催化的课程不是核心课程或课程不够精彩实用，催化效果自然不会太好，导致评估结果也不会好。”

年轻老师拿出小本子开始记：“说到点子上了！还有呢？”

小本子使我慎重起来：“你的问题不够具体，我也只能泛泛而论。”

年轻老师：“放心，我泛泛地听。您不是说过吗？怎么说是你自己的事情，怎么听则是别人的事情。”

我：“好吧！泛泛而言，大多数学员对行动学习太过陌生，不习惯、不适应，还是喜欢坐在那里听课。”

年轻老师：“泛泛而言是这样的。”

我：“行动学习注重反思，人们对反思有本能的抵抗。”

年轻老师：“泛泛而言是这样的。”

我：“例如半天的行动学习，会导致行动计划书做得不够翔实。”

年轻老师：“这就是前面您提到的行动学习课程的设计与讲授式课程的设计不相配套或连接不够紧密，导致行动学习缺少连续性。”

我：“行动学习通常是在一个班持续做几次，至少做三次才有效果。所以，一个班只设计半天的讨论那不叫行动学习。”

年轻老师：“我统计了一下，关于测评问题的讨论已经找到五个原因了。能不能告诉我，最根本的原因是什么？”

我：“没有深度导学，冷不丁就只上一门行动学习课是不行的。”

年轻老师：“深度导学？破冰不算吗？热身不算吗？团队建设也不算吗？还怎么导？”

我：“都算啊！但程度不够。什么是管理？什么是管理者？管理者是怎样学习的？学习究竟是怎样发生的？要将这些问题弄清楚才行。”

年轻老师敲下头："好吧！可这些问题太难弄清楚了。您还有补充吗？"

我笑了，有样学样地敲下头："行动学习比较累脑子，不像听讲授式课程那么轻松。或许相当一部分学员的内在意愿真的像传说中的那样，'养养神儿、交交人儿、学学词儿'。"

年轻老师也笑了，又敲下头："感受到了！"

六步重塑

六步重塑是结合积极心理学和知行式而创立的，需要长期坚持才会见效的学习工具。应用者需要准备一个专门的本子，长期进行写实性记录。

流程：

1. 切己。我一向不赞成什么？我一向反对什么？我一向压抑了自己什么？我一向反感、否认、逃避、拒绝了什么？至少写下五条，静静看着它们，可以修改、增加、按重要程度来排序，然后承认和接受就是这些。好好想想，这些是否正是学习的机会？或者说你的身心向你自己发出了要做出改变的信号，一件一件地过滤，看看自己愿意不愿意承认，认真思考哪一条是学习的机会或要做出改变的信号。应该压抑什么？挑选自己承认而且满意的一条，分享给自己信任的伙伴。

2. 幽默。我如何用幽默的态度暂时缓解这些困窘？至少给每一个困窘写下幽默自己的一句话。然后看着这些幽默的话，感受一下自己的情绪。凭借这份情绪，为自己的困窘做一个小小的评述。挑选一句幽默的话或将你的评述分享给伙伴。请那位伙伴微笑着点头，再给一句肯定的话。

3. 认同。我如何通过认同模仿成功或沾上喜气？认真思考每一个困窘，看看你所知道或想象中的成功人士，有谁擅长处理这样的或与此相类似的困窘？然后深深地认同他！请你模仿他的样子，想象着自己同样会这样处理，也会取得相类似的成功，至少沾上些喜气。至少给三条困窘写下你是怎样模仿成功或沾上喜气的。挑选其中的一个，分享给伙伴。请那位伙伴微笑着点头，再给一句肯定的话。

4. 补偿。我擅长什么？我不擅长什么？我如何去做自己擅长的事情以弥补不擅长的事情造成的损失？在左边，纵向写下三条自己最擅长的。在右边，纵向写下三条自己最不擅长的。左右对比，看着它们……做一个决定！将这个决定，分享给自己的内心。向自己的潜意识微笑着点头、致谢，再给他一句肯定的话，并且将这句话重复说三次！

5. 升华。我如何将自己的危险性本能升华为成功元素？在左边，纵向写下三条自己的危险性本能。在右边，纵向写下三条与危险性本能相对应的成功可能（比如，我很想打人，那看看能不能成为一名业余拳击手）。左右对比，看着它们……做三个决定！将这三个决定，安排给自己的内心，种下种子！向自己的潜意识勇敢地微笑、致谢，再给自己一句鼓励的话，并且将这句话重复对自己说三次！

6. 利他。我如何通过利他来满足自己？慢慢地浏览全部记录。好好想想，我最有可能为他人做些什么贡献？把这可能写下来，可以是两条、三条。然后看着它们！挑选其中一个，用笔画上一条横线。看着画上横线的那句话，好好想想，如果实现了全部或大部分，自己将收获哪些满足感、成就感、幸福感？描写这些可能的满足感、成就感、幸福感，看着它们……

六步重塑是一个递进的流程，需要在很长的一个时间段里有计划地付诸实践和观察，并将发生的事件、自己的点滴改变和心得记录在小本子上，这其实是一个漫长的自我教练过程。

这个工具，我曾指导很多学员长期使用，他们的感受是："很难坚持""每一步都会分解出很多行动方案""给自己设置奖励标准才会有意愿坚持下去""越坚持越有收获""发生的点滴改变都是极其深刻的"。

六步重塑虽是根据西方的理论研发出来的，但在中国企业管理者课堂上很容易被接受。这个工具我曾以案例的形式写在我2017年出版的《隐藏的教练》一书中，那篇案例叫作"给自己当教练"。这个工具既是需要长期运用的自我管理工具，也是可以在课堂上进行练习的反思类工具。

假设检定模型

一天清晨，躺在床上的我脑子里忽然有了灵感，赶紧起身找到纸笔画下了图形。同六步重塑一样，这是一个自我反思、长期自我教练的工具。它结合自我觉察、内在探索与知行式的元素。

流程：

1. 画图。在一张纸的上下左右各画一个圆圈，分别写下真实性、行动、结果、假设四个词，然后用一条线连起来，顺时针画上箭头。

2. 填写上方。说出一件自认为有真实性的事情，最好是自己排斥、反感或困扰的事情。填写在上方圆圈里。

3. 填写右方。再简单复述一下你刚才讲的。你觉得，背后的假设是什么？如果你所谓的真实性其实正是相反的呢？那么这个假设会如何处理？新的假设是什么？填写在右方圆圈里。

4. 填写下方。那么基于这一新的假设的行动应该是什么呢？第一步是什么？什么时候开始？下一步呢？还有呢？什么时候结束？假设这个新的假设至少有三四个层面的含义，行动则至少有七八个五级落地的方法。好好想想，还会有哪些方法？其中哪些对你来讲是创新？

5. 填写左方。接下来是根据行动的实际效果来填写结果的部分，在抬头处，要写分析。这部分主要是分析结果。

6. 反思。从结果分析，如何看最初的真实性？从最初的真实性，如何反观结果？如何从假设反观最初的真实性？现在感受如何？过程中，感觉哪里是杠杆？

这个工具，我也曾指导很多学员长期使用，他们的感受是："第二步颠覆假设太震撼、太惊人了！简直不敢相信自己会接受新的假设""你以为的真实性往往是由你的假设决定的""当接受新的假设的时候，行动的空间似乎瞬间放大很多倍，令人难以置信""原始假设埋藏太深，自己深信不疑，这很可怕！""行动的落地性太重要，关乎工具使用的成败""观察他人使用这个工具简直是雾里看花、不知所云，非自己实践不可探知工具的威力""前两项流程是内心探索，用时虽不多，但并不容易。后两项流程要靠时间堆积，但并不难做"。

这虽是一个长期坚持才会见效的工具，但也曾被我改变设计并运用在培训班上，同样能达到很好的效果。

流程：

1. 破冰。

2. 回想。在脑海中浮现民主生活会开展批评与自我批评时真实的画面。

3. 独自思考。每名成员静默，脑海中假设有一位教练在向自己发问，自己一一作答：你是做什么的？你认为你的主业是什么？你的时间管理原则是什么？举例说明你的成功经验？印象很深的不成功事情是什么？你最理想的职位是什么？最终你希望成为什么样的人？

4. 分享。小组产生志愿者，以回答七问的方式陈述去年的履职情况。

5. 虚拟批评。小组每名成员从其人与其事两个方面轮流进行批评，批评不许重复。志愿者深度聆听每句批评中隐含的假设，全部当作"这是对的"或思考"在什么情况下会是对的"去接受，从中汲取价值，构思如何创建未来。

6. 分享与点评。小组志愿者一一分享，培训师点评。

假设检定模型这个工具，我也曾以案例的形式写在《隐藏的教练》一书中，那篇案例叫作“工具的力量”。

以上这15种工具既可以单独使用，又可以相互嵌入使用，当然可以也有必要根据实际情况变更、细化或简化流程。每个工具通常都需要至少拿出整日进行，每个培训项目则最好拿出数日分阶段进行。在行动学习中，时间使用的基本原则是：结束的时候才是结束的时候。

在中国，行动学习要中国化才有出路。风靡日本的QC小组在美国取得成功的案例很少，皆因文化水土不服所致。中国的国有企业怎么玩转行动学习？——既要内化，又要独创。

行动学习在中国企业开展既不充分，亦不平衡，其中很重要的原因是不能结合中国企业实际和中国人的心理结构创造出属于自己的特色、有着鲜明本土文化色彩的工具。记得我们将西方著名的行动学习工具“世界咖啡”，慢慢演变成“高培茶馆”，就很符合学员们的欣赏口味和学习习惯。后来在引进西方行动学习工具的时候，都很注意内化，甚至将某些专业术语改换成更接地气的词汇或俗语，就很有利于理解、使用和传播。再如开放空间，是哈里森·欧文借助非洲巴拉马村成年礼仪式研发的讨论工具。我在使用开放空间这个工具的时候，渐渐感到学习成果不够落地，便创造出开放空间的创新四项原则，即打破所有话题的禁忌，相信一切皆有可能，不断追求更加落地，相信唯有做出贡献才会真正收获。后来又将这四项原则简化为：打破禁忌、皆有可能、更加落地、唯有贡献。自从运用了创新四项原则，开放空间的使用效果大大提升。

这仅是在工具层面，强调行动学习要中国化。在其他诸如催化师培养、项目开发、跟踪评价甚至选人用人等方面，同样需要结合中国企业的实际，将行动学习落地、生根、发芽、结果。

决策的边界

做培训如同打仗，必须有敢于胜利的决心。

德鲁克讲决策的要素之一是确定边界条件，这其实是确保不败的态度。

两条底线 我与协助我抓行动学习的助理有过一段对话。

助理：“没有老师愿意上台做课程催化。”

我："我知道，所以才要你帮我做这项工作。你觉得我们应该怎样做？"

助理自顾自地只管往下说："并且，学员们不愿意接受课程催化。"

我沉吟了一下："你告诉我，这样下去会出人命吗？"

助理惊醒般："什么？您当真在问——这样的问题？"

我很认真地点点头。

助理很认真地回答："不会！"

我："学员会造反吗？"

助理惊骇地说："什么？您当真在问——这个问题？"

我很认真地点点头。

助理谨慎地略作思考，然后很认真地回答："会有意见，但不会造反！大庆油田的干部一向讲政治，纪律性强，服从管理。"

我："这就是我给你的两条底线！只要不出人命、不造反，你就尽你所想、尽你所能去推动老师上讲台做课程催化。"

四年时间里，我们没有任何伤亡地赢得了推动行动学习这场战役。

骚动时刻 只有一次，我在一间研讨室看到一个小组在做行动学习，学员出现小规模的骚动，催化师僵在那里。我坐在后面，坚持不出面。催化师在台上急得团团转。我刻意让他经历并牢记这个历史时刻——他是怎样被学员折磨的。其中一个学员认出我，就说："主任你在这，你来给我们讲讲到底什么是V字形理论。"我说："那你想听多长时间呢？"那学员看了一下表，说："还有40分钟下课，这点时间都给你。"催化师充满感激地望着我。我说："好吧。"我走到白板前，边画边讲边与学员们互动。40分钟后，学员说："还得原创者来讲才透彻！放心吧，我们不是难为老师，实在是焦虑很久刚刚才那样不礼貌的。"

不做逃兵 还有一次，一位年轻的小赵老师来找我。

小赵老师："我请求将我的名字从课程表上拿下来。"

我："怎么了？"

小赵老师："我已经两个晚上没有睡觉了，这主持人不像我想的那么好当啊！我在家里练了好几天了，越练感觉越难！"

我："可是，你的课明天就要上了啊？你要做逃兵？"

小赵老师："我查了一下，您所说的主持人，其实就是催化师啊！"

我只好承认："是的！那么你感觉自己受骗了吗？"

小赵老师："那倒不是！只是，太难！"

我："会出人命吗？"

小赵老师笑了："就是听了您这话才答应助理上场的。"

我也笑了："我说话算数的。"

小赵老师："好吧，我上。"

实话打分 在我将要离开中心的前一天，这位小赵老师又来找我。

小赵老师："我与您是同一周来中心上班的，那时我刚刚大学毕业。"

我："时间过得好快啊！四年了！"

小赵老师："您要走了，我能从您这问出一句实话吗？"

我惊讶："什么？"

小赵老师："我做行动学习上百场，我究竟可以打几分？"

我迟疑着："什么意思？"

小赵老师："反正明天您就走了，平时您总表扬我，给我打的分都挺高，七分、八分、九分。我想知道，我的水平究竟是几分？"

我："好吧，给你一句实话，三分吧。"

小赵老师惊异且愤怒："什么？"

我摊开双手，表示自己很诚实。

小赵老师："那我这样问吧，您给自己打几分？"

我立即："四分或五分吧。"

小赵老师惊异且茫然："啊？真的？"

我摊开双手，表示自己很诚实。

小赵老师笑了："那我就知足了！"

四年时光，有一批这样的年轻人成长起来。

对企业培训机构来讲，推动行动学习就应从年轻教师开始。

这既是一项很实用的战略，又是一项很灵活的策略。

移动学习

在培训圈子的微信群里，经常发生对专业问题的深入讨论。

截取一段关于V字形理论的对话。

石老师："引导师如何判断什么样的案例是最有价值的案例？"

我：“不需要你来判断，请学员来判断。”

孙老师：“我也遇到石老师这样的问题，可在案例公选时，学员公投的往往是简单易解决的案例，引导师如何把控并帮助他们选择出最有研讨价值的案例?”

我：“不应该让这种情况发生。让学员准备案例的时候就应该讲清楚我们要什么样的案例。案例有两个必须要具备的条件，一是自己的，二是真实的。其他的是充分条件，要求是印象深刻的、重要的、复杂而有挑战性的。但在V字形理论体系中，我们不认为哪个案例比哪个案例更有价值，哪个比哪个更经典。只要是真实的、自己的就可以。”

孙老师：“在重塑价值观这个环节，受到学员质疑怎么办？作为积淀不够深厚的年轻老师，如何在这个环节去说服、影响他们?”

我：“允许质疑，让一切都发生。你可以请其他的学员先来回答那个问题，或者把这个问题暂时悬挂起来，写下来贴在墙上。要真诚对待，不要在那个时候想一些应急措施，不知道就是不知道。”

石老师：“引导师往往在提炼方法论和重塑价值观环节难以把控，如何帮助学员更好地、更清晰地将价值观和方法论共同梳理出来?”

我：“价值观不等同于核心价值观。价值观就是信念中的一部分。在任何一个具体的事情上，背后都有关于其重要性的判断的问题，‘它有什么好处或坏处?’把它找出来写上去就可以了。至于方法论，把找到的具体方法中体现的一般性的规律找出来，就是方法论提炼。”

董老师：“在提问环节，什么样的问题算是好问题？如何才能引导学员提出好问题?”

我：“所有想提的问题都是好问题。把自己当作这个案例的主人公，试想，如果我遇到了会怎么办？把你的答案或想法转变成提问抛出去，这样的问题自然就有洞察力，会对别人有帮助。”

董老师：“V字形理论的威力很大，大部分学员都能积极参与，但也会有个别学员不上心甚至不愿意参与，遇到这种情况怎么办?”

我：“不知道怎么办就把问题交出来，问其他学员‘我应该怎么办?’如果不会处理就说自己不会处理。允许学员产生各种各样的质疑，帮助大家把所有质疑都表达出来，让每个人都听到和看到，引起大家思考就可以了，这一点是最重要的。”

侯老师：“如果遇到学员层次不同，如何引导学员顺利进行?”

我：“这要从两个方面来看。第一，培训班不宜有层次不同的学员在一个班上课。第二，层次不同，也是差异化学习的有利条件。找到交集，就会产生共鸣。”

郑老师："假如学员提供的案例涉及一些敏感话题或者个人隐私，作为引导师怎么处理才能不打击学员积极性并保证正常研讨流程？"

我："征求和尊重本人意见。记录里隐去姓名和单位。或换一个案例来做。运用V字形理论，要牢记建立信任是第一位的。信任无禁区。"

李老师："V字形的后半段很难，如何让学员集中注意力？"

我："休息、做一个热身或催化师进行奖励。给大家富有挑战性的提问。告诉大家，V字形的后半段才是我们前面努力要产生成果的地方，让大家拿出挑战的欲望，会好一点。"

赵老师："提问过程中，案例贡献者被大家问得情绪过于激动，开启自我保护模式，引导师该怎样引导？"

李老师："我也遇到过这样的问题，进行过程中在学员不愿意配合或被触及痛点的情况下，如何进一步探索出真正重要的问题？"

我："这两个问题相似，是非常好的问题，也是比较难解决的问题。可以尝试问情绪激动的案例贡献者，'觉察一下情绪激动背后的意图是什么？''如何才能更好地完成这个意图？'这两句话要分开问，引导师注意要运用好语气、神态和眼神，还有说话的时机，若把握得好，对方一下子就会冷静下来。等对方回应后，再问向对方，同时环顾问向其他成员，'那么关于目标是很清晰的，是吗？剩下的只是找到其他方法和灵活运用方法的问题，对吗？''请再回想一下，你们所知道的那些正确答案是从哪里得到的？'当你把这两个问题抛出去的时候，包括案例贡献者在内的所有成员往往会一下子冷静下来或者理性起来，就会乐意探索那些真正重要的问题。"

张老师："V字形理论从事下切再上升至理，这个'理'，如何理解？它与前面的行动方案、方法论、价值观有什么联系？有什么区别？"

我："万事万物的背后都隐含着一个理。这个理即人类认识到的规律、真理、原理、道德。理并非事物的属性。理，是依赖于人类才存在的，是人类认知的最高范式。例如磁石，吸铁是它的属性，这一属性并非理。用于指南，则是理。理，返回到事物中便可分解出价值观、方法论。每一事物背后的理，都可分解出价值观、方法论。理与人同在。"

石老师："运用V字形理论，您通常会从哪些方面捕捉到某个学员思维方式和心智模式发生了改变？您是如何利用这种改变提高本次学习质量的？"

我："通过细节来发现，最重要的是通过学员带有反思性的提问或回应去发现。当一个学员学会了反思（反思就是向内的，即'我该怎么做？'），说明这个学员的心智模式发生了变化。如果反思没有出现，就意味着向引导师发出一个信号，需要用足够数量的正确的提问，需要有洞察力的提问，去促使反思的发生。如果反思已经发生了，仍然要用足够数量的、有洞察力的提问去促使行动计划书的落地。”

这种讨论最大的好处就是任何时间都可对感兴趣的话题进行发言。

在移动中学习，形式上也很贴近行动学习的理念。

第二辑

与大师相遇

曾文正公有句“百战归来再读书”，对实战家堪称劝学良言。若有经历、若有正念，管理者必在展卷时刻与大师心灵相遇。遇事先构想与大师对话，必发生新的觉知。有人便总结：事上磨，心上觉，当下用。本辑收录的14篇文章，即为与培训大师纸上相遇心上相知的际遇。

行动学习的本质

阅读雷格·瑞文斯《行动学习的本质》，我常会感到孤独，替雷格·瑞文斯，也替自己感到孤独。为什么呢？因为居然很多做行动学习的人或赞成做行动学习的人，并没有深刻理解行动学习的本质。

雷格·瑞文斯的很多观点和做法并未得到今天人们的重视，甚至也并未足够得到当时人们的重视。这也许是行动学习至今都没有得到很好推广的原因。今天的人们所做的行动学习，过于简单化、娱乐化、片断化。

行动学习是由具有挑战性的真实问题所驱动的，参与者必须整合各自观点来集体解决问题，在这个过程中学习的发生是直接的、致用的、多层面的。行动学习不是纸上谈兵，而是在可能面临失败风险的行动中学习。对人性的深刻洞见，是行动学习的一大特色。

仅仅是讨论如何解决难题，不是行动学习。在解决掉难题的过程中学习解决难题的规律，才是行动学习。因此，行动学习就是构建组织健康高效的学习系统。

老师与学员共同设计、实施，才是行动学习。要做理论的实践者，不只是做理论的听众，只做听众，就会过耳不留、过目即忘。

知道什么是对的远远不够，你必须去实践和体验。学习的意义在于行动，行动的意义在于改变和升华。难题中蕴藏着巨大的机会。学习是改变自己，建议是改变他人，决策是改变世界。

雷格·瑞文斯提出了行动学习的20个基本假设。今天必须一一进行重温和解读，才会给今天的行动学习真正带来希望。

1. 学习寓于工作之中。

雷格·瑞文斯的第一个假设，是20个假设中最重要的、提纲挈领的假设。这使我想起德鲁克讲过：资源要分配给机会而不是问题，基于战略的有效性远比基于战术的效率重要得多。雷格·瑞文斯的这个假设，可以这样理解：每一项具体工作都蕴含着学习的机会。因此完成工作不是唯一重要的，更重要的是过程中学到了什么以及这种学习的效率如何。

2. 正规教育是不够的。

如果只停留在对这句话字面意义的理解上，那将完全不能理解什么是行动学习的本质。要正确理解这句话，首先要明白正规教育恰恰是必需的，但不是以灌输和考试为特征的教育，这样的教育并不能称为正规。正规是指能够使学员做到举一反三，而若要做到举一反三，只有靠联结学员的经历并教会学员发出洞见性提问。洞见性的提问是用来成全知识的。其次要明白，提出洞见性问题的能力，从深层次上来讲是源自提问者的个人经历。管理者的最重要的经历就是实践，因此不进行管理者的个人案例解读，学习是没有意义的。

3. 难题的解决需要洞察性提问。

管理学作为一门学问，其本身之所以成立，是因为它强调管理没有标准答案。管理本身既非科学，也非艺术。管理的本质只是实践。管理的手段，既有科学，也有艺术。我想至少高层次的管理问题没有标准答案，而低层次的管理问题往往是有标准答案的。而管理者面对的问题，往往是没有标准答案的问题。因此单纯依靠知识来解决是远远不够的。没有提问，知识只能解决有标准答案的问题。有了洞见性提问，解决没有标准答案的难题才有了机会和可能。管理者应该是提问高手，并在团队差异化的提问中学习如何解决难题。因此管理者努力成为教练，是大势所趋。

4. 没有行动就没有学习。

没有体验，就不可能有真正的理解。先体验，再去理解，这才是学习发生的路径。管理者只能在解决掉难题的过程中学习解决难题的规律。

5. 学习是自愿的。

任何人都叫不醒一个装睡的人。自愿是学习发生的动力之源与决定性因素。成年人的学习如此，管理者的学习尤其如此。

6. 紧迫难题与诱人机会激发学习。

管理者遇到的难题一律都是变革管理的重大机会，难题是殿堂之门。

7. 建立行动的反馈系统。

所有的行动，必须分解为细小的阶段并及时进行效果反馈才会取得成果。控制行动的进度需要信息的系统性反馈，这是管理者和组织进行个人反思、组织反思的基础。

8. 行动学习不是纸上谈兵。

行动学习者必须真正检视自己的价值观和信念假设，过程中追求优化自己的心智模式。这对人性是艰巨考验。这就是行动学习的隐秘风险。行动会有风险，但没有风险学习便没有价值。特别是在运用专业工具集体解读个人案例的时候，会遇到案例贡献者内心强烈的自我保护性抵抗。最后，如果不去落实行动方案，行动学习就只是一场高成本的游戏。

9. 对经验的反思是最好的学习。

对管理者来讲，每天乐此不疲地将新鲜出炉的资讯、信息、观点和概念当成知识去学习是一件危险的事情，因为未经整理的信息只是灾难。最可怕的不是没有知识，而是只有知识。经历是财富。但未经正确解构的经历并非财富。反思自己的经历，是管理者最为重要的成长方式。反思经验比阅读新鲜资讯更能促使人的改变。

10. 与同伴的交流促进学习。

既然反思自己的经历是管理者最为重要的成长方式，那么组成结构化小组来进行集体反思式的团队学习就成为必需的规定动作。与有行动责任和行动经验的人交流要比同“学院派”老师交流有用得多。前提是把工作中遇到的难题的解决方法作为中心议题和将要达成的目标来展开学习活动。

11. 小组是重中之重。

结构化小组是指学习者的背景、专业、难题既有相关性又有跨越性，因此更具互补性。这样的学习小组经常会即时碰撞出奇异的灵感、智慧的火花。强调在交换各自当下难题与任务中即刻产生的想法才会催生真实成果。因此相互质疑将变得万分宝贵，且恰恰是这样的质疑将会更加促动团队的和谐与强大。

12. 内容专家的介入需谨慎。

外请专家因不承担行动的责任与风险而过度地介入往往会武断地制造分歧或限制乃至带偏学员的思路。企业更多的是需要内部专家。

13. 行动学习重在培养提问洞察力。

告知不是最有效的学习，尤其是对管理者来讲。培训师的责任是设计学习，并在解决难题的过程中与学员共同成长。要达到这样的效果，老师与学员共同培养提问的洞察力就变得相当重要。

14. 相互交流产生学习。

管理是一种社会性学习，过程中催化师也在学习他不懂的内容，所以唯有行动学习才会改善行动学习。

15. 小心，不要过度依赖行动学习催化师。

学员要向催化师承诺，今后要摆脱催化师。催化师要向学员承诺，尽快教会催化技术使学员摆脱外部催化师。催化技术终将成为工作方式。

16. 行动效果衡量学习效果。

要全过程地不间断地衡量行动结果与预期目标的差距。在行动中学会学习比行动结果还重要。最好的行动结果就是学会学习。

17. 问题要鲜活。

评判是反思的障碍。提问促动反思，反思构建未来。行动学习的本质就是通过洞察性提问来激活旧知、探索未知，不惧过程中的混乱与行动结果可能带来的风险。

18. 科学研究的方法让行动学习有章可循。

观察、假设、试行、审核、回顾，贯穿于理性决策、学习过程、方案选择这每一个环节之中，只是具体名称不同。观察、假设、试行、审核、回顾，分别指向的是事实、可能性、尝试、评估、决定。转换成提问则是：事实是什么？有哪些可能？行动方案是什么？行动结果如何？下一步行动的决定是什么？

19. 行动学习带来影响的乘数效应。

在团队中运用集体力量解决掉一个人的难题，至少等于解决团队每个人的难题的一部分。小组内、小组外乃至整个组织都会受到影响。量子理论在今天大放异彩，量子纠缠使团队学习的前景有无限可能。

20. 行动学习推动业务、领导力与组织发展。

经解决难题而促进领导力提升，进而推进组织的学习生态系统建设。

雷格·瑞文斯的这20个假设，值得反复玩味。

如何看待知识？这是一个非常重要的问题。雷格·瑞文斯并非通过强调提问的重要性而贬低陈述性知识或程序性知识。恰恰相反，雷格·瑞文斯试图通过洞见性提问来成全知识。没有洞见性提问，知识只能解决有标准答案的问题。因此，行动学习的发起人或委托人将程序性知识的引入当作一个环节嵌入行动学习之中，才会真正成为组织学习的主人。

行动学习有四种选题模式：第一，熟悉环境中的熟悉难题。适合解决高难度问题，进行集体攻关。第二，不熟悉环境中的熟悉难题。指学习小组成员从事相同工作却来自不同背景或不同情境下的不同组织，适合在团队学习中取长补短。第三，熟悉环境中的不熟悉难题。指学习小组成员从事不同工作却来自相同背景或相同情境下的相同组织，适合在团队学习中针对新工作、新分工或交换难题进行研究，适合集思广益。第四，不熟悉环境中的不熟悉难题。指无论是所属组织还是工作性质都不相同，适合奇思妙想、跨界学习。

无论哪种选题模式，行动学习都要求先捕捉机会，后解决难题。程序性知识为专家所用，洞察性提问为领导所用。小组最重要的特征是每个人努力成为一个诚实的人。参与者要对自己施予其他人的影响产生某种程度的好奇。在任何一个学习阶段，成员都要问自己：我们真正要做的是什么？什么在阻碍我们不去做该做的？对于目前的状况我们可以做什么？并且在任何一个学习阶段，诊断问题与解决问题不是严格分开的，而是相互交融交替进行的。参与者之间要相互友善对待，留意彼此的行为，做出承诺与支持。结构化的小组，一定拥有了解难题的人、想解决难题的人、能够帮助解决难题的人，无论是谁都要把自己当作组织的主人。

接受行动学习的决策者，往往不是被说服，而是基于对倡导者的信任。只有智慧的发起人、坚定的委托人和积极的参与者，才会减少职业顾问和外部权威的威胁。因为后者受个人利益的驱动，他们会使行动学习尽可能依附于收费专家。我们要努力在鱼龙混杂的行动学习市场保持清醒，在逆境中与志同道合者一起相互学习，没有精英可以出手拯救我们。

瑞文斯对职业经理人四个典型特质的描述，非常引人深思：第一，遵从过去的成功经验。只迷恋于成功，自责于失败，留在不能忘却的过去，不能活在当下。第二，效仿成功管理者。导致返古、返祖、向过去的英雄们找答案，没有注意到身边那些敏锐的、正直的优秀分子的想法。第三，立刻采取行动的惯性。导致短期事件会驱逐长期事件，陷入事务性工作中不能自拔。德鲁克说，制约管理者发挥有效性的因素之一就是事务缠身，并且管理者的职务越高，时间越是不属于自己。第四，习惯发号施令。导致低估下属，瞎指挥，不会授权，不会培养高效的下属。

但从另一面看，管理者无法不形成这样的四个特质。因为人只能从过去的经历当中学习。过去没有什么不好，已经发生的事实永远值得正视和尊重。对过时的事实，通过行动学习完全可以赋予新意。那就是促成小组成员之间的联结，进而基于联结促动反思。瑞文斯、明茨伯格、阿基里斯都对商学院的案例学习提出了强烈的质疑，其根本原因就是商学院的这种案例学习很难使学员从所学案例中产生与个人经历的切实联系，导致在学习过程中只是在对自己一无所知的事情妄加评论，使得最优秀的学员也不过是成为“逞口舌之快”的“案例学霸”。

催化师所要做的就是激发管理者应有的特质：批判地看待过去的经验，相互付出诚意与友善，一定要先考虑未来做什么，相信员工因有着自我成长的强烈需求而有兴趣参与挑战性工作。

瑞文斯强调什么不是行动学习：轮岗（瑞文斯称之为信鸽）、不愿或无权解决难题、讨论别人的案例或商业模式、不落地的研讨、外部专家咨询或授课（外部专家持有的态度应该是：我们的优势就如同你们的一样，都在于对你们的问题的无知）、运营研究、告知常识。

行动学习的本质是承诺在行动中学习。深度聆听与洞见性提问是学习过程中的利器。提问的目的，不是提问者想知道答案，而是帮助被提问者寻找更多可能。聆听的目的，不是准备回答对方，而是搜索如何回答自己。因此，聆听的障碍是：解释、抗辩。聆听的最佳模式是：汲取、假设。瑞文斯本身是物理学家，他创立的行动学习有很强的科学色彩：专注实践、要求真实、强调行动、聚焦效果。在我看来，行动学习的三大任务是：解决工作难题、优化心智模式、推动组织变革。

关于自我认知的提问

管理者迫切需要提升的能力之一是自我认知能力。如果自我认知不能得到有效提高，将会严重妨碍心智模式的优化与思维方式的改善。提升自我认知能力，或帮助他人提升自我认知能力，最有效的办法之一就是向自己或他人提出洞见性问题。

对此，彼得·德鲁克曾有几句精彩的提问："我的长处是什么？""我的学习方式是什么？""我的做事方式是什么？""我的价值观是什么？"

沃伦·本尼斯也有几句提问："你是谁？""你想成为谁？""周围的世界认为你是谁？""周围的世界想要你成为谁？"

彼得·圣吉的几句提问也很精辟："认识自己的个人愿景？""什么是我真正在意的？""什么是真正重要的？"

我们如果认真回答上述提问，会发现自己很难回答、不愿回答，更不敢当众诚实地回答。我曾将前面的提问抛给很多管理者，他们的感觉大抵如此。甚至有人说："简直有芒刺在背的感觉！"

运用能够促使自我认知的提问，要学会转化。例如对在决策中听不得意见的管理者，可以这样发问："我知道很多像您这样的管理者都很钦佩任正非，他曾说'让听得见炮火的人决策'。我感兴趣的是，您身边听得见炮火的人是谁？您是怎样发挥他们的作用的？"

对那些过于自信甚至有些独断的管理者，根据情形既可以单独向一个人发问，也可以在课堂上面向全体发问："我们都知道，杰克·韦尔奇被称为二十世纪第一CEO。他曾说‘商业就是一场共赢的游戏’。对此您怎样看？您是如何做到的？”“以您的成就，可以判断您也是一位善于共赢的管理者。我想知道，与您共事的人是如何评价您的？”“现代管理学创始人彼得·德鲁克说，‘上帝想要真正毁灭一个人，会先送给他三十年的成功’。您是怎样理解这句话的？”“柳传志曾说，要‘脱了裤子剪尾巴’。可是，怎样剪才能达到效果呢？”“稻盛和夫先生说，‘真正的领导者应该是以大爱为根基的反映民意的独裁者’。您是怎样理解和把握大爱与独裁的关系的？”

面对那些吝于赞美下属的管理者，可以这样询问：“为阶段性成功正式地举行实质性的庆祝活动，是杰克·韦尔奇的一贯做法。据我所知，很多其他管理者也有这样的举动。不知道您怎样看，又是怎样组织这样的庆祝活动的？若有什么好做法，请向大家推荐一下好吗？”

没有提问习惯的管理者，如果说占到绝大多数，大概不会有更多的人反对。对这样的管理者，可以用这样几句发问：“今天的脑科学研究成果告诉我们，人的经历促进脑神经元之间的联结。人类面向未来的学习，首先源于对个人经历的反思。我想知道，您在反思上有什么好的习惯？”“没有提问和反思，学习就没有真的发生。您在工作中经常向自己或下属提出的问题是什么？”“学习型组织理论的创始人彼得·圣吉说，‘今天的问题来自昨天的解决方法’。您是怎样看的？他又说，‘提问引发思考，告知引发争辩’，对此您有怎样的实践和体会？”“我曾听一位哲人说，一个人最大的客观，就是承认自己有多主观。对此您怎样看？”

对缺少培养下属意识或不擅长培养下属的管理者，可以这样提问：“我听说，在改善下属的心智模式的时候，要从营造气氛开始。请您结合自己的实践经验谈一下，您认为应该营造什么样的气氛？如何营造呢？”“宝洁的培训课程，特别强调重复。您在培养下属的过程中，重复最多的是什么？您认为应该重复什么样的内容？”“戴明的PDCA循环法，讲究计划、执行、检查和改善。您是怎样通过类似这样的方式培养下属的？”“西方谚语有云，‘你可以培养一只火鸡上树，但你最好选择一只松鼠’。您如何理解这句话？工作中您是怎样做的？”

德鲁克先生曾提出五个重要问题，每个问题都有丰富的含义，需要每位管理者认真思考和回答：

1.“你的愿景是什么？”

这个问题很丰满，含义有：我是谁？我最重要的价值观是什么？我代表着什么？我一生所追求的成就是什么？我应该如何对待我生活当中最亲近的人？我希望自己如何被别人对待？我人生的目的是什么？

2. “什么是你愿意投入身心去打造的最重要的关系?”

这个问题的含义有：你为谁服务？你最在意的人是谁？你愿意花时间跟谁在一起？你愿意和什么样的人携手同行？他们能给你的生活带来什么利益？他们怎样影响你的价值观？他们能给你带来什么样的能量？

3. “什么能创造客户价值?”

这个问题的含义有：什么对你的朋友、家庭和同事是重要的？他们最大的愿望和目标是什么？他们是如何珍惜你们之间的关系的？

4. “你期望得到的结果是什么?”

这个问题的含义有：你周围的人是否清楚你的期望是什么？你的孩子是否清楚你对他的期望？你的爱人知道吗？你的上级知道吗？你的员工或同事知道吗？你是否询问过他们需要的是什么？

5. “你的计划是什么?”

这个问题的含义有：你的短期计划是什么？你的中期计划是什么？你的长期计划是什么？这些计划能够使你到达你想要到达的地方吗？你如何才能证明你到达了？

很显然，如果能够诚实地回答上述问题，自我认知会达到新的高度。当然，回答这些问题不仅需要勇气，也需要时间，更需要在人生的不同阶段作出个性化的回答。

明茨伯格和雷格·瑞文斯的洞见

管理学家明茨伯格先生有几段很重要的论述，在我多年的培训实践中，对这几段话既有得到印证后的感悟，也有尚待进一步领悟的期待。他说：“MBA是因为错误的理由用错误的方法教育错误的人，企业不应该雇佣MBA毕业生，因为教室和课堂无法培育出企业的领导者。”“管理是经验或者手艺、经营洞见以及科学分析三者的结合。”“哈佛商学院案例教学法只能训练人们对自己一无所知的事物妄加评论，企业的管理经验从被印刷成案例的那一天起就已经是过时的经验了。”“这种所谓的案例教学法很容易形成对问题的肤浅看法，如此一遍又一遍地重复，使很多MBA学生不是根据企业实际情况而是根据一堆‘干净、漂亮’的数据来做决策。这样的教学只能促使管理者与他们所管理的事物之间明显脱节。”“管理的本质在于实践，不联系实际就没有生命力。而现有的管理和领导力课程与实践是脱节的。”这样鲜明的观点、深刻的洞见，在管理学界很少见。

如今，越来越多的商学院质疑或抛弃了这种肤浅的、空洞的、与实践脱节的案例教学。因此，解读学员自己的案例是中高层管理者发生学习的必然选择，也是未来案例学习的发展趋势。此种案例学习的模式旨在强调管理者要贡献自己亲身经历的事件，实现在小组研讨中建立联结、共享意义，从而使工作难题与工作经验在集体共振中生成符合每名学员实际的管理智慧。从某种意义上讲，行动学习全部是案例学习。

雷格·瑞文斯说：“（学院派的）案例研究与商业模拟都是基于非实战性的情景而开发的。参与者既不需要为问题诊断也不需要为问题解决方案负责，他们自然会产生一些轻微的意见不合，而且会很快研讨出对案例文档的十几种不同诠释。这种情况会很快使得案例研讨的意见领袖竭尽所能地主导这个研讨，这会让其他十来个人佩服不已。一些案例研讨的意见领袖是如此擅长主导这类研讨以至于他们在美国的商学院里被称为‘案例学霸’。学员没有方法来确认这些案例的真实性，更不能去按照应有的顺序和重要性去呈现事实。”

他又说：“而在行动学习中，案例则是由在场参与者从其坎坷的问题诊断和解决过程中所发生的实践中摘取出来的，他们本身就是事件中的一分子。他们整理好所有证据，并且与多位同样仍因混淆困惑而探究事实的人探讨，最后还要回到狰狞的现实中去尝试做些什么——基于真实难题的学习，可以提升个人对现实世界的掌控，那绝不是简单的!”

自我批判是活力的来源，活力是创新的基础，创新是变革的推手。而这些都来自体验。不给体验的课堂，是没有效果的；不给体验的培训，是没有出路的。解读学员个人的案例，会带给学员最深刻的体验。

学员带来的最好的个人案例，有以下几个特征：来源于亲身的实践，是复杂现实的真实记录；具备信息非完整性，反映决策环境的非确定性；具有多种管理和社会科学的综合性；反映竞争环境的时代性和复杂性；能够为培养分析能力和决策能力服务；具备多种决策方案的选择性、留有广泛的想象空间、无法运用简单的因果关系和直线性思维进行思考。

组织学员研讨自己的案例，对学员和催化师要做出一定的硬性要求：每一个学习者都要做决定，运用学过的经济、管理理论来解释案例中的现象；特别是调动个人经历和工作难题去理解他人的案例，贡献自己的想法；过程中要深度聆听，积极向他人提问，切忌反思；防止统一思想，目的不是找出正确答案，精彩的场面是提出有见解的反对意见；老师只负责抓住、厘清和激化冲突，并注意是否讨论到重要问题。

如何理解学员个人的案例学习？将这样的案例学习课程放入提升领导能力培训项目设计当中的理由是什么？除了前面讲到的之外，还必须给出一个感性的解释。我通常会在学员个人案例学习之前，下发一份这样的文字材料：

如何理解学员个人的案例学习？

（一）

你与他人之间所发生的一切事情，无论好事还是坏事，其实都是有“脚本”的，你只是一个演员，走了一遍台而已，而且是直播，任何人的人生都没有重播。你是自己的导演、自己的编剧，同时你扮演自己。这个“脚本”是谁写的？你自己。你什么时候写的？从出生的那一天起。用什么方式写的？用说话和做事的方式。如果有一台最先进的智能电脑，将你做过的一切大小事情都输入进去，电脑一定会发现你的说话结构和做事结构（思考结构与行为结构），这个结构就是你的人生“脚本”。当然，你的这两个结构（其实是一个结构，它是一个完整的系统）不是一成不变的，你新近所讲的话、新近所做的事，都会自动修订这个结构，形成新的“脚本”。你就是这样从小长到大的，如果足够幸运，你也会按照这个“脚本”从大活到老的。这台智能电脑发现的是关于你的图式知识结构，蕴含着推理。你的全部行为都产生于经过高度概括的“脚本”。你的头脑中有成千上万这样的“脚本”。每当新的“当下”来临，你便开始在全部“脚本”中索引筛选，参照应用，然后修订脚本。于是，你在言行中实现着自己的改版升级。人都是这样从自身经历中学习的。如果你足够聪明的话，便进而能够从他人经历中学习。这是方便法门。可以这样说，你做过的最重要的事，其实是你的人格化的经历，是经历的化身，是经历的代言。如果你足够智慧，在说话做事的过程中能够注意收集他人的反应，你就有机会认识错误或预测失败，在人生的舞台上便能获得更好的演出效果。所以，记录你做过的事情，是最好的自我学习。如果你想从他人经历中进行学习，那么请每次确定一个学习主题，根据主题去收集他做过的事件，向他提问，允许他澄清或解释事实中的细节，你必须仔细聆听以便联结自己的人生经验，这当中最重要的就是挑战自己的假设，多联想老师和前辈们教给我们的知识，在头脑中试图转化为可操作的知识或经验，最后重新构建“脚本”以更深刻地理解你所确定的学习主题。人生的本质是行动，而如何行动从来没有标准答案。从事件中学习永远是最方便的，因为那很强的故事感会吸引你，使学习效果更好。记住，你只有像前面说到的那样做，才有机会在了解和解释事件中进行反思，才能将自己的经历或他人的经历变成叙述良好的“脚本”贮存在记忆中，从而成为一名好演员。

（二）

你的每一个事件中都有他人。事件不在你这里，也不在他人那里，而是存在于你与他人之间。没有人能够独处，即便是修行者，也没有独属于自己的事件。就算你一个人在喝茶，排除了一切杂念，在品味茶香的那一刻甚至把父母和子女都忘掉了，你也不是一个人在那里，而是与被你排除掉的人们在一起，排除就是某种认同。何况那时候自以为独处的你还动用了他人赋予你的某些资源，例如物资、习惯、血液。正是因为这个原理，任何人都没有秘密，任何人都部分地参与了他人所谓的秘密。所以任何一个人，除了联结他人，其实是没有去处也没有其他选择的。而联结他人，正是学习。学习只能在联结他人的过程中发生。于是，问题终于只聚焦在一点：我们应该怎样更好地联结他人？除了关切事件、在关切事件中关切事实、在关切事实中关切反思、在关切反思中改善行为，人类还没有更好的学习方法和成长途径。通向宇宙的道路，乃是人的心灵。

学员个人案例学习的理念虽然如此，但不少于20种方法的探索却花掉了我大量的时间。这些时间都是在课堂上与学员一起度过的。为了让更多学员在课堂上有机会亲身体验，我将学员个人微案例解构作为主攻方向。

学员个人案例学习在管理者课堂上很受欢迎。摘录几段学员的感言：

“今天学到的方法很好，通过提问来解读个人经历。回去要用在我的团队里，每周解读一个人的案例，相信会促动团队的工作。”

“以前我知道自己挺自以为是的，今天才知道，自以为是并不是多么坏的品质。人只能从经历当中获得学习，积累成功关键要素多么重要啊！但我过去对自己的反思很不到位，今后要加强自我反思。”

“这对我是一次颠覆性的培训，我本来是奔着学知识来的，但老师告诉我：心智模式有问题，知识越多越反动。通过今天的学习，虽然我的心智模式不可能一下子得到优化，但盔甲已经松动了。”

学习的设计在于依循人性

今天的管理者培训，越发打破管理各专业学科之间的界限。例如不再只按市场营销、财务、人力资源等专业来安排课程，而是更加看重按照管理者必备的管理自我的反思心态、管理关系的合作心态、管理组织的分析心态、管理环境的练达心态、管理变革的行动心态来设计课程。

这仅是指心态上的培训设计。但是，很少有人针对某些国企领导干部矜持而又自卑、自大而又自闭、欲求过多而又不思进取、虚伪做作而又道貌岸然的心态或特点来设计培训产品。培训界公认态度类培训很难做，特别在改善心智模式与思维方式上，亟待研发出适合这部分盔甲较厚人群的行动学习模式。

人的内在学习动机来自好奇心、求知欲、自尊心、责任感、兴趣，也来自能带来成功感、挑战性、参与感、奖励性的活动。将这些元素放入课程中，便是好的学习设计。

小红花要比奖金更有激励作用。有时用金钱去奖励那些把一件事情做得好的人，反而会使他们降低甚至失去继续做这件事情的兴趣。深层原因是这会使他们觉得自己是在受人控制，产生逆反心理。若只顾加大金钱的奖励，也只会维持一段时间，不会持久。而小红花的象征意义很强，也能牵动管理者对儿童时期的很多美好回忆。

高效的学习总是伴随着愉快。愉悦是一种化学物质，叫多巴胺，受价值观控制。将愉悦感巧妙设计进课程的每个章节，是态度类培训发生效用的最好方法。让学员乐于参与进来，学习会更简单。充满隐喻的寓言、故事、案例都能传递和激发愉悦感。

只有拿起笔来写，学习的动机才会被激发。大白纸、写字板、黑板、便利贴，必不可少。学员们写了什么往往不是最重要的，最重要的是写的过程需要深入思考与热烈讨论。而这意味着学习有可能真正地开始。只要动笔写，学习就已经发生了。动口、动手、动脑，是连贯的学习动作。

不热身不培训。热身小游戏就像小李飞刀。优秀培训师浑身都藏着小李飞刀，随机应用，刀不虚发。例如培训中期要求每人用一分钟写一则25字的寻人启事，这个人就是你自己，写完后将全部寻人启事混合放在一起，每人抽一张，两分钟内找对人就获得小红花一朵。

人的内在需求不外乎交往、控制他人、理解世界、满足生理需求、趋利、避害。将这些设计进学习过程，就可以调动更多的学习能量。行为学派认为，针对需求的奖励系统是激发某种理想行为的最有效的方式。认知学派认为，人是根据对外部事件的理解来做出反应的。建构学派认为，行为既取决于行为结果，又取决于个人信念。建构学派的代表人物杰洛姆·布鲁纳说："教学的中心目的是培养概念理解力、认知技能和策略，而不是获得事实性的现成信息。"灌输知识不应是管理者培训的特征。

下面来说说有关学习发生的几个真相：

关于学习发生的第一个真相：少就是多。少则得，多则惑。老师要少讲、少灌输、少告知。要给学员充分的时间去联结各自的经验，通过质疑、桥接、勾连，建立和共享新的意义。

关于学习发生的第二个真相：短就是长。例如20分钟为一个教学单元，每个单元有五分钟讲述、十分钟研讨和五分钟回顾，不同单元差异化搭配，逻辑化推进，既能制造新鲜感，又能强化体验与记忆。

关于学习发生的第三个真相：慢就是快。假设每一个教学单元都回顾一下、每天课程结束时都分享一下、一周内复习一次、一个月总结一次、培训结束后在各自岗位上边实践边分享，这样对取得学习效果而言，看似慢，实则快。运用网络技术，边实践边分享的形式更可以多样化。埃德加·戴尔说："媒体越多样化，所形成的概念就越牢固。"

对学习的主题，老师最好选择三个圈的交集，即组织需求圈、学员需求圈、自己熟悉圈。选题的标准，要小、实、专、新。标题的措辞，要新鲜有趣、形象生动、便于记忆、反映实质。

对学习的内容，坚持以"三个带来"为核心，即学员带来的工作难题、亲身经历的案例、对工作的想法和建议。难题是课程大纲，案例、想法和建议是课程内容，行动计划书是课程的成果。

PPT的最大用处，不在于呈现文字，而在于营造视觉冲击效果。例如图片、视频、手绘、模型、放大的关键词等。乔布斯曾说："没有幻灯片，人们已经不会说话了。"培训师过于依赖PPT会限制自己的能力提升以及课堂效果，因为PPT会喧宾夺主，使学员将注意力放在PPT上面，而不是注意老师当下讲的是什么。

在学员提问使老师一时难以回应或学员研讨遇到难局的时候，老师最好先讲一个故事。因此，老师的故事库存量要很大。故事中要有冲突、有情感、有细节，故事的讲述要简洁，最后配以一句画龙点睛式的提问，扣到正题，引发学员思考，自己找到解决问题的方向或方案。

库伯的“体验学习圈理论”强调四大要素：具体的体验、对体验的反思、形成抽象的概念、行动实验。我看到很多老师精妙的课程设计，都有意或无意地符合和印证了库伯的这一思想。

作为教练型管理者，也要成为其团队学习的设计师。最简单的方法就是学会举例子，这是当前中高层管理者急需学习的一项技能。

现实中我们的管理者变得越来越不会举例子。他们通常只习惯讲道理，除去习惯讲道理，就是擅长提要求，唯独不会举例子。若有人请他举例子，他也只会泛泛地讲现象，且很可能讲着讲着就又开始讲道理提要求，唯独就是不肯举例子。若再三索求例子，他多半就会讲一个大事件，里面层层叠叠包裹着无数需要澄清和值得挖掘的小事件，但他就是没有能力讲小事件。若请他说细节，更会不甚了了——他只会说大轮廓。

不会举例子，不是小问题，而是大问题。说明我们的管理者不关注实际、脱离实际，不研究细节，脑子里缺少接地气的信息。说明他是一位习惯于坐在办公室里指挥他人的管理者，不是身体力行的管理者，不是善于引导和亲自带领团队去实干的管理者。

因此学员个人案例教学的意义愈加变得十分重大，这对管理者培训来讲是很重要的核心课程，应设计在每一个培训项目中。

大师们所见略同

有人说，行动学习只是一种工具。这话只说对了一半，或者干脆说，这句话是错误的。说这话说对了一半，是因为雷格·瑞文斯反对专家咨询和商学院实践（即案例研究或商业游戏和其他模拟活动），他认为工具文化更接近于管理者的需要；说这句话是错误的，是因为瑞文斯的行动学习更是一种基于强烈的伦理价值的生活和工作的哲学，与其说“只是”一种方法或工具，不如说更是一种哲学与人文精神。瑞文斯的价值观来自基督教新教的一个派别——贵格会，他的学习理念则来自约翰·杜威。

贵格会主张平等，集会时往往从沉默开始，人人享有随时发言的权利。贵格会强调行动和实践，并认为行动优先于信念，只有在行动中实施才会具有意义。

贵格会强调静心默思，为了解决难题，任何人都可以召集五六个不同却可信任的人组成澄心委员会来帮助自己找到内心的声音。过程中只能问一些诚实的、关怀性的问题来为焦点成员提供服务，而非满足自己的好奇心，否则不能说话。贵格会强调和平、公正、面对权威讲出真相、崇尚质疑和提问、主张安静和反思。

杜威则是美国的哲学家、教育家，实用主义教育思想的集大成者。他主张“教育即生活”，教育是生活的过程而不是将来生活的预备。他认为生活就是发展，而不断发展和成长就是生活本身。因此，最好的教育就是“从生活中学习、从经验中学习”。他主张“学校即社会”，学校只是社会生活的一种形式，他强调学校应该“成为一个小型的社会，一个雏形的社会”。学校本身必须是一种社会生活，具有社会生活的全部含义，且校内学习应该与校外学习联结起来，两者之间应有自由的相互影响。杜威认为，学校作为一种特殊的环境，应该具有比较重要的功能，那就是“简单和整理所要发展的倾向的各种因素”“把现存的社会风俗纯化和理想化”“创造一个更广阔美好的平衡的环境”。杜威提出了“从做中学”这个基本原则，认为仅输入程序性知识是不够的，教学过程应该就是“做”的过程，“从做中学”也就是“从活动中学、从经验中学”，使得在学校里获得的程序性知识与生活中的活动联系起来。杜威十分重视思维训练，提出了“思维五步”，即疑难的情境、确定疑难的所在、提出解决疑难的各种假设、对这些假设进行推断、验证或修改假设。杜威的“思维五步”在教育史上一般被称为“教学五步”。杜威的教育思想曾对二十世纪上半叶的中国教育界、思想界产生过重大影响。民国时期一些重要人物如胡适、陶行知、张伯苓、蒋梦麟等均曾在美国哥伦比亚大学留学，是杜威的学生。杜威反对传统的灌输和机械训练、强调从实践中学习的教育主张，对蔡元培、晏阳初以至毛泽东等都有一定的影响。

管理学科开创者、现代管理学之父、被尊为“大师中的大师”的德鲁克，高度重视实践，重视行动，也重视提问。他说：“管理是一种实践。其本质不在于知，而在于行。其验证不在于逻辑，而在于成果。其唯一权威就是成就。”提问是他的工作方式。他经常发问：“你的业务是什么？”“你的客户是谁？”“你为客户提供了什么样的产品和服务？”“真的是这样的吗？”他说：“如果你不改变提问的方式，你永远都不会成功。”

质疑是探索未知的先声。古今中外的思想家，都极推崇质疑精神。中国古籍《礼记》中有一篇《学记》，其中有云：“善问者如攻坚木，先其易者，后其节目，及其久也，相说以解。不善问者反此。”形容善于提问的人，像木工砍硬木先从易进斧的地方下手一样，总是先易后难、循序渐进地发问。孔子很重视提问，他将质疑看作“思之始，学之端”。东非有句谚语：“不问的人永远和愚昧在一起。”愚昧者没有好奇心。法国启蒙思想家狄德罗说：“质疑是迈向哲理的第一步。”但很多自以为聪明者也正因为质疑才不肯迈出第一步。亚里士多德也有一句名言：“思维从疑问和惊奇开始。”确切说疑问与惊奇将发展出创新思维。瑞文斯有著名的三问：“谁知道这个问题?”“谁在乎这个问题?”“谁能为它做点事儿?”对学习伙伴最好的支持莫过于聆听，最好的挑战莫过于提问。瑞文斯还说：“自下而上的质疑加速了上层智慧的提升。”这既说明行动学习的重要性，又在提示我们：如果在企业里很难推动行动学习，那就采取自下而上的办法，取得成果后再说服决策层。

真正的行动学习，必须获得领导层的支持。如果将风险挑战作为横轴、高层支持作为纵轴，进行二维矩阵分析，则四个象限可分别作如下解读：高绩效、温暖、无效、风险。瑞文斯对此有精辟解读：“温暖要先于光明。”可见，企业一把手对行动学习的认知有多么重要！

在瑞文斯的学问中，比提出行动学习更重要的是明确了什么不是行动学习：商学院实践、没有任务的练习或纸上谈兵的小组讨论、业务咨询、轮岗等。其重大的区别是：商学院在谈论如何采取行动，而瑞文斯要求采取行动并且要看到效果。

瑞文斯甚至用讽刺的口吻说：“通过对采取行动的高谈阔论，一个人也许只能学会谈论采取行动（如同在商学院的课程之中一样），但要学会采取行动（这区别于学会谈论采取行动），他就需要采取行动（而不是谈论采取行动），并且还要看到效果，这种效果不是源自谈论采取什么行动（在这种情况下，他的能力会得到提升），而是源自采取行动本身（在这种情况下，他可能会有些能力不足）。”

因此扼杀行动学习有九种方式：①不是真心加入；②没有真正的难题；③带来的难题自己已经知道应该如何去做；④对难题保持沉默而不泄露任何信息；⑤很少出席活动；⑥不采取行动；⑦违反保密原则泄露成员信息；⑧极力推销自己的主张；⑨随意评价他人以显示自己的聪明。

对小组成员来讲，极端重要的是要深刻认识到必须由自己对学习效果负责：思考要从属于你在这段时间里获得什么、向小组指出什么没有帮到你、对陈述问题的人及他们的学习过程保持关注、表现出兴趣与同理心、要求澄清、避免泛泛而谈。

行动学习模式与常规的小组讨论模式的区别是：前者是成员与问题主人单线联结，焦点放在人和问题上；后者是所有人相互联结，而问题主人是模糊的，焦点放在主题上。

没有反思就不会发生学习。对行动的反思往往在事后，但这恰恰是最早的反思，因为这孕育着新的行动。在行动中反思，就是在事件进行中的反思，万分必要。

反思需要肯定性，即对成果进行梳理，将关键成功要素进行联结，产生新的意义；反思需要批判性，进行深层次探究，这是一种人文解放，不断质疑行动学习的目的和结果，以及持续地质疑自我和实践。学会反思，才是行动学习最重要的成果。

瑞文斯对催化师这个角色也是经30年才勉强接受的，同时一直怀有疑虑且频繁提出警告。瑞文斯的出发点与传统商学院MBA的模式不同，他不主张过分依赖于已获得的专业知识，而是相信难题的主人拥有解决难题的能力。因此他强烈反对催化师在不参与行动的情况下给予不负责任的指导。他预见传统老师或专家很快会开始自称催化师，而不改变基本立场，在新的伪装下继续扮演他专家的角色。小组应该避免产生对这种催化师的另一种依赖。

瑞文斯一直喜欢用助产士这个词，是指那些组织内部“富有同理心”的资深人士，引入行动学习。如引入外部专家或催化师，一定要保证小组的主导地位，并尽早获得独立，由内部人士接管接下来的行动学习。他提醒要谨防一切专家，特别是专家催化师。事实上，催化师和小组成员都不愿意催化师离开，倾向于保持现状。特别是催化师，更难放弃这个“聪明且有洞察力”的角色。

如果不能秉承如下行动学习的核心价值观，则任何组织都不愿或不能接受行动学习：行动学习的目的是改善——为自己和他人；行动学习只对志愿参加的人开放；选题必须是重要的组织或社会问题或机会；诚实、勇敢地去解决问题会让学习更加有效；这样的工作无法独立完成，需要他人的帮助；小组中成员相互信任且发言权利平等，这一点至关重要；新颖的质疑具有特殊的价值；任何来自行动的学习收获都应该在超越小组之外的更广泛的圈子内分享。

除非亲历，人不能被教会学习。但在行动学习的课堂上，人可以被帮助学习。学习者必须从自己的视角出发，以自己的方式来看待所使用的方式方法与所取得的结果之间的关系。没有其他人可以帮助他看到这些，他不可能仅仅通过被“告诉”而看到这些，尽管合适的引导可以指导他去看，可以帮助他看到他需要看的东西。

行动学习终将通过准确而具体、正面而富有建设性、不忘自我批判与反思、始终聚焦于成果、撼动与重塑企业文化及核心价值观的方式，面向和催生组织的变革。

事实、行动与动机

人们不会与事实叫板，所以最好的探询应从事实层面开始。事实会让人冷静和理智，大量事实的呈现则会自动让人进入思考如何解决问题的状态。

最好的领悟不是拍案称奇，而是肯于执行。承认和接受的最好方式是采取哪怕一点点的行动。行动才是称量承诺的唯一裁判。

荀子说：“不闻不若闻之，闻之不若见之，见之不若知之，知之不若行之。学至于行而止矣。行之，明也。”

这段话，西方翻译得更清晰：“我听到的，我忘记了；我看到的，我记住了；我做过的，我理解了。”这才是符合“信达雅”的翻译标准。

所以亚里士多德说：“如智者般思考，如常人般说话。”

最好的老师，都如常人般说话。

最好的老师，时时刻刻敏于觉察学员的动机。

关于动机，不得不知道的三个基本原则：所有人做事都有动机；人们做事有自己的理由，而不是你给的理由；你无法去激励别人。

看到任何人所做的任何事，当你不理解或不以为然的时候，都是因为你没有探询到对方的动机。有时你以为对方听从了你的意见，其实对方只是借用你的意见听到了自己内心的声音。同样，有时你以为你激励了对方，其实对方只是借用你对自己采取的行为而激励了自己。

美国“培训培训师”的先驱鲍勃·派克说：“抑制学习动机的行为有五种：很少与学员进行个人接触；让学员产生消极被动的情绪，并一直处在这种状态下；假设学员会应用所教的内容；太快对学员做出评判；让学员觉得在课堂上提问是愚蠢的行为。”

你会帮助小鸡破壳而出吗？肯定不会的。那为什么对小孩子会做同样的事情呢？从内向外打破的，是生命。从外向内打破的，是食物。

在系统中觉察与成长

德国心理治疗师、“家庭系统排列”创始人伯特·海灵格说：“爱是秩序的一部分。爱只可以在秩序的范围内成长。爱只是一颗种子，并不能改变土壤。”他在强调秩序，也在强调爱。这是他对系统的最深刻的理解与阐述。他说：“人要回归秩序，面对真相。”那么真相是什么？他又说：“每个人都有资格决定他自己的人生。危机唯有到达高峰时才能够解决。”这才是一切事物的真相。

马汀·布柏说："无意识并非存在于个体心里，而是存在于个体之间。"这话说透了系统的特征。脱离人与人的关系，不可以谈系统。

量子理论所阐述的宇宙系统更为神奇：系统中某个元素若有改变，其他与之相关的元素同时发生改变——快到同时发生，更神奇的是这些同时发生的改变是发生在若干不同的极遥远的地方，这便是量子纠缠。

可是现实生活中，人们看到的往往只是系统的症状——很小的一部分，往往也是不重要的一部分。系统按照强大的无意识法则运行，当系统的信息处于被动状态，相关的人只会有模糊的感觉。

系统法则简单且合情合理。

组织系统排列大师、德国心理学家克劳斯·霍恩认为，系统运作有其与系统共生的原则："尊重事实，必须承认事实原貌；施与受的平衡；人人都有归属的权利；先到者位阶优先；承担较大风险者优先；拥有行使职权能力者优先。"

其实这些原则，只是系统内在的张力和要求，以维持系统的惯性平衡。如果将这些原则运用在诊断组织当中存在的问题，就必须做到以此为视点来觉察周遭的一切。因此有必要进一步解释这种张力和要求：

第一，尊重事实，愿意探究事实、穷尽事实、接受任何事实，无论事实将验证或指证什么，都必须首先接受它。因为，事实总是友好的。在事实中，隐含着人们所需要的：信心、镇静、办法、理性和乐观。

第二，在给予的时候，保持高度的警惕，因为一切给予的意义将由对方决定，或者由时间决定——因为对方需要时间。同时，在接受他人的给予的时候，也要保持高度的警惕，因为一切给予都有动机，双方的动机将碰撞出双方都难以预料或难以接受的结果。

第三，每个人对所处系统都有需求，且对所处系统的母系统和子系统也会间接产生各种各样的需求，这种需求在需求者看来是天经地义的。

第四，先处在系统内的人，视自己有无可置疑的优先权，无条件地排斥或希望驾驭比自己晚到的外来的人。

第五，系统内承担较大风险者，要求系统成员尊重自己的优先权。

第六，系统内拥有职权的人以及能力突出的人，也天然地要求系统成员尊重自己的优先权。

哪怕是陈腐、愚昧和险恶，只要在系统内，就必须得到尊重和正视。不弄明白这一点，就不只是糊涂，而是一种陈腐、愚昧和险恶。

每个系统内的人，都要想清楚自己的目标，拥抱事实，定下心来，交叉运用左右脑，观察系统中的自己，体会头脑和身体的直觉，找到更好的序位，审慎地检视各种画面，只做必须做的、重要的事情。并且要经常问自己：

“我在系统内的角色是什么？”
“系统里还有哪些人？”
“我想要达成什么？”
“我选择首先处理哪些问题？”
“出现什么样的情形会让我认为自己获得了成功？”
“其他人会怎么看我？”

从管理的有效性上讲，每个人都应以主人的身份存在于系统之中。

假设对方是伙伴

试想：无论对方是谁，你都假设他是伙伴，会发生什么？

最大的可能，就是你会成为一名“可能主义者”。

你的眼前会展现出无数可能，无论面临什么样的难题。那是你在做出此等假设之前不可能发生的事情。这就是假设的威力。

工作或生活中，让你感觉别扭的东西很多。可是，恰恰是这些东西使你的感知更敏锐、更有存在感，不是吗？

佛说：一切敌人，原本只是肯来此世充当你的陪练的前世挚友。

其实，这仍只是一个假设。

但，这就是与挑战你的人的相处之道。

你最喜欢以何种方式与自己联结？你必须大声告诉自己，像呼喊一样地大声告诉自己，你才有可能重新发现自己。将这视觉的、听觉的、嗅觉的、味觉的、触觉的感觉全记在本子上，然后面对这篇文字好好端详几分钟吧！慢慢你会上升起来一股意念，仔细辨认那意念是什么。

清晰地描述自己的身体在当下的每一部分的感觉，就是在与自己建立联结。而这种联结，几乎每一个人都极其陌生。于是，生活中我们很难通过身体来认知自己。

创造自己内在与外在的协调。

这几乎是我们生活的使命。

思维方式，几乎就是我们解读世界的方式。

注意力集中、注意力分配、注意力分散，是思维运作的主要方式。

注意力集中，可用于决策。注意力分配，可用于理解。注意力分散，可用于探索。过程中，利用好自己头脑中的理性、非理性、无意识的特点。过程中，要假设挑战者就在不远处守候着我们。

尊重一切挑战者。

我曾花很长时间探究尊重这件事，多次在课堂上引导学员做学习尊重的练习。在我看来，尊重不是一种态度，而是一种能力，并且是很细微、很宽泛、无处不在的一种能力。尊重一词的含义，据说有："与……联系""对……关心""再看一遍（仿佛从未看过，就像有生以来第一次观察或思考自己、他人、某些情况或挑战一样）"等意思。很多学问，都离不开语义学的支撑以完成精确的解读。读中国书尤其如此。离开《说文解字》，读不懂中国书。

某些管理者视思维方式不同者为挑战者甚至敌人。可是最好的选择却是将其看成朋友。思维方式不同，并不一定意味着必须有一个人是错的，也可能说明存在着更多正确的思维方式。管理上，不提倡甚至反对唯一解。

面对挑战者，不妨还是提问：

"什么才是正确的?""我应遵循的处理问题的原则和逻辑是什么?""我为什么要做这件事?""不做会怎么样?""他的目标是什么?""我们能为双方带来的价值是什么?""我们各自的底线是什么?""我为此要付出什么样的代价?""我目前知道的事实是什么?""我将使用的称量标准和数据是什么?""什么时候开始最好?"这部分是关于分析。

"计划是什么?""具体怎么做?""需要什么资源?""如何将风险降到最低?""方法论是什么?""谁来帮助?""人们需要什么?""对第三方的影响是什么?""还会涉及什么人?""如果……会怎样?""独特有趣的地方是什么?""不好的结果会有哪些?""突破点在哪里?""会有什么创造性发现?"这部分是关于创新的、落地的行动。

挑战者是来成全我们的。这时候双方的意图、注意力、想象力是一组前后逻辑严密的元素，却共同指向未来。

海灵格先生曾说："扮演受害者的角色是一种高技巧的报复。"面对挑战者或敌人，不要有这种受害者思维。尽管这样可能会使自己很舒服。

人不可能不受他人的影响。同时，每个人都不要指望自己会影响他人。懂得这一点，就是懂得辩证法。如果你认为他人丝毫没有改变你，那至少说明对方使你更坚定，而这就是一种改变。

挑战者或敌人，往往是自己的另一个化身。看到他人身上的缺点，那往往正是自己的缺点在对方身上所产生的投射。

“认识你自己”，这是刻在古希腊奥林匹斯山上的德尔菲神殿石碑上的一句话。因苏格拉底将这句话作为自己哲学原则的宣言而广泛流传。

认识自己有很多方法。《旧唐书·魏徵传》记载，李世民曾说“夫以铜为镜，可以正衣冠；以史为镜，可以知兴替；以人为镜，可以明得失”。以人为镜，这是认识自己的一个方法。

今天还有很多科学的认知方法，知道自己属于哪一种类型。例如血型或九型人格，又例如阅读型或视觉型。但这并不代表你就是这样的人，那只是代表你受此种类型主导的可能性较大而已。

更深刻地认知自己，要视自己为最重要的伙伴。用神性的自己，培养现实中的自己。采取行动学习，是我所观察到的目前最好的增强自我认知的方法。例如发声描述或写下来是行动学习的原则，经常对自己这样做，就会渐渐对自己形成更加理性的认知。或针对不同的情景设计适合自己的训练方式进行模拟练习，例如学会在压力下表达自己的心声。

老师要视学员为最大的合作群体。不要以为自己在教，要以学的心态与学员共创课堂。在课堂上，老师提问越是中正，学员越是容易产生对自己的觉察。老师讲话越少，学员才会听到更多。

美国物理学家约翰·阿奇博尔德·惠勒对于教育有特殊的理解。他说：“大学里为什么要有学生？那是因为老师有不懂的东西，需要学生来帮助解答。”“要想了解一个新的领域，就去开一门这个领域的课程。要想了解一个新的领域，就写一本关于那个领域的书。”

若视一切对方为伙伴，将产生巨大的推动自己的能量。

由建构主义的课堂所想到的

今天的培训界，无人不知建构主义。其实，确切地说应该是无人不谈建构主义。因为真正将建构主义应用于管理者课堂上的成功范例，还是很少的——

包括那些将建构主义挂在嘴边的人亦难做到。假设关于学习的学问是一个百花园的话，那么建构主义就像是这百花园里的一株花草——只是其中的一个品种而已。

关于学习的学问，今天叫作学习科学。学习科学是研究教与学的一个跨学科领域，涵盖了认知科学、教育心理学、计算机科学、人类学、社会学、神经科学以及其他领域。

学习设计者运用学习科学来设计更为有效的学习环境、学习项目和课程——包括在线远程学习、课堂学习和其他非正式学习，既是考验设计者核心能力的基本功，也是必须做好的一项日常工作。

关于学习的定义，给我留下极深刻印象的是已故原华东师范大学教授施良方先生的一段话："学习是指学习者因经验而引起的行为、能力和心理倾向的比较持久的变化。这些变化不是因成熟、疾病或药物引起的，而且也不一定表现出外显行为。"施良方先生关于东西方学习理论的钻研功底很深，可惜天不假年，45岁便英年早逝。

不须说，对学习这一现象的抽象思考，古希腊大师们早有宏论。柏拉图认为，所有知识都是有机体生来就具备的，学习不过是一种错觉而已，使心灵无法回忆起与生俱来的观念，人们只是在不能回想起心灵中已有的知识时才需要学习，推理才是获得真理的手段。笛卡儿、莱布尼茨、康德，都是这样的理性主义哲学家，几乎处处与经验主义相对立。不过柏拉图有一句话讲得很接地气，"开始是工作的最重要部分"。

但古希腊的大师们也会相互打架。柏拉图的学生亚里士多德就认为，认识是由感觉开始，由个别事实上升到一般概念的。换言之，没有经验，便不可能有知识，他还说："通过归纳由经验而得来的真理是不确实的，只有概然性；真理必然是先验的。"亚里士多德最早提出联想的三个原则：邻近的原则、相似的原则、对比的原则。后人称这三条原则构成传统联想律，之后形成的"刺激—反应"理论是新联想主义。

马克思的认识论最为经典之处，就是将感性认识与理性认识真正统一起来，而不是割裂开来。只有感觉到的东西，才能真正理解它；只有理解了的东西，才能更深刻地去感觉它。列宁在《哲学笔记》中说："由生动的直观到抽象的思维，再由抽象的思维到实践，这是认识真理、认识客观实在的辩证的途径。"毛泽东在《实践论》中说得更透彻："实践、认识、再实践、再认识，这种形式，循环往复以至无穷。"

近百年来，哲学家、心理学家、教育学家们花费巨大精力来研究关于学习的学问，形成了门派众多、各具特色的学习理论。

在学习科学领域中，有一位划时代的重量级人物，就是在1859年出版《物种起源》的达尔文。他提出的以自然选择为基础的物种进化说，强烈挑战了盛行西方思想界两千多年的假设——人与动物先天存在本质的差异。达尔文以其进化学说为心理学打开更广阔探索空间的伟绩，被公认为“现代心理学之父”。这一点，很少有人知道。

达尔文的学说，给心理学提供了两种策略：要么赋予动物以人性，要么赋予人以兽性。在学习科学早期的经典理论中，以桑代克、巴甫洛夫为代表的“刺激—反应”学习理论，便是采取了赋予人以兽性的策略，人与动物的基本学习方式都是“试误”学习。

而这种“刺激—反应”学习理论，也为后来的心理学家华生、斯金纳、班杜拉的行为主义学习理论奠定了基础。行为主义认为，心理学家应主要关注行为，而不是心和意识。华生说：“心理学是自然科学的一个纯客观的实验分支。它的理论目标在于预见和控制行为。”有趣的是，行为主义者，大都是环境决定论者。即便是马克思，对地理环境也极为重视，将其提高到产生及影响人类诸多特色文明的高度来研究。

我对于行为主义有以下思考：尽管行为主义不研究意识，但行为主义者自身却离不开意识，甚至听由意识进行所谓的行为主义研究。但问题是，为满足一个动机而产生的行为，会异化为新的动机。然后，为满足这一异化而来的新的动机而产生的新的行为也会异化为另一个更新的动机。以此类推，动机与行为层层叠叠进行着永无止境的轮回，累积而成为人类的文明。如此深层次的累积，则导致人类的行为愈加具有以下的特点：第一是行为的细化，社会分工越来越细致，动作也越来越细致；第二是以日趋精致或粗暴的违法的形式，逼迫国家或组织的法律与法规不断扩充和完善；第三是以日趋精致或粗暴的违背传统道德与伦理的形式，不断地造就出新的道德与伦理；第四是其精致或粗暴的手段日趋高科技；第五是催生出更多的新产业，不断淘汰旧产业；第六是人类自身日趋异化，而成为新人类、更新人类、新新人类……没有止境；第七是人类将加速赶往终极天堂抑或地狱，其路途所遇困境将越来越深重或难以防范，有毁灭人类自身的危险。

二十世纪初，以韦特墨、柯勒、考夫卡为代表人物的格式塔心理学强调经验和行为的整体性，认为整体不等于并且大于部分之总和，主张将意识与行为放在一起来研究，所以格式塔心理学又称完形心理学。与行为主义相对立的认知主义即源于格式塔心理学派，以皮亚杰、布鲁纳、加涅为代表人物的认知主义主张学习是人们通过感觉、知觉、顿悟得到的，是通过人脑主体的能动作用进行加工而实现的。而建构主义，则是认知心理学的一个分支，着重研究个体对世界的知觉、理解和思考，称为图式或结构研究，认为是人类认识事物的基础。

我对认知主义或建构主义有以下思考：人的认知离不开肌肉或神经的记忆，这种记忆是在不断反思中形成的；没有完全相同的刺激，因为人不可能两次踏入同一条河流；海参与海茄子相似，故当存储在大脑中相邻的位格里，调用时也易混淆，也便成为商家谋取不义之利的便当途径；奖励是最大的强化，而最大的奖励，是有效性带来的成就感；迷信是一种强大的能量，而不相信任何迷信也是一种迷信；环境无意塑造人，人却正是被环境无意中塑造出来的产物。人最大的局限，来自不愿意或想不到使用任何的假设；管理者在决策中，只有运用某种工具体验反对者和支持者的角色，才可以进入决策者的角色之中，这样做才符合认知主义关于“图式”和“结构”的要求；若说“整体大于部分之总和”，那么或许正是“多出来”的那个部分，才足可解释整体的意义；人类对刺激的反应是进化的，皮亚杰时期的儿童绝不同于今天的儿童；思维方式是价值观的提取模式，是无数次提取中形成的习惯，是一种渐进式习得。在学习这件事情上，其理论很可能是以下四点：第一是尊重知识、崇尚真理、尊师重道，对人类无比重要；第二是对历史人物怀有温情与敬意，无比重要；第三是人类永远需要笃行与实证精神；第四是对未知当永远抱有好奇。

不得不提到，以单纯灌输知识为主要特征的教授主义，产生于二十世纪初的早期工业时代，其课程是从以自然科学为主要特征的行为主义的假设发展起来的。这样的课程很难使学习者与他们原有的知识或经验建立联系，学员很难将教授们传递的这些静态知识应用于工作中，遇到不同于课本中的问题时不知如何解决，也不会对学习目的和学习策略进行反思。

在建构主义者看来，世界是客观存在的，但是对于世界的理解和赋予的意义却是由每个人自己决定的。学习不是由教师把知识简单地传递给学生，而是由学生自己建构知识的过程，这种建构是无法由他人来代替的。

对管理者来讲，学习尤其不是被动接收信息刺激。外部信息本身并没有什么意义，意义是学习者通过外部信息激活原有经验而主动进行的选择、加工、分类、重组、调整和转化，从而获得自己的意义。加涅认为，影响学习的因素主要是由学生所处环境中各种事件决定的，这些事件将决定学生学什么，在很大程度上决定他将成为什么样的人。加涅的这段话，几乎可以视为行动学习关于管理者要更加重视学习和解读亲身经历的案例这一重要观点的最佳解说。

因此管理者的学习必须从个体学习进入到团队学习的阶段。学员无论几百人，只要是排排坐听讲的状态，就仍然只是个体学习而非团队学习。团队学习最大的特征是相互协作，产生经验联结。优秀培训师要懂得增进学员之间的合作，因为管理不存在唯一的标准，通过学习者的合作才能使学习与理解更加丰富和全面。合作学习是管理者的重要学习方式。

在管理者面前，培训师不应只是知识的呈现者，更不应追求成为知识权威的象征，而应该高度重视学员对各种现象的理解，深度倾听他们的看法，思考他们这些想法的由来，引导学生丰富或调整自己的理解。

在建构主义的课堂上，是以学习者为中心的，培训师必须成为引导者、伙伴与合作者。培训师要创建适合的学习情境，学习内容要紧紧围绕学员的真实难题，在课堂上促动学员之间的协作与交流，完成新的意义建构，让学员尝试解决难题。

建构主义倾向于没有课程的学习。老师带来学习发生的原理、学习规则与专业工具，学员带来工作难题、案例与各种想法。老师与学员共同合作，共创出一堂专属于此际的、独一无二的课程。老师与学员都将在这个过程中取得各自的进步。

从建构主义的课堂回到岗位之后，学员们将在课堂上学到的精华运用到工作中，从而创造出更多非正式学习的机会。只有创造出更多这样的机会，才能使管理者将自己或他人从新手变成专家。培训师们最大的功劳，就是培养出大批这样的教练型管理者。

行动学习与建构主义都将外化和表达看作学习发生的重要标志。

在行动学习中，学习者学会提问至关重要。如果不能将所要探讨的内容或自己的想法转化为提问，学习就会缺少力量。管理者如果不能将工作难题通过案例和提问的方式传达给学习团队，那么学习很难发生。如果学习团队中的每个人不能积极主动地贡献自己的案例和提问，那么学习很难发生。管理者如果不能将基于团队学习而得到的工作方案拿到工作中去实施、印证和改进，那么学习很难发生。

在建构主义的课堂上，人们同样用案例和提问的方式讨论一切话题。不同的是，建构主义认为对概念的深刻理解至关重要。概念是最重要的知识，而好奇心会带来提问，提问会外显一个人的动机，动机才是满足学习发生的决定性条件。

因为你也许可以叫醒一个酣睡的人，但你永远无法叫醒一个装睡的人。

无论学习科学发展到哪个阶段或什么程度，反思都将是学习发生的唯一通道和重要标志。反思不是指沉痛检讨自己的过失——当然包括这一点，更重要的是指学习者充满成就感地总结历次个人或组织事件中的关键成功要素，甚至将失败事件中的关键失败要素也一并转化为关键成功要素。而将失败要素转化为成功要素依然需要调动很多沉淀在潜意识里的有较高相似度的成功案例进行整合才能做到。团队中的反思，还必须将自己的问题解决过程与其他学员进行对比，进而通过与专家进行对比、与标准进行对比、与最佳实践案例进行对比，获得重要的学习机会。反思要达到总结认知模式的程度，从而完成对认知过程与认知模式的抽象处理。

管理者通过老师得到的最有价值的东西，应该是学会建设性地使用权威信息。但再用“因为书上这么说”来回答问题，将不被允许和接受。优秀的培训师要注意学员对自己提供的帮助是如何反应的，并根据这种反应决定自己如何进一步提供以及提供何种帮助。

在二十世纪中叶兴起的被称为心理学第三思潮的人本主义理论的代表人物马斯洛、罗杰斯，强调人的尊严、价值、创造力、潜能发挥和自我实现，倡导遵循人类天生的自我实现的动机，社会或组织要尊重一个人发展、扩充和成熟的趋势，促进人的自我实现。罗杰斯甚至认为，凡是可以教给别人的东西，相对来说都是无用的，对人的行为基本上没有什么影响。能够影响一个人行为的知识，只能是他自己发现并加以同化的知识。因此教学的结果，如果不是毫无意义的，那就可能是有害的。因为每个人生来就有学习的动力，并能确定自己的学习需求。老师的任务不是像行为主义所强调的那样只是教学生知识，也不是像认知主义所关注的那样教学生如何学，而是要为学生提供学习的手段，由学生自己决定学什么以及怎样学习。

我对于人本主义有以下思考：本能是学习的结果，因为本能是长期进化形成的，而学习是进化的基本手段也是最重要的手段；动物与人类一样，处在学习的路途上，人类不能掉以轻心，因此我不觉得“刺激—反应”的行为主义学习理论有多么错误；不是每个人都有实践的机会和经验，但每个人都有儿童时期的玩耍经验，基本可以替代；案例库就像是中药铺，老师就像是中医，讲课就是通过“望（观察）、闻（倾听）、问（洞见性发问）、切（基于学员与老师的自我反思的综合分析）”来开药方（制定行动方案）再抓药（通过提问和反思从学员亲身经历的案例中提炼程序性知识，经整合而生成新的意义）最后熬制（师生之间及学员之间基于具体情景下的实际问题进行经验联结而生成新的意义)；今天的儿童或许不同于皮亚杰时期的儿童，但在追求真善美方面，毫无改变，这或许正是教育或培训的希望所在。

关于建构主义这个话题我所想到的最后一点就是：任何一名培训师，都有即时和稍后评估培训效果的责任。其中包括把对设计的评估纳入和聚焦于学习过程来完成。然后通过各种渠道，将评估结论反馈给真正负责做这项工作的人。而真正负责做这项工作的人，永远无法独自完成这样艰巨的任务。但我们都知道，现实中的培训评估不是这样做的。这正是今天的培训评估之所以无效或基本无效的主要原因，也是培训评估结果无人重视或基本无人重视的主要原因。

向过去的自己学习

向过去的自己学习，这是催化师必须要引导学员做到的事情。过去、现在、未来，三者相互投射，发展出完整的人生。人们只看到现在与未来的重要性，对过去往往重视不够。其实恰恰是过去，对一名管理者极其重要。那几乎就是他关于如何管理的全部知识财富。

不解决好过去，便没有更好的现在和未来。因此催化师运用专业工具帮助学习团队解读他们亲身经历的事件极为必要。基于这样的案例解读，可发现人们头脑中类似电影脚本的图式知识结构，并据此做出对其未来人生剧情走向的推理。人的头脑中有成千上万的这样的“脚本”。人的行为，全部来自这样的“脚本”。因此从自身经历中学习，不仅可能，还是必需。管理者从他人经历中学习，便可获得更快的成长。

西方一位作家曾说：世界不是由原子而是由故事构成的。我想说，一名管理者也是如此，他不是由一堆血肉而是由案例构成的。案例是管理者人格化的经历，案例是经历的化身，案例是经历的代言。搞清楚这些案例当初为什么发生以及为什么如此发生，不仅能够为未来的行动提供建设性反馈，还有机会认识错误或预测失败，获得更好的学习效果。

每一名管理者，都应该有机会在专业培训师的引导下整理自己的案例库，学会为自己设计更加适合的学习方法。最有效的学习都是在团队中发生的。大家根据主题呈现案例，在提问中澄清，联结团队中每个人的经验，挑战旧有的假设，应用陈述性知识丰富程序性知识，重新构建脚本以更深刻地理解主题。这样的学习设计，也符合德鲁克“管理的本质是实践”“管理者面对的问题没有标准答案”的重要管理思想。较之静态的知识，案例的故事性会更加强烈地吸引学员，收到更好的学习效果。

中高层管理者尤其需要重新解释自身经历，促动反思，以便将经历变成叙述良好的案例贮存在记忆中，这将起到优化经历的作用，从而成为真正的学习者。在描述案例、回答提问、面向未来进行反思的过程中，会改变案例的贮存方式，从而改变案例对现在和未来的投射性质与投射效果。过程中，对团队来讲，概念的转变要比概念的获得重要。因为对管理者而言，概念往往是每个人都在运用但却没有人联系实际重新做出解释的术语——仍然缺乏针对现实的准确定义。

有催化师运用行动学习理念与专业工具支持的团队协作学习，威力无穷，那其实是在共同活动环境下意义重构的实践活动。协作学习最难的部分是群体认知，其中优化心智模式与改变思维方式至关重要。约翰·杜威主张：“教育不是为生活做准备，教育即生活本身。”我们也可以说：培训不是为工作做准备，培训即工作本身。在这样的教学设计中，将学员的个人意见收集上来，分类张贴，然后进行研讨，对所形成的群体认知进行标记，尚未做标记的认知则仍属于个体认识，可以暂时悬挂。团队共创这个工具的设计原理就是这样的。

德国哲学家马丁·海德格尔首次提出了“应手之物”这一概念，来形容以工具为中介与世界交互的方式。例如台式电脑发展至“掌中宝”，便是“应手之物”的杰作。好的催化师，应该是擅长将各种学习工具糅合在一起，为某一具体学员群体量身定制学习工具的人。甚至，他会现场根据灵感为学员创造学习工具，那才是最好的“应手之物”。

学习共同体本身就应是工作共同体。老师给的答案适合用在考场，在老师的引导下自己发现的答案才适合应用于实践。学习共同体不寻求尽早形成共识，甚至不寻求马上进行讨论。多元化思维与真诚的质疑，是在成全老师与课堂。辩论不是对抗或打败对方，乃是协作——相互成全。但要知道，这只有在反思中才能完成。

没有做好准备的学员很难教。到课堂上之前，学员必须将全部课程内容在线上学完。到课堂上之后，必须将工作难题、案例和各种想法贡献出来，与他人联结，重构意义。回到岗位上，必须将所学应用在实际工作中，并定期将行动结果反馈给学习团队。培训机构应该允许并鼓励他们的培训师自主决定课程。培训的核心问题在于，是通过培训使学员记忆信息以通过结业考试，还是通过培训为学员创造一些重要的经历，让学员通过参与经历而学习。设计与管理这些经历是培训师首先应该做好的事情。培训应该让学习及时发生。培训师不同于大学老师，他不需要单纯地授课，也不需要批改作业。

培训师越是重要，他所讲授的就越少。真实的学员之间联结的能量，远远大于培训师所能给予的。真正的培训需要真实的经历。企业如果不能培养大批的内部培训师，企业培训就很难落地。

反思的结构与技术

多年对培训进行反思，使我深刻感受到：反思是一门技术。

试从以下几个问题进行阐述。

第一个问题：反思的区域在哪里？

反思的区域重点在过去（包括对当下与未来的思考）。

反思的载体是什么？

最好的载体是案例（包括思考）。

具体在案例的什么部位进行反思？

事前、事中、事后。分别对应：起因、经过、结果。

成语“一问三不知”出自《左传》，就是指对事情的起因、经过和结果都不知道。后引申为对许多事情都不清楚。

第二个问题：反思的内容是什么？

反思的内容重点是成功的关键要素。最重要、最有价值的成功要素在哪里？在成功事件中，也就是在最佳实践的案例中。思考（包括幻想）里面的奇异的闪光之处，也是反思的重点内容。

当然，关键成功要素也存在于失败的案例中。只需将失败案例中的关键要素，转化描述成为关键成功要素。陀思妥耶夫斯基说：“我只担心一件事，我怕我配不上我所受的苦难。”就是在讲这层意思。成语“失败乃成功之母”出自鲧禹治水的神话故事，指唯有善于从失败中吸取经验教训，才有可能获得成功。

相比失败的案例，成功的案例才更为可贵。

西方有谚语：“成功孕育成功。”

知道一万种不能登顶珠峰的方法，对登山者来讲都无济于事。

“失败乃成功之母”这句话误导很多人，以为经历很多失败就会自然走向成功。其实这句话的深层含义是：将失败中的关键失败要素转化成为关键成功要素乃成功之母。

NLP 便是源于对成功的模仿，主张灵活，追求效果。

因此，“取长补短”这句成语在今天也应倡导为“取长补长”，才符合管理者创造绩效的行为规律，也符合决策层“用人所长”的用人准则。

第三个问题：反思的层次在哪里？

简单地说，是三个层次。

第一个层次，客观层次。指所要反思的某一主题或话题下的全部的事件或症状。由于我们经常不能将全部的事件穷尽，所以我们便找不到根本原因或重要原因，也无法找到解决问题的有效方法。需要指出的一点是，事件本身并非事实，事实只是基于某种标准所解释的事件。

第二个层次，主观层次。这时事实出现了，因为标准是主观的，是人制定的，但更重要的主观是心智模式与思维方式。它生成于人的经历，特别是早期经历，甚至可以追溯至婴幼和儿童时期。

第三个层次，关系。人的本质，是人与人关系的总和。它介于主观与客观之间，是第三态。特别是从管理者的角度来讲，管理就是管理关系。有效的管理，一定是基于有效的人际关系。有效的人际关系，几乎全部基于人们在使命、愿景、价值观、战略、目标等方面所达成的共识程度。成果导向的关系，是组织内最好的关系形态。

第四个问题：反思的渠道有哪些？

1. 独立思考。学习者最宝贵的精神就是独立思考。每个人对自己人生中最重要的经历都要进行解析。要学会利用整块时间、在精力最集中的时候做这件事。努力通过回忆细节呈现事实、分析与判断、制定行动方案。但要注意，每一次回忆都是整理、选择和加工的过程，会扭曲事件形成事实。所以对重要事件要多次分析，避免过早形成盖棺定论。

2. 询问他人。对自己亲身经历的事件，他人的视角总会是客观的。询问他人的看法，可以避免自己带有感情色彩的猜测、臆断和主观评判。询问他人的成本很低，价值却很大。特别是对事件相关人进行的询问，可以收集遗落的事实，在尘埃落定后征求来的意见也更为冷静和客观。

3. 收集信息。对事件产生的背景要深入分析，要放大到国际国内的形势、行业的重要信息、技术进步的重要信息、个性鲜明企业的战略与战术创新的实践。这些看似与事件没有明显关系的信息，往往会在事后的分析中收到柳暗花明甚至醍醐灌顶般的顿悟效果。

4. 邀请提问。向专业教练寻求帮助，向自己信任的人寻求帮助，就某个难题或事件，请对方提50个问题，总会被几个提问击中痛点，会有意外收获。也可以列一份同事和亲友的20人或30人的名单，一对一地见面或在手机微信里沟通，请名单上的每个人都向自己提几个重要问题。没有深刻的反思，就不会发生学习。没有洞见性的提问，也很难发生反思。

5. 自我教练。学习教练技术，应用在自己身上。也可以学习静坐、禅修、冥想，小到排解烦恼，大到梳理人生方向，使自己成为自己的导师。

6. 团队研讨。今天是团队学习的时代。团队学习的威力是无穷的。在学习团队中，源于管理者亲身实践的经验是宝贵的，这些经验相互之间产生深度联结所产生的能量，几乎可以解决一切在工作中遇到的难题。团队学习使个人反思与集体反思同步发生，这一点尤其宝贵。团队研讨需要由催化师来主持，催化师运用特定的规则、强制的程序、专业的工具推动研讨。造就大批由企业中高层管理者担纲的催化师，是企业提升培训质量的关键。在团队研讨中，团队成员人人应该成为催化师。

7. 解析个人案例。传统的案例学习是学习先进企业的最佳实践，并且是大型的组织案例。其实，从建构主义的观点看，从学习者个人经历中截取重要事件进行解读，更符合学习发生原理。V字形理论就是在这样的背景需求下创立的。运用V字形理论解析个人案例，能够使案例贡献者在学习团队的洞见性提问中，将案例从“大、空、浅”，导向“小、实、深”，并在个人反思与集体反思的同步进行中，将案例蕴含的最有价值和最具启发性的元素，转化成为对相似工作方案的改进、制度与流程的完善、方法论的提炼和价值观的重塑，从而优化学习者的心智模式和思维方式，取得“就事论事、由事导理、因理成制、以制治事”的学习效果。

8. 辨析和优化心智模式。优化心智模式，是学习发生的重要标志。行动学习的三大目标就是解决工作难题、优化心智模式、推动组织变革。运用专业工具，可以更为高效地优化心智模式。例如禁忌话题、四角钻石，都是非常好的工具。将这些工具组合起来灵活运用，甚至能够对人的行为动机进行深度催眠。反思中不要急于解释，要更多地进行沉默思考。解释、抗辩都很难发生反思。只有觉察、汲取，才是最好的反应模式。

9. 探知与重塑价值观。最根本的反思，是重塑价值观。人对自己主观世界的改造，永无止境。不能放弃对世界观、人生观、价值观的改造。多听此类主题的讲座，多读此类主题的书籍，多参加读书活动或体验式培训，很有必要。

第五个问题：反思的技术有哪些？

我归纳总结且经常运用的有五项技术。

1. 结构化设问。即通过对某个主题设定配套的提问来促动反思。例如，彼得·蒂尔与布莱克·马斯特斯所著的《从 0 到 1》中，提到要对战略思考者从七个角度提七个问题，以促动对方反思。

> 工程问题：你的技术具有突破性，而不仅仅是稍有改进吗？
>
> 时机问题：现在开创事业，时机合适吗？
>
> 垄断问题：开创之初，是在一个小市场抢占大份额吗？
>
> 人员问题：你有合适的团队吗？
>
> 销售问题：除了创造产品，你有没有办法销售产品？
>
> 持久问题：未来 10 年或 20 年，你能保住自己的市场地位吗？
>
> 秘密问题：你有没有找到一个其他人没有发现的独特机会？

从七个角度，发出七个有洞见性的提问，为战略思考者构建出一个稳固而又开放、递进而又新奇的思考空间，对促动反思非常有价值。

运用结构化设问，需要对特定主题进行精巧的提问设计。这一方面要求设计者精于提问技术，另一方面要求对主题内涵有深刻的洞察与了解。

2. 模仿成功路径。管理者反思过去是为了解决今天的难题。模仿成功可为反思者提供关于解决当下难题的参考路径。例如，反思者的难题是“增强下属工作主动性”，便可依据过往成功路径进行探询：第一步，找到自己或学习团队成员关于增强下属工作积极性的成功案例进行解构，从中提炼成功要素。第二步，找到自己或学习团队成员关于增强下属工作积极性的失败案例进行解构，从中提炼失败要素。将失败要素转化描述为成功要素。如失败要素是“缺乏与一把手沟通”，则将这失败要素转化描述为“加强与一把手沟通”，便得到成功要素。再如假设失败要素是“非专业人员太多”，也可转化描述为“减少非专业人员”，便得到成功要素。第三步，研究怎样将成功要素恰当运用在解决当下的难题中，形成行动方案。行动方案包括如何实施、改进、反馈及评估。

3. 运用专业工具。西方学术崇尚工具。很多学习工具易学且有效，例如迪斯尼策略、六顶思考帽、鱼缸法、检定语言模式、理解层次。将这些工具内化为有中国企业特色的工具或将西方的学术思想转化创造为工具，是培训工作者必须要做的事情。例如前面介绍的角色式、六步重塑，这样的工具更适合中国人的思维方式。当然，最重要也最宝贵的是要自己在实践中摸索创造全新的工具，如 V 字形理论、五级落地。

4. 逻辑推理。即依靠思维的规律进行推导。例如，反思者希望“解决自己办事总是拖延”的问题：第一步要看清自己是在哪类事情上拖延以及在哪类事情上并不拖延——因为“总是拖延”并不符合逻辑，第二步再去分析拖延以及不拖延的原因——因为这两类事情的原因从根本上讲不是相互冲突的才符合逻辑，第三步要做出决定在设定期限内完成初级目标即允许自己哪些事情拖延以及哪些事情绝不可以拖延——因为不是所有拖延都是错误的，不是所有不拖延都是正确的，这才符合逻辑。

5. 系统运作原则与动力分析。克劳斯·霍恩讲系统运作六项原则，可看作反思的宏观路径。这六项原则，我更愿意称之为系统的内在张力：“尊重事实，必须承认事实原貌；施与受的平衡；人人都有归属的权利；先到者位阶优先；承担较大风险者优先；拥有行使职权能力者优先。”

这六项原则，维持着系统的惯性平衡。将其运用在诊断系统当中存在的问题，就必须以此为视点来深入觉察，在尊重和接纳现实中寻求改变现实，以使每个人获得更好的成长空间和机会，同时系统才会有更好的成长和更新机会。哪怕是僵化、落后和腐朽，只要在系统内，就必须得到尊重和正视。否则，只会加重这种僵化、落后和腐朽，则系统永无重获新生的机会。

克劳斯·霍恩讲系统运作五项动力，即忠诚、承接、投射、僭越、代表，也可以看作反思的宏观路径。

忠诚的动力，即忠诚于旧秩序的动力。这是人的行为惯性，往往表现为对旧主人的忠诚，这股动力源自对自身安全的担忧。人类的复辟大戏不断上演，象征着这种忠诚动力的永久存在，这种现象也符合马克思讲的“历史常有惊人的相似之处”。

承接的动力，即志愿从偶像手中接掌某种信念及行为的动力。这种动力来自模仿心中最信任的人或心中最崇敬的组织，并把自己视为其接班人，甚至以自我牺牲来平衡他眼中的不公或不幸。

投射的动力，这种动力来自对不同角色或不同对象的等视或混淆，从而承接或回避着不应该承接或不应该回避的责任和义务，尽管有时这样会非常有效，但这种有效反而加剧了他关于等视或混淆的认知。

僭越的动力，出于有意或无意的等同或混淆，甚至出于某种阴谋或策略，人们会跑去占据不属于他的位置。这种动力往往会汇聚成为革命的力量，或只是成为导火索而引起一场更大范围甚至另一种意义上的深刻革命。

代表的动力，这是一股很深刻的动力，来自既得利益者对失去利益者的巨大同情之心，或来自失去利益者对既得利益者的巨大向往之心，从而代表那个群体，以超乎寻常的意志，付出超乎寻常的代价，实现心中这股令他人莫名其妙的，且使自己坚信而永不放弃的期许。

以上五项反思的技术，在团队学习中运用效果更好，其特征可概括为四个关键词：联结——指学习团队的成员相互尊为老师，谦逊地聆听他人的经验，经深度联结产生新的想法；整合——既指个人在学习中将新知与旧知进行充分整合，完成自身的知识体系建构，又指在团队学习中相互整合想法，产生新的策划与创意；确认——指形成和完善解决工作难题的行动方案；内化——指经过亲身实践，将取得的学习成果运用在工作中，将知识逐渐沉淀为自己的经验和能力。

前三项反思技术，是具体的反思技术。后两项反思技术，是宏观的反思技术。具体的反思技术所不能解决的问题，需要依靠宏观反思技术先寻找解决方向，然后再回到具体反思技术上来寻求解决方法。

耐心是学者最好的天赋

能从抽象寻到具体，是有天赋的人，这样的人往往会成为实战家。

能从具体升到抽象，是更有天赋的人，这样的人往往会成为理论家。

在具体与抽象之间自由穿梭、往来无碍的人，首先必是天分极高的人，且后天所遇非凡，但这样的人少之又少。

达尔文就是这样的人。达尔文 1837 年结束环球探险，回到英国后致力于研究，直至 1859 年底才出版《物种起源》，其间友人多次提醒达尔文尽快发表论文。随后华莱士发表相同观点的论文，虽给达尔文带来困扰，但俩人通信至诚无比，相互鼓励，华莱士甚至将自己收集的大量标本送给达尔文。达尔文凭借巨大的耐心，才完成了人类生物研究史上的巨著。

创立了头脑风暴法的美国创造学家 A. F. 奥斯本，也是这样的人。头脑风暴最早是精神病理学上的用语，指精神病患者的语言错乱状态。奥斯本在 1939 年首次提出头脑风暴法，直至 1953 年才正式发表。此后经世界各国学者的实践和发展，已经形成了一个激发思考的技法群。今天，可以说世界上每一位培训师都形成了各自的头脑风暴技法。甚至这些技法被培训师们起了好多形形色色的名称，以便归于自己的创造。其实，这都是得益于奥斯本的独特贡献。

但无论今天的头脑风暴技法多么名目繁多，其流程的基本特征只有四点：1. 团队中的每个人首先必须获取整块的时间进行独立思考；2. 每人的发言必须不被干扰，也就是说不能使团队过早进入讨论、判断和评价的状态；3. 随后进行的讨论必须是创造性和建设性的状态，即团队每个人的想法相互嫁接、相互成全、相互联结而产生新想法的状态；4. 最后才进行收敛、审核与评价，确定解决问题的行动方案。

听起来或用起来并不复杂，但奥斯本的头脑风暴法却研究了 14 年才发表。其设计思路体现了奥斯本的智慧，研究过程则体现了巨大的耐心。

头脑风暴法强调为了解决某个问题，激发一群人产生好的观点、创意或灵感。头脑风暴法的设计智慧更体现在细节上，例如：强调议题要具体；收集资料预先发给大家思考；场地座位排成圆形（经典的学习场域常见这神奇的圆形！雷格·瑞文斯和哈里森·欧文都极推崇。传说圆桌会议形式来源于英国亚瑟王召集骑士开会时的传统）；正式开始前活跃气氛；人数以 8 ~ 12 人为宜；分配角色（主持人，负责维持纪律和启发引导。1 ~ 2 名记录员，将与会者的所有设想都编号记录下来，甚至是最荒诞的设想，记录员也要认真地将其完整地记录在黑板等醒目处，让与会者能够看清，记录员也随时提出自己的设想。纠偏员，负责研讨始终保持既定方向。计时员，负责控制发言时间）；研讨中不许消极旁观或私下议论；发言要针对目标开门见山；轮流发言，每轮每人只讲一条；运用图画激发灵感；鼓励将想法大声说出来；在他人提出的观点之上建立新观点；所有的观点要被记录下来而不急于进行评判；只在结束的时候才进行评判。美国创造学专家帕内斯甚至明确指出，研讨时间最好安排在 30 ~ 45 分钟之间，若需要更长时间，就应把议题分解成几个小问题分别进行专题讨论。

头脑风暴法所倡导的学习原则，极富有智慧，例如：让思维自由驰骋，大胆想象，尽可能地标新立异或与众不同；当场不对任何设想做出评价，禁止批评或自谦；追求数量而非质量，致力于穷尽所有的想法；次日通过专家和与会者代表进行多次的评审，进行最终的评价处理；不强调个人成绩，见解无专利，以团队荣誉为重。

头脑风暴法易操作，有很强的实用价值，既能高效批量生产灵感，又能培养团队每个人的创造力和团队精神。如果说今天的很多培训师还能借奥斯本的头脑风暴法“研制”出声称属于自己的学习工具，那实在只能说大师的智慧是超越时空的，拥有造福子孙的巨大能量。

不幸的是中国近几十年来的培训行业，却只做了一件事：制造和贩卖概念。至于国有企业的培训机构，更是不堪地追随在社会培训机构的屁股后面，鲜有个性化的、管用的、创新性的培训实践。

这些都因为缺乏耐心，没有耐心，做不出独特的创造。

耐心是最好的天赋。

管理者怎样读书

对于管理者来讲，读多少本书并不重要。

重要的是，一本书能用上一句，便足够了。

管理者是在运用自己的经验去读书，这与在校生完全不同。

另一点不同是，在校生读书是为了考试、毕业、就业。而管理者是为了应用。凡不关联经验的读书，凡不导致改变行为的读书，都不是作为一名管理者在读书。即便读《红楼梦》，都必须作为一名管理者去读。毛泽东就是这样读《红楼梦》的，他自己读了五遍，并要求党内的干部都要读，当作历史去读。

当今无论多么昂贵的管理者课程，讲的其实都是最为基本、最为浅显的道理，只不过由“大师”们使用了复杂的方式或玄奥的语言。

美国教育学家诺尔斯提出成人教育学的五大公理：自我导向、关联经验、强调实践、聚焦于解决实际问题、内在驱动。

1. 自我导向。缺什么，就学什么。牛不喝水强按头是没有用的。心猿意马者，坐在什么样的课堂里都没有用。

2. 关联经验。要想知道梨子的滋味，就亲口尝一尝。

3. 强调实践。纸上谈兵者，不会成为优秀管理者。管理就是采取行动。

4. 聚焦于解决实际问题。教练员无法替运动员上场比赛。

5. 内在驱动。要知道，倒置的杯子是倒不进去水的。

以这五大公理来检验管理者的读书效果，再合适不过。

然而，管理者中符合这五大公理的读者，恐怕并不是很多。

很多管理者，家里的书架很壮观。但没时间读书，潜意识里觉得读不懂或者对读书在内心有恐惧感，使得多数人书架上的书几乎都没有被读过。

运用这五大公理，管理者在读书的时候，应该带着这样的问题：

1. 我要解决什么问题？

2. 我过去是怎样做的？他人是怎样做的？

3. 真实的、管用的、被验证过的有效方法到底是什么？

4. 我怎样改变自己或改进行为才能解决问题？

5. 解决好这个问题能够使我得到什么，从而使我成为什么样的人？

带着这样的问题去读书，会促使学习真正地发生。

英国管理学家查尔斯·汉迪说："经验加上反思，是最重要的知识。"

读书一则怡情，二则致用。对管理者来讲，更多在于后者。

在希伯来语中，智慧的含义是：有技巧地将知识适当地应用在生活中。

那么，管理者怎样读书？我的体会有三：

1. 读经典。譬如德鲁克的书，几乎每一本都是经典。譬如《毛泽东选集》，充满灵活性，非常实用，在我看来是中国人顶级的智慧。

2. 反复读。我读德鲁克《卓有成效的管理者》40 余遍，非常受益。古人说："书读百遍，其义自见。"

3. 事上参。学习的目的全在应用。管理者读书如不联系实际，就会读成书呆子，是将书读死。王阳明讲在"事上磨"，见解极精辟。读书，要在事上参，书才会读活。

不像术语的 16 个名词

美国著名教育家戴维·梅里尔对学员与学习者的定义很有趣："学员是指从教学或培训中获得知识或技能的人。学习者是指通过经验获得意义并改变行为的人。"学习者可以坐在课堂上，但他的头脑不只在接收，还在关联自己的经验、回放自己的经历、面向未来创造新的行动构想。

学员、学习者，由此成为不同含义的两个专业术语。

工作和生活中，我们误用或滥用了多少这样的术语啊！

最有趣的是当两个人在争辩的时候，毫无疑问地运用着各自有着不同理解的相同术语。想想看，那场面其实相当滑稽。

再看第三个术语，教学。戴维·梅里尔认为，传递信息不是教学，讲解不是教学，与主题无关的内容也不是教学。教学必须做到：示证、现场练习、回到工作和生活中去应用、聚焦难题、激活旧知、整合生成新的意义。教学最根本的目的只有三点：效果好、效率高、参与度强。而老师的过度指导会妨碍教学。没有经过精心设计的教学，肯定是低效的。

可是，太多的管理干部学院或党校的教学都是以信息呈现为导向的。如果这是对的，那就意味着其前提假设是：每位学员都能理解信息、记住信息，并且能够使用这些信息来解决复杂问题。可惜，事实并非如此。

中高层管理者多半是因为心智模式的问题，才在工作中制造了太多的难题。一方面，固然只有当他尝试去解决一系列越来越复杂的问题时，才会不断地改进自己的心智模式。另一方面，参加行动学习可以实现用更快的速度改进心智模式的目标，而信息导向的常规培训做不到这一点。管理者要勇于面对完整的现实世界的问题，先要求自己完成一组由易到难的任务，过程中觉察自己的心智模式有无改变以及有怎样的改变。当然，激活无关经验而生成的不恰当心智模式，可能会对学习产生不利效果。

第四个术语，学习动机。经常有老师批评有些学员上课不注意听讲，不爱学习，缺乏学习动机。但是戴维·梅里尔认为，动机只是学习的结果，因为人生来就是好学的。当培训师接受这样的假设的时候，就会思考这样一个问题："我应该怎样改变我的课程以使学员们兴趣盎然地参与进来呢?"就会在课堂上设计出更好的提问、研讨或操练的流程，或者促动学员们的相互评价。同伴评价，是一种很重要的学习者互动方式。但不应滥用多媒体，那会干扰学习。

以下 12 个常用术语，对于培训工作者来说同样需要准确理解：

管理。迄今为止，学术界公认彼得·德鲁克对管理的解释最为权威："管理是一种实践。其本质不在于知，而在于行。其验证不在于逻辑，而在于成果。其唯一权威就是成就。"管理就是解决问题，就是成事。

管理者。彼得·德鲁克在《卓有成效的管理者》中说："在本书中，管理者一词将泛指知识工作者。""管理者生产的是知识、创意和信息。"在德鲁克看来，"每一位对促进机构有效运转负有行动与决策责任的知识工作者"，都是管理者。管理者就是有头脑、有创见的人，就是能够解决问题、能够办成事的人。

假设。NLP 认为，假设不是事实，它只是思考前提，我们只用结果是否有效来检验它。假设是决定人的行为的深层动机。

学习团队。雷格·瑞文斯认为，学习团队是由拥有真实难题的学员组成的开放式的小组。不将工作难题放入学习中思考如何解决的人，不是真实的学员。没有开放精神的小组，不是学习团队。

反思（内省、切己）。杜威认为，最好的反思就是从不同事件中寻找相似的成功要素。曾子说："吾日三省吾身。"宋代学者陆九渊主张："切己体察。"反思、内省、切己这三个词汇构成丰富的、多维度的学习的含义。

引导师（促动师、催化师）。雷格·瑞文斯是这样定义的：来自组织外部的掌握某些研究工具的人，不负责判断。组织内部最初需要这样的人来启动行动学习，但很快就将被组织内部培养出的人所取代。

结构化。NLP 认为，结构化是语言经由身心而外显的内在逻辑的层次，并被多数情况证明是有效的。推而广之，结构化泛指有效方法。

联结。建构主义创始人之一皮亚杰的解释是：由经验交流而整合形成的、基于相似经历却面向未来的新见解。

案例学习。管理学家明茨伯格与行动学习创始人雷格·瑞文斯都认为：管理者们解读亲身经历的重要事件的过程，才是最好的案例学习。

系统。伯特·海灵格概括为：序位、完整、平衡。NLP 的解释：由两个以上部分构成的有机整体；系统与系统的从属、交叉和变化。

工具。雷格·瑞文斯是这样描述的：能够调动集体经验的、以提问为重要方式的所有科学方法。

破冰（热身、暖场）。戴维·梅里尔认为，所有能够实现"动机只是学习的结果，人生来就是好学的"并为接下来的正式课程开道的设计、动作、操作流程、游戏、微课程，都是破冰（热身、暖场）。

对于培训工作者来讲，还有很多专业术语，迫切需要精准明确地定义。但不再误用或滥用以上 16 个术语，是培训工作者迫切需要补修的第一课。

第三辑

悟道的碎片

曾经见过古瓷的碎片。驻足良久，引发遐想。美丽、真实、积淀着岁月，虽碎片，又何妨？本辑收录的16篇文章仿佛那碎片，只是探寻企业培训之道的些许领悟。但任何独特的领悟，萃取过后都是常识。常识唯有通过亲身体验才能内化为本领。面对一切独特的领悟，最有价值的做法在于我们从中有所转化和创造。

培训的两个基本假设

不同企业的培训工作者，虽可称为同行，但就其各自企业的培训实践而言，都应是独具个性的。同一企业的培训工作者，虽可称为同事，但就其个人的培训实践而言，也都应是独具个性的。这种独具个性，正应是企业培训有效性的体现。因此，企业培训工作者的能力提升，归根结底要靠自身的实践，在实践中淬炼出独具个性的专业素养。

每一名培训工作者，都需要静下心来，超越当下的培训现实，对培训这件事情进行整体思考：它现在是什么？它应该是什么？

核心的问题是要学会区别机会与问题。

机会是指源于基本假设的战略窗口，而问题只是它的派生品。培训的有效性是靠挖掘机会，而不是靠解决问题。“如何把培训项目做好”只是一个问题而并非机会，且不是培训首先应该提出的问题。培训首先应该提出的问题是“如何找到正确的培训项目”。资源和力量必须分配给机会，而不是分配给问题。培训需要的是有效性，而不是效率。

在培训界，最常见的基本假设就是“培训就是办班”“办班就是讲授”“名师讲授就是最好的培训”。遗憾的是从这种基本假设发展出来的一切培训活动，其效率越高，则有效性越差。

我推崇这样的基本假设：学员承诺采取真实的行动，师生能够共创行动计划。也就是说，培训就是澄清和解决问题的一组闭环活动。课堂只是其中的一个环节。最好的课堂是师生共创的课堂，老师带来理念和工具，学员带来难题、案例和创意，师生共创一份解决难题的行动计划。

可以这样说：培训的基本假设决定着培训的有效性，对培训基本假设的掌握和理解程度，能反映一名培训工作者的真实境界和水平。

归纳起来讲，学员承诺采取真实的行动，师生能够共创行动计划，是能够解释和鉴定一切培训活动的两个基本假设。换句话说：只有能够满足这两个基本假设的培训活动，才可能会是高品质的培训活动。

在我看来，尽管当今世界上的培训活动林林总总，甚至光怪陆离，显得相当奥妙或复杂，效果难以判断，但只用这两个假设就已足够透析一切现象，直指本质。当然，这两个假设都是武断的假设。但迄今为止所有有效的培训活动，都没有违背这两个假设。我甚至不能想象有人会对这两个假设产生任何不同意见。这是不需要讨论的两个假设。就我个人而言，永远不会接受和应用任何其他假设。如果有人用其他的假设来从事培训活动，那他在我眼里就一定是一个无知或别有用心的人。

需要继续深入考虑的恰恰是这样的问题：遵从这两个假设，我们的培训活动将意味着什么？能得到些什么？最终会成为什么？

第一，意味着不是所有来参加培训的学员都会有相当的收获。因为一定会有不愿意承诺或假意承诺采取行动的人。

第二，意味着老师在课堂上并不是主角，学员才是。学员成为学习活动的主体，老师成为引导师，行动计划是师生共创出来的。

第三，得到的是严峻的挑战与鲜明的结局——要么成功，要么失败。成功与失败的界定，全在于工作中是否取得成果。

第四，培训最终成为阶段性审判。

归纳起来，有三点要牢记：

1. 培训活动面对的是未来，而未来充满不确定性。

2. 培训活动动用的将是学员的能量，这部分能量皆来自学员的经历，反思与解构学员经历成为学习活动的关键。

3. 培训师是站在过去与未来之间的人，他无法告知，只能引导。

遗憾的是，秉持那种常见的“培训就是办班”“办班就是讲授”“名师讲授就是最好的培训”基本假设的培训工作者绝大多数情况下是不会觉察到自己的内在假设的。因此，他就极难获取改正的机会。

于是，一期接一期地办班、邀请一位又一位的名师授课，便是人人都以为天经地义的常态。甚至学员也大呼过瘾：“信息量很大”“冲击力很强”。其实，我们只须问三个问题，就会让学员陷入反思：

1. 您现在还记得老师们讲过的哪句话？

2. 您在工作中用到了哪些？改变了什么？取得了什么？

3. 您的真本事是从哪里得到的？未来从哪里才能更多地得到？

我当真多次在课堂上问过很多学员，他们绝大多数诚实地回答：几乎全部忘了，更谈不上在工作中用到什么，自己的本事全是在工作中摔打磨炼出来的。

认清“学员承诺采取真实的行动”“师生能够共创行动计划”这两个基本

假设，才会猛然知道培训的机会实在太多。当我们决定运用这两个基本假设去从事培训工作的时候，我们才会遇到真实的问题。培训的有效性是靠挖掘机会。如何找到正确的培训项目，才是首要问题。在没有找到之前，宁肯放弃眼前的项目。

正确的培训项目，与学员的构成极其相关。培训的创新，首先就是学员构成的创新。只有对的人组合在一起，才会是一个正确的培训项目。怎样得到对的人呢？那就是坚定地对学员群体进行细分。

细分学员群体的原则：岗位细分、专业细分、板块细分、梯队细分。

以中国石油纪检监察系统培训项目为例。

1. 岗位细分。例如：所属企业纪委书记培训项目、所属企业纪委副书记培训项目、所属企业监察处长培训项目、所属企业巡视组组长培训项目。

2. 专业细分。例如：纪律审查培训项目、党风廉政教育培训项目、信访举报培训项目、案件审理培训项目、合规管理培训项目。

3. 板块细分。例如：炼化板块合规管理培训项目、销售板块纪律审查培训项目、国际贸易板块党风廉政教育培训项目。

4. 梯队细分。例如：企业纪委书记后备干部培训项目、纪律审查骨干培训项目、案件审理新入职人员培训项目。

学员构成同时符合上述几项原则的培训项目更佳。例如：勘探与生产板块监察处长后备干部纪律审查培训项目。

应该淘汰的确定学员的原则、惯例或潜规则：

1. 级别。这种方式简单、粗放、缺乏科学性。

2. 年限。若干年轮训一次，搞成轮流坐庄。

3. 关系。根据个人关系选派，形成远近亲疏的小圈子文化。

从培训项目整体性（学员构成、培训内容、培训形式）来讲，一个正确、精准、有效的培训项目，应该具有“六化”的阶梯性特征。

第一阶，岗位化。先实现按岗位确定学员。

第二阶，专业化。在岗位化的前提下，再从专业上进行聚焦，按专业确定学员，也就是基于岗位化的专业化，因为相同岗位的情况下通常会有不同的专业。例如同是秘书岗，会有文字秘书、档案秘书、生活秘书，甚至大企业的文字秘书也会有撰写领导讲话、典型经验、工作总结、调查报告等更细化的专业分工。

第三阶，主题化。基于专业化的主题化，即将每一个专业划分出若干主题，一个培训项目只面对一个主题。

第四阶，个性化。基于主题化的个性化。例如根据学员的年龄、阅历、个性化需求，设计个性迥异、风格不同的培训项目。

第五阶，研究化。基于个性化的研究化。面对谁都不知怎样做、没有人知道答案的难题，发挥集体研究的优势，师生共创一堂研究式的课程，形成一份解决难题的行动计划书。

第六阶，训练化。基于研究化的训练化。无论是工人培训，还是专业技术培训，甚至高层管理者培训，最终以获得技能为目的。领导力的本质其实也是一种技能。因此训练是培训的基本特征，这是培训与教育的重要区别。教育是使人知道，培训是使人做到。培训最容易犯的错误就是把管理者当成在校生，一味地灌输知识。没有训练的课堂，不是管理者的课堂。

回到现实的课堂，我们所面对的学员绝大多数情况下并非都由精确细分而来。因此由讲授型的培训师向引导型的培训师进化，是培训师们面临的唯一选择。培训师要提升引导能力，力争使由非精确细分学员构成的培训项目或未按“六化”特征设计的培训项目在某种程度上成立，使学员在课堂上真正发生技能性的学习，这是更难做到但必须做到的。

精确定义内训师

什么是内训？就是内部人培训内部人。

企业为什么要搞内训？有以下五个理由：

第一，发展趋势。国内外优秀企业都在致力于推进企业内训。

第二，内在需求。内训，更有针对性、实用性和操作性。

第三，教学相长。这一点才是最重要的。内训，是组织的成长方式。内部人培训内部人，应该成为组织的工作方式，应该成为组织最重要的学习机制。事实上，世界上很多组织的实践已经证明，内部人培训内部人，既是组织成长的重要规律，也是全员成长的重要途径。登台授课，首先应成为企业优秀管理者、技术专家、技能大师的责任与义务。企业一把手，应成为本企业的首席培训师。

第四，知识管理。通过内训，可以整理和经营好企业最有价值的记忆，将散落在组织内个人头脑中的经验，荟萃成组织的智慧。这件事情做得如何，是衡量企业先进性的重要标准。企业内部的课程、案例库，是企业创造的最活的知识。

第五，战略建议。通过内训，仍不能解决的问题，形成报告上呈，这是企业最有价值的行动备忘录。

那么，什么是优秀的内训师？

第一，信息传递者。最重要、最宝贵的信息，就是案例，并且是他本人亲身经历的案例。优秀内训师，一定是有精彩故事的人。讲自己的故事，这在案例教学中有异常宝贵的无可替代性。

第二，成果分享者。内训师最重要的任务不是一味在课堂上传授陈述性知识，而是一直在课堂上分享自己的程序性知识，即被他在实践中过滤的操作性知识或身体力行摸索得来的技能化知识。这是他无与伦比的成果，其中最重要、最宝贵的成果，就是他个人的实践感悟。优秀内训师，一定是有丰富经验的人。

第三，精神感染者。无论讲管理，还是讲专业，甚或讲技能，也无论或坐或站或走动，更无论声音或洪亮或低沉，内训师浑身必散发着一种虽饱经沧桑，却初心勃发的精神。这种精神，就是无形地贯穿在课程中的信念。优秀内训师，一定是有坚定信念的人。

如果一位内训师站在讲台上，不使用任何授课技巧，只要用亲身经历的精彩案例占满课时，亦无须提炼案例，至少可以打 60 分；倘若他在讲述案例的时候，能够自然流露出真实的感悟，能够使学员在真实感受到讲述者的体验的同时关联到自身的经历，那就可以打 80 分；假使他的课程充盈着一种独特的气质与精神，感染听者产生相信的力量，那他一定是一位可以打满分的优秀内训师。

优秀的内训师，他必能读懂学员的眼神。他是根据学员的眼神来决定授课内容和方式的，而不是根据课件照本宣科。仅就授课而言，讲什么不是最重要的，重要的是学员的反应，而学员的反应都会在眼神里呈现。比重视教学的内容更加重要的是高度重视教学的形式，这是未来培训的发展方向。没有一流的形式就没有一流的内容，从这一点上来讲，形式就等于内容。形式对了，内容才会对。

从另一个角度再归纳一下，到底什么是优秀的内训课程？

第一，自己的、大量的、经典的案例。优秀的内训课程几乎完全是在讲案例，并且是讲述者本人亲身经历的案例。半天的课，应讲五六个案例，每个案例或大或小、讲几分钟或十几分钟即可，剩下的时间留给学员讨论，所谓经典案例，是指讲述者个人印象非常深刻的、很多年都不忘记的案例。通常比讲述案例更精彩的，是讲述者回答学员的各种提问。讲述案例的时间、学员讨论的时间、师生互动的时间，应各占1/3。

第二，深刻的、独特的、个性的感悟。感悟不必全面，更不能泛泛。哪怕讲述者对每个案例只流露出一点感悟，只要是真实的、具体的、能够让听者充满体验感，就很好。

第三，真实的、正向的、坚定的信念。没有信念的课程，不是好课程。信念不应是讲出来的，而应让听者感受到。讲述者哪怕是在讲技术、讲技能，课程都应充盈着真实的、正向的、坚定的信念。能够做到这一点的根本原因，都是内训师在讲基于亲身经历的案例。

这种案例不分大小，讲三分钟并非小案例，讲三个小时或三天亦并非大案例。重不在讲述，而在互动。也不分好坏，不能说这个案例好，那个案例不好。重不在情节，而在解构。案例是不是真实的，是不是讲述者本人亲历的，讲述者的记忆是不是深刻的。这才是衡量案例的三个最基本标准。

有内训师喜欢讲三星、丰田、苹果的案例，就好比种了别人的地，荒了自己的田。如果他不讲亲历的案例，那么他内训师的身份就大可卸去。并非说三星、丰田、苹果的案例不够好，而是请高校老师讲更合适，或学员在线上自学。可以这样说，就企业管理者培训而言，凡是无法替案例主人回答问题的案例都可以放在线上。

优秀内训师哪怕花三分钟讲述一个自己的案例，他也可以用三个小时来回答关于这个案例的一切发问，而且一定是关于真相的最具权威性的回答，因为他就是这个案例的主人。

带领学员对学员带来的亲身经历的案例进行经验萃取是内训师最重要的工作之一。那些案例代表什么？饱含着怎样的体验和经验，在其案主的人生当中究竟起到什么样的作用，对未来会有什么样的启示，会引导他继续经历怎样的案例，就成为相当重要的问题。学员们在领导力和执行力方面的提升，应该就是在这个部分里完成最重要的思考。

那么，优秀内训课程如何才能进行批量研发？研发的逻辑是什么？

第一，选对人。选人的标准：岗位实践极其出色。但这一条不容易坚持，因为容易想到的标准恰恰容易出问题。例如“理论水平高”，这不应是我们选择内训师的标准，这是高等院校评聘教授的标准。高校搞理论研究是专业的，我们只算“发烧友”。再如“岗位经历丰富”，要知道这并非代表成果。还有“善于总结归纳”，其实总结归纳是该由学员来完成的，内训师的职责应重在点评。再有“仪容”“表达”之类标准，亦不切旨。试想，若一位内训师“岗位实践极其出色”，我们为什么要担心他的理论水平不够高呢？为什么要担心他的经历和经验不够丰富呢？为什么要担心他不善于总结呢？为什么要担心他的仪容和表达方面有问题呢？都不必。或许会差一点，但差不到哪里去。差一点并不会影响到最重要的部分。何况这些在教学过程中都能够很快获得提升，而“岗位实践极其出色”却很难短期达成。“岗位实践极其出色”这项标准的提炼源自很多教训，说到底这不是理论问题而是实践问题。

第二，定准题。从哪里入手？从单纯讲述案例开始。随着大量案例不断呈现，总有若干精彩案例可以提炼出课程名称。先有课程内容，后有课程名称，这才是内部课程研发的基本逻辑。好比生孩子，事先知道孩子叫什么名字，那是很奇怪的事。通常要孩子生下来先起乳名，慢慢再根据孩子特征考虑起大名。能不能先定一个题，然后再备课？这对内训师而言是危险的研发逻辑。因为内训师一定会想办法调动各种不属于他自己的东西去完成这个题目。这项经验同样源自教训。

第三，细分类。细分类别很重要。切忌课程题目过大。例如“领导干部高效沟通”这类课程名称，什么行业的领导干部？什么层级的领导干部？什么岗位的领导干部？又指哪方面的沟通？太过笼统，只会使课程充斥空洞的概念。“领导干部高效沟通”这样的名称，只宜作为一个课程包的名称，而不宜作为课程的名称。半天时间能学会沟通吗？恐怕只能学会沟通当中的某一个侧面。课程越是具体，越能学到技能。细节能够唤醒学员的记忆和工作难题，学到的新知才会活起来，才会成为能够运用的知识。细分类别的研发，才是有的放矢的研发。

第四，备好课。由案例支撑课程的全部内容。感悟只是一种间接的、片刻间的、片断的流露，却足够感人，给学员留下深刻印象。感悟的核心是体验和经验。我总结优秀内训课程的重要特征为：案例支撑课程内容，是论据；经验彰显课程核心，是论点；信念形成课程气质，是精神。

但同时还必须回答什么不是优秀的内训课程，试举六条特征：

第一，过多罗列各种理论甚至古今中外名言警句。

第二，过多引用他人的案例。

第三，内容过多。我几乎很少看到内容不是过多的课程。内容过多，对培训活动是一种伤害。对学员而言，“少则得，多则惑”。内容过多，就会导致散乱、平庸、浅显。

第四，课程缺少“六化”的特征。即缺少岗位化、专业化、主题化、个性化、研究化、训练化的特征。

第五，讲的既不是自己干的，也不是自己信的。讲述者讲的不是来自他亲身的经历，不是他自己干过的，也不是他自己信奉的。这样的课程，在管理者的课堂上，只能以其昏昏，使人昏昏。

第六，同一门课没有针对不同的培训班重新调研和改进。同一门课程，到哪里都那么讲，不做调研，不做取舍，不做调整。

那么，企业内训的发展趋势是什么？

第一，管理者必须成为内训师。每位管理者至少要有一门五分钟以上的课程。课程的内容就是他经历的精华。备课的过程和讲课的过程，实际上是真实的工作过程。

第二，内训师必须成为催化师。在关于行动学习的很多书籍或资料中，对从事行动学习的老师并没有规范一致的称呼。有的称为“引导师”，有的称为“促动师”，有的称为“催化师（这个词是中国培训师的发明）”，也有的称为“助产士”“建构师”“企业教练”等。其实他们所做的工作，广义上都属于行动学习范畴（确切地说目前很多自称开展行动学习的企业所开展的只是团队学习）。称呼较多，是因出处、理解或翻译不同。并且“促动师”一词应译为“促进师”更妥（美国学者罗杰斯有相同观点），“促动师”强调促使改变，“促进师”则强调向正确方向改变。目前培训界对这些名词都在混用。其实，区分使用这些名词会更方便进行语义确切的交流和沟通。我是以升阶的方式区分的：一阶是引导师，对学习规则负责，运用工具，激活于人；二阶是促进师，对学习过程负责，运用提问，赋能于人；三阶是催化师，对学习结果负责，运用内容，重塑于人。

高校所做企业干部培训应该转型，不应再将管理者当作在校生培养。企业也应在教育路子上转型，转型是机会，放弃陈旧方式更是一种解脱。讲授型培训师应转型成为导引师、促进师。企业培训机构少请外部老师才能证明自身的强大，讲授型培训师少而导引师、促进师多，才能证明其组织具有独特的难以被替代的价值。

对于培训本质的理解，就显得极其重要。对于管理者而言，学到而会运用的才是知识，否则只是信息。这样的信息过多或泛滥，学员将被淹没直至沉沦。信息没有机会被管理者的经验所整理或被实践所过滤，就不能称之为培训。当信息泛滥成为灾难，接收者就会处在焦虑当中或处在选择的焦虑当中。他知道得越多，选择越难。反之，他做到的越多，选择越灵活。

工具本身有威力，足以激活学员，一定要相信学员永远比老师聪明。老师没有机会遇到学员那样的难题。老师要依赖学员解决学员的难题。如果企业能把每一个管理者都培养成为教练员，就不必需要那么多的专职培训师。企业里面的中高层管理者、技术专家与技能大师，一定要成为催化师。他们是对内容负责的权威。

那么，催化师（暂且笼统只使用这一个称呼）的定位是什么？

首先是接纳者。催化师看起来是一个在课堂上什么都能接纳的人——对各种观点、各种状态、各种选择均能接纳。催化师本人不可能没有观点，但催化师的位置决定他不需要把自己的观点表露出来。催化师的主要工作方式就是提问，例如“你怎样看？”“还有谁持这种观点？”“发生了什么，让你对这种观点坚信不疑？”

其次是跟随者。催化师会在每一轮对话中跟随学员，催化师跟随的不是学员的观点，而是学员的思考路径以及正在谈论着的事实。

最后是推动者。对话的结果不由催化师负责，应由对方负责。因为催化师始终坚持让对方做选择。就行动学习而言，学习的结果不应该由老师负责，应由每个学员自己负责。当一位老师决定不为结果负责，同时还要成为一位优秀老师的时候，他就会把自己培养成一位催化师，一位既能让学员产生问题，又能让学员解决问题的老师。不需要催化师解答什么问题，催化师只是在邀请学员来解答自己的问题。无论是催化师还是学员自己，都要相信学员们必定是一个强大的学习团队。催化师更不能替学员解决问题，甚至催化师不能替学员思考。催化师要坚持的原则就是慈悲、尊重、中正与灵活。坚定认为学员有选择的能力，才会尊重学员的选择，同时能够做到态度上的中正与方法上的灵活。学员是问题的贡献者和解决者，催化师则成为学习活动的组织者和促进者，培训过程变成一个汇集的过程、竞赛的过程和体验的过程。催化师手握的利器只有行动学习的理念、提问的技术与学习工具。实际上培训师在强迫自己告知他人的时候，就已经失去了灵活。越是慈悲，就越会接纳。越是博学，就越会跟随。越是相信对方，就越会灵活。学员对老师的抗拒、学员之间的观点冲突、学员的不在状态，对催化师来讲正是他要推动对方的关键点和他完成工作的机会。

区分带来创新思维

一个人或一个组织最重要的核心能力之一，就是区分能力。

我曾考虑从另一个角度对管理者进行区分，那就是按照“能力”“价值（对组织和社会的贡献度）”“幸福感”这三个元素，通过排列组合来分析管理者。经过这样的区分，我发现管理者群体上的一些特征：

A. 能力强、价值小、幸福感少：常有性格缺陷，易患心理疾病。
B. 能力强、价值小、幸福感多：缺乏社会责任感，并非少数。
C. 能力强、价值大、幸福感少：需要关怀，正被急需。
D. 能力强、价值大、幸福感多：极少数，正被急需。
E. 能力弱、价值小、幸福感少：平庸，需要人文精神的关照。
F. 能力弱、价值小、幸福感多：平常，需要培养技能。
G. 能力弱、价值大、幸福感少：需要关怀，往往在急难险重岗位。
H. 能力弱、价值大、幸福感多：需要培养，往往在急难险重岗位。

只有学会区分，才能学会管理。

只有别开生面的区分，才会驱动管理创新。

虽然佛说众生平等，无分别心。美国《独立宣言》亦称“人人生而平等”。但我要说：对于管理而言，对人的区分，才是最深切的慈悲与人道。

完全互动的课堂

我经常做看起来完全互动的课程，我的意思是说至少学员以为是完全互动。其实我课前有准备，课堂上只是引导学员向我准备的方向前进，让学员以为他们是主宰，这会让他们兴奋和投入。

完全互动的课堂，首先要改善教室的环境。不要讲台，讲台会制造距离。不要PPT，那看起来既死板，又像是有预谋。老师要现场书写，要写得一手好字，笔的颜色宜为红、蓝、黑，写好的大白纸要编号悬挂或张贴起来。所以，教室最好有足够的墙面可用。

平时我不太注重着装。但在这样的课堂，我会穿上我认为最得体也最好看的衣服，这会让自己更加自信地进入状态。

当然，完全互动的课堂并非没有主题，但我会让学员们基于主题，提出自己关心的问题，且允许他们转换自己的问题。在回应学员问题的时候，我首先会征求他们自己的看法。借此了解他们思考的焦点与位置。而当我开始阐述的时候，我一次只说一个观点或一件事，确保学员在倾听或能够完全倾听清楚。当对方充分地回应我之后，我再谈下一个观点或事情。

好的互动只是看起来随意，其实一直在围绕主题，“形散而神不散”。要确保谈话很具体，明里暗里指向学员的工作难题，避免泛泛而谈。

对个性较强或情绪化的学员，不急于进入理性探讨，宜回应以情感，再视对方情绪而确定引导方向。真诚，是互动的利器。

看似是学员在主宰课堂，但老师不能迷失自己，要清楚自己想说什么及自己想要达成的目标。在学员陷入沉思之际，最好运用逻辑语言。

半天的课程，休息两次是适当的。夏天的时候，要注意学员的眼神，确认当他们在倾听状态时才进行交流。对长期工作在基层的管理者，要注意迅速找到并切入到对方熟悉的语言模式。

当老师与一位学员对话的时候，老师必须经常环顾四周，用眼神调动其他人跟进思考，让全体参与到正在进行的对话。

如果发言时间较长的同学没有停下来的意思，老师要适度在对方谈话中给予反馈。如果还是没有停下来的意思，老师可以这样问：“如果用一句话概括你的想法，你会怎样表达呢?”此际也可以迅速转向他人提问：“我想知道，谁还有其他想法?”

如果主题过于严肃或艰深，老师要适当创造兴趣。例如以一个故事开场，但最好是以一个自己亲身经历的案例开始，同时允许大家自由提问。

遇到一时难以回答的问题，老师切忌开口就说，要想好了再说，或者转向他人：“谁有更好的主意?”或者干脆坦诚地回应：“这个问题我还没有想好，稍后我再回复你好吗?”

经常会有学员的发言过于冗长，或言不及义甚至不知所云。那都不要紧，告诉自己，那正是学习，学习正在发生。不过，老师最好要有本事从这样的发言中汲取到价值。然后用轻松的口吻说：“很好，我听出来，你的意思其实是……”

在这样的课堂上，老师不是神仙，也不是顾问，甚至不是老师。他应该只是好奇心更强的学员，很愿意与大家共同探讨问题。所以，老师要时刻注意反思自己的意图，要时刻问自己："我刚才对学员的回应，意图是什么?""我此刻真的要这样回应学员吗？我的意图是什么?"

孔子讲因材施教。一对一的时候，因材施教还好把握。可是一对多情况下，怎么办？那就要把握好延缓、跟进和停顿的时机。老师的眼神很重要，要掌握和运用好不同含义的眼神，明亮、柔和、凌厉、迅速、缓慢、盯住不动、游移、善意、慈悲与爱等。

老师要始终做一个深度倾听者，甚至只是倾听，不急于也无须去做什么。让学习在学员那里自动发生、悄然发生。

在这样的课堂上，老师可以设定由学员指定老师来做什么。例如在我的课堂上，学员会要求我深入解释一下，为什么要联结个人的经验？为什么要提问？这样做的价值是什么？什么样的个人案例算是好案例？怎样才能提出好问题？甚至要求我多讲几个个人的案例，或者要求我在不同情形下来演示如何提问。我一律照办，同时会趁机在稍后设定一个学员练习的环节，以引导学员在实操中进行经验联结和自我学习。

老师要言行一致，兑现承诺。答应学员的事情，一定要做到。这样才能要求学员做到他们应该做到的事情。

不强求这样完全互动的课堂一次就取得怎样的成功，至少可以给下次完全互动的课堂留下一个很好的机会，使这一次成为认真的预演。

一流的培训需求是创造和教育出来的

需求创造历史。

欲望是撬起人类文明的杠杆。

但人们并不是因为想到了什么，才需要它，而是因为看到了什么，才需要它。譬如苹果手机在出现之前，大家对其并没有需求，当它出现后才会有那么多人说："这才是我一直想要的!"甚至乔布斯在当年也只是对工程师们说："我想要一款只有一个按键的手机。"工程师们说："那是不可能的!"乔布斯则说："那是你们搞技术的人要解决的事，我只想改变世界!"

而最初的产品一旦出现，剩下的就是不断地迭代、优化、升级。

培训项目的设计，也是如此过程。

不会有哪一个很棒的、一流的培训产品是需求者提出来的。一定是研发者呈现出来，然后众多需求者说："这才是我一直想要的！"

一流的培训需求并非只靠调研与分析得来，更要靠创造和教育得来。

研发者没有与主办方的充分沟通，不可能掌握需求。这一点，尽人皆知。但与谁沟通？沟通什么？未必皆知。

第一，与主办方的策划人员沟通。一定要拿到学员名单，了解学员情况。最重要的是拿到学员的难题、案例与想法，学员在工作中到底遇到了什么难题？经历了什么？典型情绪是什么？对培训的期望是什么？

第二，想尽办法跟企业一把手或者是学员所在系统的主管领导沟通。确认最真实和最精准的培训目标。所谓组织需求，只有他们这些少数人掌握得最为真实和精准。

第三，与学员沟通，哪怕只是极少数学员。直接通电话，甚至视频通话，对学员的感性认识，极其宝贵，不可替代。项目设计者，最难得的素质就是凭借多年与学员面对面沟通中养成的直觉去工作。

可用三个关键词，将培训需求分为由浅至深的三个层次：

满足。浅层次的需求是学员自己知道想要什么，若能给到，他就能得到满足。当学员能够描述他们的需求是什么的时候，要么是因为自身或工作出现很明显的问题，要么是那个被需求的东西出现或普及得较晚。

尖叫。较深层次的需求是学员自己并不知道的，只有给到，他才知道。他将不只是满足，而是尖叫。防碍企业或学员自身发展的，通常是内在假设、经营见解、价值观念、商业模式，这部分往往是学员需求的盲区。因此较为高端的培训需求，大都是企业或学员所不知道的。

感激。最深层次的需求是给了他，他也不知道，而是在他用了之后才知道的。这个时候就不只是满足或尖叫，而是感激。深层需求是指向未来的。深层需求永远在发出这样的呼唤：时代需要这个企业未来成为什么样的组织？这个企业需要它的每一位员工未来成为什么样的人？

也因如此，要做几年、十几年的评估。要给每一位学员建立一生的学习档案。搞清楚他到底学到了什么、用到了什么、取得了什么。

最后一点，在研发者或设计者的眼中，没有完美的培训项目和设计方案，创立、迭代、优化、升级，永远在路上。在这个过程中，满足浅层次需求，引导较深层次需求，创造最深层次需求，既是研发者和设计者的核心能力，又是研发者和设计者的终身使命。

打破寻常方见行动

我发现一种寻常：明明已经知道，却不知道运用。

例如：明明已经知道运动对健康有利，却很少有人坚持运动；明明已经知道熬夜不好，却每天都有很多人熬夜。

不知道运用，借口还很多。

借口往往不是用来应对他人，而是用来麻痹自己。

如果说游泳需要练习才能学会，打球需要专用场地，那么快走或跑步呢？还需要练习吗？还需要专用场地吗？

原因只是：不想做、想不起来做。

其实背后的原因就是：懒惰、未能形成良好习惯。

可惜，在管理上也有诸多如此寻常之事。

例如：明明知道不能违章操作，还是有很多人不戴安全帽、不系安全带；明明知道必须清正廉洁，却还是有很多人索贿受贿。

更可惜，在培训上也有诸多如此寻常之事。

例如：明明知道一味灌输不好，却还有很多老师在课堂上只顾讲理论，却不注意向学员提出洞见性问题，促动学员将所学知识与工作中遇到的难题产生联结；明明知道 SMART 原则，到组织学员分组研讨需要制定目标的时候却想不起来去运用；明明知道很多沟通的原理与方法，却在与主办方沟通的时候忘得一干二净；明明自己就是讲授团队建设的老师，班级管理却一塌糊涂；明明自己就是讲授项目管理的专家，却从未运用在工作中；明明自己就是讲授执行力的专家，所领导的部门却软弱涣散。

知道很多道理，可还是过不好这一生。

一次，在课堂上我向一位学员提出一连串的问题：

“据你所知，有谁较早提出过这项倡议？”

“对这项倡议应由谁来决策？”

“决策者当中会有哪些不同意见？这些意见的代表人物会是谁？”

“谁来执行决策？”

“谁来监督决策的执行？”

“谁是这项决策的最大受益者？”

“谁的利益会受到这项决策的损害？”

“群众中谁会是支持者？谁会是反对者？”

“中层干部中谁会来投机？谁是跟风者？”

“重要岗位上谁是可以被争取的人？谁又最顽固？”

“对这项决策谁的认知能力最强？谁的执行能力最强？”

“谁是各方利益的代表？”

“谁来负责跟踪考察？”

“谁来负责数据采集？”

“谁来负责新闻发布？”

一旁一位年轻的老师轻声问我：“那老师，你是怎样问出这么多问题的？好像你没有教过我们这些问题啊？”

我说：“我教过你们啊，记得5W2H吗？”

年轻老师立即将背得烂熟的5W2H、用中英文夹杂着背诵给我：“记得啊，就是WHY——为什么、WHERE——在哪里、WHO——谁、WHAT——什么、WHEN——何时、HOW——方式、HOW MUCH——多少。”

我说：“没错，我刚才就是只用了其中的一个W，WHO——谁。”

依据多年培训工作中对学员学习状态与效果的观察和思考，我总结了三句话：在听讲中了解，在体验中觉察，在实践中掌握。

管理者不同于在校生。在校生的学习主要是应对考试，而管理者不须面对考试，管理者唯一的答卷是业绩。因此管理者的课堂，老师必须在管理者听讲的基础上，给出大量时间来练习，使之在体验中产生觉察。但管理者最终学会本事，归根结底要靠自己的实践。

有人说，世界上最远的距离就是知道与做到的距离。

马克思说：“理论一经掌握群众，也会变成物质力量。”我们也可以说：“理论一经掌握管理者，也会变成物质力量。”

据说一个德国专家在给中国工人讲演后，一个工人问专家：“你说的这些我们都知道呀！为什么我们达不到你的水平？”德国专家回答：“我和你的差别就在于，我把我所知道的都做到了，而你们只是知道而已。”

曾任《哈佛商业评论》执行总裁兼总编的艾伦·M. 韦伯所著《金玉良言》中一个章节叫“知道不等于做到”。还有一本书，书名叫《知道更要做到》。更有一部小说，书名就叫《做到你知道为止》。有时候，仅仅是看书名或书中章节的名称，就足以受到震撼和启发。

决定研讨效率的因素

团队学习的主要特征是研讨。研讨效率不高，却是常见现象。若究其原因，要从以下几点着手探询。

第一，研讨的主题。研讨的主题过大，研讨效率就会低下。研讨的主题过难，研讨效率也会低下。解决的办法有三：一是换主题，将过大的主题换成小一点的具体议题，或将过难的主题换成在规定时间内能够较易得到解决方案的议题；二是如果主题不能更换，则相应地增加研讨时间；三是如果不能增加时间，就将过大或过难的主题分解成若干较小或较为简单的专题，划分小组分别研讨不同专题，最后由小组向全体分享并汇总。

第二，选择的工具。选择工具不当，也是造成研讨效率和质量不高的原因。一般来讲，团队研讨应分为发散、震荡、收敛三个阶段，每个阶段应选择的工具，通常是不同的。发散阶段比较适合头脑风暴、团队列名、禁忌话题、开放空间等工具，震荡阶段比较适合六顶思考帽、世界咖啡、大使分享、矩阵分析等工具，收敛阶段比较适合迪斯尼策略、思维导图、五级落地等工具。但实际说来，任何工具都只在于运用，并没有使用范围上的严格区分。就好比在战争中，手枪、步枪、火炮、坦克车、导弹在任何作战阶段都可使用一样。

第三，时间的分配。催化师的讲解所占用的时间一定要少，不得超过时间总量的1/4。学员的研讨要分小组、分阶段进行，每个阶段至少都要有任务交代、小组研讨、小组分享和专家或催化师的点评，时间占比必须合理，其中小组研讨至少要占1/2时间。通常，两个问题之间要留出足够的讨论时间，同时留出足够的反思时间。

第四，提问的设定。每个阶段和环节，催化师都要预先设定提问，要求学员研讨并由小组给出结论。提问设定不当，其实是造成研讨效率不高的最重要原因！通常，提问设定最考验催化师的引导功底，也检验催化师对组织需求和学员需求所掌握和了解的精准度。

第五，现场的引导。催化师根据现场的研讨情况，要适当地进行引导。完全按照既定套路走流程是不行的。多数情况下，是无法完全走既定流程的。现场呈现的情况会很多、很复杂，催化师必须具备深刻的觉察力、丰富的经验和灵活的应对能力。化解难局，主要靠催化师的提问技巧。

第六，学员的心态。学员必须抱着开放的心态参与到学习中。学会自己对学习结果负责。等待答案、抵触流程、消极旁观的行为是不会获取好的学习效果的。这方面的心态，其实正折射出一个人的认知潜能。

第七，环境的营造。学习的硬件环境必须要最优，桌子轻便易于挪动，椅子有轮子和书写板，白板、马克笔、便利贴等学习用具必不可少。催化师要营造浓厚积极的学习氛围。

引导工具的重新设计

任何一个引导工具，都不能直接在课堂上使用。

任何一个引导工具，都只能看作是一个或若干个原理。

引导工具的使用，应符合两个原则：

1. 深刻理解。必须从工具本身所包含的哲学思想、工具的设计原理、工具所揭示的方法论、工具所带来的启发、工具对价值观重塑的角度，深刻理解所使用的工具。

2. 重新设计。在使用前，重新进行设计。即便是同一个工具的使用，都必须坚持每次使用前重新进行设计。

引导工具的重新设计，要充分考虑三个条件：

1. 学员状况。必须清楚学员的岗位、人数、年龄、教育背景、知识与能力的层次、学习心态和意愿，为学员量身定制工具。

2. 培训目标。必须清楚主办方的要求和培训项目设计人员的意图，使重新设计的工具能够最有效地达成培训目标。

3. 授课用时。授课用时直接决定重新设计工具最重要的部分。通常半天的研讨，要使用简单的易学易用的工具。

运用引导工具的五点经验：

1. 工具要选准。只选一个主要的工具，围绕主要工具的运用，可以有 2 ~ 3 个辅助工具。工具太多会令学员发蒙。对初次参加行动学习的学员，不要选择大型的复杂的工具。

2. 合理分配时间。老师不要大段时间讲解工具，要以收集学员在工作中遇到的难题为始，切入主题要快。尽量以学员研讨为主，最宜占 2/3 时间。但研讨要分阶段推进（3 ~ 4 个阶段最好），阶段要划分清楚，有递进感，每个阶段的用时逐步加大。

3. 精确地设定问题。老师要为学员研讨的每个阶段精准地设定问题，这些问题要有洞见性、启发性。问题的设定要提前准备，也要根据现场产生的灵感及时修正。通常，围绕澄清难题、聚焦主业、寻找原因、制订措施的问题都会是好问题。例如“什么才是我们真正的问题？”“表现是什么？”“我们的使命是什么？”“我们的核心价值观是什么？”“我们的愿景是什么？”“我们现在的主业是什么？”“什么应该是我们的核心业务？”“问题的根本原因是什么？”“谁来决策？”“谁来执行？”“谁来监督？”设定的问题要少，设定问题太多会因时间紧张令学员难以深入研讨。在工具中，流程是魄，提问是魂。

4. 灵活引导。催化师在现场的引导要灵活，同时保持中正。要跟随学员的思维流向，靠案例来推动，靠提问来引导。案例能够让学员清醒地活在事实中，提问能够让学员面向未来创生出更多新奇的想法。

5. 催化师要修炼“站桩功”。如果把引导工具比喻成是武术的门派，那么催化师的内功就是站桩功。什么是催化师的站桩功？第一是哲学，第二是管理学，第三是心理学，第四是国学，第五是具有在企业工作过的厚重经历。

足够数量的提问

事实若未经充分呈现（大多数情况会如此），则产生的观点大多不够正确或准确。即便正确或准确，也很难产生具体的、落地的方法或措施。

呈现事实的方法只有一个：提问。

任何事件，都可以通过足够数量的提问得以全部呈现出事实原貌或由来原委。通常，一个陈述十分钟的事件，至少要 50 个发问才能呈现事实原貌。如果能够产生 100 个发问，剩下的事情就会很简单，因为解读事件的方法就会在这些发问中自然浮现。前提是这些发问必须是洞见性的。对任何难题，也可以通过足够数量的洞见性提问得以全部呈现出事实原貌、由来原委或解读方法。

假如有管理者对下属办事拖延束手无策，则可以向这位管理者发问：

1. 什么样的事情，下属并不拖延？他是如何做到的？
2. 通常什么样的事情，下属会拖延？这些事情有什么共性？为此从制度层面应该做些什么？
3. 从不拖延的下属有些什么特点？你是如何奖励他们的？
4. 你对待上级，什么样的事情会拖延？若从不拖延，你是如何做到的？
5. 那些被办事拖延的下属所困扰的上级有些什么特点？
6. 拖延者的解释是什么？哪些是合理的解释？为此你准备改进什么？
7. 什么样的拖延原因，你是可以原谅的？

再如有管理者对未来迷茫，可以这样发问：

1. 你真正愿意投入精力去做的事情是什么？
2. 他人在这件事情当中最看重的价值是什么？

以上两个问题都需要至少分别连续追问五个为什么。

3. 现在你怎样看你的使命？
4. 当前什么对于你是最重要的？
5. 你希望成为什么？
6. 你的对策是什么？
7. 下一步你需要做什么？
8. 你优先考虑的是什么？
9. 谁是你最有价值的伙伴？他选择你的理由是什么？
10. 他们会抱怨什么？
11. 那么，结果看起来会是什么样的？
12. 如果没有任何因素的制约，你会做什么？
13. 你今天要做出什么样的决定？
14. 你今天做了什么样的决定？
15. 你现在心情如何？

如果面对正处在困境中的管理者，可以这样问：

1. 在你的人生中，想做却还没有实现的事是什么？
2. 那么，眼前的困难与之相比算是什么？
3. 如果是这样的话，你打算怎样了结困局？

面对高层管理者或培训师，这样的提问很有效：

1. 你曾经被问到过的最难回答的问题是什么？
2. 你曾经被问到过的最有意义的问题是什么？
3. 你也问过别人同样的问题吗？
4. 你的上司、同事、朋友、亲人，是如何看待你的？
5. 你一生当中最开心的是哪一天？
6. 你一生当中最辉煌的日子是什么时候？
7. 你一生中最大的成就是什么？
8. 你希望被别人记住什么？
9. 什么能带给你最大的满足？
10. 你是如何做到今天这个职位的？
11. 谁对你的人生影响最大？
12. 那么，今天你感觉最特别的是什么？

对职场中的年轻人，有这样的发问：

1. 如果你每周会有额外的几个小时，你会做什么？
2. 空闲下来的时候，你会做什么呢？
3. 如果什么都不做，会怎样呢？
4. 你工作当中的哪一部分最有挑战性？
5. 你认为你在工作中的哪一部分最有效率和最具影响力？
6. 你最热爱工作中的哪一方面？
7. 你会如何描述你所在这家公司的企业文化？
8. 你们为什么要做你们现在做的事？
9. 如果今天让你来写自己的讣告，你最想怎样总结自己的一生？
10. 如果你的生命只剩下三年，你会怎样度过？
11. 所以，你当下真正的问题是什么？

12. 这对你来说是一个很棘手的问题吗？

13. 你曾经做过很大的努力吗？

14. 那么，事情是如何变成今天这个样子的？

15. 你今天想解决什么？

16. 你希望我怎样帮你？

仅仅是阅读而不是认真回答这些提问，是不会有任何收获的。甚至会觉得这些句子是飘浮着的、不落地的，或像打在窗子上的雨点一样没有切肤感。只有调动自己的某些真实经历，花些时间耐心地尝试对照这些提问进行反省式回答，才会感受到提问的力量。

对任何情绪，也可以通过足够数量的洞见性提问得以全部呈现出事实原貌、由来原委或解读方法。例如愤怒，愤怒是因为没有认清事实，或不愿活在事实中。愤怒的正面意义是提示改变方向。愤怒的力量应该用在改变自己上面。面对愤怒的人，可以提的问题是：

1. 其中的哪一点是你绝对不能接受的？触犯了你的什么原则？你所要维护的到底是什么？

2. 愤怒的根本原因是什么？是不是只要这样的原因就会使你对一切人或事产生愤怒的情绪？

3. 你要改变的是什么？为此你需要付出什么样的代价？你首先需要做出什么样的调整或改变？

4. 愤怒会使你失去什么？

5. 将愤怒转化成什么你才会真正主导或推动这件事情？

6. 曾有多少问题是你通过愤怒解决的？结果都是令你满意的吗？

其实，人们所谓的所有“负面情绪”，例如抱怨、憎恨、生气、失望、无奈，都有其正面意义。前提是面对这些“负面情绪”，能够提出洞见性的问题。困难，很少人知道这其实也是一种情绪。困难这种情绪的正面意义预示着“可以做”“能成功”，提示感受者愿意付出一定的代价，懂得困难是来成就自己的，困难越大预示自己可能会走得越远。

因此，严格说来情绪从来不分正面和负面。情绪就是情绪，打上“正面”或“负面”的标签会使人们更加不能正确地认识情绪。

人们所产生的一切情绪都是“对的”，因为情绪是永远忠诚于主人的。对主人来讲，情绪只是哨兵。若与哨兵建立正确的关系，则可以这样处理人际关系：你可以恨我，但那不会是我恨你的理由；你可以爱我，那将是我更爱所有人的理由。

任何难题，都可以通过提出足够数量的洞见性问题得以解决。

在联结中反思

管理者的学习，应该由个人学习向团队学习过渡。

团队学习的力量要远远大于个人学习的力量。

在团队学习中，每个人的最终收获都取决于他为团队所做的贡献大小。每个人都必须以讲述个人案例、分享个人经验和提出各种洞见性问题的方式做出一份独特的贡献。在为团队做出这份贡献的时候，无须考虑质量，只需考虑数量。但凡过早出现判断，无论对个人还是团队，将很难发生学习。

知识的本质，就是人们对曾经采取的正确行动的最终描述。曾子讲："吾日三省吾身，为人谋而不忠乎？与朋友交而不信乎？传不习乎？"其中，"传不习乎"就是指"老师传授的我没有去实践吗？"

如果只是学习而不使用知识，就会忘记。人类的短暂记忆只能同时容纳5～9条信息。孔子说："温故而知新，可以为师矣。"这与西方的建构主义有异曲同工之妙。重温旧的知识，使之不忘，便能常在新的环境下有所领悟。否则，新的知识也很难学得懂。

管理者在团队中的学习，要做到七个知道：

1. 要知道为什么学。
2. 要知道学的是什么。
3. 要知道学到的知识关联着自己与他人过往的哪些经验。
4. 要知道团队成员的知识结构如何（以此把握团队的学习优势）。
5. 要知道在团队中及时做出回应是重大责任（学习者对所学内容做出的回应越多，学习和记忆效果就越好，对团队的贡献就越大）。
6. 要知道重视反馈的极端重要性（来自培训师、团队成员和工作环境的反馈会告诉学习者他们的学习效果如何）。
7. 要知道奖励自己或他人是学习的美德（要用眼神和语言鼓励培训师，同样也要对团队成员这样做。来自外部的鼓励永远与生成内部的成就感成正比，这是关于学习效率的公开秘密）。

在管理者团队学习这件事上，成员们的相似性大于差异性。因为他们的经历相似，他们遇到的问题相似，他们要解决问题的心情相似。

管理者如果不能调动个人经验，学习任何理论或道理都是没有意义的；如果不能在学习团队中针对自己的难题去调动和联结个人经验，学习也不会取得有益于工作的结果。

查尔斯·汉迪说："你们不会把这次培训看成什么难忘的学习机会，除非它能帮助你们反思过去，理解从前的经验。如果能达到这个目的，它才能帮助你们更好地解决将来出现的难题。"

在管理者的课堂上，企业内部培训师最容易犯的，也是最隐秘的错误是在他自己学习和帮助他人学习的时候，采取的做法是截然相反的。

曾有一位企业内部培训师，他本身是一位优秀的管理者，在我请他给某个青年干部培训班授课后，我们有一段对话：

我："您在管理中最擅长做的是什么？"

培训师："我了解工人，跟他们交流没有障碍，他们听我的。"

我："那是因为什么？"

培训师："我就是工人出身，我懂他们，也有感情。"

我："懂工人，有感情，这很好。那如果请您将'懂工人''有感情'这部分放在课堂上教给我们的学员，你会怎样教？前三步会是什么？"

培训师："我会……"（说了一大堆，不知所云）

我："当初您自己是怎样学会的？最重要的三步是什么？"

培训师："我是……"（讲了一大堆故事）

我："为什么您打算在课堂上教给他人的和你自己学习的方式竟然如此不同甚至是相反的？"

培训师："啊……"（震惊的表情）

我："你在想什么？"

培训师："我突然发现我错了！错了很多年，你怎么不早说?!"

这位培训师是我早些年开发的，我一直劝说他摒弃说教的方式，他每次都振振有词地反驳。这次的对话，对他触动很大。后来他对我的一位同事说："直到那次对话，那老师问到那个问题，'为什么打算在课堂上教给他人的和自己学习的方式竟然如此不同甚至是相反的’，我才意识到他此前劝告我的是对的。而我这么多年来竟然没有意识到。以后一定改!”

另一次，我将一个问题抛到某个培训师培训班的各小组里：“请将陈述性知识、程序性知识放在二维矩阵中分析，我们在四个象限中的教学策略是什么?”我简单解释了一下陈述性知识与程序性知识的概念：陈述性知识是关于“是什么”的知识，往往指被告知的知识；程序性知识是关于“怎样做”的操作性知识，是过滤于个人实践而生成的经验。

没想到，原本只是想让大家轻松讨论的一个问题，竟然引起学员们（其实是企业的内部培训师）热烈的讨论，各小组分享讨论成果的时候也很热烈，甚至一度争论起来。

事实上，在深度聆听的课堂上，抛出一个简单的问题，就足以引起热烈讨论。为什么？因为团队学习是在解决难题的氛围中开始的，是在关联每个人的经验中进行的，是在集体反思中完成的。有时，抛出的问题不在于怎么妙、怎么多，而在于给学员充分的时间去讨论和分享。

同样在培训师培训班上，我经常抛出这样的问题：“什么样的学员是优秀学员?”这个问题既可以分组讨论，也可以现场由老师引导全体学员说出答案，老师一一记录在黑板上。可能会产生几十条答案，但归根结底，答案会集中在以下几个方面：专注听课，勤于记录，关联经验，深刻反思，举一反三，付诸行动，传授他人。

关于假设的训练

如果你假设：

1. 创业者应当选择垄断。你会去做什么？
2. 创业者应当选择分享。你会去做什么？
3. 竞争会扼杀创新。你会得到什么？
4. 竞争会激发创新。你会得到什么？

好好想想假设这件事，然后训练自己：选择超越自我的假设。

向内而正面的挑战性假设，就是能够促动超越自我的假设。

柏拉图说："开始是工作最重要的部分。"

开局十分重要。

选择假设，就是最重要的开局。

如果你假设：打造帮派文化。你会去做什么？然后得到什么？

如果你假设：打造共荣文化。你会去做什么？然后得到什么？

尝试回答以下三个问题：

1. 什么事情是你因为担心完成的？
2. 在什么重要问题上你与其他人有共同的看法？
3. 还有什么有价值的事情没有开始？

刚才，通过回答这些问题，你学到了什么？

一个复杂的挑战性假设，可以由一系列问题构成：

1. 你熟练掌握的核心技术是什么？它对组织的核心业务有什么影响？它对当前重要难题的解决具有突破性吗？
2. 现在开始做些什么才是最合适的时机？
3. 开始之后，最有效的步骤是什么？如何确知这一点？
4. 你希望哪些人参与进来？那会是你理想中的团队吗？
5. 你准备说服哪些人来检验你的产品？如何说服？然后如何推广？
6. 未来五年、十年或更多年，你如何更新产品？
7. 你如何确定你的上述想法是一个独特的机会呢？

这是一组结构化的提问，可以用于对任何假设的练习。

曾子说："赠人以车，不若赠人以言。"如果你有一位朋友即将进入某个领域，你可以向他提出上述问题。

在管理者培训中，关于假设的训练难度是极高的。训练中，宜将一切虚泛的词都权当中性的词去处理。例如"清高""自傲""自以为是""固执"等，不去贴恒定意义的标签，只随个案去定义。最好用洞见性的提问切换思维方式，例如：

1. 什么样的人会清高？这样的人通常有什么优点？什么样的品质易使一个人去清高？对什么样的人表现得清高一点是值得的？
2. 什么样的人会自傲？这样的人通常有什么优点？傲气与傲骨有什么不同？在什么情况下可以表现得傲气或有傲骨一点？那会带来什么好处？

3. 假如一个人总是自以为是，你觉得发展下去会如何？

4. 坚持对的东西，固执一点有什么不好？

进行这样的提问训练，会冲破思维方式的束缚，做出有利于自己的假设。

儒家讲中庸，并不是在讲调和与折中，而是指恰如其分、恰到好处。佛家讲不二法门，并不是在讲独一无二或非此即彼，而是指不要走极端，灵活地选取最恰当的路径。通过洞见性提问进行选取假设的训练，就是要人们灵活地做出对自己有利的预设或决定。

这种预设或决定甚至有某种先知的味道。

对个人学习意愿度与个人假设挑战度进行二维矩阵分析，结论如下：

个人学习意愿度与个人假设挑战度都强，管理者会成就最好的自己；个人学习意愿度弱而个人假设挑战度强，管理者至少会面临重要机会；个人学习意愿度强而个人假设挑战度弱，管理者会学到很多不那么重要的东西，其精力与才华的浪费极为可惜；个人学习意愿度与个人假设挑战度都弱，管理者将会成为平庸之辈。

对组织而言，假设挑战度体现在对机会的把握上，体现在对主业的认知程度上，体现在对战略的取舍上。

对个人工作能力与组织假设挑战度进行二维矩阵分析，则结论如下：

个人工作能力与组织假设挑战度都强，组织会取得巨大成就；个人工作能力弱而组织假设挑战度强，组织也会取得重要成就；个人工作能力强而组织假设挑战度弱，对组织来讲既是浪费人才，又难获得成就；个人工作能力与组织假设挑战度都弱，对组织的危害最大，组织将难以存续。

三到法的设计原理

讲清楚原理、公理或道理，对管理者来讲并不是最有效的培训。

对管理者来讲，排排坐听大课，是低效的培训。

将管理者投放在学习团队中，才会发生真正的学习。

经验互补的团队、知识或技能结构化的团队、难题相似的团队、致力于在团队中寻求解决方案的团队，才是开放性的学习团队。

这样的开放性的学习团队，就仿佛是学习共同体。

只有在学习共同体中，每位管理者才会成为真正的学习者。也只有在这样的团队中，每位成员关联亲身经历和工作难题，老师讲的知识、原理、公理或道理才有真实的意义。

集成永远要比组成更有意义。

这样的学习共同体，其作用远远大于常规的咨询公司。

最好的行动方案不会是被告知的，只能靠学习共同体的内在生成。

由学习共同体内在生成的行动方案，就是正在生成的真实未来。

在学习共同体中生成行动方案，需要具备三步：

1. 具有好奇心、同理心、善念（聚焦于组织成果）。

2. 对好奇心、同理心、善念中产生的各种想法进行整合。

3. 将整合形成的结论描述成若干子目标和细化的措施。

三到法，就是基于这样的原理与需求创造出来的。

三到法，即听（看）到、想到、做到。

用于学习团队中，便是一个集体复盘和催化课程的工具。

第一步，每名学员将课程里面触动自己的、直觉认为很重要的、老师本人讲的或老师引据的原话分享出来。通常一门课程至少要记住并分享三句原话，切忌凑数。

第二步，分享某句原话的学员要在学习小组中充分关联个人经验和工作难题，抱着好奇心、运用同理心、愿意接受各种挑战性假设进行思考，将那句原话加工形成个人的、新的诠释。通常对一句原话至少要给出自己的两点创新性和务实性的想法，切忌散乱。

第三步，根据自己做出的新的诠释，制订个人的行动计划书。通常对一句原话至少要给出三条具体而明确的、现实的、可衡量的、重要的、有时限的措施，切忌空泛。

在运用三到法进行课程复盘和催化的过程中，学员要有面向未来、共创未来的集体意识，时刻注意做到深度聆听、不断提问、自我反思。

深度聆听，是指在他人发言的时候，不做评判，悬挂自己过往的假设，专注于对价值的汲取；不断提问，是指学员在学习小组中的发言要以提问为主要方式，被问的一方少做解释，不做抗辩，要相互提出足够数量的洞察性问题，通常针对一名学员运用三到法所做的发言至少要提出 15 个问题；自我反思，是指学员不仅就他人对自己的提问进行反思，还要对他人之间的提问进行反思，并且愿意在小组中诚实地公开自己的反思，使反思成为集体复盘和催化课程的价值取向以及重要内容。

除了用于课程复盘和催化，三到法还可以应用于会议、考察、交友等所有沟通性场合当中，使这些场合都成为学习的机会。不做判断地记录见闻、好奇于各种可能、结构化地共创未来，是三到法的精髓。

谁在那里更重要

是谁在课堂上？这难道不是一个至关重要的问题吗？这不是在问什么层级的人，也不是在问什么岗位的人，而是在问具体是哪个人在课堂上。

可是这样一个至关重要的问题，却在实际的培训活动中长期被忽视。所有的培训方案，都是针对层级和岗位而设计的。所有的需求调研，也都是针对层级和岗位而设计的。最终出现在课堂上的那每一位具体的人，竟然被忽视。

层级和岗位不能代表每一个人。

于是，PPT 被广泛应用在讲授式、告知式、灌输式的教学中。现场跟随学员难题而呈现的内容，无法出现在 PPT 里。完全互动式的培训，内容是随机流动着的，要靠板书才能实现。PPT 如果是有效的，那么它的前提假设一定是事先很久就明确地知晓每一个出现在课堂上的人在工作中遇到的难题、发生的案例和典型的情绪。

我们都知道这样一点管理常识：在没有具体对象的时候，所有的管理模式都是空洞的理论，于当下解决问题没有意义。只有对面坐着真实的员工，只有面对具体的目标和具体的市场的时候谈管理理论才有意义。个体经验无论多么独特，抽象处理后都是常识。常识很有用，也很难用。常识只有还原到个人体验中才有实际意义，也唯有情境化才可使用。擅长在情境中活用常识的管理者才有可能贡献成果。

同样的道理：所有的培训模式或培训项目设计方案，在没有对象的时候，都是空洞的理论，没有意义。只有对面坐着真实的学员，培训模式或培训方案于当下才有实际的意义。

诞生一个较为理想的培训项目设计方案，要具备五点要素：

第一，要弄清楚组织目标。组织目标来自能够十分清楚地回答：“世界需要它成为什么样的组织？”这是五点要素中最难做好的事情。很多人却误以为这是最容易做到的事情。可以这样说，几乎所有失败的组织，都与没有弄清楚组织目标有关。

第二，实行项目管理。培训方案理应出自专业部门，在专业部门内进行专业分工，这是理想的状态。但大部分培训机构难以成立专业设计部门，或由于某些原因不必要成立专业的设计部门，则可以实行项目管理，即由上一级相关负责人分配设计任务，按对业务或领域的熟悉程度成立临时的项目设计组（普通项目1～2人即可，较大项目则3～5人），从培训设计到培训实施负责到底。事实上专业的设计部门也可以实行项目管理，当然只在设计阶段。

第三，实行若干层级（通常可两级）的管理委员会制度。例如每周由上一级相关负责人召集项目长研究工作，行使一级管理委员会职责；每月由组织内高管召集相关负责人研究工作，行使二级管理委员会职责。管理委员会只做评价，不统一做决策。务必使项目组的每个人都成为实际操作者，不允许未参与实际工作的人来指挥，每个实际操作者都是自己职权范围内的决策者，并且是最终决策者。向每一项决策负责的只有一个人，就是做出决策的那个人，也就是他自己。

第四，项目组的重要工作之一是调研需求。主要是基于组织目标的组织需求，那绝不会是轻松征集来的，而必须经过慎重分析。分析的重要依据，就产生于学员工作中遇到的难题、发生的案例和情绪。

第五，重视对设计的评估。一个成熟的培训项目方案设计，一定是在反复的应用中通过不断改进而形成的。反馈方就是学员所在的组织、学员和培训师们，并且需要一个较长的时期，持续跟踪评估。

以上五点要素，要上升到制度层面进行顶层设计。

所有的胜利都是制度的胜利。

培训项目方案的设计者必须成为该方案的决策者，以此与组织共赢。海尔的“人单合一”，本质上就是指员工与客户在实现个人价值层面共创、共赢、共享。这与亚瑟·库勒斯的“合弄制”、稻盛和夫的“阿米巴经营模式”极为相似。“阿米巴经营模式”就是基于牢固的经营哲学和精细的部门独立核算管理，将企业划分为像重复进行细胞分裂的“阿米巴”一样的自由自在的“小集体”，自行制订计划，独立核算，持续自主成长，让每一位员工成为主角，“全员参与经营”，打造激情四射的集体，依靠全体智慧和努力完成企业经营目标，实现企业的飞速发展。

当然，再好的培训项目方案，都需要一流的实施与管理才会有效。

做培训就要追求“小、小、小”。

第一个“小”，是基于大部门运作的组织单元（项目组）要“小”（甚至一个人就是一个项目组，操作者就是决策者），在这样的组织单元里，每个人的角色清晰，管理成本低，决策速度快，战略贯通性好，全员积极性得到调动，应对环境变化及时，工作质量高。第二个“小”，是课程题目要“小”，这样内容才会专业和精细。第三个“小”，是学习工具要“小”，引导工具要像“小李飞刀”一样精巧和有效。

只有“小”，才能聚焦。只有聚焦，才能解决问题。

不能聚焦当下，便没有未来。

出现在课堂上的那每一个具体的人究竟是谁，对传统讲授式的老师并不重要，他只会注意到学员是什么层级或岗位上的人，甚至连这一点也不在意，只管照本宣科地灌输。但对引导师来讲，他会十分在意具体出现在课堂上的每一位学员都是什么样的人。

有趣的是，在引导师的课堂上同样存在执行制度的问题。不是课堂纪律，而是研讨制度。行动学习的特点就是特定的规则、强制的流程、专业的工具。固然引导师要做到尊重和中立、不评判、信任学员、引导学员找到答案，但同时也要坚决，在维护规则的严肃性、流程的严谨性和工具的专业性上，要一以贯之地坚持住。引导师要有决心与学员一起承担改变的痛苦。如果不能坚决地告别旧习惯，便无法发生学习。

管理者的学习原则

学习的内容可以千变万化，但学习的原则是永远不会改变的。

如果不从脑科学的角度来探讨，仅从课堂上的有效教学行为来分析，管理者的学习原则可以归结为以下五个方面：

第一，以案例为核心。对管理者来讲，学习的重要原则之一是以案例为核心。这甚至是管理者学习发生的重要原理之一。管理者亲身经历的案例，更是案例教学的核心。V 字形理论就是为解读管理者亲身经历的案例而设计的工具。任何一个管理者亲身经历的案例，都有解构的价值。因为从事件到事理，必然能够由管理者的具体行为、行动方案、遵循的原则或标准、方法论、价值观、心智模式所推导出来。这个过程只能通过更多相似案例深度聆听、提问、反思来完成。

第二，以行动计划为导向。面向未来，师生共创，围绕工作难题形成行动计划书，是教学最重要的成果。一切教学活动，都应以此为导向。评价行动计划书的执行情况更是教学评估的重点。

第三，一切从设计开始。所有的教学活动，都应遵从一切从设计开始的原则。培训机构最重要的力量、最有价值的资源，都应集中在设计上使用。主要包括三大设计：课程设计、项目设计、评估设计。

课程设计是指老师备课。课程设计的前提是不仅要弄清组织需求、个人需求，还要弄清真实需求，即培训师要结合时代性、行业性、技术性、创新性、特殊性，对真实的需求进行分析判断。课程设计中要融入学员的难题、案例和想法。一流的课程设计，应倡导集体备课。有些老师认为集体备课是伪命题。其实，这要看每个人所理解的、每个人所定义的集体备课是怎样的。确实，很多集体备课是在走形式，得到的必然是毫无特色或平庸的东西。集体备课其实是要得到丰富的案例与足够现实的难题，特别在企业内部培训师的课程设计上，集体备课必不可少。

项目设计是指设计某个培训班的培训目标、方案、课程表，要组织专业人员进行评审方可通过。培训项目设计，首先要确定主题，以小专题为宜。其次要聚焦“三个带来”（带来难题、案例、想法）和“四个带去”（带去老师传授的知识、学员头脑风暴生出的智慧、个人行动计划书、送给基层精彩的一课）进行设计，开学第一课，将“三个带来”进行汇总分类，根据分类组建学习小组。最后要明确核心课程与辅助课程，设计充分的时间催化核心课程，依靠行动学习完成“四个带去”。

评估设计，是指对每个培训项目都采取不同的差异化评估方法，不搞统一方法的评估。并且在进行每个培训项目设计的时候，同时进行评估设计。甚至要比每个培训项目设计开始得更早、结束得更晚。评估要以一对一访谈为主，小范围座谈为辅。至于纸质问卷调查，并没有我们想象的重要，因为现实当中很少有人会认真对待和填写。

第四，创造知识。德鲁克讲，管理者是运用知识工作的人。从另一个角度讲，优秀的管理者就是创造知识的人。课堂是集体创造知识的重要场所。在老师的引导和带领下，管理者们以工作难题为导向，运用亲身经历的案例和老师传授的知识或工具来加工生成新的知识。在这个过程中，伴随着自我觉醒和心智模式的优化。人的意识里没有感觉，只有判断。潜意识里沉淀的认知和感觉经相似案例、隐喻和洞见性提问会重新整合传递给意识，促动意识升级。对管理者而言，学习的最高境界就是创造知识。

第五，以改变为目的。管理者的学习，要以改变为目的。提升工作效率，修正日常行为，提炼独具个人特色的方法论，优化心智模式，深刻重塑价值观，这是由低到高的改变标志。

年度培训备忘录

培训机构实行发布年度培训备忘录制度，有很多好处。

年度培训备忘录，一般应在年初（中国春节前后）发布。内容涵盖上一年度在培训活动中发生的重要的、有价值的、应该被记住的事件：

1. 学员在课堂上分享的亲身经历的案例（各类培训项目的范本）。
2. 学员在课堂上提出的工作难题（按岗位、专业或主题分类汇总）。
3. 老师与学员在课堂上互动时的精彩对话（或对话片断）。
4. 学员在课堂上呈现的精彩观点或新奇想法（分类汇总）。
5. 优秀学员制订的行动计划书。
6. 最受学员欢迎的课程清单和培训师名单（例如十佳）。
7. 学员新的培训需求（对培训项目、课程和培训师的期望）。
8. 将优秀学员培养成为企业内部培训师的成果。

当然，培训机构本身所发生的重要事件，也可以纳入。

国内国际培训界要闻也可开辟小专栏给予发布。

将这些年度培训备忘录，放在培训机构的阅览室或图书馆里面。甚至放在随手可取的任何一处公共场所，供新来的学员或老师们了解，更重要的是要呈送上级相关部门。

经营好组织最有价值的记忆，是所有企业培训机构的责任。

检定工作难题

相当多的管理者只是自以为在工作中遇到了很多难题。

然后命令自己去解决它们或假意解决它们甚至屈服于它们。

其实，也未必有那么多的难题。

大部分的所谓难题，是不良心智模式造成的。

剩下的少许难题，也需要重新定义。

换一种方式描述难题，难题就会发生改变。

那么，如何检定难题呢？

首先是写下来给自己看或给学习团队的成员们看。将自己所能想到的在工作中遇到的难题全部都写下来，贴在墙上，然后大声朗读这些难题。有趣的是，仅仅只是这样处理，有些人就会改变对自己所写的某些难题的看法。甚至有的难题在被审视的过程中就已经得到解决。那很好办，就从墙上取下那张纸条，撕碎扔进纸篓里。

再打量剩下的纸条。开始进入提问环节。如果是在学习团队里面的话，就允许任何人向任何人提任何问题。这个环节的质量取决于提问的数量。通常，针对一个难题所进行的提问，至少应该在 30 个以上。这还要看难题的难度如何，难度越大，就需要越多的提问。足够数量的洞见性提问，几乎可以解决一切难题。据我的经验，会有 1/3 的难题被撕碎扔进纸篓里。剩下的难题几乎都可以得到一些相应的答案。

继续打量剩下的纸条。那才是我们要认真对待的事情。这时候，我们只需要将纸条上的负面语言转换成正面语言，再修改成为目标写下来贴在墙上，然后就可以严肃而耐心地审视它了。

那才是我们真正值得面对和解决的工作难题。

如果又觉得某个难题太难，那也好办，将它拆解成为几个小难题（小目标），写下来贴在墙上仔细端详，就会觉得它其实并不那么难。很多难题之所以显得很难解决，是因为没有当众大声说出口或挂在墙上被人们看见。还有很多难题之所以挂在墙上看上去很吓人，多半是因为它不具体。

小难题往往是大难题的成因，因此解决小难题的意义相当重大。

如果还能将这些小难题按照因果关系或轻重缓急来排序，目光投放于排在第一位置上的小难题，集中优势和资源来解决它，或许就会看到整个局面在发生很大的改观。

我们总得知道当前最重要的问题是什么。就像古希腊有一句谚语讲的：“狐狸知道很多事情，但是刺猬只知道一件大事。”

第四辑

公开的教练

这个世界就如同一间大教室，里面所有发生的情况都是课程。对于包括培训工作者在内的所有管理者而言，只要愿意，翻开任何一本经典著作，或仔细观察生活和工作中的人或事，其实都在教我们如何才能发生学习。若修得一双慧眼，随处都能看见公开的教练。本辑收录28篇文章，即深度聆听和转化教诲的心得。

二十世纪西方文化三大发现

有人将“墨菲定律”“帕金森定律”和“彼得原理”并称为二十世纪西方文化三大发现。很有意思，我发现这些定律和原理跟管理者的学习与成长息息相关，且带来很多启示。

提出“墨菲定律”的人叫爱德华·墨菲，他只是美国空军的一名上尉工程师。在他1949年参与的一次实验中，有人竟然将16个装置“有条不紊地”全部装在错误的位置。于是，墨菲做出了这一著名的论断：“如果有两种或两种以上的方式去做某件事情，而其中一种选择方式将导致灾难，则必定有人会做出这种选择。”

“墨菲定律”告诉人们：

1. 任何事情都没有表面看起来那么简单。
2. 所有的事都会比你预计的时间长。
3. 会出错的事总会出错。
4. 如果你担心某种情况发生，那么它就更有可能发生。

对管理者的学习与成长而言，运用“墨菲定律”可得到以下重要提醒：

1. 承认自己的无知，一定会降低犯错的概率。
2. 大变故常是小概率事件引发的，未雨绸缪总好过亡羊补牢。
3. 将担心的时间用于筹划和行动，才会吸引和聚集成功所需的能量。
4. 既然出错不可避免，那就经常进行试错演习。
5. 将做重要工作的时间预算乘以一个源于自身经验的系数。
6. 轻视简单的道理与忽略简单的事情，都会使自己陷于复杂的险境。
7. 重用人才可以确保干成事，但安抚庸才可以确保不坏事。
8. 如果只有一份会议材料装订错了，很可能是台上发言席上的那份。
9. 分析问题走极端，解决问题走中间，事情便坏不到哪里去。
10. 经验丰富又自信的人，往往会充满信心地精确推导出错误结论。

“帕金森定律”又称为“官场病”“组织麻痹病”“大企业病”，是英国历史学家诺斯古德·帕金森在1958年提出来的。他说：一个不称职的官员，既不会让贤，又不会任能，他只会选用比自己更差的人。帕金森认为，上行下效，以此类推，长此以往就会形成机构臃肿、人浮于事、效率低下的领导体系，行政机构不断增多，行政人员会不断膨胀，每个人都很忙，但组织效率却越来越低下。

“帕金森定律”对管理与管理者有如下启示：

1. 当一项工作开展得不够理想的时候，试着去减少人手。

2. 确保将自己的大部分精力花在去做重要而不紧迫的工作上。

3. 为组织内其他人做出贡献，才能使自己有机会成为重要的人。

4. 要时刻提醒自己不去给组织内其他人制造“工作”（麻烦），这不是什么美德或职业道德，而是使自己在组织内获得有效性的重要前提。

5. 对一项任务尽量同时产生两个不同的行动方案交由决策者选择，以避免该任务被某些既得利益获得者或利益团体所利用或绑架。

6. 注意组织内的折中者，他们往往比极端者危害更大。

7. 不重要的小事情，大胆交给缺乏经验的新人去决策并执行。

8. 领导者不要听任何“小报告”，多么“有价值”都不要听。

9. 机构和人员宁肯精减，绝不膨胀，若不行就再成立另一家机构。

10. 要有不惜砍掉任何一项业务的勇气和决心。

11. 对领导者来讲，培养人是第一要务、第一业绩。

“彼得原理”是美国管理学家、现代层级组织学的奠基人劳伦斯·彼得在1960年提出来的。他说：每个人无论有多少聪明才智，也无论如何努力进取，在层级组织里总会有一个他胜任不了的职位在等待着他，并且他一定会达到那个位置，直到不能胜任为止。

“彼得原理”告诉人们：

1. 在一个等级制度中，每个员工都趋向于上升到他所不能胜任的地位。

2. 一个员工正是由于表现得好，才会被逐步提升到不能胜任的位置。

3. 组织内很多重要位置都被不能胜任的人所占据。

4. 由于每个人最终都将达到那处提升商数为零的“彼得高地”，于是他要么依靠裙带关系，要么依靠自我成长，而前者是被普遍采用的。

5. 假如时间足够长，且组织里有足够的阶层，裙带之风只会愈演愈烈。

“彼得原理”对管理者的启示：

1. 急流勇退是一种豁达的态度，更是一种智慧。

2. 生活品质比生存方式重要。

3. 自我觉察就是自我拯救。

4. 尊重他人就是尊重自己。

5. 如果你的上一层职位被某个不胜任者占据了，而你又无法调岗或跳槽，那么突破“彼得瓶颈”的唯一办法就是从此钻研业务，不问仕途。

6. 不胜任现职的症状很多。较轻的症状是遇事推诿、不愿担当，却经常抱怨或发牢骚，偶尔缅怀“过去美好的时光”，因为那时他们还处于能胜任的阶层；较重的症状是自我感觉良好，有时看似还挺民主，却很难听得进去真正专业性的意见，大事不亲自抓，小事经常插手管得又太细；最重的症状是唯我独尊、专横跋扈、任人唯亲。

7. 授权最好的时机恰恰是对方不能完全胜任的时候，只要看准是有发展潜力的，坚决授权。授权是最好的培养，优秀的领导者往往善于授权。

8. 自主管理是突破层级管理的出路。

如果我们愿意，人类文明史上所发现的一切原理与定律，都可以转换应用在培训工作中，源源不断地获取营养和能量。

透彻的弗雷德蒙德·马利克

继彼得·德鲁克之后，唯一让我愿意用透彻这个词来形容的学者，就是弗雷德蒙德·马利克。恰巧，他被誉为“欧洲德鲁克”。

这位管理学大师说：“管理只是一种职业。”听到这句话，我眼前一亮。这跟我常说的一句话很相似：“管理就像修自行车，只能通过修自行车来学习，看是看不会的。”

弗雷德蒙德·马利克说：“管理是一种技艺，指向实际问题的解决。”是啊！修自行车就是在依靠技艺来解决问题。

马利克有着简单明快的语言风格：“管理是从资源到价值的转化。”“只有从企业外部才能获得资源和价值。”“根据外部的变化对内部加以调整，所有机构、企业、组织的管理方向都应当遵循从外到内的原则。”“而最重要的资源就是知识。”“管理就是从知识到效益的转化。”“真正的价值就是顾客价值。只有在那些支付账单的地方才会产生价值。只有顾客才会支付账单。凡是支付账单的都可以视为顾客。”这几段话，几乎将管理说透，无须再作解释。

马利克的语言也很锐利：“管理意味着行动。只有知识并不能成就管理。知识如果没有被投入到创造绩效的过程中，其本身就毫无意义。从知识到价值，需要行动。行为这个词，对于管理的本质来说太过苍白、中立、宽泛、空洞和被动。”这话不仅直接、透彻，还犀利。

马利克对德鲁克的评价很高：“管理是一种实践。彼得·德鲁克是对管理做出正确理解的第一人，他使管理具备了可学习性，也在一定程度上使管理教学成为可能。”在课堂上引导学员做个人案例学习，此为又一有力佐证。

他又说：“德鲁克一生都在和管理者以及企业家在一起工作、一起解决问题，同时观察他们。这正是他成功的原因。彼得·德鲁克的方法其实很简单——提问。德鲁克的这种研究创举是对管理实践的巨大贡献，他自身也成了新的学术标杆的代名词，只有少数佼佼者才能达到他所达到的高度。”

一方面，开发大批企业内部培训师、培养大批教练型管理者，是当今中国国有企业的燃眉之急！另一方面，中国的管理学家若想有所成就或提出引领企业的创见，必须学习怎样才能与企业家在一起工作，一起解决问题，同时观察他们，向他们提问。

管理者的品格

亚马逊 CEO 杰夫·贝佐斯说：“长远的战略，需要坚定和专注并忽略批评，甘愿长期被误解。”

能够做到这一点的国企管理者，我所亲见者极少。

领导力发展与人才管理的未来趋势研究，领域内公认为是前端的专业。美国该领域专家约翰·马托尼认为：“品格是非权力性影响力的关键，品格不能决定你现实的命运，但它能决定你最终的命运。”

我非常赞同这句话。但以我在国企 30 余年的观察，我发现：品格决定着很多管理者的现实命运，却不能决定他的最终命运。太多忠诚企业、正直耿介的管理者不受青睐，终不得志；太多一心为己、阿谀逢迎的管理者平步青云，最后安全着陆。

但我毫不动摇地坚信和支持约翰·马托尼的观点。因为我 30 余年一直坚守之奉行之，且对身边亲密同事多有此类叮嘱。

施乐公司前 CEO 安妮·麦卡伊非常推崇“诚实、授权他人的技能”。将这称为技能，是对领导力的极其精准的表述。能够这样表述的学者和企业家不多。特别是很多学者，往往将领导力描述得很玄，望之不可学。

世界正呈现出新的特征：变革与创新速度在加快，虚拟化在日益加深，许多看似没有关系的事物正在产生极其紧密的联系。

但无论世界怎样变化，管理对管理者品格的要求不会改变：勇气、忠诚、勤奋、谦逊、诚实、感激，一样都不能少。

德鲁克说："真正决定管理成功或失败的是管理者的愿景、奉献和正直程度。"把企业当作宗教事业来经营的松下幸之助先生就是这样的典范，他认为："经营的第一理想应该是贡献社会。以社会大众为企业发展考虑的前提，才是最基本的经营秘诀。企业如同宗教，是一种除贫造富度众生的事业。担负起贡献社会的责任是经营事业的第一要件。"

造就大批品格端正的管理者，是培训工作者的使命。这样的培训，只有行动学习能做到。靠宣灌，收效甚微。

完成提问的意图

德鲁克的主要工作方式就是提问。他认为，管理者如果不改变提问的方式，永远不可能成功。而完成提问的意图，是极其重要的。

还是让案例来说话。

一次，我请段老师来学院为催化师培训班授课，用一整天的时间讲提问这件事。段老师到学院的那天晚上，我问："明天你准备怎样上这堂课?"段老师说："没有特别的准备，我只想帮助大家完成他提问的意图。"

第二天，我全程旁听了段老师的课。课后，一位学员问我："听说段老师是您的老师?"我说："是的，我是跟随他学习提问的。"这位学员说："您怎样评价段老师?"我说："在华人世界里，他是最好的老师之一。"我到现在都清楚地记得那位学员吃惊的表情。

爱因斯坦说："如果给我一个小时来解答一道生死攸关的问题，我会花55分钟弄清楚这到底在问什么。剩下的五分钟足够我回答这个问题。"弄清楚提问的意图，就有这么重要。

德国战略学家威兹曼说："问题的解决往往不在问题的发生层面上，而在和它相邻的更高层面。"弄清楚提问的意图，就是在找寻"相邻的更高层面"，因此，往往要花很长时间。

林彪在指挥辽沈战役期间，有一次得到一份战报，战报中说我们的一股部队在夜间与敌人发生了遭遇战，战报中列出了详细的缴获数字。当时林彪的指挥所没有人注意到这些数字。但林彪却问了三个问题：“为什么这次战斗缴获的短枪比例这么高？为什么这次缴获和击毁的小车比例也比以往高？为什么这次俘虏和击毙的军官比例也比以往高？”一时没有人能回答这三个问题。林彪断言：“敌人的指挥所就在这场战斗的附近！”果然，敌方是廖耀湘军团。随后林彪部又截获敌方情报，遂布下口袋一举歼灭廖耀湘军团，活捉了廖耀湘。林彪从井冈山时起，就有亲自记录数字的习惯。对下也要求各部及时分类上报战况数字。重视收集和分析数据的好习惯，使林彪善于提出这样的好问题。而澄清这些提问的意图，往往可以找到正确的答案。

经常有学员问：“如何才能学会提问呢？”我总是用最简单的方式回答：“把你想说的那句话加上问号就可以了，然后养成这样做的习惯。”

一次我讲“提问的道与术”这门课，与学员们就提问的意图这个话题，发生了一段极有趣的对话。

一位学员说：“昨天一位老师强调，要问开放性的问题，不要问封闭性的问题。”我从学员们的神态觉察到这正在成为他们的普遍观念。

我问这位学员：“那是想得到什么呢？”

那位学员一时愣着说不出话。

另一位学员代他回答：“因为开放性的问题要比封闭性的问题好。”

我又转而问这位学员：“那又是想得到什么呢？”

这位学员也愣住，一时无法回答。

我停顿着等大家思考，扫视了一圈儿，然后说：“我们要清楚自己所问的是为了得到什么，而不只是在意自己所问的是不是开放性问题。”

当这句话一字一字说完的时候，我看到大家会意的眼神，有的还频频点头。这时最先说话的学员问：“封闭性和开放性的问题都可以问吗？”

我说：“当然，只要对你有用，只要你想问。”

有学员问：“不同的提问方式有顺序考虑吗？”

我说：“这是近年来我听到的最棒的问题！当然有，不，是大致有。首先，要多问封闭式的问题。谁知道这是为什么？”

有学员回答："能得到大量事实。"

我说："很对！因为封闭式问题的答案是唯一的，只能回答是或不是，所以能够收获到事实。还要多问下切式问题，以得到更多事实。"

学员："什么是下切式问题？"

我挥手做了一个下切的动作："单线提问到底，问细节，可以得到描述性的答案。大量呈现事实，是提问最初的意图。"

学员："然后的意图呢？"

我："问一些代表式问题，从其他相关人的角度或模仿各种角色——例如支持者和反对者，代表他们来提问。"

学员："比如怎样问呢？"

我："例如'董事长会怎样想？''支持者会怎样看？'等。这些提问的意图在于使思维自然拓展，让觉察自动发生。"

学员："然后就可以问开放性的问题吧？"

我："随时可以问开放式问题。开放式问题的意图是探询各种可能，产生各种答案。当然这样的问题最好放在提问的中后段。"

学员："然后问些什么样的问题呢？"

我："要问上堆式的问题，问决定、问价值、问意义。"

学员："上堆？"

我："是的，与下切相对。下切指向更细的事实，上堆指向更高的价值。上堆的意图是确认意义，固化价值观。"

学员："比如怎样问呢？"

我："例如'那么，接下来你会怎样做？''这是你想要的结果吗？''这样做的意义是什么？''这最终会使你得到什么？''这样会使你成为什么样的人？'"

学员："这是最后的提问方式吗？"

我："可以是，往往是。但也可以用平行式提问来结束，就是切换到另一个相似的、同类的、同层级的、相关联的话题，意图是迁移这份能力或认知，达到举一反三的学习效果。例如，'你从中学到的什么是可以用在做其他事情上的？''然后你会对什么领域发生兴趣？''那么你会去做什么不同的事情呢？''还可以用这份经验去策划什么特别的事情呢？'"

学员："每种提问方式要问多少句呢？"

我："这是一个很特别也很具体的问题，不容易想到，但其实很实用。你问这句话的意图是什么？"

学员：“想知道不同提问方式的一般性的发问数量，我知道这个问题可能不会有标准的答案，但还是想知道有没有经验性的数字。”

我：“还是有一般性的、经验性的数据的，至少我有。呈现事实，是非常重要的部分。重要的事实和其细节部分，往往被我们忽略。因此呈现事实必须要有足够数量的封闭式和下切式提问，至少占用会话的一半时间，依我课堂上与学员探讨问题的经验，一般规模的对话至少需要30句以上的封闭式和下切式提问。代表式、开放式、上堆式提问，是在运用得到的事实进行分析和判断，以澄清或重新定义问题，然后寻找办法，做出决定，确认意义。当然，界定问题、寻找办法、做出决定、制定方案、确认意义，也需要封闭式和下切式提问。”

学员：“研讨中为什么一定要提问？提问中要注意些什么呢？”

我：“是的，研讨中一定要提问。因为提问是强制性思考的最佳手段。提问要贯穿全部研讨过程，大致经历发散、整合、收敛三个阶段。在重新定义问题中，同时要查找原因，分析表层原因和根本原因，并依此制定目标，且目标要分解成若干小目标才易形成实现目标的具体措施。”

学员：“那我可以再问一个一般性的、经验性的问题吗？我特别想知道，提问的突破口一般在哪里？”

我：“这又是一个很特别的问题，你问这句话的意图是什么？”

学员：“也许您没有总结过这个问题，想知道您会怎样总结。”

我：“我的确没有总结过这个问题。”

学员：“真的？那是为什么呢？”

我：“我希望真正的问题解决方案能够自然浮现在学员的脑海中。刻意寻求突破口会忽略或看不清自己真正的意图，那样也许会事与愿违。”

学员：“您现在能总结一下吗？因为我还是想知道。”

我：“好的。也许识别价值观假设和描述性假设是提问的突破口。当然，在一般情况下。”

学员：“什么是价值观假设和描述性假设？”

我：“比如‘男子汉必须坚强’，这是价值观假设。‘成为坚强的男子汉才是我内心想要的’，这是描述性假设。”

学员：“啊，可这是每个人常说的话呀？”

我：“是的，所以每个人都会形成自己的语言模式。从中我们可以窥见他的心智模式、思维方式和价值观。美国学者理查德·班德勒和约翰·格林德尔在1975年创立了检定语言模式，那是一套用语言澄清语言的学问。例如对‘男子汉必须坚强’这句话，运用检定语言模式的话，你可以问‘女人不需要坚强吗?’‘你说的坚强是指什么?’帮助对方澄清意义。”

学员：“啊，听起来很复杂啊!”

我：“只是听起来很复杂。”

学员：“难道不是吗?”

我：“学一点就好，不必在意没有学到的部分。”

学员：“什么样的学问会支持检定语言模式呢?”

我：“这又是一个很有趣的问题，你问这句话的意图是什么?”

学员：“想知道自己还需要学习什么。”

我：“理查德·班德勒和约翰·格林德尔创立了NLP，NLP是神经语言程序三个英文词的首字母。检定语言模式是NLP的精髓，学习它要有神经学、心理学的支持，但更有力的支持是逻辑学与语言学。当然，在中高层管理者培训中，哲学与管理学对检定语言模式的支持最大。”

学员：“忽然想知道，人们说话的目的到底是什么?”

我：“这是一个更加特别的问题，你问这句话的目的是什么?”

学员：“感觉无法说话了！平平常常的一句话，竟然也被检定成心智模式、思维方式、价值观。”

我：“其实，你提出了一个非常重要的问题。人们几乎所有发言，都是对世界的曾经、现在和未来的看法。也几乎所有发言的目的都是要求对方将这些看法当作事实去接受。几乎每个人都是如此发言，于是几乎所有对话都是低效的。更为致命的是没有人意识到这是低效的，也就没有人愿意做出改善这种对话的努力，包括那些在培训领域讲授沟通艺术的教授和专家们。”

学员：“啊？那怎么办？检定语言模式会改善这一切吗?”

我：“运用检定语言模式必须首先建立轻松和谐的氛围，并且明确对话的共同目标，才会有好的效果。否则，会伤害到人。”

学员：“能举个例子吗?”

我：“例如‘虽然你努力了，但是结果不尽如人意’。可以改变一下顺序，‘虽然结果不尽如人意，但是我看到了你的努力’。你感觉如何?”

学员：“啊，明显不同。”

另一位学员：“但是，这样会不会形成麻痹自己的偏见呢?”

我：“这样的偏见有什么不好吗?”

学员：“毕竟不真实啊!”

我："不能说偏见就不符合真实，偏见是真实的一部分，偏见是客观存在的。承认偏见的客观性，对我们没有坏处。但偏见往往会使人做出以偏概全的结论。人与人的交往，一旦有了偏见，便会失去全面认知的兴趣，导致失去相互的信任，一旦失去信任，沟通便会进入低效或无效模式。"

学员："所以，要特别觉察意图，对吗？"

我："你说得极是，我们刚才一直在探讨的就是意图这件事。"

洞见性的提问，往往就隐藏在提问者最初的提问意图里。

中国古人眼中的管理者

中国古人眼中的管理者，一般称为君子、大人、劳心者。

君主，则是最高管理者，是国家的"一把手"。

中国古人眼中的被管理者，一般称为小人、庶人、劳力者。

认识这些重要的概念，对解读中国历史很有帮助。

在中国古人眼里，小人常又指专家，君子则指通才。

司马光说："德胜才为君子，才胜德为小人。"

德才兼备，作为用人的原则，在华夏具有悠久传承。

孔子有一个对中国文化影响很大的观点："君子不器"。就是说君子不应只沉浸在一技之长里，或可以理解为君子不应囿于一科之见、一门之见或一孔之见，当然君子更不应满足于不求甚解或一知半解。

老子将规律、真理和西方所谓的本体，称为道。孔子在《易经》里说："形而上者谓之道，形而下者谓之器。"道是无形的，器是有形的。道器不离，无形的道就在有形的器中。西方的冰山理论，也在讲显现出来的小部分意识与蕴藏着的绝大部分潜意识的关系。有一句笑话其实寓意很深刻："一位特别会烧菜的裁缝大概率会是一位很棒的司机。"

我常在课堂上讲："知道，不如悟道。悟道，不如行道。行，道才有最终意义。"管理者的学习很不同于在校生的学习。管理者的学习，更多的是从"器"中悟道，终归又要在"器"中用道。认识是从实践中来的，还须再回到实践中去。如同西方哲学认为，抽象应是从具象中来认识，再回到具象中被使用。

孔子又讲："质胜文则野，文胜质则史，文质彬彬，然后君子。"一个人如果朴实多于文采，就未免粗野，而文采多于朴实，又有些华而不实。文采和朴实配比适当，这才是君子。

曾任耶鲁大学校长20年之久的理查德·莱文说："真正的教育不传授任何知识和技能，却能令人胜任任何学科和职业，这才是真正的教育。""如果一名学生从耶鲁大学毕业后，居然拥有了某种很专业的知识和技能，这是耶鲁教育最大的失败。""耶鲁致力于领袖人物的培养，本科教育的核心是通识，是培养学生批判性独立思考的能力，并为终身学习打下基础。"通识教育，又译为"自由教育"，是指对心灵的滋养。自由教育的三大核心要素，就是自由的精神、公民的责任、远大的志向。

一次，子路问："君子尚勇乎?"孔子答："君子义以为上。君子有勇无义而为乱，小人有勇无义而为盗。"从管理角度翻译这话的意思：管理者以义为上，很重视义。管理者有勇无义就会乱作为，被管理者有勇无义就会偷盗、占便宜。

孔子没有单纯解释管理者的勇，而是将义与勇放在一起进行解释。并且将管理者与被管理者的义与勇对照起来进行解释。

"义"作何解?原意是为了公平或信仰而战斗。只要是公正的、合理的、应当做的，就应该去做。义，谓天下合宜之理；道，谓天下通行之路。《孟子》中有一句话很重要："大人者，言不必信，行不必果，惟义所在。"在孟子眼里，管理者、领导者，说话不必守信，做事不必求果，唯有正确的、公正的、合理的、应当做的，才是必须坚持的。

能将管理者定义到这个程度，是中国古人的智慧。

中国人耳熟能详的"水则载舟，水则覆舟"出自《荀子》，传曰："君者舟也，庶人者水也，水则载舟，水则覆舟。"管理者好比是船，员工好比是水，水可以使船行驶，也可以使船淹没。

用现在的话讲：人心是最大的政治。

用经济学解释：水，也可以喻为市场。

市场是人类发明的最伟大的工具之一。

市场可以成就社会主义，也可以倾覆社会主义。

市场的风向，灵敏地反映政治导向。

孔子说："君子之德风，小人之德草。草上之风，必偃。"管理者的德行好比风，员工的德行就像草，风吹在草上，草就顺着风的方向倒伏。

多么形象和深刻的隐喻!

法家代表人物韩非一生在讲三个字：法、术、势。

用现代管理学来解释，韩非其实就在讲管理的三件事：完善基于奖罚的制度、强化基于权衡的控制、形成基于权威的文化。

将诸子百家思想进行重组、整合，会有两个发现：一是这些思想之间有很大的互补性，二是这些思想与西方现代管理思想有很大的互补性。

一次聊天，我对朋友玩笑说："法家适合创业，儒家适合守成，兵家适合御外，墨家适合尽责，佛家适合文化建设，道家适合退休生活。"

朋友说："那你会怎样安排各家的职务呢？"

我半玩笑说："法家可任法规处长，儒家当企业文化部长，兵家可任善于战略制胜的一把手，纵横家任营销专家、谈判专家或外事部长，墨家胜任蓝领，佛家任心理咨询师，但只有退休才能当道家。"

朋友也半玩笑说："道家可任离退休中心主任。"

我附和说："干脆就当国君，休养生息，不折腾。"

那次聊天后，回家我手书条幅："佛以正心，道以养性，儒以修身。"

佛祖愿下地狱普度众生，是以入世心出世。

孔明讲淡泊明志、宁静致远，是以出世心入世。

姜太公与孔明一样，是"欲显先隐"的代表。

其实孔子与孔明一样悲壮，在于"知其不可为而为之"。史可法、谭嗣同也是这样有使命感的人。明人张岱说："不知不可为而为之，愚人也；知其不可为而不为，贤人也；知其不可为而为之，圣人也。"这很像康德讲的"绝对命令"：除非愿意自己的准则变为普遍规律，否则你不应该行动。反过来理解就是：假如你真的愿意自己的准则变为普遍规律，那首先应该从你开始采取行动。

大变革之世，必呈大争鸣之势。最早是几千年一次，之后是几百年一次，今后将是几十年一次。现代的最大特征，是变革的速度越来越快。

孟子提出"劳心者治人，劳力者治于人"的论断，比亚当·斯密更早论述社会分工问题。德鲁克讲，近两百年来人类最大的变量是知识工作者比例大幅增加，所有劳动者正普遍成为管理者。

中国人讲中庸之道，并非只讲折中，而是看重权衡、权变。佛家讲"不二法门"，是在强调不要走极端，每件事情中总有一个恰到好处的"法门"。NLP 的 12 条基本精神，其中有一条就是强调"凡事必有三个解决方法"。老子讲："道生一，一生二，二生三，三生万物。"为什么"三"生万物？因为"三"在"一"

和“二”的中间，“一”是开始，“二”是两个极端，“三”才是灵活的不二法门。

孔子说：“舜其大知也与！舜好问而好察迩言，隐恶而扬善，执其两端，用其中于民，其斯以为舜乎！”孔子称赞舜有大智慧，喜欢向人问问题，又善于从浅显话语中觉察精微的含义，不刺激恶，只宣扬善，过与不及两端的意见他都掌握，采纳适中的用于老百姓，这才是舜帝啊！

中国历史上有一段师生对话极其精彩，寓意极深，对后世文化影响很大。《论语》记载，一次子夏以《诗经》里面的几句诗来问孔子：“‘巧笑倩兮，美目盼兮，素以为绚兮。’何谓也？”年轻女子笑出浅浅的酒窝，黑白分明的眸子顾盼生辉，洁白的粉底更显出面容的绚丽，这究竟是指什么呢？孔子说：“绘事后素。”就像绘画一样，总要有素白的底子才可以描绘美丽的画卷啊！子夏又问：“礼后乎？”那么礼也仿佛是后起附丽于仁的精美文饰吗？孔子说：“起予者商也，始可与言诗已矣！”启发我的就是你啊，以后我们多谈谈《诗经》吧！

有道无术，术尚可求；有术无道，必止于术。

一次，孔子对曾子讲：“吾道一以贯之。”有人问曾子：“何谓也？”曾子说：“夫子之道，忠恕而已矣。”又一次，子贡问孔子：“有一言而可以终身行之者乎？”孔子说：“其恕乎！己所不欲，勿施于人。”

忠，中人之心，谓尽心为人，尽力为人谋；恕，如人之心，谓推己及人。忠恕之道的更高境界，就是“己欲立而立人，己欲达而达人”。不仅自己不想要的事不去强加给他人，而且愿意成就他人。

管理，就是一门通过管理自己来管理他人的艺术。

管理，就是经由管理自己而成就他人的过程。

儒家讲的“仁、义、礼、智、信”，最初是孔子提出“仁、义、礼”，孟子发展为“仁、义、礼、智”，董仲舒扩充为“仁、义、礼、智、信”，后称“五常”。这“五常”贯穿于中华文化，成为中国人价值体系中的核心要素。仁者，爱人；义者，宜也，尊贤为大；礼，是落实仁义的规范；智，明辨是非的能力；信者，诚也，也就是西方讲的契约精神。正是这样的契约精神，成就了共赢式的市场经济。

谈中国式管理，绕不开“平均”二字。“平”，公平、平等、和谐之意。“均”，朱熹的解释：“均谓各得其分。”并不是无差别的整齐划一。“平均”二字用在管理中，就是讲分层管理、授权管理、分工管理、按劳分配、人人都有就业机会。

管理讲成本、讲效能最大化。孔子讲“惠而不费”，让老百姓得到利益而统治者又没过多花费。管理讲制度建设。孔子讲：“政宽则民慢，慢则纠之以猛，猛则民残，残则施之以宽，宽以济猛，猛以济宽，政是以和。”管理讲文化建设。孔子讲：“不教而杀谓之虐。”

孟子讲：“为政不难，不得罪于巨室。巨室之所慕，一国慕之；一国之所慕，天下慕之。故沛然德教溢乎四海。”孟子讲的“巨室”，在当时主要是指贤明的士大夫。朱熹解释说：“盖巨室之心，难以力服，而国人素所取信；今既悦服，则国人皆服，而吾德教之所施，可以无远而不至矣。”孟子是灵活的思想家、有魄力的改革家，“不得罪于巨室”，也体现了他的民主思想和民主作风。

组织系统排列大师克劳斯·霍恩认为，系统运作有其与系统共生的原则：“尊重事实，必须承认事实原貌；施与受的平衡；人人都有归属的权利；先到者位阶优先；承担较大风险者优先；拥有行使职权能力者优先。”这些原则，是系统运作的内在张力，以维持系统的惯性平衡。这与孟子的思想是相通的。系统内的“巨室”，天然要求获得系统成员的尊重。

孟子还说：“有恒产者有恒心，无恒产者无恒心。”有一定的财产收入的人，才有一定的道德观念和行为准则，没有财产收入的人，便不会有相应的道德观念和行为准则。孟子这是在强调保护私有财产对于国家稳定和发展的重要性。孔子的学生有若也说：“百姓足，君孰若不足？百姓不足，君孰若足？”百姓富足，国家怎么会不富足呢？百姓不富足，国家又怎么能算上真正的富足呢？

学术界公认西方的市场经济发端于亚当·斯密在《国富论》中关于人性利己的论述。荀子讲：“人之性恶，其善者伪也。”伪者，人为也；不是与真实相对，而是与自然相对。在荀子眼里，人性之恶是先天的，人性之善是后天的。孟子讲的人性善，在讲人的社会性。荀子的人性恶，在讲人的自然性。孟子与荀子都没有错，只是强调人之各个侧面的不同。孔子讲：“性相近也，习相远也。”孔子不谈善恶，更看重后天教育之养成。

春秋时期法家代表人物管子是中国历史上最懂经济的人之一，他说：“衣食足则知荣辱，仓廪实则知礼节。”这与马斯洛的需求层次理论十分契合。孔子对管子评价很高：“微管仲，吾其被发左衽矣。”要是没有管仲，我们都会披散头发，衣襟左掩，成为野蛮人了。

大道至简。老子在《道德经》中说：“为学日益，为道日损。”求学，要每天做加法；求道，则要每天做减法。擅长做减法才是大师。《史蒂夫·乔布斯传》中有一句话：“禅修磨炼了他对直觉的欣赏能力，教他如何过滤掉任何分散精力或不必要的事情，在他身上培养出了一种基于至简主义的审美观。”乔布斯多年虔心参禅，冥想是他工作的一部分，他用生命去干事业，同时用事业来修生命。乔布斯也经常从古希腊哲学中获得灵感。他说："我愿意用我的全部科技来换取与苏格拉底一个下午的相处，因为他把哲学从高高在上的学科变得与人休戚相关。"松下幸之助在95岁接受记者采访时说："像我这样才能的人在这个世界上比比皆是，我之所以能成功，其中关键一点就是对禅的领悟。"当时日本有位禅师在聆听松下的言论后说："不通禅理，生活乏味；不明禅机，难成大业。"老子讲："反者道之动，弱者道之用。"向相反的方向转化，是事物运作的规律；做减法，是巧妙地利用这个规律。高明的管理者，是善于用"弱"的。从管理的角度讲，减法就是加法。减下来的精力，要用在重要的事情上。所以荀子讲："虚壹而静"。专注，会使人通透而宁静。教练技术创始人添・高威说："当全神贯注时，恐惧与怀疑就没有存在的空间。"德鲁克讲："卓有成效如果有什么秘诀的话，那就是善于集中精力。卓有成效的管理者总是把重要的事情放在前面先做，而且一次只做好一件事。"

老子在《道德经》中又说："太上，不知有之；其次，亲而誉之；其次，畏之；其次，侮之。信不足焉，有不信焉。悠兮，其贵言。功成事遂，百姓皆谓我自然。"境界最高的管理者，人们仿佛不知道有他这个人；差一点的管理者，人们亲近且称赞他；再差一点的管理者，人们畏惧他；更差一点的管理者，人们轻蔑他。管理者的诚信不足，人们就不相信他。最好的管理者是悠闲的，很少发号施令，事情办成功了，人们却说"我们本来就是这样的"。就像德鲁克所说："有效的管理者不做太多的决策。"

老子告诉我们，管理者做事的重要方法，要从简单的事情入手，从细节入手："图难于其易，为大于其细。天下难事，必作于易；天下大事，必作于细。"把简单的事情做到极致，就是不简单。列宁讲："不拒绝做小事情。"日本的羽田机场连续多年被评为全球最干净的机场，细致得可怕：不仅定期用仪器测试地板光泽度，还要用镜子来确认马桶后看不到的地方是否清洁。

中国人一向将"以身作则"四字奉为圭臬。老子说："行不言之教。"德鲁克在《管理自己》一文中说："知识工作者必须成为自己的首席执行官。"一个不会管理自己的人，无法成为卓有成效的管理者。

中国人眼里最为理想的管理者是什么样的？《论语》中子夏有一段称赞孔子的话很著名："君子有三变：望之俨然，即之也温，听其言也厉。"最高境界的管理者，有三个变化：看起来是庄重的甚至是可畏的，实际上跟他接近后会发现，他神色非常温和，内心充满了仁慈，但听他讲话，又让人感觉严厉不苟，像磨刀石一样砥砺人心。

行动学习的三大目标

在我看来，行动学习可以概括为实现三大目标：第一大目标，解决工作难题；第二大目标，优化心智模式；第三大目标，推动组织变革。

这三大目标既是阶梯式、递进式的，其实又是同步的、渐渐发生的。

概括地讲，行动学习又可分为两大阶段：研讨阶段，执行阶段。

在研讨阶段，提问是最重要的工作。

最重要的提问可供执行阶段全程使用，价值非凡。

在研讨阶段中，首先向难题主人提问。

随后的过程中，任何人可以向任何人提任何问题。

提问可分为三大阶段：第一阶段指向事实——“是什么？”第二阶段指向原因——“为什么？”第三阶段指向行动——“怎样做？”

这三个阶段必须水平进行，并且应力图穷尽。

很多研讨之所以低效，就是因为做不到这几点，要么三个阶段混在一起进行，要么每个阶段都不能穷尽。

所谓水平进行，是与垂直进行相对而言的。垂直进行，即每位发言者同时对问题的几个方面都进行阐述。而水平进行，是指分层研讨，每位发言者只对问题的一个方面进行阐述，穷尽对这个方面的思考，之后再如法探讨问题的另一个方面，直至问题的几个方面都得到讨论。

在提问的第一阶段，要注意事件本身并不等于事实。因为没有标准就谈不上事实。最大的标准是组织的使命与战略。被使命与战略所检定或过滤过的事件，才可称为事实。这需要大量的提问，才能澄清和界定问题。只有蕴含机会的难题，才是重要的、值得面对和解决的难题。一个组织的使命与战略，必须分解至动作，才会有效。不能体现在组织成员日常动作中的使命与战略，只能是纸面上的东西。

在提问的第二阶段，必须要找到造成问题的根本原因，才能制定科学可行的目标。这需要大量洞见性、开放式、深度探询式的提问，要注意从以下五个方面设定提问：

第一，不能完成目标需要达到什么条件——可称为反向联想法；

第二，从人、机、料、法、环等角度寻找——可称为关键角度法；

第三，按时间先后寻找原因——可称为时间序列法；

第四，按照过程查找原因——可称为过程序列法；

第五，按表面原因、根本原因进行分类——可称为冰山分类法。

如此找到的根本原因或最重要的若干原因，才可转化成目标。

再将这些目标分解成若干子目标。

当子目标看上去变得简单易实现的时候，才是最科学可行的目标。

我们通常只需面对子目标。

当然先从“性价比”最高的子目标入手。

管理的神奇之处在于：往往一个“性价比”最高的子目标得以实现后，其他若干子目标也会得到解决或某种程度上的解决。

在提问的第三阶段，要注意根据前面两个阶段的研讨获得的成果去设定提问，促动其转化成为具体措施，通常要针对每一条困难、障碍、不利因素和每一条原因进行提问：“那么，如何将它转化成具体措施呢?”还要针对研讨过程中必然会出现的对体制和机制的抱怨进行提问：“假设没有任何限制，你会怎样做呢?”“假如事情一定会成功，你能采取的最大胆的行动是什么?”“假如采取其他不同的做法也会成功，那会是什么?”

推动组织变革才是行动学习的最高目标。

要实现这一目标，组织的一把手必须亲自推动行动学习。被称为“二十世纪第一 CEO”的 GE 传奇董事长韦尔奇就是这样做的。他说：“我每个月都要去克劳顿维尔学院一两次，每次都要待上四个小时。在过去 21 年的课程里，我有机会与将近 18000 名 GE 经理进行了直接的沟通。我一次又一次地向他们提出同样的问题，让他们给予评论和回答。”

加里·哈默说：“管理者越有权，那么他离一线实际就越远。在奥林匹斯山顶做出的决策通常在山下都行不通。”任正非说：“让听得见炮声的人去决策。”多年的管理实践与培训实践，使我深深地体会到：知道做什么，要比知道怎样做难得多。知道做什么的人，才有机会成为企业家、战略家。而知道怎样做的人，充其量只能称为能手。德鲁克认为：发现机会比解决眼前的问题重要。管理学家布赖恩·罗伯逊说：“我们不是去决定目标，而是去发现目标。因为你要寻找的东西早已存在。”

推动组织变革是行动学习最难实现、也是最应该实现的部分。

打量组织的时候，有四个很重要的问题必须思考和回答：“它的使命是什么?”“这个世界需要它做出什么独特的贡献?”“它需要具备的核心竞争力是什么?”“它的最深层的潜能是什么?”只有能够很好地回答这四个问题，才能找到组织存在的理由及实现组织使命的重要途径。

组织必须通过实现一个又一个目标体现存在价值。阶段性目标必须能够支撑总目标。按照SMART原则，目标必须是具体的、容易实现的。布赖恩·罗伯逊认为，目标应该是简洁的短语，目标的务实性远比措辞优雅更为重要，目标并不是让你装裱后挂在墙上来激励你的东西，而是你工作时每天都需要使用的工具。

传统公司里人员组织结构固定，把工作分配到每个员工身上，而布赖恩·罗伯逊倡导的“合弄制”则是工作职责的确立，把员工往工作上分配。在“合弄制”组织里，所有圈里的重大决策都由这个圈里所有角色参加的管治会议讨论决定。而在日常工作中，每个人则根据自己的角色有相当大的自主权，他们使用自己的判断力、创造性和开拓精神，他们会根据市场需求、自己的角色职责和权力来担负起自己的全部职责。没有任何人可以命令你干什么，而是你自己决定干什么。在“合弄制”中每个员工都是公司的传感器，他随时判断公司是不是正在朝着既定目标前进，看人们做的事是否符合公司利益。如果发现有问题，他就可以在管制会议上提出来，进而采取行动。这种自主权和管制会议上的民主，可以大大减少办公室政治。如今全球已经有几百家公司采用了“合弄制”，遍及欧洲、美国和澳洲以及世界其他地方。

组织理论学家埃里奥特·杰奎斯将组织结构概括为规定结构（组织编写的）、既有结构（实际发生的）、必要结构（应该具有的）。行动学习就是要使有权采取行动的人成为学习者，进而成为催生组织必要结构的人。

亚瑟·库勒斯早在1967年就在《机器中的幽灵》一书中提出“合弄制”的设想，他强调最多的是“整体之间的联系”。德鲁克对这种联系给出管理学角度的解释，就是“承诺贡献”。大师们观察事物的角度不同，但同样深刻，且道理相通。

在一个组织内，一个人应该负责什么，本应该是极其明确的事情。但事实上，不同的人却有不同的看法。这是因为对规定结构、既有结构、必要结构的理解不同所造成的。而这种不明确，正是所有人际冲突和公司政治的根源。而实现行动学习优化心智模式的第二大目标，仅凭心理学、教练技术是做不到的，还必须依靠组织行为学、管理学和哲学。

行动学习必须成为组织的学习规则。

很多学者相信，如果一个人在某项事情上持续刻意练习，最终很可能会发展为第二天性。同样，一旦组织内每个人都遵守规则，规则就会成为组织成员的第二天性。戴维·艾伦说：“没有纪律就没有自由，没有规范就没有愿景……如果公路上没有画行车线，你就不能惬意地开车，因为你会时刻担心有人撞上你。”

三峡大坝的总工程师说：“对三峡工程方案最有价值的贡献是反对意见。”在行动学习中，所有反对意见都应被当作营养吸收进行动方案。

正如弗兰克·赫伯特所说：“寻求自由往往成为欲望的俘虏，寻求纪律反而会获得自由。”对于一味追求自由的人，我们不妨这样发问：“你得到自己想要的了吗?”事实上，这些人大部分生活得并不如意。

依靠行动学习推动组织变革，需要特别注意觉察和反思组织的职位描述、决策程序、人际关系、会议规则。

如果一个组织的所有职位描述是空洞的、粗略的、抽象的，那么基本可以断定这个组织采取的是传统管理方式。如果一个组织是围绕工作而不是人来定义的，经常更新而且又可使每个人担当多个角色的集合体，那么可以判断这是一个正处于上升期的新形态组织。

传统管理方式最大的特征，就是由最高管理者行使权力做出决策。有生命力的新形态组织的管理方式，应该让权力分散在流程中，由每个流程中的每个角色各自做出有效的决策。

传统管理方式最大的盲点，就是组织架构很少被重新审视，更谈不上自上而下进行授权。有生命力的新形态组织的管理方式，应该是使组织架构通过小的迭代进行更新，每个团队自我管理的能力不断提升。

传统管理方式最大的缺陷，就是潜规则延缓了变革，造就了一批“会来事”的人操纵办公室政治。有生命力的新形态组织的管理方式，应该是对包括最高管理者在内的所有人都制定清晰的职业生涯规划，不仅没有业绩的人绝对不可以升迁，而且绝对不可以平级交流（易地做官）。

传统管理方式最明显的缺陷，就是会议低效。有生命力的新形态组织的管理方式，应该是善于管理会议。首先，不必强调会议必须达成某个特定的结果，但必须使会议一开始就聚焦于贡献，坚持开会必须真正有所贡献。其次，要制定并严格遵守会议的特定程序。当有人违反会议的程序时，只需不带感情或不做评判地立即打断和制止他的行为，不必等待合适的插话时机。遵守会议程序才是最重要的事情。这对组织成员来讲具有深刻的变革意义，它维护了组织结构不断进化的空间。这个学习和适应的过程非常痛苦，因为那些舒适的旧习惯必须让位于富有挑战性的新习惯。

行动学习的研讨阶段，就是由一次次高效的会议构成。

每次会议只需处理一个问题，否则研讨过程会变得低效、冗长而痛苦。如果成员们长期习惯于一次只处理好一个问题，那么组织变革就是一件简单的水到渠成的事情。

研讨的基础是事实，研讨的方式是提问，研讨的核心是反思。简单地表达某种看法，并不会发生学习。将想说的话翻译成提问，团队才有发生学习的机会。基于每个人观点合议出来的结论往往缺乏创意，只有基于个体反思与集体反思而联结生成的结论，才值得付诸行动。提问促动反思，反思建构未来。

管理不是科学，甚至连科学本身都不是科学。爱因斯坦说：“当现象综合体中起作用的因素太多时，科学方法在大多数情况下都发挥不了作用。只需要考虑一下天气情况就能知道，要提前好几天预报基本是不可能的。”科学进步的代价是推翻自己。牛顿经典力学被爱因斯坦相对论隔空站在了肩膀上，量子力学又以诡异的方式重新对宇宙进行了假设。

推动组织变革，核心是战略管理这个命题。战略的内在特性是聚焦未来。纳西姆·尼古拉斯·塔勒布说：“我们并不能真正地做计划，因为我们并不知道未来是什么样子的——但这并不一定是个坏消息。我们可以在牢记这种局限的同时做计划。这样所需要的只是勇气而已。”

王阳明倡导的知行合一，本质是指知与行只能同时发生。勇气当中，蕴含着智慧与运气。勇气的最好证明，就是采取行动。

量子力学的创始人之一海森堡在 1927 年提出著名的“测不准原理”，被认为是所有科学中道理最深奥、意义最深远的原理之一。在社会科学中也是如此，当我们试图在不可预测的世界中预测未来时，我们实际上就是在抑制自己当下感知现实和做出反应的能力。

当前时代的瞬息多变、日益复杂与模糊，将使一切组织发生巨大变革：管理方式重点在于快速达成可行的决定，管理原则重点在于任何决定都可以随时重新讨论，而且只有行动学习才能给出这样的机会。

组织成员或团队永远要回答这样的问题：“我们应该成为什么？”“什么样的使命在影响我们的决策？”“每个角色到底应该重点做些什么？”

变革中的组织要学会做减法。加里·哈默说：“所有类型的大型组织都遭受着各种各样的先天缺陷，使用再多的增量疗法也无法治愈。”组织只有学会做减法，才有可能取得成功。

所有生存在组织内的成员，必须改变自己的语言模式，改变自己的文化、追求和信仰，改变自己的角色描述，聚焦于为贡献成果而工作。

检定语言模式是 NLP 的精髓，优秀的组织成员必定永远在改变语言模式的路上。路德维希·维特根斯坦说："语言的边界决定世界的外延。"一个人的语言模式，就是在反映他的生存状态和生活质量。

被称为"码头哲学家"的埃里克·霍弗说："我们永远不可能对全新的事物真正做好准备。我们只能调整自己，而且每一次彻底的调整都是自尊心面临的一次危机。"行动学习的危机与契机是并存的。不敢于挑战自己，行动学习便没有价值。

阿尔伯特·埃利斯的启示

美国临床心理学家阿尔伯特·埃利斯，在1955年探索发展出"理性情绪行为疗法"（REBT），许多人因此认为他是认知与行为疗法的始祖。

他认为，非理性信念有三大特征：

1. 绝对化的要求（例如"我必须获得成功"）；
2. 过分概括化（根据一件或几件事情就去评价整体的人）；
3. 糟糕至极（将一件事描述得很可怕、不可接受）。

这三种情况，我在中高层管理者的课堂上经常见到。

彻头彻尾的坏事是不存在的。同样，彻头彻尾的坏人也是不存在的。黑格尔说："存在即合理。"找到合理性，便具有建设性意义。阿尔伯特·埃利斯的"理性情绪行为疗法"，不是反对竞争或者为了杰出成就奋斗，它支持任务完美主义，而不是自我完美主义。对造成自己痛苦的信念、情感和行为觉察得越清楚，摆脱它们的机会就越大。阿尔伯特·埃利斯告诉我们：创造了让自己心烦意乱的信念和感受的人主要是你，因此你拥有控制和改变它们的能力。正如古罗马的斯多葛学派哲学家爱比克泰德所说："人们并不是被事物所扰乱，而是被自己对事物所持有的观点所困。"真正使我们恐惧和惊慌的，并非外在事件本身，而是我们思考外在事件的方式及我们对其意义的诠释。

人们没有必要喜欢痛苦，但可以建设性地接受。同样，没有必要喜欢工作难题，但可以建设性地接受它所带来的机会，在课堂上强调这一点，中高层管理者们是能够接受的。

阿尔伯特·埃利斯的"理性情绪行为疗法"，强调三大基本哲学观：

第一，用无条件的自我接纳替代有条件的自尊（实行目标管理，但不用结果评判自己）；第二，无条件地接纳他人（只评价他人的信念、情感和行为但不评价他人本身，抱同情心）；第三，无条件地接纳生活（只评价生活中的事，不评价生活本身）。

课堂上，引导师需要深刻理解、掌握和运用这三大基本哲学观，才能推动学员强化自我认知意识，从而推动学员强化自我管理意识。

美国神学家莱茵霍尔德·尼布尔说：“尽你所能改变你不喜欢的生活，安然接受你不能改变的，并拥有区别两者的智慧。”将这句话引用在中高层管理者课堂上的效果通常都很好。同时还可以这样讲：不必一定要做好，我们拥有做不好的权利。这句话经常会让那些敬业而又焦虑的管理者释然。

阿尔伯特·埃利斯的“理性情绪行为疗法”教导人们如何停止诅咒、如何完全接纳自我，即使他们的有些行为是愚蠢、错误和不道德的。今天，超过90%的研究支持“理性情绪行为疗法”的观念，即常被情绪困扰的人比没有困扰的人有更多不合理信念。有时最好的或者事实上唯一的改变固着想法的方法是强迫自己与之对抗（例如不擅长演讲的人强迫自己在公众面前多次演讲）。

阿尔伯特·埃利斯也被认为是美国性解放的先驱。他说：“一个真正的性心理治疗师会认为，只有极少数的性行为是不好的或不道德的。”这与弗洛伊德极其重视对性的研究很相似。

这不禁让人想到，中国几千年的男权社会使得今天的男性管理者们在领导风格和做事风格上受到传统文化的巨大影响（例如对女性不够尊重，缺少“绅士”风度）。女性管理者们相应地也发展出了特殊的领导风格与做事风格（例如成为“女强人”“女汉子”或依靠自身姿色走捷径）。而这在高层管理者的课堂上，我也经常能够感受到。

引导师在课堂上不要替他人选定目标。因为这件事情只能由每个人自己来决定。但引导师可以帮助学员尝试使用不同的假设。假设是用来尝试使用的，不是用来论证或辩论的。假设不是事实，它只是思考前提。我们每次只用是否有效来检验它，却不必给出是否正确的答案。

尝试使用不同的假设，需要非凡的勇气。

在电视上目睹大马哈鱼的洄游，堪称史诗般壮举，曾令很多人叹为观止。为了繁殖后代，它们日夜兼程，不辞劳苦，长途跋涉，历尽千辛万苦从北太平洋洄游至淡水河产卵。不管是冲过浅滩、峡谷，还是越过急流或瀑布，它们激流勇进，从不退却！越过瀑布或障碍物时，跳往空中最高可达两米半！这是经过六百万年的进化得来的能力。它们这一跳，相当于一个人跳过了四层楼的高度。大马哈鱼在洄游时不摄食，依靠体内储存的营养物质维持生命，忍饥挨饿和生殖期间体力的消耗，使它们身体变成红色，生殖后不久便相继死亡，完成使命后尸体顺水漂流而下。

由此我常常联想到一个人的成长，也是没有捷径可走的。若不苦练、死磕，就只有像死鱼一样漂流而下，直至沉沦。

管理者的钻石途径

阿玛斯被称为二十一世纪最重要的心灵导师之一。1944 年他出生于科威特，最主要的贡献是将西方心理学与东方智慧整合起来，发展出一条循序渐进、直接而精准的深度心理治疗方法——钻石途径。

他认为，我们的心灵就像一颗有许多切面的钻石，而大部分的心理学派与灵修体系，只琢磨了这颗宝石的某些面。他开创的钻石途径则运用广泛的方法，整合了情绪治疗、认知治疗、直觉式的揭露、呼吸技巧、静坐冥想及精微能量的探讨，来探索心灵的深度和广度，帮助人们面对各种心理障碍和关卡，创造出充满关爱、智慧、喜悦、活力的人生。

首先，管理者是人；其次，管理者担负着管理的责任。从钻石途径的理论来看，对管理者的培训，要照顾到管理者不同的切面。首先要使管理者成为一个完整的人，其次才能使管理者成为一个完整的管理者。管理者的自我管理（大多数情况下管理者是通过自我管理而成为真正优秀的管理者的），同样要觉察并努力做到这一点。

人的本体究竟是什么？阿玛斯认为，人的本体具有许多形态和特质，譬如真诚、爱、慈悲，还有客观意识、价值感、意志、耐力及喜悦。本体的本质就是万事万物的本性。凡是有条件的东西，都不是你的本体。一个人并不是他的人格。这个世界就如同一间大教室，里面所有发生的情况都是课程。你需要参与到课程里面，而不能只是旁观。若旁观也就罢了，尤其不能一边旁观一边对他人作出评判或指手画脚地指挥。

从管理者这方面来讲，首先，本体是他所承接下来的家族与他所在组织的一切，包括组织的历史、硬件的环境、人际关系及其组织内在的文化。其次，管理者的本体是管理者个人所经历过的一切（包括他遇到的难题、产生自工作中的案例和各种情绪）所沉淀下来的意念。

宇宙中的空，完成了宇宙。空，使宇宙成为宇宙。老子讲：“凿户牖以为室，当其无，有室之用。”建造房屋，墙上必须留出空洞为门窗，人才能出入，空气才能流通，房屋才能有居住的作用。“有”使万物产生效果，“无”使“有”发挥作用。

同样，人必须具备空性，否则就是不完整的。

人的空性到底是什么？

人在出生后就开始与世界互动。从婴儿发展到儿童，太多需求得不到满足，无论父母怎样精心照料。不被满足的需求，会发展成记忆和性格中很特别的部分。因人不被满足需求的方式多种多样（儿童与儿童父母的当下状态也多种多样），不同的儿童便会发展成多种多样的记忆和性格。阿玛斯认为，童年时只要一发怒，就会首先遭到母亲的排拒，这就形成了“坑洞”。我们在童年时经历的挫败、冲突和排拒，都会形成各种各样的坑洞，导致我们和本体的各种状态丧失了联结。我们无法习得本体，只能忆起它。我们无须与坑洞对峙，只要能观察、照亮它们便足够。坑洞，便是人的空性的另一向度或另一种描述。坑洞，仿佛月亮的背面或太阳的黑子一样，也仿佛与山巅相对应的低谷。坑洞，无法不形成。坑洞，是人的整体性的象征，属于人整体的一部分。

但是空性的真正面向，却是慈悲、安宁、活力、智慧和好奇。对于这一点，东、西方最有智慧的人都有所发现和阐释。

可见，人有两种空性。

禅，要呈现出的就是本体的完整性——完全安住于当下。德国心理学家弗烈兹·伯尔斯研究出了完形疗法，是一种被誉为“西方的禅宗”的有力的心理治疗方法。完形疗法，重视对此时、此地、此人的觉察，洞穿人们的语调和肢体语言，触碰到人们性格的关键点，凸显出他们卡住、伪装或者是防御的地方，帮助他们时刻觉察自己的情绪，选择自己的认知和行为，活在当下。安住在当下的状态，便是人展现空性时的状态。

成年之后，人便陷入信念之中。成年人，是信念的集合体。NLP认为，信念的核心意义是关于此人此事的“应该”或“不应该”以及“重要”或“不重要”。信仰是信念的内核。信仰只是一种过渡状态，它介于确知和相信之间。霍恩说：假设你投掷一支笔，它落在地上，这便是对此事的确知；但假设你向空中半尺的高度抛出一支笔，再接在手里，这便是对此事的相信；但假设你向空中半尺的高度抛出两支笔，再全部接在手里，这便是对此事的怀疑。确知、相信和怀疑，是信念集合体的主要部分。记得马云说过，人们只会看到他相信的事物。其实这话不够确切。应该说，人们会看到他确知、相信和怀疑的全部事物。哪怕他所怀疑的并不存在。《列子》与《吕氏春秋》里都载有这样一篇短文："人有亡斧者，疑其邻之子，视其行步，窃斧也；颜色，窃斧也；言语，窃斧也；动作态度，无为而不窃斧也。俄而掘其谷而得其斧，他日复见其邻人之子，动作态度，无似窃斧者。其邻之子非变也，己则变之。变之者无他，有所尤矣。"

这故事是说有一个人遗失了一把斧头，怀疑是邻居家的孩子偷走的。他看这个孩子走路的样子，很像偷斧头的人，再看孩子的神色，也像偷斧头的人，听孩子说话，还是像偷斧头的人，孩子所有的言行举止，没有一样不像偷斧头的人。不久，他在掘地时找到了自己的斧头。之后再观察邻居家的孩子，言行举止怎么看也不像是偷斧头的人。邻居家的孩子并没有变，而是自己的心态产生了变化。变化的原因也没有别的什么，只是先有一定的成见而已。

阿玛斯认为，信仰的反面就是怀疑。信仰是可以被善用的。你必须从信仰跳跃到确知。怎样跳跃？就是通过实践，而有效的实践首先源于这样的假设：自己的信仰是一种确知。德鲁克强调管理者承诺贡献，建立相互的信任。信任是一种态度，也是一种信念或假设。它会产生强大的力量。但同时，信任缺少的是彻底而直接的真实体悟。换句话说，信任需要彻底而直接的真实体悟来换取。

管理者需要成就感来喂养自己的雄心和勇气。管理者也需要安全感。保住自己的位置，才有可能继续升迁。但实际上，安全感与你拥有多少东西是无关的。只有当你觉得无可失去，才会真正体验到并获得安全感。

现实中有些管理者已被各种利己的欲望填满脑海和胸怀。因错误欲望而得来的满足，更容易让坑洞里的不满足感完全暴露出来。管理者一旦与组织目标、个人的有效性、成果和贡献失去联结，就永远不会得到真正的成就感。他只能得到一时的满足感，而一时的满足感很快就会消失，导致新的欲望升腾起来，灼烤他的灵魂不得安宁。很多管理者焦虑的原因就在于此。

每个人生下来都是贵族，那是与生俱来的本体。后天资质让我们一直在流失本体、变异本体的路途上茫然地行走。进入冥想才能忆起本体，安住在当下，专注在一件事情上，可以让我们在获得安宁中找回本体。当管理者坚持经常性地利用整块时间只做一件最重要事情的时候，他就会获得忆起本体的机会，从内心的慈悲、喜悦、活力和宁静当中，获得寻找方向的灵感和解决问题的力量。

阿玛斯的学术背景，是物理、数学、心理学，他对葛吉夫、苏菲、金刚乘、禅宗都有很深的造诣，积累了相当丰富的个案经验。他重视对结果的研究，这是很特别的地方。管理者的思维，很重要的一点就是对结果的理解，以终为始。德鲁克就是这一流派的代表人物。聚焦于成果，能够使管理者始终知道做什么才是最重要的事情。

知道做什么，是第一等重要的事情；知道怎样做，是第二等重要的事情。管理者如何在岗位上修行？稻盛和夫先生给出他的独特想法，那就是全力以赴、拼命工作、迷恋工作、付出“不亚于任何人的努力”。阿玛斯也这样看，你必须在生活之中做一些能支持和加强你本体的事。不论什么事都可以，这才是最重要的原则，也是道德和正当行为的源头，更是活出庄严生活的准则。

管理者最大的可贵之处不是拥有才能，而是使自己的才能有效。只有使自己的才能有效，才会取得成果。管理者必须将自己的生命与工作联系起来思考，生命与工作才可能相得益彰。但正确把握两者界线却很难，我们已经习惯通过外在事物来看待生命。如果你所有的行动和欲望，生活里所有的向度，都能附着于本体的真理，你就会获得自己真正想要的东西。你可能还是会出名、致富、性感，拥有家庭、事业这一类事物，可此时这些已经成为副产品，是你忆起本体时顺带得到的。你会因为本体的圆满而真的享受这些副产品。活在本体中与享受那些副产品之间并没有冲突。

但现实中，本末倒置的情况却很多。这才是管理者真正面临的难题所在。盖茨、巴菲特、松下幸之助，转向做慈善事业，就是一种精神上的自我解脱和超越。卡耐基说：“在巨富中死去，是一种耻辱。”

从另一个角度看，在科技快速发展、创业机会精彩纷呈的当今时代，成为富人是一种社会责任。财富的本质在于在流通中创造新的财富。这也是财富的使命。那么富人真正得到的又是什么呢？唯有宁静。就像海明威笔下的老渔夫桑提亚哥，在经历过惊涛骇浪和与大鱼搏斗之后，坐在海边或躺在船上喝点什么让自己休息一会儿的那种静谧时刻。

活在本体中，同时享受成功。这应成为管理者的追求。只要与真理达到和谐一致，自然会感到深刻的满足，得到美、尊严、圆满、愉悦、爱。中国人讲“修齐治平”“勿以恶小而为之，勿以善小而不为”“见贤思齐，见不贤而内自省”“一屋不扫，何以扫天下”，就是在讲要从生活中“证悟”本体。管理者要善于从小处着手，才能解决大问题。

弗洛伊德发现了无意识，无意识很少会专注于存在本身，那是意识所专注的事情。无意识专注的往往是内心的欲望、本能、期待、投射及回忆。管理者的学习，为什么不可以从无意识入手？觉察自己遇到的工作上的难题，究竟来自哪里？觉察发生在自己身上的事情，为什么会如此地发生？觉察自己的情绪，到底被什么所左右？而这些，都是管理者学习的机会，也是发生改变的机会。前提是内心发出这样的强音：我愿意！

在心理学领域，成人不是一个年龄上的概念。现在越来越多的人只是成年人（甚至是巨婴），不是成人。成人是令人肃然起敬的，我们都有机会做成人。成人就像是中国古人讲的“士”，是指那些有成熟技能的、勤奋好学的、有志向和操守的人。孔子认为士，“行己有耻，使于四方不辱君命”。自己的行为以羞耻心来规范，派出到任何地方都不辱组织的使命。成人的最大特征，是完成自己。所有能够完成自己的人，都有慈悲心，都懂得尊重他人。慈悲的作用并不是减轻痛苦，而是要引领人们来到真理的面前，让这个人能活在真相之中。阿玛斯说：“真相经常不符合我们的信念。真相是对我们最有利的东西。真相能使我们自由。”管理者眼中的真相，就是事实。事实并不是原始事件。事件只有被组织的使命与目标界定，才会成为事实。管理者必须活在事实中，才有机会成为更好的自己。

苏格拉底说：“认识你自己。”那就必须与自己的本体相识相知。本体才是你真正需要认识的对象。本体的状态一旦被阻绝于外，结果就是阿玛斯所谓的坑洞、匮乏和不足，我们会企图拿外在的价值来填补坑洞，我们无法认清那份价值本来是我们自己的，我们只是跟它失去联结罢了。贪官入狱后无一不悔恨当初的贪婪。但若条件允许，每个人都希望拥有贪官所拥有的那些东西，也即无法忆起本体，每个人都有可能成为贪官。

管理者要客观。客观，意味着不被你的情绪状态或无意识所影响。按照事实和真相而活，该做的就是靠自己去解决问题。阿玛斯说：“如果真的尽全力去解决问题，最后还是技穷，那时你就可以把那个烫手的问题带来我这里，然后你就可以问问题了。”这完全像催化师所说的话。

管理者向催化师提出的问题必须是烫手的。烫手，就意味着难，且这个管理者为解决问题付出过艰巨的努力，也拥有着自己解决的潜能，但必须是真正属于自己的难题。很多管理者喜欢向人倾诉苦衷，很大程度上就是因为那难题是应该由他人解决的，那只是控诉，与真正要解决自己的难题还相差很远。

阿玛斯说：“你必须学会酿自己的酒。如果我帮你做这件事，你势必会不断地向我买酒。但如果你能善用我，学会如何酿酒，你就能变成真正的成人，这才是内在工作的真实目的——变成一个不再需要别人喂养或灌溉的成人。”催化师不就是这样吗？教会学员“酿酒”。

管理者们，像稻盛和夫先生说过的那样，去全力以赴吧！去拼命工作吧！去迷恋工作吧！去付出“不亚于任何人的努力”吧！与人格的这一场搏斗最后一定会让本体显露出来，别的方式都无法达到这个目的。要确实解决当下的每个情况里的问题，负起责任，真正地去面对它，不论它是什么。阿玛斯说：“缺少了奋斗，你只是活在一种肤浅的、毫无深度的、无法探入自己真实本质的状况里。你在某个议题上下的功夫越多，就越能成为一个深刻的人。如果别人把你的问题除掉了，或者未经真正的探索和理解很快就去除了它，那么你就是在剥夺那深入于自己的存在的机会。”传统的告知式、灌输式培训已经越来越没有前途。成为阿玛斯那样态度行止的催化师，才应是培训师们的追求。

在成为优秀管理者的道路上，我们必须耗尽属于自己那个层次的力量，然后才能看见别的东西，趋近下一个层次。优美的挑战性假设是：生命中遇到的问题并不是意外或偶然发生的，它们是特别为我们每一个人量身定做的。管理的真相比管理者看到的事件更重要。但追寻管理的真相必须从管理者看见全部重要事件做起。从更高的意义上讲，真相比事件更完整。确实知道当下所发生的事件，会自然而然引领我们看见更深的真相。真相便是我们的本质、管理的本质、宇宙的本质。

任何一个人，只能做一件事，那就是彻底地生活。一个没有活出本体的人，根本就没有真正地活着。每一个管理者必须像个无懈可击的战士一样地工作和生活。拿出所有的能力、智慧以及学到的一切知识，这就是战士无懈可击的态度。只考虑当下，完全投入于眼前的每一刻，重点不是把事情做得完美，而是要尽力去做。

还要再讲这句话：每个人生下来都是贵族，拥有本体智慧，只是通过后天的行为分出了阶层。外求是苦，内求为甘。外在的是事件，内在的是对事件的看法。爱是最高典范的理性。在照顾内在的同时，你可以拥有外在的一切并享受它们，但绝不能本末倒置。切记：很多成年人不是成人，只是巨婴。除血缘的因素之外，爱一个人，其实是在爱自己的本体，尤其是潜意识要补足自己的坑洞。所以世上才有寻找自己的“另一半”之说。

荀子说：“虚壹而静。”“虚”乃是“壹”，并不是人们所谓的空，真正的空，并不是什么都没有。“壹”，是专注、是当下、是唯一。当下，只面向一个问题，便是“壹”。静，也不是什么都不做，而是获得“壹”。解决问题，从“壹”开始。并且，一个人无论最终解决多少问题，他始终都是面向“壹”的。这个“壹”，也便是李尔纳·杰克布森强调的“临在”。其实每个人的不临在，全由众多细微的临在构成，只是每个都太过短促，不足以产生有价值的成果。所以，中西古今先贤才发展出临在、专注、虚壹而静、空性等概念。

彻底而直接的真实体悟，必须从生活中才能得到，从而才能信任自己和他人。除了生活，其实我们一无所有。禅，要呈现出的就是本体的完整性——完全安住于当下，在当下完成生活的每一个向度，成就钻石般的人生。禅，就是生活最完美的样式。

人格，乃是结晶化的习惯。我们都有机会做成年人，但只有很少的人能成为成人。每一个困扰你的小问题，其实都是大问题，因为这些小问题都是由你的心智模式制造出来的。所以，你不在解决小问题当中去苦修自己，便永远会困在其中。听道理，或只是承认听来的道理，而不去采取行动、不去奋斗，都无济于事。一旦开始成长，结果定会出乎意料。工作是一种样态。只有真正地活，才会真正地工作。

如果可以将上帝看作宇宙的心灵，那么我们每个人的心灵，都是上帝这颗大心灵的子系统。每个人心灵的核心都是爱，因此爱便是这宇宙的意义。所有途径，都通向爱。拥有爱，便可走通所有途径。

首席提问官

相信很多人没有听说过这个称谓：首席提问官。

梅若李·亚当斯博士，就是一位首席提问官。

她经常这样被人介绍：首创提问式思维法，集高管教练、演说家及企业顾问于一身，服务过的客户包括洛克希德·马丁公司、西门子建筑技术、DHL、多伦多总医院、强生公司、普林斯顿大学、哈佛大学、布鲁克林学院等机构，著有《提问的艺术：以提问为中心的短期心理治疗指南》《改变提问，改变人生》等著作，现任国际探询学院（the Inquiry Institute）院长及首席提问官。

我并没有考证首席提问官出处的意图，只是觉得这样一个称谓很有趣。

被称为中国最古老的皇室文集《尚书》里有一句话："好问则裕。"喜欢发问的人，会成为富贵的人。裕，本意是衣食无忧的意思。孔子称赞舜帝："舜其大知也与！舜好问而好察迩言。"舜真是有大智慧的人啊！喜欢发问，善于从身边人的浅显话语中觉察到精微的含义。

历史上所有伟大的发现或发明，几乎都起始于一个从未被人问过的问题。哥伦布质问传统航海家：“为什么一直向西航行就不能到达东方的印度?”哥白尼仰望星空发问：“为什么地球是宇宙的中心?”瓦特望着烧开的水壶，听到那被冒出来的蒸汽不断掀动着的盖子似乎在叩问：“你该怎样利用我这股神奇的力量呢?”牛顿摸着脑袋问：“苹果为什么会掉落到地上而不是飞向空中呢?”阿基米德进入澡盆时看到水溢出来，灵光乍现般产生疑问：“我身体的体积与排水量是什么关系呢?”至于乔布斯，确实向他的技术总监问过一个很奇怪也很骇人的问题：“为什么手机不可以只有一个按键?”马斯克的问题几乎令所有专业人士震惊：“为什么发射的火箭不可以回收利用?”

非凡的结果始于伟大的发问。

舜、哥伦布、哥白尼、牛顿、乔布斯、马斯克，就是他们所处时代的政治、航海、天文、物理、电子科技、航天界的首席提问官。

实际上，所有思考都是以内心问答的形式发生的。不仅如此，我们通常是以付诸行动来回答自己内心的问题的。所有的行动都是对自己思考的回答。所以，要解决问题，首先就要改变内在的提问。否则很可能会在一次又一次地得出同样的陈旧答案的同时，重复低效或失败，周而复始，循环往复。崭新的提问能完全转换我们的视角，给我们提供新鲜的方式来看待那些难题。当我们遇到难题百思不得其解的时候，那就意味着我们需要改变提问的方式。不先提出最佳问题，就想得到最佳答案，这怎么可能呢?美国神话作家约瑟夫·坎贝尔说：“每一个未提出的问题，都是一扇未开启的大门。”

梅若李·亚当斯在《改变提问，改变人生》里写道：“游牧民族的提问方式是‘我们怎样才能找到水源?’而定居民族的提问方式却是‘我们怎样才能把水源引到身边?’”于是，游牧民族世世代代“逐水草而居”。定居民族则创造了城市、大运河，搞起了贸易，诞生了工业文明。

提问实质上在设定我们的行为，并决定可能的结果。洞见性的提问能够推动产生令人惊喜的结果。亚当斯博士认为，从“答人”到“问人”，是一次飞跃。做一名答人，你留给别人的思考空间会很有限。做一名善问者，自己和身边的人都会受益。提问能够帮助我们更好地理解和欣赏身边的人，产生全新的想法。

每个人都应做自己的首席提问官。善于提问，会使自己成为学习者。总想着给出答案，会使自己成为评判者。两者分野鲜明。评判、责怪，都指向过去。好奇、共创、汲取，则指向未来。学习者会吸引学习者，评判者会吸引评判者。就像《周易》上讲的：“方以类聚，物以群分。”一方的种群以类相聚，天下万物以群相分。从随意的一句话当中汲取营养，才是彻头彻尾的学习者。对管理者来讲，要做一名善于肯定的人，不要做只会否定的人。善于肯定的人是汲取者，只愿否定的人是解释者、抗辩者。一句正确的空话一定不如一句错误的实话有价值。如果倾听中只关注对方语言中的错误之处，你总会成功，但无法发生学习。

怎样才能学会提问？最简单的办法就是两个：第一，将想法直接转换成问句说出来，不必考虑效果，只要坚持养成提问的习惯，自然能学会提问；第二，读几本关于怎样提问的书。医学界有一句谚语：“看一次、做一次、教一次，就成你自己的了。”归根结底，要靠自己的实践。要强迫自己用提问与回应提问的方式与他人交流，才能突破舒适区！

作为一名培训师，不要总想着做一个无所不知的人。

做一个无所不问的人更好。

管理者的自我认知

管理者的自我认知是一个特殊的问题。

越是高层或资深的管理者，自我认知越难，也越有必要。

据说无意识加工速度每秒达千万次，意识加工速度每秒 40 次。对管理者来讲，经验会沉淀到无意识中去。因此，经验也是双刃剑。

自我认知是一个古老命题。从古希腊箴言“认识你自己”，到《道德经》中的“自知者明”和儒家讲的“吾日三省吾身”“切己体察”，都在强调自我认知的重要性。以抽离姿态审视和反思自身思想的意识或能力，则被很多今天的学者称为元认知。

斯宾塞说：“作为心智脂肪储备起来的知识并无用处，只有变成了心智肌肉才有用。”将知识称为心智脂肪，多么辛辣和精彩的隐喻！举重运动员要靠大量日常训练和大赛的实战所强化起来的肌肉与心理才能突破自我，若单靠堆积起来的脂肪是无法举起挑战性重量的。心智，是指人们对已知事物的沉淀和储存，通过生物反应而实现动因的一种能力总和。它涵盖了哲学、生物学、心理学、语言学的范畴，是一种为实现某种欲望或需求而从事的心理活动，从而产生的智力和潜能。斯宾塞所说的心智肌肉，当然是指健康的、充满活力的、机智而成熟的智力和潜能。

科学研究进一步揭示，心智是出现于全身分散式的神经系统的联动过程，是全身心的具体表现，而非局限于大脑。心智的成熟度，可根据分阶意向性的程度来判定：一阶意向性是自我反思，二阶意向性是思考他人如何反思，三阶意向性指的是个体能够推断一个人如何思考另一个人的想法，四阶意向性指的是个体能够推断一个人怎样揣测另一个人如何思考第三方的想法。只有人类能够掌握三阶、四阶意向，特殊的人能完成五阶或六阶。

语言是可探测到的心智。NLP 中的检定语言模式，就是一套探测信念系统的学问。语言学家周海中说："解决语言演化问题的难度不亚于破解物种演化之谜的难度；语言演化既是一种社会现象，又是一种自然现象，还是人类心智发展和历史文化演变的结果；语言的起源与变化受内在的原因和外界的因素影响，因而其演化问题变得异常复杂。"

心理学家们常说，每个人的话不代表他本人。但从另一个角度说，每个人的话就代表他本人。当我们说每个人的话不代表他本人的时候，是在强调语言无法表达深层含意。当我们说每个人的话就代表他本人的时候，是在强调根据语言可探测说话者的深层含意。被称为"帝王哲学家"的马可·奥勒留·安东尼·奥古斯都，以不朽的《沉思录》传世，他说："惯性思维怎样，心智就会怎样，因为你的灵魂已经被思想浸染。"

在课堂上听到的管理者的某类语言，大致相似。"这是体制和机制的问题！""他不配合，我有什么办法！""员工积极性不高！""考核与激励不到位！""资金不足啊，办不成事。"

董明珠曾说格力员工有四句话不能说，否则就辞退："这个没有办法""他不在""这事不归我管""我不知道"。

元认知是心声的黑匣子。当说出类似上述语言的时候，管理者的心声是在有痕地表达。深度聆听者可以探测到说话者的心智。在从事特种工作者那里（例如间谍），"未经训练的心声"是危险或有害的。管理者虽是从事特种工作，但觉察自己心声或他人心声至关重要。这种训练，主要靠自我约束、自律。学习 NLP 便是一个很方便的法门。这里所谓的自律，指的是可达到的自我意识的最高水平。

具有自律型人格的人拥有的优势：

1. 更高的创造力水平。

2. 更加灵活地运用所学知识。

3. 更加适应性地去考虑问题。

4. 更加出色的任务表现力。

对中高层管理者的培训，有必要引入心理干预技术。例如认知行为疗法（CBT），通过改变思维来改变情绪反应的治疗技术。

前面提到的“这是体制和机制的问题”这类话，是一种奥古斯都提到的“灵魂已经被思想浸染”的“惯性思维”，是一种自动化思想，它来源于无意识领域。而无意识的本质，便是一个人已知的沉淀。当然，包括获得性遗传。而心智模式，便是提取已知的习惯性方式。对管理者来讲，单纯获取知识只是在储备心智脂肪。心智肌肉，则是在实践中经过反复锤炼才能获得的。如果限制性思维长期存在，会在大脑中形成固化的物理结构的生物化学性质的神经模式。贝尔纳说：“阻碍我们学习的最大障碍是已知的东西，而不是未知的东西。”

认知行为疗法中的问题解决原则，应该成为管理者的思考原则：

1. 解决能解决的问题，不在能力范围外的事情上浪费精力。

2. 当下，只专注于一个问题，并投入百分百努力。

3. 关注自身的改变，不去想改变他人的事情。

4. 把不能面面俱到作为一项原则。

5. 记住，你不是你的想法，而是你行动的结果。

培训师最出色的学生就是他自己。因为他要学习更多，才能传授一点点。何况对培训师来讲，中高层管理者都是实战经验丰富的老师，在经验联结、重构意义的课堂上，培训师无疑就像在练习“吸星大法”，收获不可限量。培训师拿出的课程，就像内化了众多武林高手绝技的武学经书。而优秀学员与培训师一样，会将一切相似或陌生经验，都整合进自己已有的“自我叙述”中。于是，学习者的自我叙述总是处在变化之中。

当今时代，无论我们使用什么样的理论构架，对管理者来讲关键词都是“适应”。只有总是处在变化中的自我叙述，才能使管理者卓有成效。哲学家阿尔贝·加缪说：“智者就是时刻观察自身精神世界的人。”当我们试图掌握如何利用元认知来控制大脑的适应力时，人们将会体验到三种很重要的影响：更加自律、更加自我对称、更加有效的自我叙述。西方有句谚语：“成功孕育成功。”当管理者在同样遇到真实工作难题的学习团队中贡献自己成功案例的时候，将收获到在任何课堂都学不到的东西。

管理者首先要处理好内部世界，才有可能处理好外部世界。其实两者是一回事，而且是同时发生。管理者要么在影响他人，要么被他人影响，没有其他选项。管理者只能通过处理人际关系而工作，而工作的目的却不是处理人际关系。

如同活着需要空气，但不是为了空气而活着。管理者要有充足的睡眠，才有可能充满活力。这一点我深有体会。学习睡眠是一种修炼。睡得好是一种能力，是管理者的一项基本功。至少要充足睡眠六小时，房间要黑，晚上不锻炼、不饮酒或咖啡，室温不要太高，半夜醒来不要看时间，更不要看电视入睡，深夜不思考问题，不在睡前进食或吸烟。管理者甚至要有出色的个人爱好（例如打球、唱歌或坐禅），才有可能促进生物学意义上的思维和行为的改变。管理者还经常需要暂时停止思考，例如在重大决策前打一会儿球。每天应有三次静坐的安排，每次最好 30 分钟或哪怕 5 分钟。

心理学家告诉我们，改变自己有一条黄金法则：改变程序。

与自己作战的最大敌人，就是自己的习惯。习惯由三部分构成：线索、程序、好处。例如吸烟是习惯，那么紧张就是线索，拿起烟来吸就是程序，获得兴奋就是好处。戒烟的关键，是改变程序——将拿起烟来吸的动作程序换成冲一杯咖啡来喝或点一首歌来唱的动作程序。管理者要学会用身体管理心智。我们只有相信自己能够完成，身体才会分配资源（能量）来做这些事。海明威说："希望和绝望都是自我实现的预言。"

管理者要严格地审查自己的每一个信念：它是从哪里来的？它使我得到或失去什么？它与我的目标是怎样的关系？我有多么坚信自己可以实现那些目标？为此我需要改变哪些信念？

管理者如果觉得有些紧张，不妨嚼口香糖来使更多的血液流向大脑。如果第二天有重要而艰巨的任务要完成，不妨让自己静坐两个小时使意念与身体的每一处充分沟通。如果很长一个时期处在焦虑状态，不妨给自己写一份讣告，写下关于"我是谁"的最后记录，看看自己希望成为谁，想想自己愿意使他人记住自己什么，写好放在一边，经常修改。

管理者要学会用轻松的状态处理复杂或严重的问题。古人说，每临大事有静气。过度狂热，会导致"多巴胺"大量增加压垮大脑奖励中心的评估与控制能力。同时，长期处在紧张状态会使人大量分泌压力荷尔蒙，其中以肾上腺素和皮质醇最为重要，身体处在备战状态，交感神经活跃，加快体内蛋白质分解，对身体伤害很大。这种状态下，人际关系、思考与理解能力、学习与工作效率都会出现问题。

情绪不是用来管理的，而是用来觉察的。管理者提升对情绪的自我觉察能力，需要进行专业性的修习。需要管理的不是情绪，而是情绪背后的东西，那就是价值观、内在信念与假设。很多时候，价值观、内在信念与假设很"羞涩"，往往是通过情绪来显示存在的。情绪有自我感染性甚至习得性，要了解情绪体验的反馈回路，弄清楚上一个加工是如何引起下面的加工，以此慢慢揭开无意识动机的面纱。心智是在社会、组织和文化的大背景下进行的工作，同时会反作用于社会、组织和文化，最后成为社会、组织和文化的一部分。管理者可以从改变语言模式入手，语言可以物理性地改变大脑。

有经验的管理者尤其要警惕自己的判断。立即判断、下意识反应是在启动自我保护机制，很可能犯错误。办公室的饮料不应是咖啡，而应是柠檬水。柠檬水中的葡萄糖是大脑的主要能量来源，咖啡则应是加夜班的标志性饮料。加夜班应是主动的、放松的、创造性的活动，不应是赶工性活动。管理者在焦虑、愤怒、恐惧的时候，不要思考问题，更不要做决策。理想的加夜班，应是三五位有创意的人坐在一起，每个人都在与他人大脑进行即兴共振，取得信念上的一致，每个人都在试图帮助他人完成思维意图，同时自己得到帮助。彼时，助人即自助。

困难是管理者的陪练。很多时候，并不是因为困难，我们才不敢，而是因为不敢，才困难。没有困难的工作，也没有价值，不值得去做。管理者总要使自己处在做事中，使各种不利因素发生改变，使能量源源不断地流向自己，再经由自己流向目标。

只有支持自我才能完成自我认知。没有人能替我们做这件事。支持自我必须成为管理者坚定的信念，核心是自信，相信自己一定会成功。自信是一种必须学习的技巧，自信衍生出灵活。学习自信的技巧，就必须知道八种自信权利：

1. 说“我不知道”的权利。

2. 说“不”的权利。

3. 有选择的权利并可以表达出来。

4. 有表达感受的权利。

5. 有权做决定并对结果负责。

6. 改变心智。

7. 有权安排我的时间。

8. 犯错的权利。

只有在韧性的战斗中习得的自信，才最可靠。保持韧性，就必须顽强、保持可塑性和灵活性，顽强、可塑性、灵活性是韧性的同义词，趋向都是适应改变。

心理学家总结失败的原因有以下十种：

1. 你缺乏所有必要的信念要素。

2. 其他人使你相信你的“位置”。

3. 你不想成为一个“破坏者”。

4. 总会想“如果明天我死了，怎么办”。

5. 你总是想知道是否有人记得你。

6. 你认为生活一定有着事先的定位。

7. 你的事业很稳定，这很好，对吗？

8. 你害怕失去已经拥有的一切。

9. 常想“也许我已经到达顶峰”。

10. 何去何从的困惑。

热爱事业是最好的自我调节。享受挑战的乐趣，养成挑战现状的思考习惯，做喜欢整合不同意见和想法的组合型的思考者，有将下属培养成未来可以领导自己的人的胸怀和担当，做事的时候没人能阻挡自己，能够吸引人跟随，始终聚焦于最重要的问题，活在当下，不计小利，在应该离开的时候果断离开，乐于迎接崭新的、陌生的领域或工作，不怕失败。

自我认知是一项长期的修炼。自我认知离不开行动。没有脱离行动的认知，也没有脱离认知的行动。认知与行动是同时发生的，也只可能同时发生。这正是王阳明心学的精髓：知行合一。无知之行与无行之知都是不存在的，也是不可想象的。我们之所以分开来考虑，是因为研究之需要。但研究久了，便有分开来对待的危险。事实上，已经发生了这样的现象：纸上谈兵，自古有之。思想上的巨人，行动上的矮子，尤其是管理者当中不缺少这样的人。

刘向在《说苑》中记载一个故事：“客谓梁王曰：‘惠子之言事也善譬。王使无譬，则不能言矣。’王曰：‘诺。’明日见。谓惠子曰：‘愿先生言事则直言耳，无譬也。’惠子曰：‘今有人于此，而不知弹者，曰：弹之状何若？应曰：弹之状如弹。谕乎？’王曰：‘未谕也。’‘于是更应曰：“弹之状如弓，而以竹为弦。”则知乎？’王曰：‘可知矣。’惠子曰：‘夫说者，固以其所知谕其所不知，而使人知之；今王曰“无譬”，则不可矣。’王曰：‘善！’”

这个故事中的惠子是隐喻大师。有人对梁王说：“惠子说话善于打比方，大王让他不用打比方，他就不能说话了。”梁王说：“好。”第二天见惠子，对惠子说：“希望先生说话的时候直接说，不要用比喻。”惠子说：“现在如果有一个不知道‘弹’是什么的人在这里，他问你：‘弹的形状像什么？’如果回答说：‘弹的形状就像弹’，那他明白吗？”梁王说：“不明白。”惠子说：“在这时改变说法回答他：‘弹的形状像把弓，却用竹子做它的弦’，那么他会明白吗？”梁王说：

“可以明白了。”惠子说：“说话，本来就是用对方已经知道的东西来说明他所不知道的东西，才能使人真正弄懂他所不知道的东西。现在您却叫我不打比方，这就行不通了。”梁王说：“很好。”

管理者的自我认知与下属的自我认知是相生相成的。仿佛刚刚成为父母的人，一定是与孩子共同成长的。父母教育孩子，离不开隐喻。管理者对待下属，也要善用隐喻。隐喻能够使人容易明白，同时促动想象力。

如同刚刚成为父母的人也要同自己的父母打交道一样，管理者也要与上级打交道，还要像兄弟姐妹那样与同级打交道。从某种意义上讲，管理者的本质是管理关系。家族要和谐才会幸福。组织要协同才会有效。

组织与组织之间或企业与企业之间，也是这样的关系。一切生命的演进模式，都是在创建共生的关系。

每一名管理者的自我认知，都在参与建构着组织的自我认知。增大文化投入，办音乐会、组织绘画展览、建立组织内部博物馆、外出参观考察、成立小型读书会、阅读挑战性书籍、观看挑战性电影、表演由内部人扮演内部人的话剧，就是在整合和更新组织的自我认知。陀思妥耶夫斯基说：“真正的幸福不在于幸福本身，而在于对幸福的追求。”我们也可以说，真正的自我认知不在于自我认知本身，而在于对自我认知的追求。

当管理者思考自己的成就以及对他人影响的时候，会产生深刻的自我觉察。正是这种觉察，给了我们改变的机会。深层次的改变是心智模式与思维方式的优化，更会带来精神状态的变化甚至是身体的变化，那将是身体心灵整体改善的变化。研究人体运动科学的专家说，要学会用身体管理心智，比如跑步就是最好的改善大脑的运动。

每天问自己三句话，养成习惯。早上问：“今天最重要的事情是什么？”中午问：“我做得怎么样？”下午问：“我是怎样回答早上和中午那两个问题的？但那是真的吗？如果不是真的，我到底应该怎样做呢？”拜伦·凯蒂说：“没有疑问的灵魂充满了悲哀。”

尼采说：“我痛恨所有试图指导我，却不能让我有所进步，或直接激励我行为的事情。”道理都懂，就是做不到。这对管理者来讲，十分糟糕。只有长处才有可能使我们获得成功。只有将长处用在最有价值的事情上，才可能创造出成果。

典型语言的背后玄机

每一句话，都是他本人。

深悟每一句话背后的玄机，是促使觉醒和发生改变的契机。

试举15例。

1.“这杯酒你不喝，就是瞧不起我!”

非黑即白的绝对化思维，野蛮关联。

思考:“这杯酒他不喝，还有什么原因?”

2.“挑我毛病的人，都不怀好意!”

以偏概全，迫害狂想。

思考:“挑我毛病的人，会使我成为什么样的人?谁来做出这个决定?”

3.“他获奖了?真是老天瞎了眼!”

否定或不接收正面信息（习惯于看不见他人的长处或成果)。

思考:“有什么是我没有看到的?”“他获奖对组织的影响是什么?”

4.“这次提拔没有我，那不意外，因为老板怕我功高震主，他们只好提拔能力差点的人!”

否定或不接收负面信息（习惯于看不见自己的短处或错误)。

思考:“我需要向那些被提拔的人学习什么?”

5.“领导对我好，他嫉妒了，肯定心里不忿，你看吧，过几天他就会对我故意找碴儿的!”

习惯性自我安慰，主观臆断。“故意找碴儿”的事情必定发生!

思考:“嫉妒就一定会找碴儿吗?”“找碴儿的正面意义是什么?”

6.“我要回家去看爸妈了，但有什么用呢?肯定又会发生不愉快，然后惹一肚子气!”

宿命意识。“惹一肚子气”的事情必定如其所愿地发生。

思考:“我们的共同目标是什么?”“我需要改变什么才能解决问题?”

7.“他早上没和我打招呼，一定是又憋着什么坏主意呢!”

最大化（将坏处放大到最大)。

思考："我是怎样将这两件事联系起来的？""我可以主动打招呼吗？"

8. "我才不去参加这次宴会呢，因为我早就知道不会有谁喜欢我！"

最小化（将好处缩小到最小）。

思考："我是怎样知道不会有谁喜欢我的？""怎么知道这次宴会不会出现新的机会呢？"

9. "他这次对我说话的语气那么不好，那么内心里对我的评价一定很低！亏他平时掩饰得那么好！也亏我平时对他那么好！"

情绪性推理。

思考："他对别人说话的语气如何？""我在什么情况下对他人说话的语气会不好？"

10. "他竟然穿上了橙色的衣服，真不要脸！一定是个本性轻浮的人。我绝对不能再信任他。"

乱贴标签。

思考："厂家出品这款橙色的衣服是给哪类消费者设计的？"

11. "领导几天不来我的工位了，却去了同事工位几次，看来年底我要被调部门了！"

自找罪受。

思考："为什么不可以是因为领导对我很放心才不来我工位的？""我的工作哪里还不够让领导满意和放心？"

12. "我被领导批了几次，他也被批了几次，凭什么他的月度奖金却比我高呢？"

简单比较。

思考："除了都被领导批了几次，他哪里与我不同？"

13. "如果这件事办得好，年底我就能调到薪水更高的部门去工作！"

简单预期。

思考："仅凭这件事吗？""除了薪水，我还想从工作中获得什么？"

14. "这件事情我可管不了！我真的感到无能为力。"

彻底放弃。

思考："对这件事，哪些部分我是可以做的？"

15. "那么好的事，怎么可能轮到我头上！"

行为"自盲症"。

思考："我为这件事做过些什么呢？"

价值观是行为产生的源头。改变价值观，便可改变心智模式和思维方式。改变心智模式和思维方式，便可改变情绪反应。改变情绪反应，便可改善神经化学系统（包括自主神经系统、免疫系统、内分泌系统）。通过改善神经化学系统，便可维护身体健康。从某种意义上说，念头是最高等级的营养。

解决任何问题，某种意义上都是改变价值观的过程。改变价值观，可从识别语言入手。语言是可识别的。辨识对方语言模式是洞悉对方内心的方便途径。西方的认知行为疗法，是自二十世纪五十年代起由艾利斯、贝克等众多心理学家各自独立发展而综合形成的一整套身心整合治疗技术。对话，是这套治疗技术的重要特征。有效的对话，首先从揭示对方的语言模式入手。中国古人也有与认知行为疗法惊人相似的论述，集中概括为六个字："智者寿""仁者寿"。智慧，可以解决问题。仁慈，可以不制造问题。可见，智慧与仁慈才是价值观的核心。

隐藏的教练

管理者，要成为隐藏的教练。

将教练技术收敛到温和的态度里面，在无形之中无痕迹地运用。

管理者要让自己先成为被教练的对象，使所有对自己说话的人，都成为自己隐藏的教练。那就需要练就转化的功力，将对方的话转接到解决自身问题的频道上去，转化成为有价值的、有针对性的教导。

管理者必须要有所修行，才能做到这一点，同时影响更多人。

在教练技术中，"对事不对人"只是一种误导，是治标不治本的、传统咨询顾问们解决问题的方法。管理者要做到：对人不对事。对人不对事，才是治本。教练不是顾问，更不是记者。

孔子便是对人不对事的导师。在《论语》中，孔子多次被问"仁"，但孔子每次对于"仁"的解释却显得非常随意。樊迟天资不够，却勤奋好学，他从老师那里得到的答案是"爱人"两个字，意在处理好人际关系；颜渊是孔子最得意的品学兼优的学生，得到的答案是"克己复礼为仁"，强调君子重在修身；冉雍有出色的行政才能，度量宽宏，则得到"己所不欲，勿施于人"这句答案，像是对当政者的忠告；子贡在孔门弟子中成就很大，聪明而富有，得到的回答是"己欲立而立人，已欲达而达人”，这一解释堪称气度恢宏，境界高远。

中国汉字是迄今为止连续使用时间最长的、上古时期各大文字体系中唯一传承至今的、目前世界上唯一仍被广泛使用的高度发达的表意文字。每一个汉字都似一个卦象，所包含的信息量极大。“人”字，在公元前1600年甲骨文上呈侧面站立之状，寓意懂得鞠躬、谦逊的直立行走动物。《周易》中讲：“立人之道，曰仁与义。”古希腊有句谚语：“人是万物的尺度。”许慎在《说文解字》中解释：“凡人之属皆从人。”例如：“比”“从”“北”“化”。孔子讲：“仁者人也，亲亲为大。义者宜也，尊贤为大。”前者，“亲亲为大”是宗庙系统的价值原则；后者，“尊贤为大”则是社稷系统的价值原则。仁是因，义是果。佛家讲：“菩萨畏因，凡夫畏果。”这与曾子讲的“慎终追远”是一个道理。

教练，就是拿“人”当“仁”看。

教练的原则就是保持尊重与中正。

古希腊哲学大师们提出人生根本问题：我是谁？到哪里去？如何去？哲学即始于这三个发问。教练的全部工作其实就是要引导被教练者回答这三个问题。人们当下所遇到的任何难题，都可以通过具体地回答这三个问题而得到澄清、启示或解决。教练的工作看似神秘，其实简单。

因为没有人比自己更清楚自己需要什么。教练只是帮他忆起、识别、选择和行动，并使之坚定地相信自己能够达成目标。

每个人都天生具有实现真实目标的能力。

教练技术的创始人添·高威先生有一个著名的公式：

$$P = P - I$$

$$\text{成就} = \text{潜能} - \text{干扰}$$

通常人们只运用了自己潜能很小的一部分。

却几乎接受了干扰自己的全部因素。

教练的工作就是在帮助被教练者发掘自身潜能的同时，减少干扰。

在这个过程中，自信是最重要的。如果你在使用“尽量”“也许”“差不多”这样的词汇，你就很难成功。信任自己，比信任任何人都重要。

信任跟他人没有关系，信任与自己有关。

恋爱会失败，但为什么还要恋爱？因为相信自己，无关他人。

诸葛亮为什么会七擒孟获？因为相信自己，无关他人。

信任或不信任只是一种选择。在每一件事的当下，都要做出唯一的选择。信任或不信任都会使事情产生变数，都会积极或消极地影响人与人、群体与群体之间的关系，这种关系将成为一种“场”，这种“场”真实到极致。这种“场”不是一个概念，而是一种切身的体验。选择信任的结果，就是具有合作或妥协的精神。而选择不信任的结果，就是具有控制他人或被他人控制的执念。信任或不信任代表两种不同的能量。

教练并不是在指导谁，而是通过聆听、发问、区分、回应，来协助对方看清选择。教练的作用就是让被教练者知道：真正属于自己的目标，完全可以通过自己的努力达成。

富有感召力的做法是挖掘出对方的理想。

被教练者最好的态度就是向自己承诺，为自己的选择负责，诚实地活出自己，愿意看到和开发自己的潜能，尊重任何人，尊重任何生命。

唯有“不可能”是不可能的，唯有“可能”才是一切。“万法空相”，不是指什么都没有，而是指蕴藏着各种可能。《道德经》中说：“道冲，而用之或不盈。”大道虽虚不见形，但并不是空无所有，而是无限博大，功能无量，用之不尽。很多时候，我们只是欠缺一个目标。

目标产生一切。

目标会自动聚集能量。

但仅仅有做某些事情的愿望是不够的，还必须擅长。

很多人觉得付出很多，回报却不够。但这难道不是很正常的现象吗？要么是付出还不够，要么是付出的方向有问题。

如同不是每一笔投资都会有回报。

管理者向下属发问，既可以是指导，又可以是请教。一次子贡问老师：“孔文子何以谓之‘文’也？”孔子说：“敏而好学，不耻下问，是以谓之‘文’也。”子贡问孔文子为什么被谥为“文”呢？孔子回答说，他勤奋好学，不以向不如自己的人请教为耻，所以被谥为“文”。可见，不耻下问是一种多么高尚的品格。

柏拉图说：“很多时候，问题往往比答案更重要。”

管理者要懂得如何赋予人力量。人的力量在于有能力去区分。做事要靠能力，区分什么事可做什么事不可做要靠智慧。洞察是区分的前提。管理者首先要自己区分，其次帮助对方区分。所有善于区分的回应，必须是贡献性回应而非批判性回应，回应不是简单地给建议。能提问就不要给建议。让对方自己说出答案，才是隐藏的教练要做的事。

从严格意义上讲，赋能是不可能的。能，只可内生。但从外部，可以激发。

对管理者尤其如此。有一句话说得好："平庸的老师说教，合格的老师解释，优秀的老师示范，伟大的老师激发。"曾记得有人这样比喻："愿景是人的生命计划的核心元素，激情是愿景的温度计。"激发人们心中的愿景、激情，是教练式管理者的责任。

第三只眼

生物学家发现，包括人类在内的古生物化石显示其头骨上有一个洞，研究结论是第三只眼睛的眼眶。随着生物进化，这第三只眼睛逐渐从颅骨外移到了脑内，成了隐秘的内眼，这就是大名鼎鼎的脑内松果体。

在全脑开发系统中，关于松果体的开发是不可避免的话题。松果体能感受光的信号并做出反应。松果体位置在人脑百会穴之下，印堂（眉心）之后深处，中国道家称天眼，又称泥丸宫。当今医学研究表明：人的松果体能合成、分泌多种生物胺和肽类物质，主要是调节神经系统、内分泌系统和生殖系统的功能，而这种调节具有很强的生物节律性，并与光线的强度有关。为什么人们在阳光明媚的日子感到心情舒畅、缺少困意，遇到阴霾天气却会情绪低沉、昏睡不醒？这正是松果体在分泌褪黑激素中所产生的作用。当强光照射时，褪黑激素分泌减少；在暗光下褪黑激素分泌增加。人体内褪黑激素增多时会心情压抑，褪黑激素减少时则精神爽快。褪黑激素能够影响和干预人类的情绪、智力等许多活动，松果体还是人体生物钟的调控中心。科学界又证实，松果体的细胞原形和视网膜的感官细胞大部分是相同的，人是凭借松果体看见脑中的影像。科学界和宗教界很多人士都认同松果体就是肉体、意识、灵魂和宇宙能量场连接的唯一途径。自然界中的动物能对自然灾害提前作出反应，而人类通常毫无察觉，因此有科学家猜测松果体掌管着预感能力，只是人类的这一能力早已退化。也有人根据松果体能对光波做出反应，推测松果体同样能对某些射线做出特殊反应。古时的神职人员常在头冠上对应松果体的部位镶嵌较大颗粒的宝石，让光线射向印堂（眉心）、天灵盖等处，皆指向松果体。印堂（眉心）一直被当作精神力集中的地方，当人遇厄运时会称"印堂发黑"。

关于心灵如何被感知的话题，古希腊及古代中国曾有很多著名思想家对此有过精彩的论述。在笛卡尔看来，人是唯一同时具有灵魂与肉体的二元存在物。自笛卡尔之后，莱布尼茨、冯特、华生、斯金纳等学者或心理学大师对于肉体与心灵的关系提出各种创见。若论对心理学诞生与发展的影响，笛卡尔的身心交感论居功至伟。在历史上，松果体曾是一个极具神秘感的腺体。最早对松果体进行描述的是古罗马医学家与解剖学家盖伦，他解释了松果体名字的来历（与石松的果实大小与形状相似），并从医学的角度描述了它的功能。至晚期的波希多尼、梅修斯等人提出了心理的脑室定位说，认为各种心理机能定位于不同的脑室，头部前面的脑室负责想象，中部的脑室产生理性，后部的脑室负责记忆，居于间脑顶部的松果体从此与心灵发生了关系。经由中世纪奥古斯丁等人的改造，生理学的松果体又被附上了某些神秘的机能，成为规范人类心灵的场所，甚至被附上了宗教的意义。量子理论发展到今天，对于意识或灵魂又有了颠覆性创见。亚利桑那大学的麻醉学和心理学系荣誉教授、意识研究中心主任哈默罗夫博士和著名物理学家罗杰·彭罗斯爵士联手提出了意识的量子理论，认为我们的灵魂寄宿于脑细胞中的微管结构内。当心脏停止跳动，血液停止流动，微管就会失去其量子态。但微管内的量子信息不会被破坏，也无法被破坏，它只是消散到宇宙之中。目前人类利用量子纠缠理论已经实现了量子通信，理论上也可以将人自身瞬间传输到遥远的异地。人看似是由粒子构成的实体，但粒子又由更小的粒子构成，最小的粒子却是空的，这层层包裹的粒子其实什么都没有，只有信息。所以，人其实只是一堆信息。很多量子学家认为，佛教讲的轮回，只可能是信息的传输（投胎）。

尼采说："参透为何，就能迎接任何。"虽然从科学的角度，我们对人类第三只眼的认知还很肤浅，但从哲学的角度，人类第三只眼的现实意义在于人类能否对自身进行深刻的反思。反思，是人类的第三只眼。第一只眼看目标，知道自己想要什么；第二只眼看成果，确认得到的究竟是不是自己想要的；第三只眼看这一切的理由，"参透为何"。

日本剑道大师宫本武藏与徒弟柳生又寿郎，有一段著名的对话：

徒弟：我何时能练成剑道？

师傅：10 年可练成。

徒弟：若加倍努力呢？

师傅：那需 20 年。

徒弟：为什么？

师傅：因为加倍努力的人眼睛往往只盯着成功，看不到自己。

缺乏反思精神的人，就看不到自己。加倍努力便只能背道而驰。

组织内部总有几个刺儿头。韦尔奇说：“一个人最大的敌人就是自己。破坏一个人前程的最有效的办法就是在自己的组织中当一个刺儿头。”

反思，常常是个人行为。但能够将反思变成集体行为的人，便是优秀的领导者。推崇制度建设的领导者，要反思这一点：所有制度都不是万能的，唯有实现建立在集体反思基础之上的自主管理才是组织的出路。

任正非有一次在内部高管会议上问：“为什么我的水平比你们高？”没有人的回答令任总满意。任总说：“那是因为我在每一件事中都能比你们多体悟一点点东西。”那是任总的“第三只眼”帮他看到的。

对有强烈责任心的人来讲，生活和工作中的任何一件小事，都是学习的机会。大庆油田西水源一位老工人说：“岗位责任制的灵魂是岗位责任心。”于是，人们将他的话刻在泰山石上，立在公司门口。

如果说实践是最好的学习，反思则是对实践最好的成全。史蒂夫·乔布斯说：“成为墓地里埋葬的最有钱的人对我没有什么吸引力。夜半上床时，对自己说，‘你做了哪些了不起的事情？’这对我很重要。”没有什么样的反思，能超越关于自身对他人所做贡献进行反思的意义。

为别人服务最多的人最富有。

自卑与超越

个体心理学创始人奥阿弗雷德·阿德勒在《自卑与超越》中讲过一个有趣的病例，故事梗概是这样的：

一位中年男人，踩到了香蕉皮，跌了一跤，撞上了出租车，呕吐了两天，头疼、失语了八周后，他将出租车司机告上了法庭。在之后的两年里，他只能低声细语地说话。阿德勒给他治疗了很久，分析出症状的原因，是过往经历造成的。在他婴儿时，摇篮的挂钩脱落了，母亲那种吓坏了的表情，使他产生了责备母亲的意识。五岁时，他又从高处掉下来，他的母亲又被吓坏了，于是他学会并掌握了责备母亲的能力，采取使自己失语的方式怪罪母亲。后来，他很好地控制了使自己失语的能力，只要跌倒，就熟练地运用这一技能，会立刻失语，然后找到一个替罪羊来控诉——让那些给他带来不幸的人付出代价。

这个故事给我们很多启发。其实，我们每个人的人生中都有属于自己的“跌倒事件”（各有挫折），然后“失语”（各有绝活）。可以说，每个人在经历中都练就了这样或那样的独特“技能”，最终在心理上将他人告上法庭。一个人的人生态度，往往是由他的人生经历造成的。

阿德勒的学问之所以称为“个体心理学”，是强调个性的唯一性和不可分割性。他总结出人生三大问题：在地球上生活并获得一份工作、必须关联他人并合作、面对两性关系。

阿德勒认为，很多失败者从不寻求他人的帮助，对社会生活没有兴趣并缺乏安全感。人生真正的意义是从与人交往中体现出来的。人生的真谛在于奉献与合作，人生的意义在于对全人类的贡献。

很多心理学家认为，儿童成长到三岁和七岁是重要时期，已经具备了一套固定的行为模式。诺贝尔奖获得者彼得·卡皮查说：“我一生的最重要的东西是在幼儿园里学到的。”成年人的令自己和他人感到莫名其妙的问题，很多都来源于三岁和七岁这两个重要时期的重要经历。早期的记忆是极为重要的。人的记忆和生活方式绝不会背道而驰。父母的责任就是制造子女的儿时记忆。接二连三的失败并不会使某些人做出改变，除非他们能检讨自己。如果能从小养成“吾日三省吾身”的习惯，成长会更快更好。

阿德勒发现，父母的职业与孩子成长常呈现出相反的关系，例如警察的孩子犯罪、老师的孩子学业不好、医生的孩子产生精神问题、牧师的孩子堕落。如何看待这种现象？只能说，出现这种情况的原因，是父母没有成为优秀的警察、老师、医生、牧师。他们将职业中的不良习惯带给了家庭，使孩子在潜移默化中按照父母的倒影成长起来。我们可以想象这样的父母在照镜子，镜子外面现实中的人物是警察、老师、医生、牧师，可在镜子中折射出来的却正是相反的角色。

阿德勒还发现，不管从哪方面来说，尿床都可以说是一种创意。因为精神若紧张，自主神经系统会主动上前“帮忙”。我们可以推测，很多成年人，也都各有类似尿床的创意与技能。这与前面的“失语”一样，是某种生存创意与技能。很多神经官能症患者都有自卑心理。每个想让生活变得更好一点的人都会有一定程度的自卑感。当一个人遇到他无法解决的问题却深信自己能够解决时，就会表现出自卑情绪。因为自卑感会给人带来巨大的压力，所以他们就想通过一种优越感来释放自己。于是，他们中的人会表现出狂妄、清高、孤傲，凛然不可侵犯。人人都有对优越感的追求，具有唯一性，只是方法不一定得当。神经官能症患者中的老手，会根据医书上或身边人的描述很轻易地让自己患上新的病症。我的身边就有很多这样的人。有时，病人太“明白”，医生就会很麻烦。同理，学生太“明白”（固执己见，缺乏空杯心态），老师也很麻烦。更不用说，罪犯很“明白”，警察会很麻烦。

追求优越感本无可厚非。如果在追求优越感过程中含有很大的社会责任感，就不会犯很大的错误。如果在追求优越感过程中运用很适当的方法，就会取得很快的进步。例如，“我虽然个子不高，但我很有力气!”“我虽然力气不大，但我头脑聪明!”“我虽然不够聪明，但我很善良!”看到自己的长处，发挥自己的长处，致力于取长补长，焉能不快速成长?

阿德勒认为，治疗师必须对人的整体性格进行了解，从始至终抱有怀疑的态度，直到问题最终破解。怀疑的本质是好奇，并非不相信。从培训师的角度，要从始至终对学员抱有好奇的态度，要相信学员能最终解决自己的问题。只有真正关注并相信他人，才可以使自己的工作做得完美。

梦是人的另一种平行人生。自卑者会做自卑的梦，但也会在梦里超越自卑。很多心理学家认为，梦的内容并不是最重要的，重要的是它潜藏的思想。梦的目的是留下情感，然后让情感去支持生活方式。梦是对睡眠的干扰，无梦酣睡被称为黑甜乡。中医更多的是从身体健康的角度去解释梦的意义。人生的态度才是梦的制造者，人又会在梦中欺骗自己，自我陶醉、自我催眠。很多人只有在梦中，才能做到我行我素。梦是常理的敌人。梦是由隐喻和象征构成的。如果不是这样，就无法摆脱常理的束缚。隐喻是抒发美好、想象力和幻想的。在梦里，我们都是诗人。

关于积极地造梦，才是最激励人心的传说。相传马来半岛的赛诺人，有一个关于造梦的传统，小孩子做了噩梦，族中长者会告诉小孩子，将那噩梦翻转过来再做一次就是吉祥的征兆。例如，小孩子梦到怪物很吓人，长者们便会告诉小孩子，怪物可以用来充当玩伴，赶紧回家再做一次梦，跟怪物玩耍。假设小孩子真的梦到与怪物一起玩，长者们又会告诉小孩子，玩的时候要赢那怪物，然后从怪物那里可以索要礼物。赛诺人的传统，充满了智慧。在现实生活中，我们完全可以将发生的一切不好的事情，都用赛诺人的这种精神翻转过来再做一次，就是吉祥的征兆。

阿德勒还讲到一个案例：

一个女孩儿，精神分裂八年，学狗叫、吐口水、吃手帕。阿德勒和她聊了八天，她一言不发，还袭击阿德勒，阿德勒不抗拒，友好地望着她。她还会打破玻璃，划破手指，但阿德勒毫无责备之意，帮她包扎。一个月后女孩儿已能含糊作答，一年后治愈。

这故事显示出接纳的力量。解决这类问题，阿德勒常对病人说这样两句话：任何时候都不要做自己不喜欢的事，每天都要想办法让别人快乐，只要你照我说的做，保证两周内你会好起来。这两条并无新奇之处，但要求病患将两者协同一致去做，才是阿德勒的“狡猾”之处。

阿德勒认为，对一个人的最高要求和给予的最高荣誉就是：在工作中，是一位好员工；在朋友中，是一位好伙伴；在爱情和婚姻中，是一位好伴侣。总之，一个人应该证明自己是全人类忠实的朋友。

爱情和婚姻是两件事。这两件事相互成全。爱情的结果通常是婚姻，爱情和婚姻需要合作，这不单是为了双方的幸福，更是为全人类的幸福。婚姻对每个已婚的人来讲都是一份全新的工作。父母婚姻幸福，孩子才会对婚姻充满信心。学会交朋友是为婚姻做的一种准备，还有一种准备就是工作。在婚姻中只顾及自己的利益是对婚姻的最大忽视。结婚的目的如果不纯洁，那就会与婚姻的高尚品质相违背。阿德勒认为，只有一夫一妻制才可以正确地处理爱情和婚姻问题。男人的责任是：妻子的好丈夫、孩子的好父亲、社会的好公民。女人的责任是：丈夫的好妻子、孩子的好母亲、社会的好公民。对孩子，溺爱和冷落都是错误的，往往导致其发展成罪犯。体罚尤其是错误的。失败者的共性是：不知道何为责任，不知道为别人考虑。正如基督教有一条法则是：爱你的邻居。

任何自卑都永远包含着正面价值。例如对事物有觉察、不放弃目标、不甘心失败、看到自身能力不足。超越自卑便可获取正面价值。要警觉到缺乏自卑如同缺乏觉察，会增加很多犯错的机会。

很多时候，让人感受不到损失的错误，才是最严重的错误。在中高层管理者培训这件事情上，这类的错误实在太多了。

VUCA 时代的学习方式

VUCA 其实是来自美国军队的术语，意思是：易变、难以预测、复杂、模糊。其实，人类历史上哪个时代的人不会以为自己正处在这样的时代呢？但即便如此，今天的时代的确足够 VUCA。

处在 VUCA 时代，生活或工作中遇到难题需要解决，你还来得及培训吗？行动学习创始人雷格·瑞文斯主张：用真实的人，在真实的时间，解决真实的问题并取得真实的结果。这样学习，就来得及。

记得 ASTD（美国培训与发展协会）在 2008 年有一项数据：全球 63% 的高层项目都使用了行动学习来解决问题和开发领导力。

早在二十世纪三十年代，雷格·瑞文斯在解决威尔士和英格兰煤矿的生产力和士气问题中，由工人们自己来解决自己的问题，而不是借助外部顾问，使生产力提高 30%，士气也大幅提高。今天，行动学习整合哲学、心理学、量子学、管理学、社会学等学科，力量更加强大，至今仍然不仅是最好的，而且是唯一的解决大型复杂问题的原理和工具。正是行动学习的这种内在的、自发的解决问题的本质，其在西方才广受青睐。

行动学习在中国企业的发展并不平衡。很多经历过行动学习的管理者并不是很喜欢它。原因恰恰是“行动学习的这种内在的、自发的解决问题的本质”。给学员的感觉是：让人不舒服。挑战自身心智模式，自然会让人不舒服。其实最深刻的学习的意义就在这里：让人不舒服的校正和调整往往是有价值的，它涉及态度、工作习惯、基本假设、内在期望。

谜题是技术性问题，难题是适应性问题，对更多的集成性或潜在性的问题，要识别它主要是技术性问题还是适应性问题。中高层管理者的问题，几乎全部是适应性问题。元认知，是关于思考的思考。中高层管理者所要解决的适应性问题，大都需要从强化元认知开始。

中高层管理岗位，就是为解决难题而设置的。解决复杂的难题有七个好处：激发学习欲望、不断获得反馈、以结果为导向、透视组织内幕、发展新的思维模式与理念、评估自我、探知创新的一切可能。这七个方面，正是行动学习的难点和焦点。

行动学习者先有难题，以难题为中心，将外部新的知识吸引进来参与解决（带着问题学），同时吸引更多内部人的经验来解读新的知识（带着经历学），过程中不断有人提出洞见性问题（带着质疑学），集体进行反思（带着创意学），形成行动方案，付诸实施，获得反馈后再重新确定新的难题，循环解决。对中高层管理者来讲，只有能够被使用的知识才是最重要的知识，而能够被使用的知识则存在于组织与社会关系之中。

获得突破性结果，往往是小输入、大影响，即输入的知识少，转化为内部经验后产生的影响大。过程中，彻底的变化来自能够识别新的替代方案，强迫自己对自己看得更清晰，强化对根本原因的探知，强化对致命弱点的修正，以终为始，用显微镜和放大镜来看问题，那些习以为常、司空见惯或显而易见的事情，我们应该有足够的勇气去质疑。

VUCA 时代解决问题的方式，更加强调以团队学习的方式。团队成员的多样化会增加分析问题的维度。团队反思的力量也更大，这股力量将使成员对组织力量有更深的认识，超越难题的解决，跨越到人际情感和政治维度，使成员站在以组织甚至社会为背景的宏大环境中来分析问题，清醒地看到促进或阻碍学习的因素，以更加有效地处理权力关系。

行动学习最终要使学习者学会学习。要使学习者从对体制与机制的持续指责中解救出来，从对组织实践的持续质疑中释放出来。学习者只有一条路可走，那就是相信自己的实践、依靠自己的实践、崇尚自己的实践、提升自己的实践。学习者最重要的学习方式就是采取行动。不要急于制订完整的行动计划，开始才是最重要的。常常第一个措施就是很有效的，这使得后面凑数的措施显得多余。除非措施的递进是依据前一个措施的预期效果而制订的——而这连神仙也难做到。

难题是学习者学习的跳板，不能只当作麻烦、混乱和挫折来看待。行动学习从不惧怕过程中的混乱、逃避、抗议，因为这恰是学习正在发生的标志。在行动学习中，首先安排什么样的难题进入第一批解决计划之中，要看这难题的主人与这个难题周旋了多久、付出过什么。周旋越久、付出越多，越往前排。想象出来的难题，不算数。与难题稍作抵抗，便溃退下来，嚷嚷着“这个难题很难的!”也不算数。

解决难题的意义正是在学习的发散过程中和采取行动的收敛过程中体现出来的。行动学习从根本上说是自发的，是对形势发展的自由响应，是由复杂性引发的。复杂性增加了组织发展的维度，也必将促进社会认知的发展。团队成员 3 ~ 7 人最佳，复杂性难题需要消耗大量时间来提问，有时达数百个问题。提问会促动大脑神经元之间产生联结网络，因此需要投入足够的时间。最为重要的是，学习成果会自动转化为价值观储存在大脑里，所以对学习过程必须加以控制。当整个人的情感、认知、能力都参与到学习中时，最好的学习就会发生。在学习团队中，每个人都要对自己及他人的学习负责。成员多元化学习会促进系统思考，使得定义问题更加精准，使得解决问题更加综合化而非线性化。

反思性探询的过程是行动学习的关键。首先是生成洞见性提问、生成新观点的阶段。其次是整合各种意见、集体构建意义的阶段，挑战基本假设。最后是形成决议的阶段，聚焦目标与成果。如果有若干学习团队同时进行，则还需要有陈述阶段，各个团队分享成果，听取意见，完善行动计划与路径图。

团队学习的过程，是要将所有的维度整合成一个集成的、连贯的经验。识别能力是一种重要能力，例如识别根本性原因、杠杆性行动。首先选择做容易做且收益大的事，是一项重要原则。

让知识以个性实践和解决方案的形式在组织内传播，是组织内部行动学习专家的使命。变革的基础是新颖见解的成功实施，这要努力成为组织的一种习惯。在做的同时思考如何做，在思考的同时思考自己在怎样思考。学习团队的成员分散到岗位上之后，真正的学习才刚刚开始。

管理者之所以是管理者

非洲有句古谚：“一个人之所以为人，是因为有其他人。”这句话放在行动学习的场合，能够简单而形象地说明与团队中其他人联结的重要性。若放在管理的语境下，则能够简单而形象地说明管理者承诺贡献的重要性，亦可以说：“一个管理者之所以是管理者，是因为有其他管理者。”

国有企业，可以说是等级权力控制型组织。而学习型组织的类型特征，按照彼得·圣吉的说法，应该属于非等级权力控制型组织。那么，国有企业有可能成为学习型组织吗？答案不是有没有可能，而是必须成为学习型组织。因此，现在要回答的问题是：国企如何才能成为学习型组织。

学习型组织是一个能熟练地创造、获取和传递知识的组织，而优秀企业更多的是从自身实践中萃取知识，将个人经验与智慧提炼成为组织经验与智慧，依托企业内部培训机构进行规模化经营。这势必就要求企业内部培训机构将企业内部的课程研发作为第一要务，研发能力是企业内部培训机构的核心能力。

学习型组织超越知识性的学习，就是能够适时自我优化组织成员的心智模式，成员们通过对自己头脑中的世界图像进行检定，反思深层的假设和行为模式，这是管理者最有意义的自我超越。

学习型组织能够基于共同愿景，有效开展团队学习，致力于改变交谈和集体思考的技巧，从中学会系统思考。

量子力学对当今管理学的巨大启示，已被公认。1927年，量子力学创始人之一沃纳·海森堡天才地提出“测不准原理”：测量世界的同时也在改变世界。根据“测不准原理”，当管理者面对有关“真实世界”的各种诠释时，不应当试图去决定哪种说法“正确”，而是针对某个特定目的从中寻找最实用的一种诠释。“深度会谈理论”的主要缔造者物理学家戴维·博说：“东方哲学认为无法测量的东西是最根本的现实。呈现在感官和理性面前的形式和结构秩序被认为是一层掩盖事实真相的面纱，这些真相无法通过感官来觉察，也不可谈论和思考。一切事物都是这样叠加的。”从这一点上来说，东方哲学会带给管理学新的视角。从本质上看，其实任何组织都是其成员思考和互动方式的产物。改善组织，就应该从认识组织成员的思考和互动方式入手，尝试以不同的方式思考和互动，而有效地开展行动学习就成为最好的选择。

企业培训师的任务，更多地体现在结合企业的实际与管理者的实际，创立新的学习工具，去完成面向未知的学习任务。工具的基础是理论，好工具的基础是假设。在这方面，生活在二十世纪初的美国建筑师巴克敏斯特·富勒堪称楷模。富勒说：“要想教给人们一种新的思维方式，不要刻意去教，而应当给他们一种工具，通过使用工具培养新的思维方式。”富勒是被称为像外星人一样的奇人，是一名没有执照的建筑师，人称“无害的怪物”，他曾两次被哈佛大学除名，一生却拥有55个荣誉博士学位和26项专利发明。富勒常举手问：“这是什么？”当有人说这是手的时候，他说：“不是的，这是变化。因为组成手的细胞在不断地死去和再生。看似真实的手，并不是静止不变的。”他曾提出三大定律：第一个就是人们总要在进与出之间做选择；第二个就是一旦选择进入就必然会与现实发生相互作用；第三个就是一旦发生作用必然是成对存在的，亦即同时产生另一个作用。富勒的核心思想是依靠技术来最大限度利用能源。但他“名扬宇宙而枯槁当年”，只因他的思想太过超越时代。今天，他的名气越来越大，他在半个世纪前提出的设计理念，正被许多博物馆发掘出来进行系统的回顾。富勒的三大定律，应用在管理当中就是很好的假设。基于假设的战略，能够使我们摆脱事务主义及浅层次的思考。就像爱因斯坦说的：“停留在问题层面进行思考，永远无法解决问题。”

组织的本质是成员之间的深度联结。联结方式沉淀为组织文化。非正式自由讨论或团队结构化研讨，是组织成员的基本学习方式。深度聆听是研讨的基础，提问是手段，反思是核心。三者齐备，学习才会真正发生。

组织中的每个人除非自己投入超越自我的修炼，否则没有人能够通过讲解使他体验到超越自我。在组织内，所有有权力采取行动的人，必须基于改变自己而行使权力。组织中唯一有重大作用的学习就是董事长和CEO的学习。教育就是推动自己，以使他人发生改变。企业培训必须能够解决问题。解决问题的前提是定义问题。定义问题的前提，是要回答“周围的一切需要这个组织成为什么样的组织”，这是比用人之道还艰难的问题。因而深度交谈是组织成员的必修课。这种交谈使组织文化和个人灵魂面对危险，一旦渡过危险便获重生。

最有价值的观察是观察自己如何思考。当我们观察自己看世界的思维模式时，我们便开始愿意和能够改变自己。组织成员比他们自己更能看清他们的内在假设，但每个人自己比他人更了解自己的意图。这是两个巨大的组织优势，行动学习就是要发挥出这两个优势。这是企业开展行动学习的基本理由。如果一个人的想法真的有价值，那就应该经得住他人的问询。欣赏式探询更有助于团队思考。只有把组织成员之间的分歧当作机会，组织才有机会。欣赏式探询过程中，每个人应该更加关注对自己思维模式的改变。学会沉默，才能学会发言。一个人只有少发言，才能更多被他人听到。聆听中要想象他人的观点，注视对方，观察对方的肢体语言，听弦外之音，只作建设性的正面回应，重述对方重要的话，避免责备个人。对培训师而言，肯定和欣赏学员，这既是原则，又是增强教学效果的技法。

管理者修炼心智模式是比提升任何一项具象能力都更为重要的事情。心智模式是组织变革的最为高效的杠杆。从这里着手建立学习型组织最有价值，也最困难。熟练掌握心智模式修炼，需要把自己真正放在团队中，并习惯于团队学习。很少有学院派老师能够真正学会如何将反思和探询的技巧融入他的思想、情感和日常行为中。尽管他在课堂上能够熟练地讲授这些内容。

一切知识只能通过体验被管理者接收或创造。这必然是一个内在转化的过程。美国学者布赖恩·阿瑟说：“每一项意义深远的创新都要以一种内求的历程为基础：潜入内心更深处，从中使实证和真知浮出水面。”而一切知识源于困惑。北爱尔兰有一个很好的说法：“如果你不困惑，你什么都不知道。”管理者的困惑，饱含智慧。行动学习可以挖掘这些智慧。

一次，彼得·圣吉到一家会议中心，发现这家他二十年前来过的会议中心依旧在卫生间配备小块香皂，而此时全世界很多酒店都已经在配备小瓶装沐浴液。他问同行的伙伴：“一小块香皂会浪费90%，为什么这家会议中心二十年都学不会?”当管理者自身不想改变的时候，他会对周围的一切听而不闻或视而不见。

困扰管理者对真正的问题视而不见的原因是允许自己事务缠身。现实中陷入琐碎事务之中不能自拔的管理者很多。这使他无暇顾及未来，自然也就看不到机会，对变化不敏感。曾有一位年轻人被诊断患了绝症，医生告诉他只有三个月的生命。他痛苦了几天后，决心尽最大可能放弃工作和生活中那些事务性的、琐碎的、自以为不做不行却意义不大的活动，只做自己认为最重要的事情。三个月后，他没有死。到医院重新检查后医生告诉他，上次是误诊，他的身体没有任何问题。但他发现，自己已经很害怕再回到误诊前的生活状态。他决定，坚持按照这三个月的活法，去度过余生。

管理所面对的问题，从根本上来讲不是科学问题，而是实践问题。总结实战家的实践，更多的是理论家应该做的事情。从科学角度能够解释的管理，都是常规层次的管理。就如老子讲的："道可道，非常道。"管理的大道，在于具体问题具体分析，在于具体情境之下的适度与适用，甚至在于出其不意地取得成就。爱因斯坦说："科学不能创造目的，更不用说把目的灌输给人们；科学至多只能为达到目的提供手段。但目的本身却是由那些具有崇高伦理理想的人构想出来的。由于这些理由，在涉及人类的问题时，我们就应当注意不要过高地估计科学和科学方法；我们也不应当认为只有专家才有权利对影响社会组织的问题发表意见。"

法国认知科学家、神经生物学家弗朗西斯科·瓦莱拉说："我们认为，对于亚洲哲学，尤其是对于佛教传统的再发现，乃是西方文化中的第二次文艺复兴，它的冲击将会与在欧洲文艺复兴时对希腊思想的再发现同等重要。"管理者要学会从自身经历和他人经历中学习，悬挂评判，观察自己的观察，摆脱习惯的思考流程。尼采说："佛教是历史上唯一真正实证的宗教。"即东方智慧对于现代管理学的启示与推动，意义重大，值得探索。

每一位管理者存在的意义都取决于其他管理者，同时决定其他管理者存在的意义。物理学家大卫·波姆说："通常情况下是我们的思想在控制着我们，而不是我们在控制自己的思想。"因此也可以这样说：通常情况下是团队成员的思想在控制着我们，而不是我们自己在控制自己的思想。对每位管理者来讲，评判相当于判决，而这种声音将抑制创造力。如果每一位管理者都将注意力集中于源头而不是客体，那么组织将富有活力。艾德佳·沙因将组织文化划分为现象、价值观与基本隐性假设三个层次，他说："要理解一个组织的文化，只需要参加他们的会议。"我们感觉最不陌生的就是各种会议，这些会议充斥着各种判决的声音。内在假设与价值观，是组织文化的核心要素。它由历任组织的"一把手"通过自身行为叠加而成，并反映在所有组织成员的精神风貌上。

清楚地认知其他管理者存在的意义，管理者就必然会承诺贡献。

卓有成效的管理，从承诺贡献开始。

故事与案例

对管理者来讲，故事与案例是两回事。故事可以编或改编，案例则不允许这样。当然，哈佛商学院的教授们和以在课堂上讲故事博彩、邀宠或取巧的培训师们并不这样看。

案例是一个相对比较专业的术语。一般指组织或个人的真实事件被作为一种学习的载体放在课堂上来使用。故事泛指一切的事件，一般是以喜闻乐见的形式在民间传播。当然，在心理学领域也常运用故事这种形式。故事是可以随时根据情境或需要改编的，常常按着讲述者个人的理解和讲述动机进行演绎。生活中两者的区别不大也不重要，课堂上便不同。教学意义上的案例是比较严谨的，讲究真实性与结构化，对案例所包含的时代性、决策复杂性、知识涵盖度的要求是比较高的。案例教学是有一定的结构和规则的，不同于举例子。案例作为教学载体，其本质是对事件的解构，是按照管理原理来解释和推进的。一个故事可以有很多种讲法。由于管理的原理是普适的或相通的，不同培训师对同一个案例的讲法，不会有太大的出入，会有大致相同的结论。故事会被个人的标准所过滤，而案例会被大致统一的标准所过滤。讲述故事允许有某种程度的个人风格，如在民间口口相传居多。当然故事在心理学领域里面有它自己的独特含义，那就是隐喻。在运用心理学的课堂上，可以使用“故事”这个词。此外培训师尽量不要在比较正规的课堂上使用这个词。

在管理者课堂上，讲故事属于隐喻范畴，像宴席上的开胃凉菜，用于开场或偶一为之，常有轻巧奇妙的功效。讲案例属于更真实、更深厚的实践经验范畴，像宴席上的热菜、主食。案例在帮助管理者理解现实的严酷性、人际的复杂性、决策的多种可能性方面有着故事所不能比拟的重要作用。尤其是管理者带到课堂上的亲身经历的案例，更是有着市面上流行且经教授们有意或无意改编的案例所不具备的针对性和实用性。培训师的本事不在于改编，而在于点评，更在于促使管理者们产生经验联结。

管理者学习的主要载体，就是案例。通过案例，构建未来景象，从中感知到正在生成的未来，从而催生前进的动能。特别是管理者针对自身案例的深刻反思，能够观察到自己曾经的观察、感知到自己曾经的感知、与团队产生更深的融合、将新的觉察呈现于当下，收获迅速采取行动的意愿和方案。基于个体省察，团队成员通过经验联结、重构意义，这样的学习无与伦比。熊彼特倡导创造性毁灭，案例学习就能带来这样的效果。

团队成员有机会集体解构每个人带来的亲身经历的案例，是管理者最好的学习方式。外部专家教授的能力与贡献，体现在能够创造这样生动鲜活的课堂。在这样的课堂上，所有团队成员产生的新的认知，都源于超越时空的各种相互打通联结的整体。在这样的学习氛围里，对小我的认同感会消退，更具生成力的大我的感受会出现，会让团队成员以温故知新的方式对正在生成的现实保持觉察和开放。

非洲还有一句古谚："我是人，人的一切特性对我都不陌生。"这句话同样可以这样说："我是管理者，管理者的一切特性对我都不陌生。"在学习团队中，每个人都必须以满足他人需求的方式学习。当有新的希冀在学习团队中生成的时候，要知道那不是制造出来的，而是被发现的，它原本俱在。这发现一定饱含着足以体验生命的不可思议之美以及重新观察和陶醉于所在组织或这个世界的一切美妙感受。

由承诺投入和贡献的管理者组成的学习团队，是能够改变组织和世界的。对此永远不要怀疑，实情从来如此。只要有三五个人，几乎就能做任何事。因为，他们一定会慢慢聚集来大批追随者同行。

在这样的学习团队里，每个人都要学会对自己想做的事，形成绝对清晰的概念，由最终想要的成果支持自身的进化。每个人进化的具体细节，会激励团队和组织的整体进化。这些细节，就是最生动鲜活的案例。

美国宝丽来公司创始人爱德温·兰德说："每一个错误都是重要事件，只是你尚未将它的所有益处变为自己的优势。"在哪里将其变成优势？在学习团队里。知、止、定、静、安、虑、得，这是中国古人格物致知的智慧。这样的智慧，最方便在学习团队里生成。

人们只关注被测量的东西，而案例则是最好的测量对象，因为人人可从中找到自己的位置。这种位置，是其决策力、行动力的标记。这种位置感，是一名管理者的核心能力之一。

人际关系是不可能测量的。管理不是科学。管理的本质，只是实践。也许管理学诞生的时候曾经有很深厚的科学色彩，但现在和未来愈加没有。未来是越来越模糊的、变数越来越大，变化的速度也越来越快。爱因斯坦说："直觉远比智商重要。我没有用理性思考完成任何发现，而是靠想象和实验。”科学家如此，企业家更是如此。

案例的核心，永远是价值观。从任何一个案例的深度解析中，我们都会得到对价值观的观察或体验。仁爱，允许对方成为合法的同伴，是扩展智力的唯一情感。如果案例学习不能引导你领悟到这一点，那不是学员的问题，多半是培训师的问题。培训师的本事固然在于知识储备，但更在于善用引导工具和精通提问技术。

管理者如果不进行个人案例学习的特别训练，则这些个人案例中的不适当甚至错误的想法和行为将经深层冷冻，进入“从恶如流”的机制。对管理者进行个人案例的解构训练，将产生心灵的深层开放，并带到有效的行动中去。人生中最长的旅途，就是从大脑到心胸的神圣之旅。在个人案例训练的情境里，每个人都有机会接近内在的自己，在体悟当下中共同觉悟，通过与未来及大我连通，产生行动意愿与方案，最终觉悟到自己究竟是谁，同时利用大我作为再造组织或改造世界的工具。

案例能够教会管理者根据自己所处的实际，个性化地重新定义问题。现实中，无论呈现出来的是什么问题，管理者必须先接受它，这都是天经地义的第一步。第二步则是重新定义它，从中确认目标。当这两步都能很好完成的时候，任何问题都将会是简单的。有时仅仅通过观察或提问，就能解决一些看似难以解决的问题。

案例能够帮助管理者养成乐于且善于谈论具体措施或行动细节的习惯。严重妨碍管理者学习的，是看起来正确无比的大而化之的概念。每当新事物来临，这些概念使我们总是习惯于迅速地综合、抽象，试图一言以蔽之。这样得到的无非是一些正确的废话，无助于解决问题。

未来的不确定，取决于今天业已确定的。改变总是从最微小的地方开始。而一个微小改变的开始，同时一定会是另一个微小改变的开始，源头在每个自我的内心。只有行为才会推动行为。案例终归会回答“为什么”这个问题。若肯下功夫去解决“是什么”的问题，则“为什么”这个问题就要容易得多。甚至“怎么办”这个问题，多半也要赖此回答。管理者的眼睛若总是盯着“怎么办”，则不会发现新的机会。

对发生在学习团队成员身上之外的案例学习，一般是基础性的案例学习，且需要采取翻转课堂的方式。而这同样需要调动成员们亲身经历的事件，才能发生实际的、整合意义上的学习。

行动力

有才干、能办事、办事果断，便有行动力，便堪当重任。

对管理者来讲，行动本身就是一种阐释、一种态度，无须特别说明。

一个行动胜过一打纲领。

对纲领的深刻理解，无法仅透过语言或文字进行。只有行动，能彻底解释纲领。行动是证明纲领的唯一权威。

办好企业的事情，关键在一把手。一把手的行动力，会影响和带动组织内每一个人的行动力。对企业最关键和重要的事情，一把手要是抓不准、抓不好，其他人再折腾也折腾不到哪里去。

权力的本质是责任。履行职责的最重要表现就是勇于担当。责任与担当的本质是对企业忠诚。对企业忠诚，是管理者“德”的核心内涵。管理者的行动力，源于责任与担当。行动力，是管理者“才”的核心内涵。德才兼备，在企业里就应当这样去解读。

行动力，对管理者来讲，就是创造力。

低标准的事情若能全部做到位，就是功夫，也就一定能做出高标准的事情。低标准的事情不能全部做好，就是大问题。做事情，必须一个节点、一个节点地抓，也必须一个细节、一个细节地抓。

行动力必须在法度内展现。在法度内展现的行动力，更有力量。企业内部的规章制度，应该高于国家与行业标准。企业要有这个见识、勇气与决心。甚至应该严于国家法律。国家与行业标准是强制标准，是必须遵守的底线。企业标准一定要更严，否则企业就没有创新力、不能赢得竞争。一把手不能急功近利，否则企业必以最快速度倒下。

依托民族文化而展现的行动力，更有底蕴。中华民族传统文化的核心是“孝、悌、忠、信、礼、义、廉、耻”，称“八德”。这是中华文化的DNA，是中国制造的文化底色。基于此产生的行动力，才是真正的中国能量。

卓越的行动力产生于有所作为的意识。在国企，不作为的管理者最令人头疼。不作为的管理者最经典的借口就是：“体制与机制有问题”“上级没有相关文件”“级别不对等无法沟通”“编制不够人手不足”“员工缺乏积极性”等。这是典型的依赖心理，是在推脱责任，是缺乏担当的表现。可以说正因为有难题，才需要管理者。任何工作，只要抓住重点，深入地不断地尝试着做下去，以现有的体制、政策、编制和人员，一定会干出成绩。管理者的权威是干出来的，不是组织赋予的。

最考验管理者行动力的事情，就是改革。很多管理者一提改革，就要定一揽子方案、搞顶层设计、天天开会研究、洋洋洒洒地浪费纸张、搞鸿篇巨制的规划、贪大求全，这是无能的表现。若真有本事，就一件一件地干起来，把该做的先做起来，总要在做的过程中发现问题、不断完善。什么都不做，就靠会议和文件铺开一条平坦的路子，那是神仙也做不到的。面对不确定的未来，管理者必须要有一点冒的精神，闯的精神，不怕犯错、勇于纠正自己错误的精神。

行动力，永远不要用文字去宣扬或证明。过去毛泽东讲“文风就是党风”。为什么很多国企的领导都说缺少能写好文字材料的人？原因很简单，多半是想要通过文字体现业绩。这样的业绩不是干出来的，是写出来的。还真有写得“很好”的材料，那材料怎么看都像是真干过一样。这样的“高手”，哪个企业不想要？

唯一能够带来业绩的，是行动力。

唯一能够证明行动力的，是业绩。

管理者的自由

对所有人来讲，自由并非指行为不受约束，自由的本质恰恰是愿意并且有力量对自身的行为负责。法国大革命《人权宣言》有一句话：“自由即有权做一切无害于他人的任何事情。”但我想，管理者的自由，则应该是有权做一切有益于他人的任何事情。组织是社会的器官，组织的使命是先验的，承诺贡献的管理者无论想象力抑或行为，都不受职责限制。

但管理者的自由，却是一个深刻又空灵的话题。

如果管理者不能从内在获得自由，就无法真正拥有他自认为拥有的一切，包括他的财富、家庭、朋友、知识、宠物与爱好。

优秀管理者善于解决问题，但要从内在获得自由，最难突破的就是陷入对各种问题的解决模式之中不能自拔。从内在获得自由的前提，是首先承认恰是自己制造了问题。看清问题是什么、来自何方，比解决它更重要。

苏格拉底说：“人类最高级的智慧就是向自己和他人提问。”提问就是在重新理解、看待和定义问题。怎样才能更好地提问？首先就是对任何人或事都具有强烈的好奇心，同时抱着质疑一切的态度，再由内在深深地升起慈悲心。慈悲心人俱有之，但很难被自己发现。那需要不带评判地、近距离地、耐心地、轻松地观察自己。所有人类创造的知识，都要通过使用和向内的观察，才能转化为一个人所真正具有的能量。

管理者的成长，全赖其他管理者来成就。瑞文斯坚持认为职业经理人的典型特质是遵从过去的成功经验、效仿成功管理者、立刻采取行动的惯性、习惯发号施令。其实，遵从过去的成功经验、效仿成功管理者，这就是管理者的成长方式。而立刻采取行动的惯性、习惯发号施令，则是管理者的工作方式。这四大特质无关善恶，是先于管理者存在的特质，是先验的。管理者对此既无可否认，亦无可回避，只可探询如何才能在这种成长方式与工作方式下更快地获得更好效果。

检验管理者成长与工作效果的是案例，而不见得是他自己或 HR 部门的评价。构成管理者内心世界的重要元素是他对自身经历的感受，这种感受如果得不到升华，则管理者无法获得自由。

如果真正知道为什么，那么一定也知道怎么办。凡不知道怎么办，一定没有搞清楚为什么。想搞清楚为什么和怎么办，皆来源于对是什么的良好判断。真正希冀成功，目标必须宏大到自己都大吃一惊的程度。

对管理者而言，一个正确而清晰的目标，本身就是有能量的。一个人最大的力量，往往来自目标。因此如果不能学会经常地放弃业务、项目或内部规则与流程，任何一个组织都很难成功。学会放弃，能够使管理者获得自由。

最高决策者学会放弃，能够使企业重获新生。雷金纳德·琼斯通过多年的考察，毅然选择与自己风格迥异的年仅 45 岁的杰克·韦尔奇为继承人，当时没有人料到儒雅严谨的琼斯竟然会选择在很多人看来有些冲动和粗鲁的韦尔奇，事实上这种选择足以使琼斯成为历史上最为伟大的用人者之一。这种选择，对于琼斯来讲就是放弃，是为组织选择新的基因。这件事情只有他能做。有时，最有意义的改变，就是放弃。

韦尔奇执掌通用电气 20 年，将一个走下坡路的弥漫着官僚主义气息的 GE，打造成市值由 130 亿美元上升到 4800 亿美元的企业巨头。这位被德鲁克誉为“二十世纪最优秀的公司领导”、世界公认“最受尊敬的 CEO”、“全球第一 CEO”

“美国当代最成功最伟大企业家”的商界传奇人物，几乎重新定义了现代企业。文质彬彬、一丝不苟的琼斯能够选择坚毅果敢、雷厉风行的韦尔奇，很不易。这应该是琼斯职业生涯中最伟大的胜利。

管理者从内在获得自由，必然伴随思维方式的根本性改变。当一个人的心智模式发生改变的时候，他眼中的世界必定也发生了改变。而事实上，世界也一定会因他而改变。

从内在获得自由，必然成就无畏的管理者。相信困难能够克服，比克服任何困难都重要。从管理的范畴来讲，能够回答我是谁，唯有知己所长者。无畏者，源于知道自己是谁。无畏者熟悉自己的特长，可对于自己，人们往往最熟悉的不是特长，而是缺陷或无能。正因为这一点，人们往往很熟练地浪费着自己的生命。

而由内在获得自由之后，在管理者的眼里，便不再有胜负。中国古人讲外圆内方，圆是方法论，方是价值观。管理者在获得自由之后，唯有行动意志在支配自己，心静如水。行动本身必然包含智慧和运气——并且是源源不断地涌来，只要行动不中止。

获得自由的管理者，在行动中能够全部投入事实层面。不再害怕任何事实，也不再为任何事实欢呼雀跃。对他来讲，事实无关残酷或喜悦。如此，他便会进入自身生命体验之中最有意义的部分，使自己成为自己的主人。全部投入，仿佛从此处到此处，出发的时刻便是抵达的此刻，时间停止。在管理者的时间线上，过去永逝，未来永不会到来。在他完全投入的那一刻之外，世界如同消失。他完全活在当下的事实中。这样的管理者，能使自己成为实现组织使命的最方便的工具，成为组织的勇士。

在古拉丁语中，自由的含义是从束缚中解放出来。从某种意义上讲，最大的束缚便是理性。理性总是基于现有的理论，试图通过合理的逻辑推导得到确定的结果。但无论过去或未来的任何时代，人类现有的理论相对于宇宙的奥秘都是渺小的。从辩证的角度讲，理性的本质其实就是否定与怀疑。一旦管理者迷失在自己的理性里，便无法获得自由。那将使他永远活在记忆中，要么活在选择性记忆或曲解过去的世界，要么活在想象甚至臆想中的未来的世界，唯独没有活在当下。这世上的任何人都不可能、也不会存在于当下时刻与事实之外。管理者也不能，一把手也不能。伟大的管理者恰是活在当下的高手。

管理者不爱组织、不能接纳此刻的组织、不能体会到自己对组织的感激之心，便是主动将自己开除出组织。这样他就不再属于组织，他便已自绝于组织。

组织是用于感受的。人的理性总是拒绝感受。过多的理性思考会使人迷失。管理者只应在需要的时候进行理性思考。

管理者要获得自由，第一步就是要承认自己尚没有获得自由，第二步是把自己早已习惯的理性思考方式带入自我觉察之中，带入对自己的不带评判的觉察当中。这不易，但必须做。

若做不到，也有办法。那就是不要急于阻止理性思考，因为这是试图以一种理性思考代替另一种理性思考。这只是多面的理性使我们离开当下的自动化操作。若不抵抗理性思考，只是静观而不参与进去，我们的精神才会放松并停止理性思考，那时才是获得自由的机会。若与理性思考合作，大声把理性思考说出来，这样去和每一个理性思考在一起，理性思考就会放松而暂时消失。人就会处在全然感受的状态，从更深的内在获得灵感。

任何人的理性思考，都有重重缺陷或局限，通常是恐惧未来而害怕未知，不情愿了解当下事实。如同小孩子自己不小心打碎了玩具，却要迁怒于打碎玩具的工具一样。此时如果父母也来帮助惩罚那无辜的工具，则无疑会助长小孩子敢于无视真正事实的嚣张气焰。

每个人的“小我”都是自己的监护者，负责与外部世界打交道，它很辛苦。似乎不打败小我，大我无从建立。但小我永远不会被降服，也永远不会消失。大我只能与小我合作共生。每个人都要依靠小我才能过实实在在的柴米油盐日子，当得起大我感激。小我使我们每个人学会压抑自己以便适应外部。随着一个人成熟长大，小我也越来越强大，越来越世故。小我最大的魅惑就是给每个人许诺在未来获得成就。欺骗一个人最狠的角色，正是他自己。组织内部负责重要决策的管理者，面临自欺的风险也最大。

若使我们不陷入小我的掌控，唯有不图谋打败它，而是与它合作共生。抽离自己，去安慰它。大我展现的就是接纳世界、爱与慈悲。这些都是小我无法体会到的。抗拒和评判是小我最擅长做的事情。同时，小我很不情愿承认变化了的自己。人们必须敏锐感受并接纳自己每日的变化，包括堕落、怨恨、懒惰和欺骗，大我才有机会呈现。小我擅长使人活在过去的情绪里面，唯有让过去的情绪表达出来，当下才会升起大我的感受。小我喜欢与他人纠缠，清楚地看到自己与他人纠缠的方式，并且坦承自己是在把力量交给对方，才能学会认识和培养大我。

管理者的大我，就是由内在升起的、经充分彰显和强化的、自动归属于社会的唯一身份。管理者的使命感即由此而生。使命感就存在于管理者内在最寂静的核心处，本心与世界联结。唯有获得自由，才会升起使命感。唯有升起使命感，才会获得自由，世界的可爱之处才会浮现。自由的代价是允许自己自由，那样才有机会解放自己。必须先将小我与大我认清并分开，才能经抽离而实现合一。简单地静坐即可以经自我观察实现这一点。古人讲：“静坐常思己过，闲谈莫论人非。”超越对自己和他人的评判，是获得自由的前提。

管理者经常不在的地方，就是此刻此处。唯有此处，才是现实与事实的所在。唯有此刻，才是工作和活着的标志。管理者所谓的理性思考，穷其本质由过去的经验、观念、信仰、态度和评判构建而成，把过去未经重新构建地投射到当下和未来，虽然会营造出一定程度的舒适感和安全感，却扭曲着当下的现实，把现在和未来的一切都缩减到不出所料的范畴，对新的体验变得陌生，无法体察流动的事实与寂静的真相。于是常常反感什么，就会成功地吸引什么，并以此彰显着理性思考的准确性。未经正确解构的经历，并不是财富。绝对真实的过去并不存在。有意义的过去，只是面向未来的重新解读。历史不是任人打扮的小姑娘，而是每次出门之前为自己仔细挑选服装的小姑娘。

但另一层面，陷入事务的管理者所做的努力越大，则管理的有效性就越差。此时，他越是讲究效率，情况就越是糟糕。事务主义是管理的死敌。事务主义对处在重要决策层的管理者尤其具有毁灭性。

人的思想全由经历得来，靠编程输入、加工和提取，这个程序的书写由感受开始，在经历中沉淀。人在理性思考的时候，要么在过去的某处，要么在未来的某处，唯独不在此刻此处。于是，思考的感受通常便是焦躁、忧虑、烦闷、恼怒、恐惧或空虚。回陷到过往的经验里，是人思考的常态。内在的自由源于觉察，若能看清思考的本质，觉醒就会变得不那么难。

面对工作或生活的种种挑战，人们的选择只有迎战或逃避。这是因为自上古时候起人类就时刻要应对生存威胁，由恐惧感进化出迎战或逃避的优选机制。今天，面对他人的批评、责怪或排斥，我们同样会以为自己的生存受到了威胁，本能地启动迎战或逃避的优选机制，这已成为人们行为模式和生活方式的深层逻辑。

曾有很多学员在课堂上谈到，工作中最棘手的问题是处理上下级和同级的关系。课堂上我对学员这类问题的回应通常是固定的，我会问：“还有什么样的关系使你感觉难以处理？”学员们这时一般会陷入迷茫。我一边在黑板上画出一个思维导图，一边说：“被你忽略的关系是什么？其实正是所有这些关系的母关系，即你与自己的关系。”

与自己合作，正确地与自己相处，才会处理好各种人际关系，从而获得自由。当下的自己要学会与过去的自己共生，共生的方式就是允许过去的自己一直宣称就是现在的自己的全部，甚至有意忽略当下的自己。过去的自己随时准备把当下的自己获得的东西占为己有。这种允许只是看到，并不声张，更非相信。过去的自己很强大，才使得每一个人能够在时间的世界里“自由地”行动，却很少在当下采取行动。要么忙于采取补救措施，将当下用于补偿过去的时间。要么忙于采取预防措施，将当下用于预支未来的时间。这样的管理者可称为“无事忙”。

只有对自己深度觉察，才会获得自由。深度觉察不属于时间的世界，它只是流经此刻的自己。我们不要干扰它的流动。平时人们所谓正面的感受或负面的感受，都只是感受，全都有同等的价值，无所谓正面或负面。脑科学家告诉我们，人在进行理性思考的时候，潜意识会休息。同样，感受升起的时候理性也会休息。这就是为什么人有时候不由自主地要放声歌唱，因为他需要暂时放弃紧张的思考。

管理者的感受要表达出来，管理才是安全的、自然的。管理者表达感受，要学会以有深度觉察的、负责任的方式来表达。心理学家告诉我们，由于在儿童时期的需求未能得到满足，所以人们就学会了与需求切断连接，进而很难知道自己到底想要什么。成年人要慢慢回忆有需求时的感觉，以清晰友善的方式，完整地讲述自己想要的。譬如有怨气的时候，不必认真地看待怨气，完全可以一个人偷偷地找个地方夸张地表现怨气，让它自己去讲述，但不要相信它的故事，然后以叫好声结束它的表演。或找一个替代品虐待它以发泄怨气。如果你不给自己的怨气倾诉的机会，它又会到哪里去？只能储存在你的肌体里，发展为病灶。所以从另一个角度讲，乐观的管理者不仅更会克服困难获取成功，同时也会长寿。

只有管理者获得自由，才会使其他管理者有获得自由的机会。自由的代价更是允许他人自由。管理者之间的关系就是这样建立起来的。管理者必须学会负起真正的责任，必须对过去的自己应对自如，为当下自己的各种选择承担全部责任，尤其要负责搞清楚自己内心深处究竟想要什么，为自己最终能获得自由负起责任。

管理者要认识到自己所做的每一个选择都必然会产生连锁的后果。这些后果，会积累成为组织的后果。学会如何把后果与选择有序、有意地连接起来，才会真正担起责任，从而进入生命的辉煌领域。把深度觉察带给每个选择，才会成为自己生命的主人，才会获得自由。要活在真正的责任里，就必须放弃为了出风头或出人头地所形成的各种管控模式。很多管理者擅长利用体制缺陷、员工不足甚至利用受伤和无助控制他人。内在感到恐惧，就要控制他人。内在怀有慈悲，则会允许他人获得成功和自由。慈悲心就存在于每一个人内在最寂静的、最核心的地方。

真正有力量的管理者，不会评判、控制或干涉他人。真正的力量来自无畏、爱与慈悲心。管理者能够活在当下，其本质就是允许、接纳和包容。评判的能量会即刻把评判者拉离当下。但每当评判升起，恰是深度觉察自己的机会，必须正视它、表达它，但不要相信它。这样，评判就会失去控制评判者的力量，评判会在爱、接纳与慈悲面前臣服，然后消失。人永远不会不做评判，甚至连觉察也是一种评判。但评判是在画句号或感叹号，而觉察是在画逗号和问号。德鲁克强调，管理者必须正直、诚信。正直而诚信的管理者，胸襟坦荡。坦诚的管理者，可以将隐藏着的评判带到深度觉察当中。

优秀的管理者深知过去，也深知未来。正因为如此，优秀的管理者深知行动的奥秘。理性的世界，充斥着过去与未来。理性的世界，其实恰是幻象的世界。那里正是深度觉察唯一不存在的地方。怀着无畏、爱、接纳与慈悲，诚实正直地去生活，管理者才会充满现实的力量。

管理者越是活在当下，动物性的条件反射作用就越小。如果管理者确实学会如何提问，困扰或困惑就会消失，答案就会自动呈现。管理者越是不带评判地观察，小我对他的控制就会越少。管理者必须成为勇于探索自己的探险家。一个人永远不可能在此刻此处之外的任何地方。与真理同在的唯一方法，就是全然聚焦当下，当下之处最真实，也最寂静。

管理者必须学会宽恕，并寻求宽恕。唯有如此，才会释放过去。释放过去就是获得自由。真正的宽恕或寻求宽恕，都不求回报。

不要试图思考自己的感受，只能去感觉自己的感受；对他人的感受，也只能感受，无法思考。优秀的管理者，擅长做这两件事。做好这两件事，就必须活在当下。时间对于做好这两件事，毫无意义。活在当下的人，没有时间感；时间对于活在当下的人，也失去活力。

在深度觉察里，不会有评判，最多只有对评判的观察。出于应对现实的需要，每个人都在大部分时间里活在小我之中，这无可厚非。唯一的出路，就是经常给自己时间进行深度觉察。管理者不要相信自己的焦虑，因为焦虑只是将过去投射到当下而产生的一种幻觉。管理者也不要相信自己的恐惧，恐惧只是将过去投射到未来而产生的一种幻觉。无论如何管理者不能活在幻觉里。

管理者的头脑中几乎全是艰难困苦或战胜艰难困苦的记忆。人类在进化中需要保持对各种危险的警惕并靠警惕性保护自己。管理者的头脑整天忙于应付各种头绪，没有时间储存那些快乐的记忆。就算临时储存了一些，很快也会被各种头绪冲淡或冲掉。

管理者当然需要快乐，更需要延长头脑中快乐的感觉。那么，让头脑慢下来就可以做到。学会与每一朵花、每一片云、每一杯茶在一起，哪怕只有一分钟，头脑就会慢下来，获得活力。要努力使自己活在当下。活在过去或未来，头脑是纷乱的，快乐不会出现。爱、接纳与慈悲，人人俱足，生来就有，但需要向内去发现。爱、接纳与慈悲，应成为管理者精神层面的信仰。但爱、接纳与慈悲，平时很害羞，最怕吵闹，要静下来才能体会到。爱、接纳与慈悲，可以在所有的事物里安住。爱、接纳与慈悲只在此刻此处，不会在其他时刻或地方显现。她召之即来，只要肯对每一朵花、每一杯茶、每一片云投入目光，内心联结一起，爱、接纳与慈悲就在那里，无论闭上眼睛或睁开眼睛，都可以深深地跟爱、接纳与慈悲在一起。

管理者要学会与焦虑或恐惧在一起玩耍。只是玩耍，切莫相信。沉默的思考使管理者像个哲学家，而一旦将思考大声说出口，那不过就是脱口秀演员。这让我们知道，无谓的思考是一件多么可笑的事情。小我其实就是一个人的盔甲，使人觉得安全。抱怨是小我的标配，是小我显示自己的符号。抱怨的管理者不是合格的管理者。优秀的管理者会将小我发展成为平等的有趣的又有实际功能的伙伴。

管理者头脑中经常充斥着各种念头。所谓管理者的思考就是各种念头相互作战。排斥任何一个念头就是在强化这个念头。没有什么念头是必须要清除的，它只需要被看到、接纳、包容、谅解、同情。只要它被呵护，就不会发展成为问题。它无法不是管理者自身的一部分。只有管理者自己才能宽厚地对待它。

对管理者来讲，当下这两个字究竟意味着什么？当下的含义是人人可观测的现象，当下的意义是对人人可观测的现象进行定义后采取行动。可事实上，人们往往以为现象不需要讨论，因为现象人人都能看到。真的是这样吗？并不是。因为每个人看到的不会是全部现象。人们很喜欢直接讨论原因，并且常常把原因与现象混为一谈。不肯花时间摆明和认清全部现象，急于从显而易见的原因入手解决问题，更是很多管理者或组织者的通病。这种通病，导致工作低效或无效。管理者有意只讲部分现象就是断章取义。只看到部分现象，至少是糊涂。

管理者在处理与下级的关系中，要注意觉察和化解对方的焦虑。把对方的情绪或思绪带到表面上来，使之显性化，也让他自己看到。陪着他，给他时间，允许他慢慢感受这份升起来的真实情绪或思绪，进入压力、焦虑或愤怒的中心，鼓励他辨认究竟身处何处、究竟发生了什么。引导他进入当下时刻，请他打量四周，询问他在此处此刻的感受，不断询问那感受背后或那感受带来的感受。直到对方进入当下时刻，让他认清最初那情绪或思绪不过就是一个坏习惯而已。对话中，可以请对方抽离出一个自认为恶意的自己，并使管理者与之进行对话。这很容易使对方进入深度聆听状态，辨识自己内在假设，跳出小我的掌控。

很多管理者会说："道理我都懂，我就是做不到。"其实，道理他并不懂。他只是听说过这道理，那只是知道，而不是懂。或他只是没有理由反驳。真正的懂是体验到，并愿意相信。否则，即使知道再多道理，依旧过不好这一生。

管理者需要每天几次拿出几分钟进行冥想，闭上或睁开眼睛，感受四周，问自己这是哪里？我是谁？正在发生什么？然后跟随感觉无声或有声描述给自己听。同时感受自己的身体、呼吸、痛苦，那痛苦是当下的一部分，它有权在这里，充分地去感受它，对它说"是的，我了解你"。与此同时，让一切感受升起来，也说出来。这便是与自己的小我合作，维护着平等的友谊。美化过去，有可能会重蹈失败的覆辙。正视过去，让过去的成功与失败都变得有理由也有趣味，才更有利于前行。

管理者不要混淆孤单与寂寞，也不要混淆寂寞与寂静。生活中发生的每一件事，其实都是疗愈与觉醒的机会，无一例外。这正是王阳明所谓"在事上修"。

对方是谁

卡尔·罗杰斯创立的"当事人中心疗法"主张：最有效的沟通方法就是尽量不干扰对方，无条件地尊重并引导对方的思路进行下去。在罗杰斯看来，每个人都必须将他人看成完整的人，并允许对方完整地将自己表达出来，唯有营造这样的气氛，才会使沟通变得顺畅，使双方有机会在沟通中修复各自被歪曲与受损伤的地方，从而更深地挖掘自我实现潜力。

管理者要警惕自己的讨论状态。发生在管理情境当中的很多讨论，目的在于反驳对方或说服对方。这无疑是在解决问题过程中又制造出新的、更难以解决的问题。只有像罗杰斯那样做，才能通过保护对方的安全感来促进沟通。要知道，对方像自己那样需要保护。

沟通中，倾听者的身体姿态、面部表情以及“哦、啊、嗯、嗨”之类的语气词运用十分重要，说话者与回应者绝大部分的意思，其实都是通过这些来完成的。制造亲密感、信任感，是沟通的秘诀。

沟通中的节奏感，如同跳舞一样，要把握得当才会产生默契的美感。踩不到乐曲的节奏上，就可能踩到对方的脚。沟通中想要配合对方的节奏，就必须发掘对方的需求、兴趣点和忌讳的地方，努力做到兴趣的共享。既要利用对方的兴趣改造对方的不良行为，也要利用自己的兴趣改造自己的不良行为。在觉察对方的同时，觉察自己。好的沟通，必然是双向疗愈。

对话若至艰难处，灵活的一方总是勇于放弃对话的主导权。只有这样，才能通过改变自己推动对方。改变自己，其实就是在寻求新的主导权。在对话中，谁能做到客观与中正，谁就能做到理解与整合。不去支配对方，不强迫对方接受，发自内心地无条件尊重对方，才有机会成为受欢迎的沟通者。这样的沟通者，可以用两个词来形容：温厚、可靠。

基于深度倾听的沟通者，擅长复述对方的话，只需要在复述中改动对方的一个词或字，对话就会产生新的意义，但不要忘记通过提问进行结果确认。对话中有必要经常进行肯定性的反应，只要适度，赞誉的效果会更佳，这一定会推动与对方的关系，让对方呈现的状态明显趋好。赞美、信任和期待是有能量的，这能量足以改变人的行为。这便是“皮格马利翁效应”。肯定、暗示的力量是巨大的，哪怕毫无根据，也可以带来巨大效果。韦尔奇经常用手写便条的方式对同事表示感谢，激励效果很突出。韦尔奇说：“给人以自信是到目前为止我所能做的最重要的事情。”

语言对管理者来讲，应是一种魔术。在管理情境中，管理者应该承认对方是解决自己所遇难题的专家。只有这样，才不会试图控制或强加自己的意见给对方。控制他人不仅是不尊重对方的表现，还会扼杀他们的创造力。中正的对话，会使对方的想法自动发生改变。从人性的角度看，大部分人会因为被尊重而在未来尽可能长的时间里去尽可能多地改变自己。而当被迫改变意愿时，大部分人会在未来尽可能短的时间里去尽可能少地改变自己。往往上级把下属看成是没有能力的人，下属无形中便会屈从于这种想法，这样上级总会不断得到关于下属没有能力的证明。社会学家史蒂夫·德·沙泽尔说：“最有效的方法就是想象当问题解决之后，对方的行为会发生什么样的变化，以及发生了哪些迄今为止与众不同的事情，并对有利的变化进行预测。”

陷入烦琐事务中不能自拔的管理者，如同迷路者。导致迷路的最重要的原因不是来自迷路者本身，多半在于迷路者的上级是更重要的迷路者。多数管理者迷路不是因为不会走路，而是因为没有认清组织的目标。甚至贪图捷径会更快迷路。关于目标的讨论，任何管理者都要拿出倾听的姿态。始终把话题集中在最重要的问题上。讨论中要相互反馈关键词。要传达疑问、发现和惊讶。要捕捉对方积极的元素。最重要的问题永远是：组织要达成的成果究竟是什么？

沟通中，每个人都经常会同时怀有相反的两种情绪或心理状态。觉察和看清这一点，是发生改变的开始。积极承认对方的纠结，不予评判，是中正的态度。这时候，时间会成为良药。

不通过向内的探掘，人就无法获得自由，也无法成为他人眼中温厚可靠的沟通者。面对同样的事情，管理者应有不同的反应，那是因为要在不同对方的反应中合作完成沟通并取得做事的良好效果。

沟通中的目标，应当作系统来看待。

第一，情感目标。即沟通双方重视个人间的情感关系，以构建轻松氛围与良好友谊为重要目标，才有利于双方的长期沟通。

第二，当前目标。指沟通中双方要解决的问题或马上要办的事情。

第三，合作目标。假如就当前目标不能达成行动共识，则必须注意维护好双方组织的合作关系，为下次沟通创造好的条件。或当即共同积极寻求新的当前目标，至少要为双方寻求新的目标埋下伏笔。当前目标与合作目标相比，后者更加重要。

第四，价值目标。指沟通中始终重视双方组织的价值观，寻求理解、整合或为组织创造全新的价值观。

第五，系统目标。指沟通双方关注各自的系统，同时将双方各自的系统作为子系统来考虑对母系统的影响，以及母系统对子系统的影响，以试图重新构建双方的系统。

在艰难复杂的沟通中，双方若能将主要矛盾明确下来，将重要问题重新定义下来，并找到真正的原因，无疑等于实现了目标的大半。对管理者来讲，接纳、中正不是原则，只是技巧。只有爱、慈悲与共赢，才是原则。从这一点来说，对方的本质永远是另一个自己。

组织的智慧

组织的智慧来源于组织内每个人的智慧。这一点并不难理解。难以理解的是我们应如何将每个人的智慧有规则且有规模地经营出来。华为轮值 CEO 徐直军认为："华为最大的浪费就是经验的浪费。"这句话又应如何理解呢？企业大学的主业，就应该围绕如何回答这一问题来展开。

管理者最宝贵的经验全在鲜活生动的个人案例里。他亲身经历的事件，必须有机会得到提炼与萃取。这对他个人以及组织都非常重要。组织要培养专业萃取人员，这些人员就应该由人力资源工作者和内部培训机构的老师转型担纲。在萃取的过程中，一定会发生联结，发生有意义的对话，发生相互的启发与引导，经过反复发散、震荡、收敛、发酵而成为组织智慧。案例就像葡萄，组织智慧就像葡萄酒，专业萃取人员就像酿酒师。

任何管理者的经验，无论多么真实或独特，萃取出来就是常识。常识对人们帮助最大，但也很难通过灌输成为每个人的本领。一切常识都需要亲身体验，才能真正对自己有用。常识只有通过体验才能向内转化为本领，告知不会直接形成本领。甚至不能形成有效的认知。其实我们无法跟他人学习，除非我们从中有所创造。这种创造离不开关联个人经验，离不开探知自己的认知模式甚至语言模式，然后改造它们。

萃取的难点，不在于总结，而在于有所创造。管理者们在借鉴他人经验的时候，必须坚持有所创造，才会使每位管理者最终成为优秀的自己。一切形式的学习，都离不开关联个人经验。管理者学会学习的首要标志，就是用自己的语言表达自己的想法。

在集体萃取中，可针对主题分多个团队进行专题萃取。一个团队只针对一个专题，尽量产生两个明显不同的解决方案。所有团队的成果整合起来，就是关于这一主题的组织智慧。这样的活动每年都应多次组织进行。

萃取中最重要的技术手段就是提问，团队中任何人都有权利和义务向任何人提任何问题。直至全部细节、每个人的感悟、重要的节点与深切展望都呈现出来。团队成员要以围绕专题纷纷贡献自身案例为主线，造成个人经验的深度联结，诠释过程中出现的每一个案例，构建新的意义。

反思是萃取的核心。个人反思要深入思维方式与心智模式层面。更要对组织战略、组织核心价值观、组织使命进行反思。对团队最终成果的表述，每个人要转换成自己的语言进行畅通表达，才能变成自己的智慧。

在萃取中，案例去掉具体情境就会得到常识。常识很有用，也很难用，要根据个人的需要设置情境才会有用。换言之，常识只有情境化才有意义。只有设置情境，难题才会生动，难题才有能量，难题才会有吸引力，难题才会自动收集能量，才会使人聚焦难题。故事与案例是有区别的。故事只是事件，并非事实。加工后的案例会成为故事，产生更强的隐喻性。案例则是事实，是被标准过滤后的事件。团队学习结束后，成员们回到狰狞的现实，必须根据时间、地点、人物和任务，将学到的常识安装上具体的情境，常识才会成为本领。

一次，段老师告诉我："在课堂上关注每一个当下发生的第一个突破，只是'第一个突破'！无论这个突破源自哪里、去向何方。如果一堂课中出现多个'第一个突破'，萃取的常识也许会从其他的角度重新出来，变得更有创造力。"这段话相当精微入理！我当即老实回应段老师："关注若干'第一个突破'，这很考验引导师的敏锐性。"

专业萃取人员在现场要坚信：团队中任何人的任何一个案例都能成功解构，汇入组织智慧的汪洋；贡献案例的人必然是深切愿意配合解构的，允许他暂时不能进入状态；团队解构案例要比个体回顾和反思更有价值。专业萃取人员只有怀着这样的信念，才能带出优秀的萃取团队。这样的萃取团队，一定是每个人都能充分理解和尊重学习公约，且有必胜的信心。

往往细节决定萃取成败。例如萃取现场的空间要足够宽敞，物品简洁实用，营造放松和温馨气氛；萃取流程要简单，不可复杂；要有足够的时间，人人怀着不着急的心态；团队成员热衷贡献新的案例，喜欢提各种洞见性的问题；人人都能全程参与，不中途退场；主题聚焦，不可宽泛或轻易更换；团队成员最好都是专题领域的实战家。

萃取组织智慧，应成为管理者的工作职责与工作方式。

管理者的目标感

管理者最容易成为事务主义者。那是因为管理者最容易陷入的就是关于目标的迷途。如果管理者在面对每一件事情的时候都能问一问自己：“我最想从这件事情的解决中得到什么?”那么从事务之中解脱出来就不会再那么难。爱默生说：“一心向着自己目标前进的人，整个世界都会为他让路。”对管理者来讲，这是千真万确的真理。

到底什么是目标，并不是一件容易弄清楚的事情。它甚至是所有领域所有工作中最难判断的事情。德鲁克说：“并不是有了工作才有目标，而是有了目标才能确定每个人的工作。”很多管理者在解决现有的问题当中迷失，就是因为他是在现有工作中确定目标。

管理者的目标感来自对趋势的长期观察与自身的丰富实践。在观察中进行理性思考，在实践中培养直觉判断力。管理者与在校生最大的区别，是管理者通过亲身实践来感受曾被告知的真理，而在校生则是通过被告知的真理来理解尚未置身的未来世界。

目标成本，是组织最昂贵的成本。目标是组织最大的机会。下级服从上级是确保目标成本趋于最小化的制度设计。下级与上级的沟通，只在决策前最有意义。执行过程中的沟通，本质是反馈进度与报告新出现的危机。但若出现新的危机，下级也要像稻盛和夫讲的那样：“奋战到老天爷出手相助的那一刻。”最后的机会往往在最后一刻的坚持中出现。

从管理的角度讲，其实目标在组织系统中的位置十分显著，以至倒不易被发现。就如我们并不是每天都意识到太阳的存在，总抬头去看太阳的人会被认为是傻子。但太阳一直在，无论是对聪明人还是傻子来说。从系统科学的角度讲，所谓系统就是两个部分以上的构成，具有整体性，有其意义，构成之间相互关联，并处在持续演化之中。一个系统之外的一切事物的总和，就是该系统的环境。把系统与环境分开来的界限，即系统的边界。按照系统与环境的关系，可划分出开放系统与封闭系统。企业无疑既属于开放系统，又属于封闭系统。在自然界中，任何系统本身都没有目标。但从社会学角度讲，任何系统都被人赋予目标。在企业里，尤其如此。

讲系统就要讲信息，信息的流通、交换和利用，便是系统运作的外显模式。企业系统信息的本质是沟通，任何客观信息都只在沟通中有意义。管理者之间的关系，是信息无障碍流通且在信息交换中创造价值的关系。

一切事物都是以系统的方式存在的，绝对的不能当成系统看待的事物是不存在的。组织目标本身就是一个系统。组织目标的本质，在于组织力量的协同。缺乏力量协同的目标只是单纯的愿望。缺乏目标指向的组织力量，一定不具备协同的意义。

量子理论的基本观点之一，是事物可处在“叠加态”。有生于无，有也生于有，有无相生。微是介于有和无之间的另一种存在状态。组织目标的变量，取决于实践的不可预测性。系统是生成的，目标也是生成的。目标的生成，对管理者来讲就是决策过程。决策的依据，除了事实，就是直觉和勇气。

钱学森曾经教导弟子们反复研读《矛盾论》。在这本小册子里，充满了实践的观点。这些观点固然来自外部思想的点燃，但更来自过往实践的沉淀。从思想的角度讲，沉淀的意义在于等待点燃。

矛盾无处不在。如果有人一定要突出中介，那么两极和中介又构成矛盾，仍然是一分为二。这种分解，万世不竭。

企业的目标往往产生于灵感。灵感、顿悟、直感，有非逻辑的野蛮力量。这是企业家的最大本领。企业家不必具备科学家的学养，但一定要具备科学家所具备的执着精神和认真精神。现代科学方法论建立在理论、实验、计算三大支柱上。管理学则建立在实践的基础之上。管理既不是科学，也不是艺术，它只是一种实践活动。

系统科学告诉我们，自组织与他组织都是组织的真子类。组织力来自系统内部的是自组织，组织力来自系统外部的是他组织。企业的力量，既来自系统内部，也来自系统外部。于是，企业需要控制。控制科学是迄今为止发展最为充分的一门他组织理论。企业的目标，必须是可以控制的。完成目标的力量，必须是可以自我生成的。

事实是一种符号序列。有意义的符号序列才能生成有意义的、可供决策的信息。对企业来讲，那就是基于使命的目标和基于目标的标准。一项事实是否包含有意义的信息，与事实接收者的知识状况有关。管理者最有意义的核心知识，是基于经历的经验。事实中包含有意义信息的多少，才是信息量。管理者的信息量，决定管理者的决策水平。

控制论的创始人维纳说：“信息就是信息，不是物质，也不是能量。不承认这一点的唯物论，在今天就不能存在下去。”企业家不是科学家，科学家却可以是企业家。对企业家来讲，信息饱含着人的气息、物的气息、事的气息，信息就是物质、就是能量。

成为惠勒教授那样的管理者

今天的管理者甚至企业家，可以从美国物理学家约翰·阿奇博尔德·惠勒的经历中获得灵感。或者说，优秀管理者都有惠勒那样的狂想能力。

阿里 CEO 张勇讲："企业家要坚守初心，保持好奇心。"惠勒好奇心极强。四岁时，惠勒就对宇宙产生了浓厚的兴趣，一天，他问母亲，"宇宙的尽头在哪里?在宇宙上我们能走多远?"有一次为了弄清 1.1 万伏高压电是什么感觉，他还特意用手去碰高压电线。管理者若无这份好奇心，便不会创造出崭新的业态和商业模式。

语言风格是优秀管理者的标签。很多人都能感受到，任正非的军事化语言很有表现力和冲击力。惠勒就很擅长创造形象生动的语言描述复杂的事物，从语言风格这一点上看，他既像文学家，又像哲学家。他在核裂变研究领域获得创造性成果，是第一位从事原子弹理论研究的美国人。他还曾从事氢弹研制工作，在"统一场"研究中有相当的成就。惠勒在量子理论和相对论研究上成就巨大，创造了"黑洞"这个相当简洁、贴切、概括的词汇。还创造了诸如"虫洞"和"量子泡沫"等词汇。"量子革命"的基础是海森堡于 1927 年提出的"测不准原理"，这个原理为认识自然物质加了很多限制，比如它认为即使在理论上，人们也是不可能同时知道亚原子粒子的速度和位置的。在这种条件下，如果不去观察的话，亚原子粒子及其运动就会处于一片惠勒称之为"巨大的烟雾龙"的"粒子云状态"中，模糊不清。这个想法曾让爱因斯坦很沮丧，他甚至有一次问惠勒，如果人们都不去看月亮的话，那月亮还会不会在天上?

惠勒有独特的视角。他如此自我评价："如果在物理学上我有一点觉得更有义务，那就是如何把各个事物联系起来。我希望自己有一定的辨别能力。我愿意去任何地方，与任何人交谈，问任何能够促进进步的问题。"惠勒的学生贝肯斯坦提出，黑洞的视界面积正比于黑洞的熵，这个思想与当时的霍金等人"黑洞无毛"的观点相悖，几乎所有的黑洞物理学家都站在霍金一边，只有惠勒支持贝肯斯坦，理由竟是："这个想法足够疯狂了，所以它很有可能是对的。"而贝肯斯坦的确对了。惠勒的名气远远不如他的博士后合作导师玻尔和他的同事爱因斯坦，也远远不如他的学生物理顽童费曼，但他的独特性，冠绝物理学界。企业家的视角等同于出路。任正非始终聚焦主航道，就是很独特的视角。他一直强调力出一孔、利出一孔。他说："华为随便抓一个机会就可以挣几百亿，但如果我们为短期利益所困，就会在非战略机会上耽误时间而丧失战略机遇。""华为二十多年来，也曾多次动摇过，但最终总结下来，我们只做了一件事，就是坚持管道战略。人生就是要咬定自己的优势特长持续去做。"

惠勒的担当精神常常体现为一种幽默感："我承认，我是一名乐观主义者，尤其乐于相信某一天所有的真相都会解开。那么多的年轻人都被迫去钻研一个领域，而无法承担解开真理的这个任务，只有我这样的老学究才可以，真的出洋相也能承受。如果我不做，那谁来做?"

"如果我不做，那谁来做?"这话说得何其好！中国企业家中，董明珠就有这种精神。她说："格力的精神就是斗争，就是担当。""国家需要的就是我们要做的。我觉得任何一件事都是从无到有，一条路是靠人走出来，天生是没有路的。那我为什么不能有这个决心去为国家干一件事？做装备不是为了赚钱，就是要做我们国家想要做的事。"

惠勒对于教育和培训有特殊的理解。"大学里为什么要有学生?"惠勒说，"那是因为老师有不懂的东西，需要学生来帮助解答。"这非常契合瑞文斯的行动学习理念。惠勒常有惊人之语："要想了解一个新的领域，就去开一门这个领域的课程。"后来又说："要想了解一个新的领域，就写一本关于那个领域的书。"马云对教育情有独钟，并有自己的理解。在创业之前，他曾在杭州电子科技大学当了六年半的英语老师。他说："现在阿里有二十万员工，我教了无数的年轻人。"可以说马云就是阿里的首席培训师。他又说："校长必须是企业家，必须是CEO，校长必须有强大的领导力。我以前是用当老师的方式在当企业家，我觉得校长就是学校里面的CEO，就是学校里面的创业者。"

惠勒具有超人的直觉。他能够从简单的类比，来获得深邃的洞察。"类比引发洞察"，这是他的方法论。其深邃在于，这些类比经他一说，似乎极为平常。惠勒最有代表性的思想是1979年在纪念爱因斯坦100周年诞辰学术研讨会上提出的延迟选择实验。据此，他给出了一个颠覆我们通常时间次序的结论："我们此时此刻做出的决定，对于我们有足够理由说，它对已经发生了的事件产生了不可逃避的影响。"此时的决定，甚至影响了光子的过去。最绝的是，这个思想实验不但具有可操作性，而且可以在宇宙尺度上操作。借此，惠勒反复强调："没有一个基本量子现象是一个现象，直到它是一个被记录（观察）的现象"；"并没有一个过去预先存在着，除非它被现在所记录。"于是，惠勒把哥本哈根学派的整体论从空间拓展到了时间。他强调观察的意义，我们观察到什么，取决于我们用什么方式提问。由此类比，我们所见到的世界，也是由于观察而成为存在的。进一步，惠勒提出了“参与的宇宙”这个概念，指出宇宙是一个自激回路，现在的观察，参与乃至创造了宇宙之诞生。

类比思维是运用已有的知识和经验将陌生的、不熟悉的问题与熟悉的问题或其他相似事物进行类比，尝试找到解决问题的办法。类比思维为企业家开辟了巨大的产品空间和利润空间。

但埃隆·马斯克更看重第一原理。第一原理最早是由亚里士多德提出的，指凡属真正理性化的思想系统，一般都会运行在一条基本原理上，是谓简一率。后来成为量子力学中的一个术语，意思是从头算。马斯克说：“我们运用第一原理，而不是类比思维去思考问题是非常重要的。我们在生活中总是倾向于比较，对别人已经做过或者正在做的事情我们也都去做，这样发展的结果只能产生细小的迭代发展。第一原理的思想方式是用物理学的角度看待世界，也就是说一层层拨开事物表象，看到里面的本质，再从本质一层层往上走。”

两种思维各有千秋，类比思维不具有因果关系，更多的是模仿。第一原理是基于因果关系的思考方式，强调事实和少量假设，从问题的最本质出发，进行推理思考。日本企业多是类比思维，美国企业多是第一原理思维。前者多是相对创新，后者多是原始创新。中国企业先学日本企业，快速完成积累，接着学美国企业，并全力赶超美国。

惠勒极重视微。他说：“万物源于比特。”比特，就是信息。介于存在和不存在之间的微。这便是有生于微的理念。他认为纯粹的客观观察是不可能的，观察者必然成为参与者。而我们现在看到的宇宙或者实在，正是来自古往今来的无数观察和参与行为。企业的目标就是一种信息。在企业今天所面对的现实与未来取得的成果之间存在着。仅仅是观察，目标就会发生改变。

惠勒的思想具有极其难得的开放性。他指出：“未来的物理学应该来自我们对量子理论的更深入理解，而不是来自对量子理论的评判。”这对管理者和企业家最大的启发就是关于内在假设的思考。当管理者或企业家相信并且能够描述成果的时候，便是成果正在生成的时候。

培训工作者的思考习惯

培训工作者应该养成一种礼貌而稳妥的沟通习惯，这无疑会给他带来更多深度交流的机会。因为培训工作者常常处在复杂的因果关系链中，对培训活动的委托方、设计方、实施方、接受方负责。培训工作者最重要的思考习惯是遇事先问“关于这件事的基本原理是什么?”因为太多培训工作者习惯运用模型思考。但恰恰是基本原理比模型更重要。

培训工作者的思考习惯甚至是全球性语言。因为所有关于管理者的培训，原理都是一样的。那就是必须学会从个人经历中有所感悟。提问是建设学习型组织的关键技术。“学员要解决的问题是什么?”“关于这个问题的解决，你做过怎样的尝试?”“从这件事情的解决中，你最想得到的是什么?”这些问题，全球的管理者通用，且永不过时。

培训工作者要用整体的观点观察培训活动及外部环境。要敢于直面复杂问题，不躲避，自信而从容地着手解决问题。彼得·圣吉说：“将一头大象分成两半，并不能造出两头小象。”培训工作者却应该从一个培训项目中分解出若干培训项目，使每一个分解出来的培训项目更加专业和实用。企业现有的所有培训项目，所犯的基本错误之一就是项目涵盖面太大，罗列课程太多。要知道，培训项目设计的精髓，是精准选定少量课程，留下大量时间结合学员实际进行消化。只有行动学习能做到这一点。

亚里士多德在《形而上学》中说：“任何由多个部分组成的事物都不只是那些组成部分的简单相加，而是作为一种超过各部分的整体而存在的，这中间必有原因。”对培训工作者而言，这个原因便是学员的真实需求无法征求或调研，只可发现或培育。往往最重要和最真实的培训需求，是在培训活动进行的过程中被发现或培育出来的。

整体功能大于部分功能之和，这句话可以用来形容培训工作者之间的关系。深刻理解并用行动诠释这种关系，就可由这样的培训工作者组建成真正的企业大学。

描述现象，其本质就是描述者遵从内心的习惯再描述因果关系。因此培训工作者在描述一件事的时候，必须对自己所选择的词语保持觉察和警惕。培训工作者在对话中，要洞察问题的边界，从有趣的地方开始，注意对方内在的驱动力是什么，始终关注自己想要的成果，对关键的部分保持敏感，时刻询问自己“我要达成的是什么?”“对方的需求是什么?”对陷入混乱的部分不介意但不放过，觉察它产生的源头与可能的去向。对话现场，就是培训工作者的课堂。对话时刻，培训工作者既是培训师，又是学员。因此任何场合的对话都可以使培训工作者获得双倍的效果。

思考就像开车：上坡用低挡更有力——回答基本问题；下坡借用惯性可以省油——提出最熟悉的开放性问题，此际猛踩油门与松开脚刹的目的是一样的，都可以取得相同效果。

行动是最好的思考，思考是最好的行动。培训工作者每天都应该能够快速回答这样的问题：“我现在最应做的是哪件事?”

最睿智的思考方式是深度聆听。觉察并改变自己说教的习惯，是培训工作者的基本功。叫停对方的强行说教，最好的方法就是提问。

思考习惯是心智模式的外在显现。如果无法测量它，就无法管理它。测量它最好的方式就是进行团队学习。团队学习最好的结果就是形成共同的核心价值观、优化的心智模式、多种解决问题的可能性。

一切有效的培训活动都是因为对组织战略理解清晰且落地有力。对战略能力的倚重，培训工作者和学员都是如此。雄心、远见和想象力越小，战略就越平庸。培训工作者的有效性取决于学员，学员的有效性又取决于培训工作者。培训工作者只是学员的工具，培训工作者就如同是飞机，学员才是驾驶员。如何才能成为一架好飞机，一百位培训工作者有一百个方法。培训工作者必须坚信：我可以用自己的方式成为一架好飞机。

创造和创新往往在熟悉的领域出现，特别是在自己已经获得成功的领域出现。培训工作者不仅要了解其他培训工作者的想法，更需要了解其他组织培训工作者的想法。特别是他们最为成功的部分。

培训工作者不能陷入刻意回避政治的学术，那样的学术并不是真正的学术，从根本上讲是没有出路的。相反，政治态度考验一个人的思维广度与深度。爱因斯坦说：“我的生活分为方程式和政治两个部分。”他一生发表195篇政治文章。很多人认为，正是爱因斯坦的政治立场、哲学素养、人文精神，使他在物理学领域获得巨大成就。这源于他对人类自身命运的高度关怀与热爱。他说：“我由衷相信，比起责任感来，热爱是更好的老师。”他具有敏锐独到的政治眼光：“看到黩武主义精神在美国扩张，我很痛心。美国人开始认为，避免战争的唯一途径是透过‘美国霸权和平’，也就是一个由美国主导的和平世界。历史显示这不仅是天方夜谭，更是战争与悲惨的前兆。”他还曾说：“种族主义是美国肩头上的债务。如果我不说出来这一点，我便是共犯。”他甚至警告犹太复国领导层：“如果不能与阿拉伯人和平共处，就没有从犹太人两千年的灾难中获得拯救。”正是这样卓越的政治见识与人文情怀，才从根本上造就了爱因斯坦的不凡。

培训工作者尤其不能陷入唯政治马首是瞻的学术，那样的学术也不是真正的学术，从根本上讲也是没有出路的。特别是随着中国的日益强大，今天要警惕盲目的爱国主义，也要警惕激进而肤浅的民族主义情绪。西方有一句谚语：“爱国主义是流氓的最后庇护所。”历史上，很多激进分子恰恰是投机分子。当年美国无一家媒体愿意发表联邦调查局胡佛局长提供的马丁·路德·金的床上录音，这一行为体现着文化工作者的良心。

培训工作者思考的存量是过往的经验，其思考的流量则是今天的行动。存量是任何随时间累积的变量。流量是任何导致存量增加或减少的变量。系统动力学中有一个惊人的观点：任何一个变量，不是存量，就是流量。真实的系统是由存量和流量相互连接而成的复杂网络。培训工作者的思考习惯，是组织培训水平的最大变量。

管理者的自我控制

管理者最为重要的工作就是推动他人。而这一切都必须通过推动自己来完成。推动自己的力量，来自自我心理控制。

其实每个人都处在自我催眠之中——被自己的行为习惯与思维习惯所催眠。优秀的管理者，能够根据不同场合自由切换一种更好的催眠方式。主导自我催眠的这份才华和能力，归根结底属于学习力。学习力来自亲身实践，来自长期的自我约束与管理，来自对过往所经历的成功事件的强化和失败事件的重新定义。

如果用二维矩阵分析，可以将学习分为四个层次：

1. 无意识条件下的不掌握。

2. 有意识条件下的不掌握。

3. 有意识条件下的掌握。

4. 无意识条件下的掌握。

对应的学习策略：

1. 对无意识条件下的不掌握：进行提醒，提供帮助，并从制度上规范这两点措施。常规培训能够解决大部分此类的问题。

2. 对有意识条件下的不掌握：重点进行心智模式训练，强化责任意识。常规培训不易解决此类问题，需要针对特定对象专门立项进行研发。

3. 对有意识条件下的掌握：进行奖励，提出新的要求。常规培训一般能够解决新业务的学习。若能进行拔高培训，效果会更佳。

4. 对无意识条件下的掌握：进行提炼和推广。任何培训形式都是适合的，工作坊更佳。提炼形成的组织智慧，有很大的价值。

能够达到无意识条件下的掌握，这样的管理者往往是善于进行自我心理控制的人。管控心理，是管理者最大的技能。从这一角度讲，成功与失败都是一种习惯。因为大脑就是这样生长的。正是人的经历，刺激大脑神经元之间联结而形成突触，储存着各类信息与提取信息的程序。人的思考便是程序运行的过程，人的行为便是程序运行的结果。提取信息的程序比信息本身重要。

人的每一次经历，无论经历大小，都会沉淀为一个信念。数以百万计的信念，构成一个人的心理特征。于是，人的一切行为、感受、才能、意愿，都会始终暗示自己是谁，且这种关于我是谁的核心信念必定会与经历中的每一个结果相符。过程中所有的不相符，都会被解释成原本就是这样的（如同夏雨冬雪），进而成为从另一个角度证明自己是谁的新的证据。

简单地说，如果认为自己是失败型的人，他就总能找到失败的方式。如果认为自己是不公正社会的牺牲品，他就会发现周围的环境总是能印证他的看法。优秀的管理者，恰恰是能从相反的角度印证自己的人。

外科整容改变了很多人的生活，这是不争的事实。很多人简单有效地获得成功感，并很快获得真正的成功。那是因为内在发生了改变。所有人的成功无一例外都是由内向外发生的。

坚信自己一定会成功的人，就是在进行心理美容。这能够最大限度地运用好人体自身的创造机制，发展出自动成功机制。其中最重要的力量来自强烈的成功意愿和振奋人心的目标驱动。挫败感与消极目标可以杀死一个人的创造力，也可以拦截一切好运气。

每个人都活在自己熟悉的驱动模式里 ，这便是内在程序。人的经历，就是在自我编程。发挥人的主观能动性进行心理控制从而使内心发生改变的过程，就是对程序进行改版升级的修正过程。

最好的心理控制，是先于内心成像，清楚地看到成功，不断地用这样的画面陶醉自己、营养自己，甚至从画面中看到行动的景象，看到措施的细节。然后，想象的一切会真实发生。

这一切其实很简单，只要肯练习、肯体验。不难做到的是回忆过往的成功，通过显像、定像成为自动成功模式。同样，对新的目标，想象成功的画面，也会形成新的自动反应模式。

很多世界顶级的运动员每天要花大量时间来反复揣摩自己的想法、情感，从想象的成功画面抓取灵感，甚至很多创新动作都是从画面中“看到”的。这也是优秀管理者的发明速度比其他管理者的效仿速度还要快的根本原因。缺少想象力的成功是不存在的。

相传小约翰·施特劳斯的不朽名作《蓝色多瑙河圆舞曲》，最初就是他“听到”后迅速记录在衬衣袖子上，被妻子从洗衣盆里捞回来才得以传世。舒伯特也说，自己的作曲，只是在抄录“忆起”的某段旋律。

管理者如同艺术家，总是依据想象中的样子来思考、感觉和做事。当管理者坚信某一个难题可以解决的时候，难题本身在他的心中会发生变化。那时他就已经解决了难题的一半。他的内在制导系统会引导他寻找资源或办法最终解决难题。相信或不相信，是两种截然相反的心理，一定会导致两种截然相反的结果。

我曾在很长一段时间里，刻意练习投篮。最好的成绩是投 50 个球，投中 45 个。最后发现，好成绩源于头脑中的一种惬意想象，已经不完全是体能和技术在起作用。像入禅或冥想一样投篮，那感觉美妙至极。

据说好演员能在头脑中逼真地想象出自己的表演，一遍一遍在头脑中成像、彩排。确实有很多精神病人在医生的引导下通过想象自己是正常人，病情大为好转。有人说，错误的信念能使人变老 20 岁。在体育界有句名言：你不能只靠不想输的劲头去获胜。管理者心中最有力量的语言就是“我愿意”“我能行”。

对国企管理者而言，决策还不是决定性的因素。决定决策正确与否的不是逻辑，而是执行。甚至错误或不适当的决策，都可以通过执行使它变得正确或适当。管理者的才干主要体现在这里。

对高层管理者而言，不懂业务或不那么懂业务是可以的，这没有问题，毕竟精通业务的高层管理者比例很小。但他必须擅长使用懂业务的人，这种擅长主要是指选择完全相信懂业务的人，不轻易怀疑，不加干涉，并宽容他的失败。这并不容易做到。巴顿曾说：“永远不要告诉别人怎样做事，只告诉他们做什么，因为他们独特的创造力会让你大吃一惊!”

管理者最常用的借口，就是“体制和机制不顺”“下属积极性不高”，把自己藏进笼统的、难以界定的地方，不敢去面对自己。这样的心智模式不改变，便一定会在头脑中制造出更多的困难使自己深陷其中。古希腊哲学家爱比克泰德有一句名言：“让人苦恼的并不是发生的事情本身，而是他们对所发生的事情的看法。”

管理者不应将挫折看成自身无能的表现，只应当作学习的机会。要相信难题本身会发生变化，至少时间便是一种变量。要相信明天的自己不同于今天的自己。哲学家阿尔伯特·哈伯德说：“一个人所能犯下的最大错误，就是害怕再犯一个错误。”要敢于承认失败，这样才有机会成长为优秀的管理者。抱怨是将自己的失败或失误展示给他人，那是在将自己的遭遇解释为受到不公对待。而“谁也不能拿我怎么样”的心理，也是经过美化的失败感，至少是心理上的侥幸或自慰。

等着被人冒犯的管理者，几乎从不会失望。选择不相信，总会得到证实。选择不原谅他人，就是太喜欢谴责。谴责他人对自己是一种宽恕。这样的管理者，知识越多越缺乏有效性。

一个人的行为，不等于他自己。管理者只有相信这一点，才会有信心、决心、勇气和智慧去面对困难。同时，管理者也要这样看待他人：他人的一言一行，都不是那个人本身。管理者之间良好的关系，就是建立在这样的假设基础之上的。

管理者永远应该按照可能性来思考，且无须期待标准答案。在不同的管理者手里，事情是不一样的。同一件事情，不同的管理者有不同的选择。这是允许的。甚至管理本就应该如此。

当管理者能够在内心清晰地“看到”目标可能的样子的时候，这对大脑的神经系统而言是无法辨别真实与想象的区别的，这不重要。重要的是管理者必须对看到的目标甚至达成目标后的感觉非常熟悉。这种熟悉度与目标的达成率是成正比的。

成功就是一种先由内心发生改变之后所带来的外部事实的改变。

从这一点来讲，事业的成功是心灵成长的副产品。

管理者要学习教练技术。教练的过程，绝大部分内容都是关于目标的提问。只有大量地提出关于目标的问题，才会找到方向或措施。

所有过往的成功，其实都在孕育着新的成功。

所有过往的失败，都可以解读出成功之处。

人最大的天赋就是认为自己有天赋。我当年第一次打高尔夫，就打得很好。第一次射击，教练惊呼像是一位老手。只因为当时我不知道从哪里来的一股自信，信以为真地认为自己应该很有天赋。

接下来最好的天赋，就是肯证明给人看，这就需要不断地刻意练习了。

要享受自我心理控制的过程。不妨搞些小仪式来让自己进入充分感受和体验的情境里。例如把自己的不好的想法、消极的想法、困扰自己的想法统统写在纸上，然后烧掉，看着它化为灰烬。或者创造一个类似足球运动员进球后的招牌动作（中国男足球员很擅长这件事），鼓励和娱悦自己。招牌动作会带来某种神圣的仪式感，给自己强烈的心理暗示。或练习盯着一朵花注视几分钟，直至花有信息交流过来。若体验到对世界的接纳、慈悲、爱和真诚，便是从内在一点点地改变自己、重塑自己。

所有关于美好的想象，潜意识全部会当作真实来处理。因为对潜意识来讲，“安全第一”。因为思想活动的本质，就是肌肉、神经、体内生化物的交互活动。我们只需训练自己的肌肉、神经和体内生化物，让它们按照设计的方式去活动，人的思想便会得到一定程度的升华。

管理者必须无条件地接受他人对自己的看法，无论那看法如何。因为，这是我们从某种程度上自外部“看到”自己的唯一机会。那些看法虽然未必客观，但却是客观存在的。仅就这一点来说，这些看法都极其重要。

如何提出洞见性问题

尼采说：“离每个人最远的，就是他自己。”我对这话深有感触，极为赞同。特别是随着这些年对教练技术、NLP、隐喻等西方学术的钻研和课堂应用，也随着越将对管理学、哲学、心理学、中国传统文化的学习和领悟不断地融入培训当中，越能够深切感受到管理者在课堂上所经常表现出的不良心智模式：习惯性防卫、习得性无助、面子性抗辩、下意识解释、排斥性拒绝。同时，也更加清晰地看到在运用这些知识与技术的时候所产生的神奇效果，特别是洞见性提问所展现的强大威力。

苏格拉底是学术界公认的提问技术的鼻祖，他说：“我的母亲是个助产婆，我要追随她的脚步，成为精神上的助产士，帮助别人产生自己想要的想法。”在行动学习早期的探索中，雷格·瑞文斯就称在小组内引导团队进行学习的人为助产士。美国企业教练大师托尼·斯托茨福斯对提问技术的研究颇有建树，他说：“有效的提问，使老师由专家变成伙伴，使学员由知识的索取者变成了知识的探索者。”“使学员能够安静地聆听到自己内心的声音、回放自己的经历，更加重要的是得到了教练的尊重、理解、肯定和欣赏，使学员对自己的思考和行动更加自信。”“能够使教练减少告知答案的欲望，开始真正倾听对方的想法。倾听得越多，越会发现对方是多么有能力，只需几个有洞察力的提问就能使对方产生解决问题的办法，他们本来是多么优秀的人啊!”“质疑不是针对人的，而是针对事理的。质疑与反思，使人与人之间越来越紧密，才会成为一个开放的学习团队。”

套用“在战争中学习战争”的句式，过去我在企业从事管理工作时，经常对同事们讲“在管理中学习管理”，现在则经常对年轻培训师们讲“在提问中学习提问”。在多年大量的提问式对话中，我经常能够清晰地感受到提问的影响力和推动力，经常能够清晰地感受到被提问的一方所受到的影响和推动，那是很微妙的也令自己感到吃惊的影响和推动。我因此常常感叹：提问真的有这么大的力量啊！而走下课堂去阅读教练技术、心理学著作以及哲学和管理学著作，又让我产生一种“百战归来再读书”的深切感受，在那一刻与大师们仿佛有一种心之灵犀的相遇。

自十几年前开始，我就一直被德鲁克的一段话所折服和激励：“管理是一种实践，其本质不在于‘知’而在于‘行’；其验证不在于逻辑，而在于成果；其唯一权威就是成就。”于是十几年来，自己一直崇尚实践，勇于实践，在实践中摸索，而且尝到了很多甜头。

在社会上，人总是因他的成就被世俗地定义。而成就来自动力，动力则来自欲望。只有欲望是人的本质。对我来讲，教练的根本目的是通过激发人，使人重塑自我。在这一路途中，使人类重新造就人的本质成为可能。

在课堂上，针对不同的情境，我总要从相同的澄清式的提问开始。例如“那是什么?”“那又是什么呢?”“那是为什么?”“那又是为什么呢?”“那会带来什么?”“那又会带来什么呢?” “你最想要的是什么?” “你最不想要的又是什么呢?”

“什么”一词，用于澄清最好不过，简直有神奇的力量，是我在提问中使用最多的一个词。但是，对“为什么”与“是什么”的运用，最好要以时间线来做区分。在面向过往进行探询的时候，我会尽量将问话中的“为什么”换成“是什么”，这样才会有效打消对方的抵触情绪。例如“您为什么迟到?”换成“是什么原因使您迟到?”而面向未来进行探询的时候，我会经常使用“为什么”，这样更能驱动对方产生积极的能量或源自内心深处的强大动力。例如“您想使自己成为什么样的人？那是为什么呢?”“未来三年您最想做成的一件事是什么？为什么做成这件事对您那么重要?”

变换角度，会使提问更有力量。例如在需要知道学员是做什么工作的时候，我有时会直接问：“您是做什么工作的?”但这句问话过于程式化，且得到的会是一个封闭式的回答。所以我更多的时候会这样问：“您目前这份工作最吸引您的是哪一点?”“那是为什么呢?”

在个人微案例学习当中，我经常运用这句提问：“您做过的一件大大提高您威信的事情是什么?”这样就可以不必对究竟什么是个人微案例做出更多的解释。我的经验是，老师单纯的解释往往不会使学员学到什么。

在一位学员讲完个人微案例之后，我常问的一句话是：“那说说自己吧，您觉得自己是什么样的人?”尾随事实而呈现的意义，才靠得住。

有时需要探索他内在的动力之源，我会问：“您想有所改变的动力是来自对现状的不满还是来自对未来的追求?”如果对方模棱两可地说“都有”，那就顺势再问：“那来自哪方面的动力更大一些呢?”

运用现成的工具来提问，上手快，效果好。例如在用到平衡轮圈工具的时候，我常会这样问：“在健康、家庭、感情、事业、自我成长、精神追求、信仰、社会生活、休闲娱乐、金钱、物质设施等领域里，您最看重的是哪个领域?”“其次呢?”“那么，在这个领域里您最关心或最关注的是什么?”“您最想改善的领域是哪个?”“为此您需要做些什么呢?”上述这几个领域，几乎涵盖了一个人的全部生命活动。

若要紧接着深入探寻，我就会针对学员特别在意的领域继续提问：“您在这方面有被什么问题长期困扰吗?”“为此您是如何提升自己的?”“您对自己最满意的是哪一点?”“最希望改变自己的是哪一点?”“能将您想象中的愿景画出来或描述给我看看吗?”“您理想中这方面做得好的人是什么样子的?”“是什么原因造成了您与这种理想中人物的差距?”

若有必要或觉得对方可能产生更为深刻的觉察，可以更深度地询问：“您觉得自己是带着什么样的使命来到这个世界上的?”“在这方面，您正在扮演什么样的角色?”“对此还有哪里让您不够满意?”“您通常是怎样奖励自己的?”“您希望通过它来满足您人生中的什么愿望?”“还有呢?”

也应该做一些善意的提醒式垂询：“会带来什么样的负面影响呢？例如发生一些让您操心、耗费精力、损害健康或损害友谊与亲情的事情？”

运用时间线来提问，是不可缺少的。例如“您过去是怎样做的？”“现在您怎样做？”“是什么促动您做出了这样的改变？”“未来您会怎样做？”

在运用时间线提问的时候，若能结合个人愿景，进行以成果为导向的提问，更容易有效促动转变。例如“请设想一下，您五年后会怎样看？”“您最终想要的是什么？”“想象自己已是耄耋之年的老人，正在给子孙讲当年的故事，您希望自己怎样描述这段经历？”

在需要帮助对方识别心理障碍的时候，通常教练会问：“您之前觉得做这样的改变是很困难的，那么我们反过来想一下，不改变您又能保住什么？如果您做出了改变，会损失什么更重要的东西吗？”而我则这样问：“既然您认为这很不现实，因为体制机制不允许。但假设你说了算，您会怎样做？”“刚才您说了很多做法，那么回过头来看，这些做法真的是体制机制所不允许的吗？”“其中哪些是可以现在就采取行动的？”

有些教练大师喜欢提一些能够帮助对方唤醒潜意识的问题。例如“您深信自己有什么才能？您认为上天会赋予您什么样的使命？”我也会在课堂上这样问学员：“您尚未充分发挥的能力究竟是什么？”

运用第三视角提问，我习惯称之为代表式提问。例如“熟悉您的人是如何评价您的呢？”“您最好的朋友是如何评价您的？”“你认为总经理会怎么看这件事？”“业务骨干们会怎样看？”“那些平时爱捣乱的人会怎样说？”“您的家人会怎样看？”

在学过家族系统排列的学问之后，我喜欢问这样的问题：“您的家族有什么传统？例如家训或家教？”“您的父母给过您哪些建议？”“您更觉得自己像家族中的谁？那位先辈做过些什么重要的事情？”

在对话当中，我保持着反复确认对方的目标或心愿的习惯。例如“告诉我，您想要什么？”“您到底想要什么？”“这真的是您想要的吗？”“得到之后，您想做些什么？”“人生中您还有什么想要经历的事情吗？”

对高潜能人士，我会问一些关乎人生高度的问题。如“假设您无所不能，您的梦想是什么？”“假设您是一把手，您最想做的一件事是什么？”“假设您的生命只剩下一天，您最想做什么？”“出现什么情况，您会定义自己的人生是失败的？”“假设上天只允许您成功一次，您会做一件什么事情？”“看到什么出现，您会认为自己达成了人生的目标？”

曾经受到朋友的启发，我会在自己感到非要告知不可的时候，问自己几个问题，来化解告知的冲动。如“我要觉察自己急于给出标准答案的意图是什么？”“我有没有很好地认识到我所认为的那个标准答案是从哪里来的？”“我要非常小心地看对方的反应，才能确知我的告知在对方那里产生的效果，我怎样才能更深入地觉察到这一点呢？”同样的这几句问话，我也经常告诫给年轻的培训师们。

完全没有压力未必是好事，适度的压力才会有益。接受压力不等于同时接受压力有害的想法。要通过提问来消除学员渴望成功时产生的焦虑。如“您从失败中学到了什么？”“一直成功下去的风险是什么？”“如果这件事您成功了，可能就失去了学习什么的机会？”“什么样的失败是您能原谅的？”

提问能使难题变得看似简单，我称之为简单法。例如“从不可能到可能，现在就可以做到的第一步是什么？”“第二步呢？”“还有呢？”

开放式提问与聚焦式提问结合起来，往往会很快得到有效方案。例如“这件事有多少种可能？”“谁会支持这件事？总经理？董事长？还是财务处长？”“他们分别会起到什么样的作用？”

无论对什么样的学员，很多教练都喜欢运用指向价值观的提问。这样的提问异常有力量：“什么样的组织会让您满怀欣喜和期待？”“您觉得您给这样的组织留下什么礼物才是最棒的？”“您最想通过组织为社会贡献什么？”“您每天正在接受着谁的服务？”“您想为谁服务？用什么方式？”“您最想改变哪类人群的生存现状？”“您认为什么才是真正的成就？”“您最想通过组织给世界留下什么？”

帮助对方清醒地认识自己，还有一些分析差距时可以运用的有效提问：“满分十分的话，您给自己的努力程度打几分？”“差的那几分究竟是差在哪里？”“是什么原因没有做得更好呢？”“怎样做才会打高一点分呢？”

教练在提问式对话的设计中，对“想做、能做、要做”行动模式的运用要十分敏锐，才会使对话精准、简单和有效，这份效果来自对被教练方内心活动的觉察。想做，确认意愿；能做，激发潜力；要做，承诺行动。提问的顺序是：“如果不考虑任何外在因素，您最想做的是什么？”“那么，考虑到外在因素呢？您认为您此际能做的是什么？”“您还能做些什么？”“那么，首先您要做的是什么？”“还有什么是您要做的？”“您想选择哪个方案？”“请告诉我您如何将方案转变为具体行动规划？”“那什么时候会完成呢？”

我一直以为老师能够做到的只有激发。通过被充分地激发，才有可能产生自我反思以及基于自我反思的自我重塑。严格地讲，任何老师都无法赋能于人。因为能力只有在实践中才能获得。老师要做的是激发学员的愿意与动力，凭着这份意愿与动力，学员才会重组自己的内心世界，在长期艰难的实践中获得能力的提升，借此不断重塑自己的人生。激发人的提问，可以运用假设或隐喻的方法："我认为您是一位敢于作为的人，如果您自己也这么看，您会如何做这件事？""我认为您是一位很有想法的人，如果您是决策者，您会怎么做？""您准备怎样传授给他人您的经验？""我知道您其实很愿意担当此类重任，所以我很想知道您的顾虑到底是什么？""如果不是您，还会是谁呢？"

激发于人，势必要攻陷对方的限制性信念，就特别需要从假设入手连贯提问："假设您前面提到的政策方面不存在任何问题，接下来您会怎么做？具体计划是什么？""如果您现在就坚持这样做呢？假以时日，会有什么结果？""那么，是什么原因让您认定是政策方面出了问题呢？""您从中得出了什么结论？"

轻微的无痕迹的隐喻，更容易让对方进入情境，便于产生激发的效果。例如"您觉得这很像什么？""您会用什么动物或植物形容这个人？""这件事情更像历史上发生过的什么事件？""这让您想起什么？""这很像哪一件有趣或让您感到恶心的事情？"

为了更有效地激发，我经常会用激将法提问："您提到的困难，听起来确实很棘手。困难通常都是这样，看上去无法解决。同时我们也看到那些很有能力的领导者都非常善于克服困难，最终实现突破，获得成功。我想知道，您喜欢或擅长克服什么样的困难呢？您前面提到的困难属于哪一类？""我很想知道，当您遇到如此困难的局面时，您会被激发出怎样的斗志呢？"

我还经常运用被我称为"优势法"的提问，也能达到很好的激发效果："您最擅长的是什么？""然后您是如何迁移这份能力的？""您认为您的缺点是什么？""如果不去花力气改正这些缺点，那么您还有哪些办法使这些缺点减少发生作用甚至使这些缺点成为某种优点呢？""看上去您的缺点从没有给自己惹过麻烦，您是怎样做到的？"

我还总结出痛点提问法。例如，国企中高层管理者的痛点往往是这样六个难题："困难太大，无法克服""体制和机制有问题，因此解决不了""下属积极性不高，所以不好办""上级不听你的，没办法啊""其他部门不配合，我有什么办法""我年龄大了，很难做好。"在课堂上，我创造出的有力提问有："过去你是怎样克服困难的？说说你的最成功的案例？""请再说说你知道的伙伴们的最成功的案例？""如果体制和机制没有问题，接下来你会做什么？""你怎样做，才会调动下属的积极性？""假设你是上级，你会怎样做？同时会希望下属怎样做？""你是怎样主动配合其他部门的？""年龄大的优势是什么？""以上诸多困难，假设是神安排的，你猜想神的意图是什么?”我甚至设计一整天的时间，就只研讨以上这六个难题，要求学员运用经历中的真实案例去研讨，配合以洞见性的提问，深入挖掘心智模式上存在的问题。关于抱怨体制，我还在课堂上创造出这样的提问：“告诉我，你理想的体制是怎样的?”“依你的直觉判断，需要等待多少时间才会出现这样的体制?”“那么再依你的直觉判断，它是如何出现的呢?”“那么在这样的体制出现之前，我们现在能够做些什么?”“你愿意为理想体制的出现做出什么样的贡献?”

被我称为“身份法”的提问，无论在什么样的情境中运用，都会异常有效。例如“您在这件事情上扮演什么样的角色?”“您的有限责任是什么?”“还有呢？您愿意承担什么样的责任?”“您给自己定位在哪里?”“如果在这种困难的情况下您都成功地做到，在同事们眼里您会是一个什么样的人？这样的人是您自己想成为的人吗?”“假设您无所不能，您最想做的事情是什么？于是您会成为谁?”

有时我会利用盲人摸象这个故事，顺势引出我的提问：“盲人的优势是什么?”“在对大象一无所知的情况下，通过摸大象的方法去了解大象的优势是什么?”“在摸大象的时候，盲人由于看不见大象，因此是否更注重感受大象局部的多种可能性的功能？这给他带来什么样的想象空间?”“盲人们作为局部专家的特点是什么?”“与盲人相比，视力正常的人在观察大象时的劣势是什么?”“视力正常的人如何才能训练出盲人的优势?”“几个盲人一起分头摸大象的不同部位，然后坐在一起对大象进行综合分析，他们在得出结论方面的优势会是什么？这一点对我们有何启示?”这样的导入，非常有利于接下来面对和解决学员自己在工作中遇到的难题。

帮助他人下定决心的提问很多，这通常要在行动方案基本确定之后来发问：“您也看到了，最好的时机已经出现，您还在顾虑什么?”“不这样做会怎样?”“最坏的结果是什么？您能承受吗?”“再好好想想，必须要这么做吗?”“最后确认一下，真的要这样行动吗?”“这次若不去马上采取行动，可能要等到什么时候才会有机会去解决?”

在日常沟通中，最好不要上来就将自己的想法滔滔不绝地讲出来。而是先问：“您对什么话题感兴趣?”“那么关于这方面，您具体需要了解些什么呢?”“您是怎样看的呢?”过程中，也不要急于评价或替对方做选择，而是探问：“这是您所能做到的最好效果吗?”“那么，提升的空间在哪里呢?”“刚才您提到的，到底是什么呢?”但有时也需要追问以得到最终确认：“是还是不是?”“还有什么重要问题我们没有讨论到?”

深度聆听者总能听到更多的东西。他必须经常做到：谦逊、好奇、保持客观与正见。工作或生活中，人们往往急于消除批评或异议。其实更重要的是专注于解决问题。对批评或异议保持好奇，才会有更多发现。歌德说：“不论你能做什么、想做什么，只管大胆去做吧。要知道勇气中蕴含着天分、力量和奇迹。现在就行动吧!”这句话很有激发人的内在动力和能量的魔力，也非常符合今天人们对大脑工作原理的认知。所以，在对话接近完成之际，我往往将歌德的这句话送给学员。

难题的美感

管理者在工作中所面对的难题，背景很复杂。它不仅来源于难题本身，更来源于管理者所在组织的内在因素以及管理者本人对世界的看法。看不到这一点，就会陷入难以解决难题的迷惘之中。

正因为如此，所有难题的本质都应该是美的。

感知到难题的美，组织才有变革的机会，个人才有成长的机会。

去感知难题的美，是管理者的功课。

糟糕的事情，是通过讨厌难题而讨厌自己。更糟糕的事情，是通过讨厌自己而讨厌世界。管理者经常误以为自己不能解决难题是源于自身的无能。没有比这更荒唐的事情。管理者所遇到的难题没有一个与组织的内在因素无关。管理者所遇到的难题没有一个纯粹是他自己的。混淆自己与组织的关系，才是困住管理者的症结所在。

每一位管理者对于难题的解决，恰恰是构成组织变革的出路。

当管理者被卡在难题里的时候，正是他应该跳出难题环视更宏大的背景提出新的洞见性问题的时候。“我对这个世界的看法是怎样的？这与当前的难题是什么关系？我应该尝试运用什么样的全新的甚至颠覆性的假设?”美国诗人卡明斯说：“提出的问题越艰深，回答就越美。”

以解决难题为追求，莫如以解决难题背后的问题为快乐。美国教育学家诺丁斯女士说：“幸福是教育的目的。真正的幸福需要有分享不幸的能力。”管理者的使命在于奉献价值，从而成为最优秀的公民。难题正是管理者获取幸福的台阶，在这拾级而上的过程中一定要有分享不幸的能力。

诚实是管理者必备的品质。这包括对自己内心隐藏着的逆反情绪或叛逆心理负责的行为。负责的方式之一，就是表达或呈现。这是自我觉察的机会。这是生命和成长的象征，其中蕴含着大美。若以通用规则来压服或警告这种逆反或叛逆，并不利于管理者诚实品质的养成。

任何人所看到的世界，都不是绝对真实和客观的。所感即所思，所思即所见。世界是供人感知的世界。管理者的首要思维就是告诉自己，自己所感所思所见的世界归根结底只是一种对世界的描述。改变自己的描述，就是改变世界最便捷的方式。西方的巫师们称之为改变内在对话，这是一个学习巫术的门徒最重要的技巧。观察者要将自己也纳入观察的系统当中，才能进行有效的内在对话。观察者所做的标记，常常并不是被观察者所拥有的事物或做过的事情。最深刻的认识，是从一般评判到事件描述，再从事件描述转变为模式描述。

管理者最重要的工作方式之一是与他人沟通。高明的管理者会按照他人的要求做一些莫名其妙的小事情，其实这些小事情本身没有任何意义。目的只在于使他人感受到愉悦，愿意跟随而来，渐渐脱离惯常的推理和习惯。日久天长，会带来更好的物理性效果，那就是破坏对方形成症状的大脑与身心的脉络组织。以美的方式，取得美的结果。

现代催眠之父米尔顿·埃里克森说："我认为治疗师除了提供机会，使你在某种适合的环境之下思考自身的问题之外，不能做任何事情。"高明的管理者也是这样。"不能做任何事情"，对方便会给你"提供机会"的机会。假如那些患者是员工，埃里克森无疑是最开明的管理者。

从宏观的角度来讲，要把个人症状看作组织生态逻辑的一部分。

管理者应该从美学的角度理解改变，这既体现了对人的系统的一种尊重、惊异和欣赏，也体现了对自然系统的尊重、惊异和欣赏。

今天的管理学的许多洞见源自生物学和人文科学。而人体是美的，一切动植物的形体都是美的，欣赏和使用的方法也应该是美的。学习生物学和人文科学可以使我们重新认识和发现自己的生物特征、人际关系的特征、我们居住的这个星球的特征和宇宙的特征。不承认客观性，就是在否定主观性。如同不承认黑夜的存在，就是在否定白天的存在。

觉察到这些特征，就会相信任何行为同时也是一种原因和结果。因即是果，果即是因。因果相陈，构成世界的过去、现在和未来。洞见，即产生于对各种因果的洞察。任何区分都是洞察的结果。洞察者同时也是通过做出区分而进行洞察的。区分只是手段，不是目的。一个人不能不作出区分。不作出区分的任何努力本身就是一种区分。重要的不是不区分，而是不停留在区分上，以好奇心探索被观察对象系统内的整体性和自主性。

若没有适当的虚构或假设，任何科学都无法建立。组织的力量在于管理者之间就尚且不能证明的目标达成一致意见，不再在关于目标的某一点上试图进行通常都缺乏实际意义的解释。奔向目标进行建设性努力，是管理者的行动使命。管理者不会通过习惯性的否定取得任何成就，即便是对待所谓没有意义的命题。否定一个没有意义的命题，其结果还是一个没有意义的命题。对管理者来讲，一个实际行动永远胜过一打无比正确却并不打算付出艰苦努力的纲领。

职位较高的管理者更易养成遇事直接评判的习惯，借此建构和维持自己的经验世界。任何评判常常更多的是来自评判者自身的信息，而不是来自评判对象。唯一不同的是评判者拥有成功经历的厚度。达尔文的田野调查相当有趣：一万头牛在田野，没有相关经验的人会看成一大群无组织的动物，而放牧的人知道这是由诸多结构化的小群体构成的大群体。一个人不能不作出评判。不作出评判的任何努力本身实际上就是一种评判。重要的不是不评判，而是不停留在评判上，以好奇心探索更多的可能。

伟大的管理者只是将自身的成功经验进行整合应用于当下的任务，而他人看到的却往往是艰苦卓绝的努力或明智英勇的行为。而当他面向未来看不清楚的时候，他所能做的就是暂时扰乱系统，看一看会发生什么后果。通过扰乱所看到的，常常是系统内部的补偿行为。据此，再采取相应的行动。甚至，他可以帮助事情向坏的方向更快发展，因为只有这样才能够使整个事情坏掉，不留尾巴。

培训师有时在课堂上所能做的就是扰乱，看一看系统会发生什么后果？然后让系统自身更好更快地发挥其整体性和自主性。

高明的管理者擅长在跟随对方中实现转换。就像现场演奏者按错了音符，千万不要停下来，要尽可能把它作为正在演奏的一部分。埃里克森曾说：“接受患者带来的任何问题，并把它作为解决之道的参考。”他常用平和礼貌的语调暗示对方要有所改变，同时又使用对方的语言来稳定对方，从而完成对患者行为的改变或转换。他说：“治疗师治疗患者，而患者也指导治疗师怎样治疗他。”优秀管理者总能够自觉地通过员工培养自己。

管理者的学习，最明显的就是行为的改变。不够明显的改变是类行为的改变。而更深层次的学习，是类行为改变的模式的改变。

人类学家格雷戈里·贝特森说：“我相信，任何行动，要从根本上制订计划，就必须建立在美学基础上。”管理者的美学，建立在人类创造的一切学问和美好生活之中。成为管理领域中的艺术家，出发点与落脚点都是实践。而全部过程，都可以看作是练习。

因此无论多么严厉的优秀管理者，总有温润的一面。

永远的德鲁克

我读过彼得·德鲁克的几乎所有作品，有些还不止读了一次。《卓有成效的管理者》至今读过 40 余遍。在我眼里，德鲁克是一位简单的天才。说他是简单的天才，是因为他的专注和透彻。他能够专注于他的管理学领域，他能够透彻地讲解管理。在我眼里，天才不是天马行空，而是脚踏实地；天才不是什么都懂，而是肯用大量的时间只做一件事。

德鲁克出生于 1909 年维也纳的一个书香之家，移居美国后终身以教书、著述和咨询为业。他被尊为管理学科开创者、“大师中的大师”、现代管理学之父。他的著作传播到 130 多个国家，对管理学、社会学和经济学影响深远。

2000 年 9 月，一位中国学者在美国德鲁克档案馆发现德鲁克写于 1999 年 1 月 18 日的《我认为我最重要的贡献是什么?》一文。这篇定论性文章的原件打印在德鲁克的私人信笺上，并有他的亲笔签名。德鲁克这样写道：“我认为我最重要的贡献是什么?

——早在 60 年前，我就认识到管理已经成为组织社会的基本器官和功能；

——管理不仅是‘企业管理’，而且是所有现代社会机构的管理器官，尽管管理一开始将注意力放在企业；

——我创建了管理这门学科；

——我围绕着人与权力、价值观、结构和方式来研究这一学科；尤其是围绕着责任。管理学科把管理当作一门真正的综合艺术。”

“假如世界上果真有所谓大师中的大师，那个人的名字，必定是彼得·德鲁克。”这是著名财经杂志《经济学人》对德鲁克的评价。通用电气前首席执行官杰克·韦尔奇说：“全世界的管理者都应该感谢这个人，因为他贡献了毕生的精力，来厘清我们社会中人的角色和组织机构的角色，我认为彼得·德鲁克比任何其他人都更有效地做到了这一点。”微软总裁比尔·盖茨说：“在所有的管理学书籍中，德鲁克的著作对我影响最深。”英特尔主席安迪·格鲁夫说：“德鲁克是我心中的英雄。他的著作和思想非常清晰，在那些狂热追求时髦思想的人群中独树一帜。”

在《财富》杂志发布的“2017 中国最具影响力的 25 位商界女性榜单”中，北大国发院教授陈春花连续第三年入选。陈春花教授曾说：“我正是跟随德鲁克先生思想和实践的步伐，走上了自己研究的道路。”她说：“德鲁克先生对于管理领域的贡献并不需要我们去做注释，对于中国的管理者来说，他的价值难以估量。”

我自己也体会颇多：

德鲁克将诸如“管理”“管理者”“贡献”“有效性”等名词解释得十分经典，而在他之前甚至至今很多人都存在严重的误解；

经验甚至经验主义在德鲁克那里都只是可爱的中性词；

真知指导实践要比实践出真知难上一千倍，因为真知付诸实践本质上仍将是一个创造的过程，仍将是一个实践的过程；

少读书是精读书的前提条件之一；

在被他人浪费的那部分时间里仍有可能专注于思考问题，至少可以在无聊的会议中思考如何才能开出高效的会议；

阅读经典最大的误区就是自以为读懂了，其实极可能只是读懂了汉字；

一个人在本职岗位上没有弄出乱子甚至做得还不错，绝不等于他就能够胜任另一个岗位；

不拒绝多方的灵感来访固然很好，但很可能就有效性来讲不如只接受来自最重要那件事中的灵感；

真正的问题永远只存在于各种症状的背后，而且往往只有一个；

管理者的工作难以像园丁一样直观而有效，但本质上应该是没有区别，因而对知识工作者的绩效考核成为必须解决的难题，知识工作者的有效性主要指效能而非效率，且来自贡献意识，并验证于外部肯定，其隐性动力必定来自价值观；

组织的艰难时期需要举债办教育和培训；

如今任何组织的管理者，必须假设自己是一位德鲁克所定义的管理者；

即便将来大庆无油可采，也将伫立一座石油博物馆而独特存在着，成为国家的培训基地；

符合所谓岗位素质能力模型中规定性条件的人，很多恰是效能极低的人；

天赋个性在管理的有效性方面所发挥的作用被低估，且缺乏科学研究；

行动的效率是时间的唯一弹性，因此时间并不是绝对的；

对出色的知识工作者而言，时间是最稀有的资源；

我看到几乎没有一位管理者做过详细的时间管理记录，这是某种致命的现实；

绝大部分的管理者，都做错了主业，当然其中只有少部分人是故意的；

当管理者真正拥有正常解聘员工的良好环境的时候，管理才会迎来希望；

经典的提问在很多管理者那里激发不出深层的涟漪，才是真正的危机；

以应付上级交办任务为第一要务，会造成加班的恶性循环；

大师们都善于简化，特别是在语言的清晰、扼要和准确方面；

善于把不擅长的事情交给擅长做这件事的人，是优秀领导者的智慧特征；

不去分割他人的时间，既是智慧，又是基本的职业道德；

认识自己的时间，是认识自己的方便法门；

贡献不仅指自己获得的最终成果，更指过程中助益于他人做出的贡献；

贡献意识远远高于岗位职责所规定的任何一项责任或职能；

制度建设之难不在于此代人的执行，而在于下一代乃至下几代人的执行；

建立在成果基础之上的沟通，才会是正确的沟通；

一个人在尽情发挥特长的过程中，会无形中治愈自己的毛病；

不能正确地看待成功，要比不能正确地看待失败更可怕；

确认什么是要事并不容易，而只聚焦做一件要事，须下大决心。

这就是德鲁克教给我的——不是观点，而是思考方式。

第五辑

工作即修行

任何组织都是其成员思考和互动方式的产物。稻盛和夫说：“工作场所就是修炼精神的最佳场所，工作本身就是一种修行。”从工作中体验到生命的意义，是个人与组织的双重胜利。同事即同修，如果不能与同事共同从工作中收获成长与快乐，便是某种意义上的失败人生。本辑收录的18篇文章，即与同修互动前行的印记。

一份永久的承诺

有一群志同道合的同行者，是一件幸事。

2015 年 3 月 16 日，我在手机微信里邀请三位曾经的同事，建立了一个学习社群，并信手写下了这样一段话作为“群规”：

1. 记住今天，直到有人离开这个世界。我们永远用学习的眼光打量周遭的一切，无论我们从事什么。

2. 请慎重思考，提出你关心的问题，其他三人随时随地做出回应。

3. 我们不约时间，任何你方便的时间都可以留言。

4. 我们四个人中任何一个人反对，都可以拒绝新人加入。

5. 让这里成为净土，不为功利而存在。

6. 让纯粹的人，有一块休憩之园。

7. 在这里，我们每个人的身份，都是他自己，独一无二，无须敷衍任何人。

8. 我们承诺，在这里不说废话，有的放矢，建设性发言。

我给这个小群，起了一个特别的名字：“温和与激进的 yard sale”。

“温和”“激进”，是行动学习创始人雷格·瑞文斯用过的词。他说：“行动学习者应是温和的激进分子。”

雷格·瑞文斯为什么这样讲？他的另外几段话可以帮助我们理解：“除非组织中有一些人在准备为行动学习而战，否则任何组织都不可能接受行动学习。”“这个任务最适合由该组织中的资深人士来完成，而不是依靠外部专家。”“行动学习的最终指向是制度、权力关系、结构、战略、核心价值观。”“行动学习的结果，是一种微观政治。”“要从看不见的假设、习惯、先例、行政命令、高压意识形态的束缚中解放出来。”“这样的学习，当然会有风险。但是若没有风险，学习便没有意义。”

至于“yard sale”这个词，是我 2006 年在加拿大看到的。我很喜欢逛“yard sale”，就是家庭后院小卖场，往往是大人带着孩子们把家里不用的家具、衣物、电器、书籍、唱片、餐具等物品拿出来，以极低的价格（通常是一加元，当时约合七元人民币）卖掉，有的物品几乎还是新的。我们的留学生很喜欢来“yard sale”买生活用品。一次，徐教授用一加元买了六个盘子，我用一加元买了一件几乎是全新的条绒休闲上衣。这是一种循环经济的理念，是对资源的反复利用，既互通有无，又物尽其用。

我们在这个学习社群里探讨专业问题，有时我们也会相约在咖啡馆里面对面进行深入探讨。我在《隐藏的教练》这本书里讲的很多案例，就来自这个学习社群。现在这个学习社群已经有35名成员。对我们这35人来说，那份“群规”是一份永久的承诺。

在成长的路上，我们需要这样一份承诺。

平衡

系统内，平衡一定是健康的才有意义。

一位年轻老师轻轻敲门，坐在我的对面。

年轻老师：“到底什么是平衡？”

我：“你遇到的问题是什么？”

年轻老师：“这个不能说。”

我：“所有平衡都是动态平衡。系统有自己的潜意识，会自动追求平衡。序位、平衡、完整，是系统的标签，也是系统的动力。系统潜意识也会自动抵抗系统中的新生力量。”

年轻老师缓缓点头。

我知道她的问题是什么。

不久，有人轻轻敲门。还是那位年轻老师进来，坐在我的对面。

年轻老师：“到底什么是平衡？怎样才能获得呢？”

我猜测她还是不会说，但依旧问：“你遇到的问题是什么？”

年轻老师：“这个先不能说。”

这次我觉得有必要多说一点：“每个人、每个系统，当获得尊重或被看到之后，都愿意继续在适合自己的位置上去为系统或更大的系统服务。排在最后的也不会觉得不舒服，站在第一位的也不会傲慢得不得了。每个人、每个系统的潜意识都知道自己的价值和位置。也不会多拿超出自己能平衡的部分。也没必要少拿，那同样会失去施与受的平衡。关键还是我们要觉知到、关注到我们头脑中的各种评判、念头、看法或内在假设，这些是真正影响我们的因素。在所有的关系里，真的去慈悲、尊重、中正，不断地去体验这个部分，就更容易跟潜意识连接。”

年轻老师频频点头。

我知道她的问题是什么及被解决到什么程度。

我猜测她一段时间内不会再来问这类的问题。

健康的平衡，需要有人有意主动地多做减熵的工作。

关于需求调研

一次，在咖啡馆里聊天，我谈到培训调研，忽然脑子里闪过两个图形。

传统的培训需求调研，就像是“倒三角”，前期大（甚至前期也不大或很小），越往后越小（甚至根本就没有）。什么意思？就是往往只在培训活动开展之前进行需求调研，后面就很少或根本没有了。

培训需求调研必须做实，培训才有可能有效。

可是，怎样做实？

今后的培训需求调研，应像是“圆柱形”：培训的过程中也要做实需求调研，完善后面的课程；培训结束后也要到岗位上继续跟踪这部分学员去做实需求调研，完善后期的培训。

那么这样的培训，对课程的要求是什么？那就是要求课程首先只是一个“半成品”。而完整的培训课程，是在课堂上师生共同合作产生的。学员们提供工作难题及解决难题的素材（主要是案例），老师提供理论（重点是理念）与专业工具。因此这样师生合作完成的课程，就不可能只是一个纯讲授的过程，而是一个联结的过程、互动的过程、研讨的过程、练习的过程、体验的过程、共创的过程，是老师在跟随中实现引导学员的自然“流动”的过程。

能够在培训活动开展之前就鉴定清楚需求，往往是一厢情愿。我很少看到在真实的培训活动进行之前真实、完整、具体的需求能够被发现。道理很简单：用户永远不知道他真正需要的是什么，除非你把产品放在他面前。如同马车时代，任何一位理性的旅客都不会要求乘坐汽车或飞机。

“圆柱形”的需求调研，能使我们重视在课堂上对学员的觉察和发现，使培训师注重提升自己的互动能力和引导能力。师生之间的碰撞，特别是学员之间的碰撞，往往会产生对需求的重新发现。

“圆柱形”的需求调研，能使我们重视学员回到岗位上的表现及回馈，能够使我们不断积累培训需求调研的经验，提升培训需求调研的能力和对学员需求的觉察力。

经受过“圆柱形”需求调研锻炼的培训工作者，会逐渐成长为专业素养过硬的培训工作者，且往往会成长为一名培训多面手。

从某种意义上讲，培训需求调研就是一种培训效果评估，而培训效果评估也是一种培训需求调研。讲授式课程的重点评估对象是老师，行动学习则正好相反，其重点评估对象是学员。但真正的培训需求，不是调研出来的，而是教育出来的。

自我深度学习

我极少聊天，但若与同事聊到围棋，我必定会滔滔不绝。

人工智能（Artificial Intelligence）这个概念最初是在1956年Dartmouth学会上提出的，英文缩写为AI。人工智能技术在围棋领域取得突飞猛进的发展，标志着人类的学习系统将发生革命。

为什么这样讲？这要从围棋的变化说起。

围棋起源于中国。但一直以来，关于围棋的起源有产生于上古时期的围猎实践、早期的天文推演、启发智能的游戏等多种说法。甚至一些西方学者认为，围棋是外星人发明的。据先秦典籍《世本》记载：“尧造围棋，丹朱善之。”晋代张华《博物志》有云：“尧造围棋，以教子丹朱。”“舜以子商均愚，故作围棋以教之。”1964年版的《大英百科全书》采纳此说，甚至将其确切年代定在公元前2356年。棋圣聂卫平认为，四千年前的人还处于蛮荒时代，不可能发明像围棋这样高智慧的竞技模式游戏，因此他同意围棋是外星人创造的这种说法。他说：“围棋太深奥了，人类不可能创造出来。”

围棋到底有多深奥？宋代沈括在《梦溪笔谈》里计算过围棋可能的局数，求出了总局数是3的361次方（3^361 > 1. 72 × 10^172）。现代学者研究，宇宙的粒子总量估算为10的80次方，而围棋的变化是10的172次方。参照维基百科上“游戏复杂度”词条，可以通过两种方式衡量棋类游戏的复杂性：“状态空间复杂度”“博弈树复杂度”。“状态空间复杂度”：围棋是10的172次方，中国象棋、国际象棋分别是10的48次方和10的46次方。“博弈树复杂度”：围棋是10的300次方，中国象棋、国际象棋分别是10的150次方和10的123次方。

痴迷于AI的著名棋手俞斌曾断言：“电脑要想在围棋方面击败人脑，至少还要300年。”当有人向聂卫平求证俞斌的说法时，聂卫平说：“俞斌的确这样说过，但在我看来，恐怕再过3000年，电脑也胜不了人脑。”

人工智能是计算机科学的一个分支，它是对人的意识、思维等信息加工过程的模拟，企图了解智能的实质。该领域的研究包括机器人、语言识别、图像识别、自然语言处理和专家咨询系统等。可以设想，未来人工智能带来的科技产品，将会彻底颠覆人类的生活方式甚至生存方式。美国谷歌公司早在15年前就提出要跟清华大学合作开发围棋软件，但被清华大学拒绝。2016年3月，谷歌公司戴密斯·哈萨比斯领衔的团队开发出“阿尔法围棋（Alpha Go）”（俗称“阿尔法狗”），以4∶1的总比分击败人类围棋世界冠军、韩国职业九段棋手李世石。2016年末至2017年初，升级版“阿尔法围棋”在中国棋类网站上以“大师”（Master）为注册账号，与中日韩数十位围棋高手进行快棋对决，连续60局无一败绩。2017年5月，在中国乌镇围棋峰会上，“大师”（Master）与等级分排名世界第一的世界围棋冠军柯洁对战，以3∶0的总比分获胜。

“阿尔法围棋”主要工作原理是“自我深度学习”。这套软件有信息系统、决策系统、监督系统，分别负责海量信息收集、模仿成功的最优决策、自我学习能力的检测。这套软件不仅储存了人类创造出来的3000万步围棋招法，还实现了3000万局自我对弈、自我检测、自我升级。它没有疲劳感，没有情绪，没有风格，在人类面前就如“围棋之神”。

2017年10月18日，《自然》杂志网站公布的论文显示，谷歌公司戴密斯·哈萨比斯研发团队又出新程序“Alpha Go Zero（阿尔法元）”，不依靠人类指导和经验，仅凭自身算法强化学习，就以100∶0的战绩击败了“Alpha Go（阿尔法狗）”。人工智能的最大挑战是研发一种能从零开始、以超人类的水平学习复杂概念的算法。“Alpha Go（阿尔法狗）”的训练过程长达几个月，用到多台机器和48个TPU（神经网络训练所需的专业芯片）。而“Alpha Go Zero（阿尔法元）”的学习从零开始，且单纯基于与自己的对弈。人类的输入没有超出游戏规则以外的任何指导、数据以及内部知识。它仅用到一张神经网络，这张网络经过训练，专门预测程序自身的棋步和棋局的赢家，在每次自我对弈中进步。新程序只使用一台机器和 4 个 TPU。它仅通过 3 天 490 万局自我对弈，便能够超越人类并打败所有之前的“Alpha Go”版本。研发团队在其公司网站中总结道：“它独立发现了人类用几千年才总结出来的围棋规律，还建立了新的战略，为这个古老的游戏带来新见解。”“它再也不会受到人类经验的限制，而是可以不断向世界上最强的围棋手——也就是它自己，学习到非既定的能力。”

“Alpha Go Zero（阿尔法元）”的学习策略，对人类自身的学习策略深有启发。它告诉人类：学习是可以通过自我深度学习而发生的。可以用三个关键词概括“Alpha Go Zero（阿尔法元）”的学习策略：自弈、反思、选择。其中的自弈，就是在极短的时间内创造足够丰富的经历（大量实战）；反思，是指对这份经历的抽象和升华（改版升级神经网络）；选择，是“Alpha Go Zero（阿尔法元）”最强大的能力，它虽不可能穷尽围棋的变化，但它会在几种最大可能获胜的策略中优选出最佳策略。

对管理者个人的学习，可以有三点借鉴：

第一，勤于笔记，强化记忆。人是从经历中学习的。对经历的反思是学习的本质。脑科学研究告诉我们，人的大脑有 1000 亿神经元，人因种种经历不断刺激大脑，使神经元之间产生联结，形成的联结点被称为“突触”，成年人的大脑约由 500 亿“突触”构建成为复杂的脑神经网络，负责收录、辨识、储存和提取人的一切知识、经验和能力，人在 3 岁前、12 岁前都处在重要的发育和成长阶段。中国则有“3 岁看大，7 岁看老”的说法。很多时候人们不缺少经历，只是缺少记忆。中华文明传承得好，与中华文明是世界上唯一没有中断文字历史记载的文明有重要的关系。《战国策》中讲：“前事之不忘，后事之师。”中国古人对待学习这件事，非常强调背诵，这是非常有道理的。通过反复背诵，可以建立新的“突触”。又云：“书读百遍，其义自见。”“好记性不如烂笔头。”这都是真知灼见。所以“有闻必录”是真正的好习惯，才会发展出“博闻强记”。近代人强调学习重在理解，不要“死记硬背”，其实这见解失之肤浅与偏颇。可以说，人是从经历中学习的“经历人”。所谓未来，只是来自过去的反思或某种投射。学习原著，记录原话，回忆原委，从来是最紧要的学习方法。记忆力是可以训练的。管理者记录原汁原味的事件，特别是记录自身的经历，乃是发生学习的基础。

第二，成果导向，决策制胜。管理者要始终坚持成果导向，根据想要达成的最终成果来辨识和确认在工作中遇到的难题。在行动学习者看来，管理者所谓的难题，在成果导向的分析下大部分都是“伪命题”。虽然这些“伪命题”一直

“真实地”困扰着他们。针对成果导向所确认的真正难题，管理者要极力调取和收集自己经历或他人（因此需要学习伙伴，建立学习社群）经历中与难题相关的所有经验、案例、想法，反复进行酝酿、桥接、整合，形成最佳决策。这样的决策，没有人能教。所以瑞文斯曾说：“谁拥有真实的难题，谁就是解决它的权威。”开放性的团队，拥有解决任何难题的能力。因此，由个人学习向团队学习过渡，是管理者培训趋向的必然选择。

第三，自我检测，深度学习。管理者是靠决策的执行效果来检测自己的学习能力的。管理者靠决策工作。管理者的最佳决策经历，是管理者身上最宝贵的财富所在。最佳决策往往不是来自很多信息，而是来自一条最重要的信息。

对管理者的培训，可以有三点借鉴：

第一，信息收集。培训师首先引导学员抛出工作中遇到的难题，难题蕴含着获得成果所需要的最饱满的重要信息。然后给各学习小组充分的时间进行研讨，将与难题相关的所有个人经验、经典案例、建议或质疑都风暴出来，集成解决难题的一切要素。

第二，决策优选。各学习小组形成解决方案，面向全体学员一一进行分享，全体学员对各小组的解决方案进行充分的讨论、桥接与整合，形成两套或三套差异化的最终解决方案。

第三，应用反馈。将所有最终解决方案付诸实施，过程中不断反馈，不断改进，并承诺在过程中学习。

能够驾驭这样课堂的培训师，最好是来自企业内部的资深人士，他能够在学员风暴信息之后，抛出自己的方案，供学员讨论、做选择。这不论是对培训师，还是对学员，都是一种自我学习能力的检测。有能力做减法的管理者，才是最优秀的管理者。处理信息，也是如此。在行动学习的课堂上，通常分三步走：第一步，发散思维，以信息数量取胜；第二步，做减法，只留下少量信息，甚至只留下一两个关键词做决策；第三步，形成解决方案付诸实施。整个过程中，培训师看似“无为”，实则“无不为”。这样的培训师，就是管理者培训最需要的引导师、促动师和催化师。

关于培训项目设计的对话

一次，我与几位老师在咖啡馆里聊天。

我们谈到培训项目设计。

洪老师：“可以按学员成熟度、知识成熟度进行二维矩阵分析，从四个象限中，可以分析和解决培训项目设计或课程设计的问题。”

我：“知识的成熟度是指什么？”

洪老师：“例如有答案、有标准的是高成熟度的知识。”

我：“让我来凭直觉判断一下四个象限的培训特点？”

洪老师：“好。假设学员成熟度为横轴，知识成熟度为纵轴。”

我：“第一象限是容易设计的，学习的难度也不大。”

洪老师：“这部分的设计重点是通过标准化将低绩效行为改善至高绩效行为，适合的学习方式是在线学习、翻转课堂、分享与复盘、在岗训练。”

我：“你讲得很棒！第二象限是告知式的学习，也不难。”

洪老师：“例如新员工学习标准化的岗位技能、老员工学习新的标准化技能。适合的学习方式是线上学习、面授、模拟操作、在岗训练。”

我：“第三象限是很难发生学习的培训，价值也不大。”

洪老师：“指无操作经验的学员去掌握没有标准化的知识。如传统企业如何进入互联网领域。从无到有，从概念到行动。适合的学习方式是专家分享、研讨、行动学习、复盘。”

我：“第四象限不仅是管理者学习的重要机会，也是企业规模化整理和经营内部经验的机会，从培训的角度来看，有很大价值。”

洪老师：“指有经验的学员学习没有标准化的知识。整个组织层面对内部知识没有进行梳理和总结。适合的学习方式是经验萃取、微课开发、行动学习、社群学习、复盘。”

段老师：“那老师为什么这么看重第四象限？”

我：“有答案、标准化的知识是容易掌握的，做培训设计并不难。没有答案、尚未标准化的重要知识，往往是散落在企业内部的个体优秀管理者的头脑里，没有萃取成为组织经验，它就像一个巨大的宝库，等待培训工作者通过课程研发或专题培训的形式开发出来。”

段老师：“这样开发出来的知识，就会成为有答案、标准化的知识。”

我：“是的，这样循环下去，培训工作者就不只是在传授知识，而是在生产知识。这样的行为，就是在做企业的知识管理。”

洪老师：“为什么说第三象限是很难发生学习的培训，价值也不大？”

我：“人是在经历中学习的。缺少相关实践经验的学员，面对没有答案、尚未标准化的知识，只能靠专家讲授，效果不会太好。”

洪老师：“缺少联结的缘故。”

我：“是的。同时，管理没有标准答案。有标准答案的管理知识，大都是较低层次的知识，且实际运用又会是另一回事。”

洪老师：“按学员成熟度、知识成熟度进行二维矩阵分析，目前还只是一种理论，应用效果因人而异。我们今天的探讨，更为贴近实际。”

我：“卢因曾说，‘理论才是最实用的’。这话其实很深刻。我经常说，轻视理论的人，是因为不会转化。”

洪老师：“怎样才能转化？”

我：“任正非说‘先僵化，再优化，后固化’，总要有一个过程。”

洪老师：“段老师怎么看我们今天探讨的理论？”

段老师：“以结果为导向的培训评估，要求培训设计与培训活动的全部环节和细节都要精致。从四个象限的分析中，能找到一些灵感。”

我：“不论哪个象限，培训师的语言模式很重要。否则，无论设计多么精致，都不会落地。”

段老师：“当与无基础、无经验的学员无法沟通时，就要接入对方的语言模式。这很考验培训师的语言功夫。”

洪老师：“从大的方面说，如何看待培训计划？”

我：“培训计划，只有神仙能做好。现实的情况是培训计划执行得越好，对培训的伤害越大。因此，考核培训计划完成率，是没办法的办法。”

洪老师：“为什么会这样？”

我：“我们前面探讨的培训设计，都相当于小的培训计划。小的培训计划若都做不好的话，大的培训计划当然做不出效果。”

改造我们的培训

行动学习的问世

国企中高层管理者的培训，一直是一个没有得到有效解决的大问题。这部分人的培训目标是什么？这要根据他们的三大迫切需求来设定：

1. 解决工作难题。
2. 优化心智模式。
3. 推动组织变革。

但很可惜，我们的培训产品一直以来都没有很好地满足这三大需求。

什么样的培训模式能够有效满足这三大需求？目前公认的答案是行动学习。行动学习恰恰在解决工作难题、优化心智模式、推动组织变革方面有着巨大优势。在普通学习方式下，学员只在事实层面说话。而行动学习，则更多在假设层面说话。

行动学习是20世纪30年代末至70年代初由英国学者雷格·瑞文斯在30余年的全球经理人培训实践中研究创立的，瑞文斯用如下公式进行描述：

$$L = P + Q$$

L代表学习，P代表程序性知识（即操作性知识，引申指理论经实践检验而生成的个人经验），Q代表洞察性提问。

行动学习的本质是群策群力，通过聚合企业或组织内部更多相关人的经验和智慧，解决复杂紧迫的难题。开展行动学习，要具备六大要素：

1. 由真实的员工组成开放性的团队。
2. 在催化师的引导下进行。
3. 重新定义真实难题。
4. 通过多轮研讨最终形成行动方案。
5. 在真实的环境中采取真实的行动去解决问题。
6. 团队成员承诺在整个过程中真实地学习。

行动学习自诞生之日起，就得到世界很多企业和政府部门的青睐，例如比利时政府、通用电气、微软、西门子、波音、杜邦、三星等。韦尔奇说："没有它，通用电气可能达不到今天的高度，它已是通用电气 DNA 的一部分。”

在中国，最早引入行动学习的是中组部以及一些富有开放精神和世界眼光的企业家。宁高宁先生在华润、中粮、中化任总经理和董事长期间，致力于推动行动学习。万科、招商银行、中国人民大学、北大光华等企业和组织也在开展行动学习中受益。半个多世纪以来多国的实践证明，行动学习有效地推动了企业的业务发展、领导力发展与组织发展。

令人焦虑的现状

令人焦虑的是，行动学习虽然在 20 世纪 90 年代就引入中国，但发展却很不均衡甚至遭受冷遇。究其原因，主要是有四个方面不能达到要求：

1. 行动学习的发起人通常要求是能够智慧地洞见行动学习的好处、给予决策性支持的企业一把手。

2. 行动学习的委托人应是坚定信奉行动学习的企业内部资深人士。

3. 行动学习的参与者通常应是发起人挑选出来参与到行动学习中的积极的、敏锐而正直的企业中坚分子或后备力量；

4. 行动学习必须有经受过严格训练的企业内部催化师。

于是，国企中高层管理者的培训真相一直被掩藏在按部就班的高大上培训活动之中：1. 学员并不清楚自己的真正需求；2. 老师以为他所讲的课程对学员一直很有效；3. 培训组织方一直认为一切都在他们的掌控之中。

这种状况在培训活动中的具体表现则是：

1. 以级别为标准划分培训对象。

2. 以贯彻会议精神为主线确定培训内容。

3. 培训形式则几乎全是排排坐满堂灌式的讲座，偶尔象征性地安排几次研讨也只是在重演工作中低效的会议模式，学员们表态发言了事。

理想的培训模式

国企中高层管理者的培训，应努力做到三点：（1）研发和构建由企业内部中高层管理者担纲授课的实战性课程体系；（2）推进行动学习；（3）实现培训的六化（岗位化、专业化、主题化、个性化、研究化、训练化）。

打比方来说，一个国企中高层管理者培训班假如为期一个月：

1. 学员构成不再以级别来划定，而是根据岗位、专业、主题来划定，例如这是一期主题为绩效管理的培训班，由经过挑选的具体负责绩效管理的各级管理者参加培训，确保岗位化、专业化、主题化。

2. 学习内容不再庞杂，而是专注于绩效管理的理论与实务，将常见为半天的课程延长为一天或两天，甚至核心课程可以设定为三天、四天，确保个性化。

3. 学习形式不再是一味讲授，而是加入大量行动学习，讲授式课程最多占半个月课时，行动学习至少要占半个月课时，确保研究化、训练化。

4. 师资不再是清一色的院校教授或部委专家，而是以企业内部课程为主，并且大量加入催化师，其中讲授式课程的师资比例，由企业内部中高层管理者担纲授课的实战性课程至少要占到一半，确保针对性和实用性。

为确保培训效果，对学员严格要求“三个带来、四个带去”：将工作难题带来，将个人案例带来，将重要建议带来；将老师讲的带回去，将学员们讲的带回去，将行动计划书带回去，为本企业基层管理者带去精彩的一课。

每个人都是自己的专家

行动学习者主张：自己才是解决问题的权威。美国培训专家托尼·斯托茨福斯说：“当我们面对别人的时候，我们不会比他自己更了解他自己。每个人都是自己的专家。我们面对的是一个有思想、有自由意识的生命。”可是尼采却曾说过：“离每个人最远的，就是他自己。”对此我是这样理解的：每个人都有了解自己的独特优势，可惜大多数人没有找到运用这种优势的方法。

国内培训界对作为学员的国企中高层管理者有一种说法：“披着一层厚厚的盔甲。”意指在培训中不易打开心扉、不愿参与研讨、不容改变观点。我本人从事国企中高层管理者选拔任用工作13年、从事国企中高层管理者培训20年，深知国企中高层管理者在培训中的特殊性，主要表现为封闭僵化的心智模式：习惯性防卫、习得性无助、下意识抗辩、自尊性解释、排斥性拒绝。因这种种心智特性，国企中高层管理者培训几乎可以独立成为一门新的专业。

而行动学习则正因为拥有大量优化心智模式的工具，所以可以推进行动学习，将使这种“不易打开心扉、不愿参与研讨、不容改变观点”的局面在很大程度上得到改观。瑞文斯十分推崇苏格拉底、亚里士多德、孔子和佛陀，认为他们都是行动学习的一代宗师。苏格拉底说：“我的母亲是个助产婆，我要追随她的脚步，成为精神上的助产士，帮助别人产生自己想要的想法。”

这几位宗师的相同之处在于都是善于进行引导式提问的高手。有效的引导式提问，有三大好处：

1. 使老师由专家变成伙伴，使学员由知识的索取者变成知识的探索者。

2. 使学员能够聆听到自己内心的声音、回放自己的经历，更加重要的是得到老师的尊重、理解、肯定和欣赏，使学员对自己的思考和行动更加自信。

3. 也能够使老师们减少告知答案的欲望，开始真正倾听对方的想法，因为倾听得越多，越会发现对方是多么有能力，只需几个有洞察力的提问就能使对方产生解决问题的办法——他们本来就很优秀，每个人都是自己的专家！

彼得·圣吉说："提问引发思考，告知引发争辩。"对学习伙伴最好的支持莫过于倾听，最好的挑战莫过于提问。当每个人都能够成为自己的专家时，也就能够回答沃伦·本尼斯提出的几个重要问题："你是谁？你想成为谁？周围的世界认为你是谁？周围的世界想要你成为谁？"而这对国企中高层管理者来说无疑是十分重要的。

行动学习的风险

任何活动都有风险，培训活动却似乎让人看不到什么真正的风险。其实不然，因为培养人是世界上风险最大的行业。在培训活动中，最大的风险来自培训机构与学员都脱离实践，学习活动不能够联系工作实际，且不愿对陈旧的培训模式和学习模式做出改变。以案例学习为例，管理学家明茨伯格说："MBA 是因为错误的理由用错误的方法教育错误的人，企业不应该雇佣 MBA 毕业生，因为教室和课堂无法培育出企业的领导者。管理是经验或者手艺、经营洞见以及科学分析三者的结合。哈佛商学院案例教学法只能训练人们对自己一无所知的事物妄加评论，企业的管理经验从被印刷成案例的那一天起就已经是过时的经验了。这种所谓的案例教学法很容易形成对问题的肤浅看法，如此一遍又一遍地重复，使很多 MBA 学生不是根据企业实际情况而是根据一堆'干净、漂亮'的数据来做决策。这样的教学只能促使管理者与他们所管理的事物之间明显脱节。"现在，越来越多的商学院和企业培训机构看到了这种案例学习模式的弊端，认识到现行的领导力课程与实践是脱节的。现代管理学之父德鲁克说："管理的本质在于实践。"可见，管理者培训不联系实际、脱离实践土壤、不接地气就没有生命力。

雷格·瑞文斯说："除非组织中有一些人在准备为行动学习而战，否则任何组织都不可能接受行动学习。"这个任务最适合由该组织中的资深人士来完成，而不是依靠外部专家。行动学习者应是温和的激进分子。行动学习的最终指向是制度、权力关系、结构、战略、核心价值观。行动学习的结果，是一种微观政治。行动学习就是要使学员从看不见的假设、习惯、先例、行政命令、高压意识形态的束缚中解放出来。这样的学习，当然会有风险。但是若没有风险，学习便没有意义。

行动学习有较高的失败风险，而传统培训则呈现一派平静友好得像在发放福利的和谐氛围。行动学习的这种失败风险，一方面来自学员所在企业或组织的官僚主义或僵化体制，另一方面来自学员旧有心智模式的抵抗。学员的接受能力不足，便会处在自我惯性的酣睡状态；学员的接受意愿不足，便会处在自我封闭下的装睡状态。有人说："你也许可以叫醒一个酣睡的人，但你永远无法叫醒一个装睡的人。"每个人都是一个信念集合系统，酣睡或装睡都是被限制性信念所催眠。处在或酣睡或装睡的两种状态下，人是无法学习的。面对高风险的行动学习，催化师要随时准备接纳失败，允许学员原地踏步或选择抵抗，内心只要识别清楚"这就是学员当下的位置"，便会放下焦虑，然后拿出耐心，灵活引导，静待花开。

因此瑞文斯认为以下这九种情形会扼杀行动学习："不是真心加入、没有真正的难题、带来的难题自己已经知道应该如何去做、对难题保持沉默而不泄露任何信息、很少出席活动、不采取行动、违反保密原则泄露成员信息、极力推销自己的主张、随意评价他人以显示自己的聪明。"因此，我们迫切需要培养大批能够"为行动学习而战的人"。

当务之急

就大中型企业中高层管理者培训而言，当务之急有三：

1. 尽快组织研发和构建由各所属企业内部中高层管理者担纲授课的实战性课程体系，为此应将培训工作负责人及研发人员列入首批重点培训对象。

2. 推进行动学习，为此应每年举办催化师培训班，由各所属企业从本企业内部优秀中高层管理者和培训机构中推荐学员。

3. 寻求建立大中型企业中高层管理者培训联盟，发挥各自特长，共建交流平台，取长补短，携手共进。

用企业内部实战性课程和行动学习改造中高层管理者培训，会带来影响的乘数效应，会极大地推动业务发展、领导力发展与组织发展，进而推进企业的长期健康发展。同时我们还必须减少对企业外部培训机构或咨询机构的依赖，正像瑞文斯说的："只有智慧的发起人、坚定的委托人和积极的参与者，才会减少职业顾问和外部权威的威胁。因为后者受个人利益的驱动，他们会使行动学习尽可能依附于收费专家。我们要努力在鱼龙混杂的行动学习市场保持清醒，在逆境中与志同道合者一起相互学习。没有精英可以出手拯救我们。"

培训研发的难点与要点

培训项目研发与课程研发的两大难点：

1. 选人。就是选择研发者，也就是选择授课教师，很难选准。通常人事部很难胜任。少数人选人有优势。选人的标准就一句话："岗位实践极其出色。"虽然只一句，但不易落实。选对人，成功一大半；选不对人，则100%失败。

2. 接受培训理念。研发者要接受当今最先进的培训理念。这还是很难的。连优秀的管理者都花了很长时间来理解，其他人又怎么能轻易地接受呢？

培训项目研发与课程研发的五大要点：

1. 首先要给研发人员讲清楚：什么是管理和管理者、学习是怎样发生的、何谓内训师、培训的趋势。

2. 正式研发开始后，第一步是讲案例，单纯只是讲案例，不去做任何整理或定义。

3. 当大量案例呈现之后，才进行第二步，回答几个问题："这些案例怎样分类？""为什么这样分类？""这样分类是想做什么？""怎样给分类后的各组案例起名称？""各组案例的名称可以转化成怎样的一个培训项目？"这样的培训项目应该有什么样的课程？""谁来备课？"

4. 备好的新课，只能是讲案例，学员讨论案例，培训师回应学员的各种问题，带出学员的相似案例，用案例、数字、大家之言佐证。一般不允许过多地在课件中引经据典地讲理论。

5. 决策者要放手让专业人员去做研发，不要干涉。

自问自答

曾问过同事三个问题，同事感觉很有力量。

深夜，自己尝试回答那三个问题。

第一个问题："你是怎样学习的？"

我想了好一会儿，回答："第一，全身心投入地做事，是使我收获最大的学习方式。特别是对待工作，我从来是全力以赴，从中悟出很多道理，我判断自己至少有一半的经验和能力是这样获得的。第二，对每次经历过的事情，无论大小，我都会总结。重要的事件哪怕过去多年，我也会时时拿出来反思，这已经成为我多年来的习惯。第三，读书，这对我很重要。阅读经典著作，要反复阅读才有效。对有的著作，十几年间我至少读过40遍。我对重点阅读的书籍，从来是要通过身体力行、反复实践来消化的。第四，就是参加专业性的培训。从优秀老师和同学那里获取知识和经验。第五，交友。我愿意结识那些有情趣的、有学问的人，长期交好，成为一生的朋友。"

第二个问题："你对自己了解多少？"

回答这个问题使我花费了很多时间，很多的念头闪过，我这样回答自己："年轻的时候，我绝对相信自己对自己的判断，且不屑于探知他人对自己的印象。但过了50岁之后，我对自己的判断，往往与他人对自己的判断不同。我对自己的评价，只是一个爱思考、执着而勤奋的普通人而已。可一直以来，很多同事和学员对我的评价却很高，这很让我汗颜。不过，我一直有一种预感，自己的很多能量并没有被开发出来。急不得，也许真的要靠机缘，而不是单靠勤奋能做到的。"

第三个问题："这是基于什么样的假设？这些假设是否被测试过？"

第三个问题一下子蹦出来，吓了我一跳。我认真思考了一番，回答："我只能猜测，这个假设已潜伏在内心深处很久很久，也许与生俱来。当然也就从未被测试过。不过，我高度怀疑这个假设是在经历当中积累出来的信念，来自一步一步的成功。而那些成功，来自预见和基于这种预见的坚定执行。我从没怀疑过自己的预见。"

夜深人静的时候，管理者需要自充教练扪心自问。

未来最重要的组织能力

每每在学院餐厅，同事们围坐圆桌就餐，常使我思考一个问题：就企业大学自身来讲，何谓团队？

瑞文斯曾说："没有研究就不要轻易进行实践。"

这话只读一遍，便刻骨铭心。

西方有学者研究：学习者之间不发生经验联结和意见交互的学习，是一种单环学习，虽然也可以建立和执行方案；学习者之间深入合作的学习是双环学习，可以更好地建立和执行方案；学习者在团队中能够进行自我反思和自我觉察的学习是三环学习，会生发无限的变量，吸引无限的能量。

我预测，团队研究能力是未来最重要的一种组织能力。这种团队研究能力，完全基于每个人在团队中能够进行自我反思和自我觉察。

世界是被感知的世界。对一个人来讲，倘若无自我反思和自我觉察的能力，则在他眼中只有自己，并无他人。对一个组织或团队来讲，倘若无基于自我反思和自我觉察的研究能力，则任何技术、任何机会、任何变化都仿佛并不存在一样。

我相信，未来最紧迫的培训不是解决当下遇到的问题，而是解决未来将遇到的问题。那么，如果一个团队缺乏基于自我反思和自我觉察的研究能力，这个团队将失去未来。

意愿度与学习力成正比

课后常常与同事探讨的问题，就是关于学员的状态问题。

库尔特·卢因说："主动学习要比被动学习更有效率。"

面对同一情境，如果有人说："这不是很糟糕吗?"而另一个人却说："这不是很有趣吗?"你会对这两种截然不同的思维方式产生怎样的感觉？你会更愿意跟谁相处?

意愿度，本质上是接纳世界的程度。

学习力，本质上是改变自己的能力。

前者向外行走，后者向内行走。

倘若愿意接纳，改变便会发生。

但对管理者或培训师来讲，下属或学员永远是对的。

这便是管理学、教育学最神秘的所在。

戴维·梅里尔说："动机只是学习的结果，人生来是好学的。"这话太深刻。若无条件地以这句话为假设，将倒逼出管理者和培训师的一种顶尖的核心能力：培养下属或学员的正向而强烈的意愿。

我们其实有很多机会接近智慧和真理，就是当自己想事情一筹莫展、做事情束手无策的时候，应该自问："我这样想（或这样做），背后的假设是什么？"

这需要具备反思的习惯和能力。

需要长期有意识地培养。

可是，怎样才能有效地培养自己进行反思呢？

首先，学习在客观层面进行反思。例如：这件事情的内在逻辑是什么？如何进行科学分析？可行性方案是什么？完善的行动计划有什么特点？谁最在意这件事？这会给组织或组织外部带来怎样的改变？什么是最重要的？

其次，学习在主观层面进行反思。例如：这件事对我的意义是什么？这将怎样影响我与他人的关系？我的责任在哪里？我不能失去什么？我不能接受什么？我本可以更好地做好哪部分？我擅长做什么？我喜欢做什么？我最终想要的是什么？为此我应该学习些什么？从哪里才能更好更快地学到？我想成为什么样的人？

最后，学习在关系层面进行反思。他（领导、下属、平级的同事、客户、家人、朋友）是怎样想的？谁是第三方？谁将受到重要影响？我与他人是什么关系？我与组织是什么关系？我与外部世界是什么关系？他最需要我做的是什么？我要做什么才能帮到他？我怎样才能得知？

教练型管理者应具备的三项能力

一次同事问："你常讲管理者要成为教练型管理者。那能不能只用三句话告诉我，教练型管理者应具备什么样的能力？"

这是个好问题。

第一项能力，是接纳的能力。

成为教练型管理者，要学会接受他人，甚至要学会对某种沉默、对抗感到舒适。不急于改变对方，允许对方待在那儿、慢慢发生改变、自己找到方向或答案。对不符合自己想法的他人的想法，不仅不要轻易提出批评意见，还要鼓励对方尝试。

第二项能力，是提问的能力。

提高提问的能力，有三个途径：

第一个途径，确定提问的前提。提问的最佳前提，是假设对方完全没有问题，完全有能力解决自己的问题。特别是对待下属，教练型管理者应视对方有解决问题的一切办法和资源，坚信对方没有问题！此种假设，会帮助管理者生发出无穷无尽的智慧与能量，同时也会赋予对方无穷无尽的智慧与能量。

第二个途径，对提问适度包装。提问的最好包装，是略作夸张地赞美对方。无论对赞美者还是对被赞美者，都会改变人的大脑，使脑神经元之间的联结更加强化和有效，使突触之间传递着的情绪分子更加活跃且充满能量，并由此改善人的自主神经系统、免疫系统、内分泌系统。赞美会使人的身心更趋协同。赞美是成本最低的、技术含量最低的、最大最有效的激励人的方法。赞美将使沟通双方充满机会和希望。

第三个途径，增加提问的力量。提问的力量，来自中正、洞察性和隐喻。中正，就是不带有评判地提问，也不直接给建议，更没有指导、指责、劝告、质疑和批评。

成为教练型管理者，下列句子值得学习：

“我知道你是一个很有想法的人，因此我很想知道你是怎样看待的？”

“我很感兴趣，这件事情若换成你来做，你会怎样做呢？”

“我知道你已倾尽全力，我相信你一定会成功！你需要我做什么？”

“我相信这件事情你才是最合适的人选，你愿意接受这项任务吗？”

“这件事只有交给你，我才放心。怎么样，来施展你的才华吧？”

“首先很容易做到的一步是什么？”

“我怎样做才能帮到你？”

“你的成就会影响到谁？”

“未来什么时候，你会实现这个目标？”

“请想象一下，成功后的景象是怎样的？”

“那个时候你会是谁？”

这些句子的特点，就是保持开放、欣赏、好奇、无评判、无告知、坚持成果导向。若能够在不同的场合下适当地配合以不同的语调，例如魔法师、真朋友、智慧长老或钢铁战士的语调，则会更加彰显威力。

第三项能力，是转化的能力。

接纳是基础，提问是促动，转化是目的。对中高层管理者来讲，怎样学习教练技术？其实，接受知识性课程的意义并不大。最重要的在于应用、在于实践。

套用“在战争中学会战争”的句式，就是要在提问中学会提问，在接纳中学会接纳，在实践中学会实践，在教练中学会教练。而转化，就是实践的精髓。否则，实践就像农人的苦苦劳作，但播种的却是没有生命力的种子。

评估教练的效果，在对被教练者的访谈中有两句提问很有效：

“教练向你转化了什么？”

“你自己能够向工作转化什么？”

又一次关于培训项目设计的对话

关于培训项目设计，我经常与同事探讨。

同事：“您最近在思考些什么问题？”

我：“前几天在冬训的时候不断走神，关于培训项目设计产生了一些想法。”

同事：“说说看？”

我：“首先在用语上，要区分培训项目设计与课程设计这两个概念。”

同事：“如何区分？”

我：“培训项目设计是指针对某个主题、某个层次、某些学员的整体学习设计，课程设计只是对某一门课程的设计。在用语上规范，还是有必要的。马虎地混用并不适当。”

同事：“还有呢？我想知道重点是什么？”

我：“专业做培训项目设计的部门，重点在于搞研发，至少要用六分的精力搞。研发的重点有两个：一个是将企业内部的管理专家、技术专家和技能专家成批次地逐步培养成为企业内部的兼职培训师，另一个是将企业外部的课程内化成为有本企业特色的课程。”

同事：“还有呢？”

我：“然后，用三分的精力将这些课程投放到培训活动中去，逐渐形成特色培训项目，这是一个摸索和完善的过程。”

同事：“剩下的一分精力做什么呢？”

我：“做交付，将这些成熟的项目和课程交付出去，给更多的企业共享。至少要交付给本机构具体负责组织培训活动的部门，由这些运行部门根据实际情况再进行调整和使用。”

同事：“关于项目设计，还想到些什么？”

我：“需求，界定需求。”

同事：“这是个大问题，有什么想法？”

我：“需求不是调研出来的，也不是分析出来的，而是干出来的，是创造出来，是重新发现的，甚至是教育出来的。”

同事：“我该怎样理解，是引导需求吗？”

我：“我们所得到的组织需求，常常从普通的工作人员那里得到，这其实差得很远。企业里真正懂得组织需求的人，是少数人。这少数人主要分布在高层，也有些在中层和基层。分布在高层的是做重要决策的人，他们所认知的组织需求很精准，但却常是概括性的、抽象的，甚至有些模糊。分布在中层的执行者，他们所认知的组织需求很聚焦，但正因如此，也常是过于关注某一方面，不够全面。分布在基层的操作者，他们所认知的组织需求很实际，但却常常过于朴素、具象、碎片化和急功近利。”

同事：“那不就得靠分析吗？”

我：“可事实上，那些分析并不可靠。”

同事：“那什么是可靠的？”

我：“没有理论上的可靠，只有实践上的可靠。”

同事：“怎么讲？”

我：“优秀的培训项目是在反复的尝试中确定下来的，但定型下来不久又需要调整和改变。这恐怕是管理者培训的规律。”

同事：“创新才是常态？所以您强调要做研发？”

我：“是的，精力分配成6：3：1。”

同事：“我想知道，需求到底从谁那里得到？”

我：“参与研发的人们那里。”

同事：“具体是哪些人？”

我：“企业内部的管理专家、技术专家、技能专家和外部老师。”

同事：“用什么方式研发？”

我：“行动学习的方式。”

同事：“用什么形式呈现课程？”

我：“行动学习。”

同事：“讲授的部分呢？难道不再传授系统化的知识吗？”

我：“当然需要，只是镶嵌在行动学习里面。”

同事：“那么，如何确定学员需求呢？您前面只谈到组织需求。”

我：“往往通过现有手段得到的只是学员个人感兴趣的、较少与工作难题相关的、常替上级操心的或只是替家人关心的内容，很少能够得到学员自身关于解决工作难题的需求，更少得到从组织或行业发展的角度提出的解决自身工作难题的需求。这对项目设计的帮助是远远不够的。从锦上添花的角度，学员个人需求也可以兼顾。”

同事：“兼顾？那么，对组织需求呢？”

我：“从雪中送炭的角度，组织需求应尽可能满足。这并不难。并且，很多时候，我们得到的组织需求，除去空洞的部分，标准也并不高。”

同事：“专业的培训项目设计部门，采用什么样的管理模式？”

我：“自主管理。”

同事：“我听到很多人谈到自主管理，究竟什么是自主管理？”

我：“自主管理的精髓，我概括为六个字：‘我愿意’‘我能够’。”

同事：“就项目设计这件事而言，如何进行自主管理呢？”

我：“部门内部每个人没有严格的分工，所有项目设计的任务张贴在电子墙上，领取任务的方式就是揭榜，任何人可以选择任何一个任务。揭榜后，揭榜人有权启动意向会议，听取他人意见。然后，进行自主设计。最后，再将设计张贴到电子墙上，进行合议合审，获得2/3赞成票即通过。”

同事：“对人员揭榜的顺序有要求吗？”

我：“最初可以有，譬如按入现部门的资历，由浅入深确定顺序。”

同事：“遇到没有人揭榜的任务，怎么办？”

我：“规定额度就可以，确实没有人揭榜的任务，由部门主管完成。”

同事：“自主设计中，设计人员需要沟通的对象有哪些人？”

我：“主办方决策者、业内专家、授课老师、真实的学员代表。”

同事：“从工作原则或方法的角度讲，设计者要注意什么？”

我：“聚焦。”

同事：“什么意思？”

我：“课程总体数量要少，每门课程内容要少。少则得，多则惑。”

同事：“做减法？那什么做加法呢？”

我：“行动学习，要逐渐做加法。”

同事：“重在解决问题？”

我：“是的。在解决问题中学会解决问题，这是培训的目的。”

同事：“除了聚焦，还有什么？”

我：“流程。我指的是课程的内容要采用什么样的流程去呈现。”

同事：“这也是项目设计者要做的事情吗？”

我：“是的。因此设计者需要与授课老师沟通授课流程。”

同事：“也是前面提到的，用行动学习的方式呈现？这很难做好啊！”

我：“很难做好，但要做好。”

同事：“聚焦、流程，还有呢？”

我：“评估。”

同事：“设计者还要负责评估？”

我：“是的。在进行项目设计的过程中，不停地尝试回答这个问题：‘我如何得知项目效果？’将自己对这个问题的所有回答，都记录下来，再转化成保障效果的措施。”

同事：“项目评估通常不是另有团队来做吗？”

我：“那是另一件事。当事人自己必须做评估，自己留用。”

同事：“聚焦、流程、评估，还有呢？”

我：“前面讲过的，就是沟通。”

同事：“与主办方决策者、业内专家、授课老师、真实的学员代表沟通？其中，需要注意的是什么呢？”

我：“全程听课。”

同事：“设计者要全程听课？这很难做到啊！”

我：“很难做到，但必须做到。并且，同一门课只听一次还不行。”

同事：“这真的很重要吗？”

我：“相当重要。听课的过程就是预先设计未来项目的过程、评估类似项目的过程。这是反思和前瞻的重要机会，不可错过。”

同事：“最后一个问题，我怎样才能确认您讲的就是对的呢？”

我：“先假设是对的，然后根据效果来验证这样的假设是否可以继续使用。你当然可以质疑，但质疑是为了更好地思考前面那个问题：‘假设它是对的，我该如何做呢？’”

同事：“好像这才是我要问的最后一个问题：‘为什么一定要假设是对的呢？难道不可以假设它是错误的吗？’”

我："当然可以，你当然可以假设它是错误的。只是，假设什么是错的，对行动者来讲没有任何意义。"

只有今天最接近明天

未来的组织形态究竟是什么样子的？在很长的一段时间里——差不多有三年，我经常与培训界的朋友们在线上读书会里探讨这个话题。

我："从事培训工作的人，首先应该将自身推向未来组织形态的工作状态，这样才可能引领和推动他所服务的组织的自身形态的进化。而对企业大学来讲，探讨未来的组织形态这个话题的重要性还体现在：企业大学只有首先将自身推向未来组织形态，才能引领和推动企业组织形态的进化。只有行动最接近成果。因此，只有今天最接近明天。"

刘老师："同意。一点一滴地推动，从此刻此处开始。"

我："每个人都希望能够自主管理自己的工作，在这份工作里实现梦想和价值。这是自主管理必然会成功的基础，也是自主管理的前提，更是自主管理的意义。在国企的各种组织中，推动自主管理的挑战性非常强，非常值得去实践。每个现代人都需要在工作里安顿灵魂，这是最深层次的安顿。我个人的实践感受是，行动学习可以通过解决难题来优化心智模式，或者通过优化心智模式来解决难题，至少不再制造难题。每个人都有其天赋，这种天赋是隐藏的，需要时间让其开花结果。当他获得尊重的时候，就获得了开花结果的最重要的外在条件。"

刘老师："能跟当下自己的组织模式联结很重要。所有的存在一定有其合理性。要真正解决去向哪里的问题，不能好高骛远，要从看到当下的合理性开始。我也是在实践中尝试去联结当下，才体验到个中滋味。比弗雷德里克·莱卢先生在《重塑组织》这本书中聚焦于研究组织的价值观、实践与架构，他提倡'优雅而简约的工作方式'。这种工作方式令人向往，如今在很多组织中已经可以看到。"

我："在课堂上促动这种联结，是培训师的工作，也是一份幸运。培训师通过传递能量的方式，来汲取更丰富、更接地气的能量，他会在每一堂课中汲取到远丰盛于他传递出去的能量。培训师通过成就自己来成就他人。这只有在促动联结中才能做到。”

吴老师：“刘老师提到的那本书中讲‘人类的意识的六次转变’，分别是：‘原始的、部落的、传统的、理性的、多元化的、整合的’，对认识未来的多元与整合，很有启发。书中对个人与集体的内在与外在有一个象限分析，从四个维度的交汇中认识组织，会有很有趣的发现。”

我：“如果再加入现在与未来两个维度进行分析，会更有趣的。”

吴老师：“如果从这六个维度来分析，需要很长时间，值得细细讨论。不过，四个维度的分析已经很复杂。个体外在的行为层面，常是个人主义行为，成员为了完成目标而走捷径；个体内在的信念与心智模式层面，人的驱动力源自金钱和认可；集体内在的组织文化层面，属内部竞争的文化，推崇个人成就高于团队；集体外在的架构流程做法层面，是自上而下的目标设立，进行个人激励。这样分析下来，结论并不乐观。看来组织的进化，改良与革命都需要，两手都要硬。”

我：“个体外在的行为层面，需要尊重与引导；个体内在的信念与心智模式层面，需要保护与发掘；集体内在的组织文化层面，需要开展行动学习进行改良或革命；集体外在的架构流程做法层面，需要组织的一把手拿出魄力与决断，进行渐进式与急进式相结合的改革。”

吴老师：“大前提应是将人本身看作宝贵的资源。”

我：“这让我想起美国20世纪30年代有一位奇人，人称‘无害的怪物’，叫理查德·巴克敏斯特·富勒，他设计过一天就能造好的超轻大厦、能潜水也能飞的汽车、拯救城市的金刚罩、球体建筑，今天风靡世界的轻质圆形穹顶建筑、低碳概念、最大限度利用能源与最少结构提供最大强度的理念，都源于他的思想。他有一个极好的隐喻，地球是一艘太空船，人类是这艘太空船的宇航员，以时速十万公里行驶在宇宙中，必须知道如何正确运行，地球才能幸免于难。他说：‘与既有的现实斗争，你永远不能改变什么。想要改变，就建立一个全新的模式，让现有的模式变得过时。’这算革命吗？他这句话对我们思考未来组织形态很有启发。也许正因为富勒过于革命，他的价值半个世纪后才被人们认识到。”

吴老师：“德鲁克说过，‘在动荡的时代里最大的危险不是变化不定，而是继续按照昨天的逻辑采取行动’。爱因斯坦说，‘用当初产生问题的同样的意识水平是不能解决该问题的’。改良不能解决革命才能解决的问题，富勒的价值早晚会被认识到的，什么时候都不晚。”

刘老师：“世界观、价值观限制着我们对未来组织模式的思考。”

我：“然而，这一切都可以改变。只有相信可以改变，改变才会发生。人类学家玛格丽特·米德说，‘永远不要怀疑一小群坚定的人能改变世界。实际上，世界一向是由这些人改变的’，但改变必须有意义。有一位作家叫埃里克·巴特沃斯，他在《不变的生活》一书中讲述了一个故事。说有两个人，一个富可敌国但身体虚弱，另一个身强力壮却贫困潦倒。富人羡慕穷人的健康，穷人梦想富人的财富，两人都愿意付出一切代价来换取自己所缺少的东西。一位医术高明的外科医生听说两人的遭遇后，给这两个人做了脑移植手术，把他们的大脑相互替换。于是，富人拥有了健康，穷人得到了财富，皆大欢喜。这样的改变其实没有意义。埃里克·巴特沃斯说，‘所见非所信，所信即所见。你所看见的，不是事物的原貌，而是透过了你自身的镜头’。未来组织的形态，其实就是现在组织形态的某种折射。所有关于未来的描述都是从现在出发的，都是在今天获得灵感的，都是已经出现的某种事物的放大或猜想。”

刘老师：“未来组织，应该是能够创造出灵魂的工作场所，人们的天赋能在那里开花结果且自身使命获得尊重。意义疗法创始人维克多·弗兰克说：‘现在的人们越发有办法活着，却越发不知道为什么活着。’”

我：“未来组织要用有意义的工作方式，获得有意义的成果。最有意义的工作方式，在培训界来讲就是工具。有一位研究互联网社会和经济影响的美国作家，叫克莱·舍基，他说：‘如果你接纳了一种工具，也就意味着你接受了潜藏在这种工具内的管理哲学。’工具的背后，是哲学在支撑。在培训界，工具一向好学难用。用不好工具，是哲学底蕴不足。对培训师来讲，哲学是一项‘站桩功’。如果我们选择了一种工具，就必须理解这个工具背后隐藏着的哲学。”

刘老师：“美国还有一位畅销书作家，叫韦恩·戴尔，他说：‘当你改变了看待事物的方式，你所面对的事物也就改变了。’未来学家约翰·奈斯比特说：‘二十一世纪最激动人心的突破不会来自技术，而是源于对生而为人的意义的更加开阔的理解。’当我们为人生设立的目标与内在的深层自我毫无关联的时候，当我们戴着面具想努力成为他人的时候，我们就无法汲取到内在的丰沛自我的力量。”

我：“关于未来，AI是最激动人心的技术。但是我在想，AI能够对‘生而为人的意义’有更开阔的理解吗？AI的目标是完成指令，这方面它做得很好，远胜人类。可是有一种指令连我们人类自身都无法解读，那就是我们内在的自我力量，而这份力量必须在你设定的目标和内在的深层次的自我有关联的时候才能得到。所以，抬头仰望星空，俯首看清内在的道德法则，才有可能获得这份指令吧。”

吴老师：“当把生命看作一场迈向自己真实本质的旅程时，我们就能更加温和、更加实际地看待自身的局限性，并且能与它们和平共处。生命并没有要求我们成为异于自己内在的任何模样。我们可以试着少关注一些身边的人或环境的错误与缺失，而将注意力转移到当下有什么美好和有潜力的，我们能够用同理心和欣赏来代替评判。”

我：“可是，我们每个人还是存在那么多的局限性。我想自主管理，就是要实现与这些局限性和平共处，使局限性成为帮助我们借此看清自身美好的必不可少的一部分，使自己成为一个整体。”

刘老师：“那就是身心完整。支持个体成为完整的人，这是自主管理中的一个很有魅力的部分。不再把人割裂或分离，尝试发展个体的完整性。当生命过程被视为一场探索之旅时，我们便能够学会更加优雅地面对生活中的挫折、错误以及障碍，并且逐渐产生出一个深刻的领悟：并没有所谓的‘错误’，有的只是一份体验，它可以指引我们去了解更深入的关于自己和关于世界的真相。”

我：“接受自己，我们才能优雅简洁地面对自身的局限性、遭遇的挫折和出现的错误，同时保持进化的状态。”

刘老师：“身心的完整、进化的使命、自我管理，这三个部分缺一不可，要有机地联系在一起，才会成为先进组织。任何一个部分实现不好，自主管理都是不可持续的。”

我：“前面谈到天赋，所以后面我们可能会得出一个结论，就是相信他人。对他人的错误抱着宽容的态度，允许他人自己修正，并有机会分享心得。”

刘老师：“相信人是可以进化的。”

吴老师：“能创造承载这样空间的人，就可以创造自组织的土壤。”

我：“如果每个人都相信他人，同时每个人又都会各自有挣扎的话，为什么不把它放在团队里公开进行呢？那可能会让我们更加温和与能够放下。温和地看待自身的局限性，放下纠结，然后把注意力转移到当下，看看有什么美好的和有潜力的事情要去做。”

刘老师：“这需要以团队的安全空间为基础，并且有长期这样做的准备。否则开放却没有空间承载和生发，带来的伤害会使人更加封闭。自主管理是一个真的需要很认真面对的课题，是一个系统工程，内在要真的准备好，然后又在可以一点一点渐进的状态下，从小系统、小项目、小业务开始体验，或者也可以从大系统层面植入，使团队中的成员们都可以结合自己的系统来操作。”

我：“非常认同刘老师的看法！爱因斯坦说：‘直觉是一种神圣的天赋，而理性则是位踏实的仆人。’然而，今天的人们却创造了一个崇尚仆人而忘记天赋的社会。我们每个人需要做的是让仆人携手天赋共同为自己服务，这样才能成就个体。德鲁克说，组织是社会的器官。如果组织能够促动组织内的每个成员都有机会使仆人携手天赋共同为自己服务，那么整个社会都会在更高层面上修复我们与生命及与大自然的破碎的关系。”

吴老师：“我刚才脑子里还在想你前面讲的穷人和富人的故事。”

刘老师：“我也是，几次在想那个故事。生物学家证实，近十万年时间的进化把人类大脑培养成故事结构思考的器官，所以人们通常并不拒绝讲故事，甚至可以说更偏爱讲故事。故事的本质是一种催眠。心理学家约翰·伯顿在他的《催眠语言》中说，所有的沟通交流都是邀请对方进入一个催眠的恍惚状态。”

吴老师：“诺贝尔奖获得者赫伯特·西蒙说，随着信息的发展，未来有价值的不再是信息，而是注意力。英特尔前总裁格鲁夫也说，整个世界将会展开‘争夺眼球’的战役，谁能吸引更多的注意力，谁就能成为二十一世纪的主宰。自古以来，讲故事就是一种引发注意的重要方式。”

我：“好莱坞的老牌编剧罗伯特·麦基说，故事的力量超出了人们所认知的范畴，逻辑难以使人信服。当你在论述观点时，听众们忙于在脑中与你争论。即使你成功地说服了听众，也只是基于知识层面的认知，人们无法受到理性行为的启发。”

吴老师：“自主管理会使每个人都活在一个无限长的美好故事里。”

耐心的背后

在微信里有时会发生沉静而深入的探讨。

老同事：“最近有新课吗？”

我：“嗯！刚授课回来。‘人性与管理’，对方订制的新课。”

老同事：“订制吗？备课用了多久？”

我：“三个多月。我说我本人没有这门课，高校应该有老师讲。对方说董事长坚持要请在企业里干过的人来讲，就找到我。我说需要三个月，对方说可以延期办班来等我。但还是错过了第一期班。”

老同事：“学员反应怎样？”

我：“课间学员说‘这课太好了’‘应该给更高层领导听’‘比高校老师讲得

好’‘案例真好’‘亲身经历更吸引人’。”

老同事：“企业肯花三个月等，这份耐心就可贵。”

我：“想想在课堂上三个小时真的会影响到很多人，其实即使影响到一个人，也是足够的。因为那是一个‘人’啊！”

老同事：“你肯花三个月为一个企业备课，这份耐心也可敬。”

我：“我的44门课程大都是这样出来的，往往只上过一两次。”

老同事：“有这样的效果，上一次也值。”

我：“嗯！对自己更是一份沉甸甸的学习上的收获。”

老同事：“可我要做的很多事情，处长都不同意。”

我发上一张图片：火红的树林，火红的晚霞，铺满火红落叶的路。

我：“想想看，假如生命是过成这样的话，那处长又算什么呢？”

老同事：“你的坚定，常人难以企及。”

我：“虽然这几年一直在培训道路上孤军奋战，但是对自己还算满意。我的原则是绝不投降。即使是一个人，也要坚持走到底！干到退休。然后开始新的生活。再有五年就退休了，所以我现在的时间都拼命花在授课和研究上。”

老同事：“退休后不搞培训了？那很可惜。”

我：“这么多年来，我个人的兴趣都一直在给事业让路。”

老同事：“这是你那代人的标志性的烙印，忽略了生活。”

我：“我把工作过成了生活。培训就是我的养生之道。”

老同事：“这种理念已经浸透在你的每门课程里，成为一道风景。”

我：“上周给一个企业内训师班讲课，学员和班主任说我给他们的印象是‘经历过后的气定神闲’‘语速恰好使人有空间思考’‘当即改变了几个长久存在的错误的观点。’”

老同事：“什么观点？”

我：“哦，我当时问了，对方说‘例如一直以为选择内训师的标准是理论水平高、表达能力强、岗位经历丰富呢！’”

老同事：“这认识太普遍了。”

我：“嗯！他们在课堂上的眼睛炯炯有神，放着光。”

老同事：“懂！慈悲心，这是你授课风格的核心。”

我：“我常常想，佛家还讲‘救人一命胜造七级浮屠’呢！做培训就得有这种慈悲心肠。我感觉自己讲课，就是在积德。怪不得治疗我失眠的那位居士说‘身在公门好行善。你行善比我方便，我一天治好一个，天天治，一年才365人，你一年多少人听你课？更何况那些人都是领导！又会影响多少人？”

老同事：“坚韧直行，使你走到今天。”

我：“我哥哥曾经对我有个评价‘无他，唯自律与勤奋耳！’”

老同事：“我刚才一直在想，其实耐心的背后，是慈悲心。”

团队的力量

在线上读书会，经常探讨一些前沿的话题。

我：“马斯克说运用物理学第一原理将事物拆分到最基本的实质，是探索未知的唯一有效方法。类推提供了捷径，但无法知道什么是真正正确的、什么是真正可能的。类推看上去很有说服力，但用于创造，只是传说。”

刘老师：“我也听到过马斯克的这段话，很有名。”

我：“对马斯克这段话，我非常赞同。团队的力量，往往产生于运用第一原理的能力。在行动学习中，倡导要努力将事物拆分到最基本的实质，反对过早类推。过早类推是一种可以称为‘领导病’的病。”

刘老师：“‘领导病’看起来像是‘系统干扰’。”

我：“是的，并且是来自高层的干扰。”

吴老师：“它还像是什么？”

我：“其实就是评判，瞬间做出的。”

刘老师：“缺乏顺畅互动就会形成干扰。”

我：“是的，因此马斯克说，教学应该以问题为重点，而不是以工具为重点。大脑的进化方式是记住与我们相关的事物，所以学习过程中要注意建立相关性和重要性。”

刘老师：“结合痛点问题进行。”

我：“他还说，自学比在学校的正规学习要快得多，看书也比听课快。这与瑞文斯的观点非常相似。”

吴老师：“行动学习也不是万能的。”

我：“你说得对，因为没有什么是万能的。丘吉尔说民主是‘最不坏’的制度。我看行动学习至少也是‘最不坏’的学习方式。”

吴老师：“在行动学习中，真正要达成共识很困难。”

我：“为什么一定要达成共识？行动学习不是开会。会议要达成共识，行动学习要呈现各种可能。好的行动方案往往来自两个相反意见的方案，经整合而成。”

刘老师：“所以各种会议要改进。”

我：“平时开会所形成的常规化共识，那个形成过程其实已经成为一把手的小我的暴政，稀释了组织的责任，这样会慢慢耗尽组织的能量。”

吴老师：“行动学习有分化团队的风险。”

我：“是的，而且风险很大，还不止于此呢！但分化之后才有区分，管理不就是作区分吗？何况只有挣扎才能带来分化，过程中团队有挣扎是正常的，挣扎才能带来学习，才会发展出坚韧的深沉的团队意识。引导师要勇敢地让团队自己做决策。即便他相信自己知道更好的解决方案，他也只在事后帮助总结。引导师要信任团队，要相信团队拥有解决问题所需的全部能量和资源。”

刘老师：“要战胜自己很难。”

我：“团队成员必须很愿意发现自己的想法在团队中被证明是片面的。”

吴老师：“于是，几乎所有的问题都能在内部找到答案。”

刘老师：“那仿佛受到召唤，由内而外地生长。”

吴老师：“团队成员必须拥有无可置疑的提议权利。原则上，组织中的任何人都可以做任何决定。但在做决策之前，他必须向所有可能会受到该决策影响的当事人以及擅长该决策事项的人寻求建议。”

刘老师：“信任会给个人和组织带来能量。”

吴老师：“X 与 Y 理论都是对的，因为人们会适应规则以使规则制订者得到验证。”

我：“这样说来，进化中的人有可能是制度的产物。”

刘老师：“无论你对人性的根本假设是什么，他人对你言行的回应将会验证该假设。”

吴老师：“组织内解决冲突，要有流程。先尝试私下解决，若不能达成一致，则指定一位共同信任的同事作为调解人。若调解失败，则召集一个相关专题小组，增加道德砝码以促成结论形成。最后一步，邀请组织内最高决策者加入小组，以进一步增加道德砝码。”

刘老师：“我看到在很多组织，都有类似流程。”

吴老师：“对提议也有流程管理，先由提议者陈述，成员提出各种问题后，由提议者进行澄清、回应和修正，成员进一步提出疑问，再由团队进行意见整合。”

刘老师：“很多组织还每两年要重新申请职位。”

我：“这很有趣，值得借鉴。”

吴老师：“丹尼尔·平克在《驱动力》中说，在当今日益复杂的工作环境中，激励基本上只是起负面作用，不仅不能提升反而会降低员工的绩效表现。”

刘老师：“是这样的，我看到很多这样的情况，很多组织都远离了激励机制，并且几乎所有的组织都开始放弃面向个人的激励。”

吴老师：“让员工在工作中感受到生命的意义，并在工作中施展才能以回应使命的召唤，才是激励员工的方向。薪酬激励只有在面向整个团队而不是个人的时候，才能更大地发挥正向的激励作用。”

我：“这见解和做法其实很深刻。”

刘老师：“重要的不是要让每个人都平等，而是让每个人成为最强和最健康的自己。”

我：“这样的组织就像大自然一样，有自我净化和进化能力。”

吴老师：“那里游荡着很多野兽般自由的灵魂。”

刘老师：“RHD是一家非营利性组织，总部位于费城。RHD关于人和工作的基本假设是每个人都有同样的价值，除非能够证伪。”

我：“管理好公司并非只有一种办法。”

刘老师：“RHD主张放下想要证明我自己是‘正确的’这一需求，以便倾听和尊重他人的事实和观点，区分想法和行为。”

吴老师：“区分想法和行为，这太重要了。”

我：“有许多组织都会举行一年一度的价值观节，每个人都将被邀请，并通过有趣的或内省的活动来重新审视组织的宗旨、价值观、准则与基本假设，同时探询个人和团队该如何行动。”

刘老师：“这样的价值观节日、价值观实践大会，非常有必要。许多组织还通过年度调查来发起关于价值观的基本准则的讨论。”

我：“说起来你们也许不相信，大庆油田早在20世纪60年代就广泛开展这种活动，只不过不叫价值观节日、价值观实践大会，而是叫‘评功摆好故事会’。他们的做法是将团队中的每一个人夸奖一遍，不提及任何缺点，用故事的形式夸奖，再为每个故事提炼主题，上升到个人品质。”

刘老师：“道理是相通的。西方叫赞美大会，一圈人围坐在一起，共同赞美团队中的一个人，被赞美的人分享感受。”

吴老师：“也可以一圈人围坐在一起，共同批评团队中的一个人，被批评的人分享感受。这不就是民主生活会吗？”

刘老师：“主旨相同，形式不同。有工具的民主生活会效果会更好。”

我：“其中提问设计是最重要的工具。什么是我们要做的正确的事情？你会聚焦多少的时间和精力在这件事情上呢？你最想从这件事情中得到的成果是什么？要得到这个成果，你认为需要具备些什么？要得到这个成果，你所要采取的最重要的行动是什么？”

刘老师：“许多传统文化里的智慧证明，如果我们的行动源自深层的诚实，整个宇宙都会协力支持我们。”

吴老师：“除了工具，每个人要带着不同的视角参加民主生活会，带着爱、接纳和联结的心态把民主生活会变成庆祝并认可贡献的时刻，那一刻没有评判，没有简单的结论，同时真诚地探讨不理想的地方，回答深层次的问题。”

刘老师：“什么样的问题？”

吴老师：“我们真正渴望做什么？我们对这个世界的贡献是什么？我们独特的天赋是什么？是什么让我们踌躇不前？而又是什么能帮助我们更勇敢地听从生命的召唤？我个人的使命是什么？什么是真正值得去实现的？这些问题都是很经典的问题，确实不好回答。”

我：“这些问题，每一个都值得花很多时间讨论。开放的心态很重要。有人说，我们对自己所做的事情越是保持开放，就越会为我们赢得更多的优势。你越开放，人们对你就越友好。”

刘老师：“生活在这样的组织里是幸福的。有人说幸福感是献身于一个伟大事业时无意中产生的附加效应。”

我：“这样的民主生活会需要深度聆听，而深度聆听会催生伟大的决策。或者说伟大的决策始于进化宗旨的聆听。有时深度聆听来自良好的直觉和观察。塔米·西蒙说，直觉基本上是我存在之全部，视觉化的过程让喋喋不休的大脑安静下来。”

刘老师：“很对，良好的直觉和观察。普通人因看见而相信，成功的人因相信而看见。人们并不抗拒变革，但他们只是希望变革中别人被改变，而不想自己被改变。”

吴老师：“进化宗旨的聆听，这太重要了！你和组织宗旨的哪些方面产生了共鸣？你有哪些独特的才能或天赋可以帮助组织实现它的宗旨？这两个问题可以帮助到进化宗旨的聆听。”

刘老师：“威尔伯是整合理论的创始人，他说只有从内在视角、外在视角、集体视角、个体视角去审视一件事物，才能完整地掌握事实，从而对人们的行为、人们的信念与心智模式、组织文化、组织系统有深入的了解，对组织架构、流程、做法有洞察。这又构成了四个象限的思考。”

我：“关于团队的力量，似乎可以聚焦在贡献一词上。团队的力量来自贡献意识，团队的力量体现于成果和价值。别人都在问：‘我如何成功？’德鲁克却在问：‘我如何贡献？’别人都在问：‘我怎么做才能使自己有价值？’德鲁克却在问：‘我怎么做才能对别人有价值？’”

刘老师：“团队的力量像潜伏的巨人，有待唤醒。”

坚持长期主义

同事间的谈话往往会意外地勾出重要事件，将对话向纵深推动。

年轻老师：“您怎样看青干班培训项目迭代？”

我：“你的问题让我想起大庆有一件事情，震撼到我。想听吗？”

年轻老师：“想听，什么事情？”

我：“那是1986年，大庆油田第一医院开始搞一项关于糖尿病前期人群生活方式干预的研究，积累了大量数据，研究成果在国际专业刊物上发表，至今影响很大，被称为大庆研究，其研究数据被世界权威机构广泛引用。他们在前六年分四个组进行研究，其中三个干预组分别是饮食组、运动组、饮食 + 运动组，另一个是宣传组，进行随访和监测。你猜六年里哪个组效果最好？”

年轻老师：“饮食 + 运动组最好，宣传组最差，对吗？”

我：“你只说对了一半。运动组最好，并非饮食 + 运动组最好，宣传组是最差的。在长达34年的监测中他们坚持意向原则，即无论哪个组中的任何人发生任何事情，例如死亡或采用其他组的生活状态，都不剔除，仍按原生组统计。这个案例对培训的启示很大。”

年轻老师：“什么启示？”

我：“就是你提到的迭代呀！”

年轻老师：“怎么理解？”

我：“我们的青干班培训项目过去是一味讲解知识，是最差的模式。后来根据实际工作需求搭配富有营养的课程，依然是较差的模式。接着是加入行动学习，配合以富有营养的课程，成为较好的模式。但未来，要大大强化行动学习，才会成为最好的模式。”

年轻老师：“哇！好贴切啊！”

我：“大庆研究的分量在于坚持长期主义，如此得出的结论才有说服力。我们如果也能有这样的决心和勇气，拿出30年的时间坚持长期主义，青干班培训项目一定能够做出令人惊喜的成绩。”

简单的对话

1

黄老师：“如果同一个模式发生在你身上两回，好好找找内部，看看是什么使你如此固执。”

我：“如果同一个模式发生在你身上两回，好好找找外部，看看是什么使你如此幸运。”

2

同事：“最近总是控制不住负面情绪，怎样才能管理好自己的情绪？”

我：“情绪不是用来控制的，也不是用来管理的。情绪是用来觉察的。情绪也不分正面情绪和负面情绪。所谓的正面情绪并非都是好的，例如一个人很高兴，其实是因为刚刚抢劫成功。所谓的负面情绪也并非都是坏的，例如一个人在哭泣，是因为他的亲人刚刚离世。把情绪分为正面情绪和负面情绪，这种做法就是主观和武断的，也没有意义。唯一有意义的是觉察任何情绪，觉察这种情绪是从哪里来的？由什么决定的？情绪就像哨兵一样，是来提供情报的。情绪非常忠诚、可靠、真实。不要去控制它，情绪来了，是觉察自己内在的重要机会。”

3

同事：“你怎么看遇到的难题？”

我：“每个难题都是一份机缘。没有难题就没有机会，没有机会就没有体验，没有体验就没有认知。”

4

年轻同事："同样的位置，同样的角度，但每次看到的景色都不同。那是因为什么？"

我："云彩。因为云彩在流动。只有流动的，才会制造出新的画面。人与事亦如斯。"

年轻同事："明白了！比如季节、人流。"

我："还有心情。"

5

学员："关于不杀生这件事情，你能给我宗教以外的解释吗？"

我："量子理论认为，每个在地球上曾经生活过的生物都不会真正死亡，其意识会继续以物质的方式存储在类似云端那样的地方。或许杀生太多的人在云端是被记录在案的。这种记忆积累得太多，就会对杀生者形成一种强大的负能量，造成所谓的报应。"

学员："你相信吗？"

我："解释不是用来相信的，是用来思考或尝试去生活的。"

6

年轻老师："您强调设计，却几乎每次都在实际教学中更改设计，这如何解释？"

我："不矛盾。设计的目的就是使它在实施中可以改动而且变得更快更好。"

7

学员："为什么富二代鲜有父辈的成就？"

我："做企业就是做哲学。这就是几乎所有富二代都不能做好企业的根本原因。没有把上一辈的哲学学到手。"

8

学员："上次我们谈到关于不杀生这件事情，这次您能给我新的解释吗？既非宗教的也非所谓科学的解释？"

我："那就从培训的角度来解释吧。佛祖是了悟大法的，在佛祖住世之前，大法就存在。谁悟，谁得，谁宣讲，但未必能流传。传法这件事甚至要比悟法这件事还要难。将大法传给文化水平、思考深度和修行程度受限的大众，一向为甚难之事。佛法的核心是修慈悲心。于是佛祖发明了不杀生这个绝妙的方法！民以食为天，人的生存离不开食五谷杂粮和飞禽走兽。杀生成为生存必然，也就成为修法的方便法门。以不杀生来考验修行者的决心，才好修这颗慈悲之心啊！"

学员："果然，你的解释用来思考或尝试生活，要比用来相信实用得多。"

9

与同事坐地铁。

同事："地铁有什么好处？能否给我一些新鲜的解释？"

我："坐过站了，只要不出站，都能坐回来。有些错，有些探索，要学习地铁的设置和态度。地铁还有个好处，因为在地下运行，相对来说是在走人生中难得的直线。地铁还能照顾到大多数地面上的人的利益。另外，就是卖唱的和乞讨的，可以不用风吹日晒了。"

10

年轻老师："想备一门讲管理的课，您有何建议？"

我："从有人类开始，就有管理。有军事、劳动、宗教的色彩，有权术、计策、谋划。近现代开始强调效率、科学性、协同性。从根本上来讲，一切管理只有两大假设：一是人性假设，二是使命假设。人性假设大概有三种：懒惰和消极的、勤奋和积极的、复杂的。这三种假设都有成功的先例。德国和美国早期的工业时代就是懒惰和消极的假设，丰田公司就是勤奋和积极的假设。更多公司奉行复杂的假设。未来趋势是勤奋和积极的假设。管理的第二大假设，分为两种情况：第一种是认为管理一定要获取效率和利益，第二种就是认为组织在诞生之前就存在一种使命，这种使命就是社会责任。华为、苹果就是社会使命型的伟大公司，要改变世界，要让人类过上幸福生活，不同文明携手共进。讲管理，最好从以上这两大假设开始展开来讲。讲师要讲人性的案例，也要讲使命的案例。讲师在讲述案例的过程中，要自然而然地流露出自己沉淀下来的思考。"

11

段老师："对我要上的这堂课，您有什么提醒？"

我："我如果提醒你，其实等于提醒我自己，因为每位老师只应当扬自己的鞭子驱车而行。"

段老师："我还不知道最后会确定半天还是整天呢！"

我："半天与整天的差别很大。如果只上半天，要么聚焦去解决一个小问题，要么去体验一个全过程。看对方想要什么。"

段老师："明白！"

我："另，宁相信现场的学员，勿相信主办方与你沟通的人员。"

12

在某论坛上。

坐在身边的年轻老师："您怎样看刚才两位老师不同的观点？"

我："用概念打嘴仗。"

13

一次，七位考官面试一位应聘者。

我在不同的对话节点里，共问了六个问题："你最初产生的那个梦想是什么？""为什么要选择应聘这里？""这里能帮助你实现那个梦想吗？""你从之前的公司里所学到的最重要的是什么？""那为什么要离开那里？""你最喜欢的老师是谁？"

14

学员："传授一个时间管理的方法吧？"

我："好吧！有一个很管用的时间管理的方法。每天，在十个不同的时刻，问自己一句话：'此刻，什么对于我是最重要的事情？'在认真地回答了自己的这句提问之后，就认真地按照答案去做。养成习惯之后，自己的人生会变得很有效率，很有价值。"

15

年轻同事："为什么说告知式培训的效果很差？"

我：“知道的能量很小，与体验的丰盛相比几乎等于零，甚至对仅仅满足于知道的人来讲等于负能量。听来的道，都处在这个能量层次。好比一行人爬山，爬到山顶的人无法向爬在后面的人描述什么，他所能做的只有招手喊：‘快到这边来！’”

16

学员：“能否从非宗教的角度解释六道轮回？”

我：“六道或许是佛陀找到的极具智慧的一种象征意义的说法。就像中国古人讲的金、木、水、火、土之五行一样，可象征方位、季节、颜色、五脏、情志，可描述天干和地支。轮回是物质不灭与能量守恒的基本转换方式的另一种说法。宇宙千万种生命，苦乐只是人类表达感受的一种说法。”

17

年轻同事：“隐喻很难学啊！”

我：“我认识一位在家修行的居士，他特别擅长隐喻，感觉他的隐喻是信手拈来的，是修来的，是对道的领悟之后一种简单的表达。我几年前跟阿特金森学过隐喻，学费不菲，但感觉这位居士的隐喻要比阿特金森强大得多。阿特金森的隐喻是学来的，而他的不是。阿特金森知道自己在运用隐喻，而他不知道。”

18

学员：“我打算学佛，可以吗？”

我：“不如修佛。当然学佛也是很好的。佛学不是宗教。但仅仅是学佛讲的理，那是远远不够。重点是做到哪怕一点点。理倒不必学太多。”

19

一位老教师极好奇：“你为什么这么刻苦地钻研培训？处在这种环境，你又能改变什么呢？想改变他人吗？还是说只想改变自己？”

我：“培训对我已经是一种个人爱好，当作养生的。”

老教师瞬间释然。

20

年轻同事：“感到真正有用的培训项目设计很难做！”

我："培训项目设计没那么难。培训项目设计并不是企业大学的核心能力。没有真正的研发，培训项目设计只能是拼盘，而且都是冷拼，一道热菜——内训师的实战课程——都没有。"

年轻同事："企业大学的核心能力到底是什么？"

我："一是研发，研发出企业内部课程。二是推动行动学习，发挥学员的经验和智慧优势去解决问题。"

21

老同事："眼看孩子快进入不惑之年了，就那么晃荡着！到底差啥呢？"

我："或许是善良。心里有他人，路越走越宽。心里只有自己，路越走越窄。判断一个人是不是善良，很简单，就看看他为别人做过些什么，特别是他的亲人。"

22

学员："你摇头晃脑的是在比画什么呢？"

我："今天是总理逝世纪念日，刚才心里草拟一联。上联，为中华崛起铁肩担道无忘初衷鞠躬尽瘁。下联，求民族复兴苦心持国不改本色死而后已。横批，百年恩来。"

23

年轻同事："这件事没有那么简单，很繁杂！"

我："事情是什么样的，就承认它是什么样的。无问繁简。"

24

资深老师："我若再想向上提升，能否给我一点具体的建议？"

我："简单化设计课程内容。内容要少，练习要多，减少告知。四分之三时间给学员。不用PPT。以引导者的身份，平等探讨。全程用提问来引导。不以师自居，让学员做决定，关注学员的反应。促动学员产生自我觉察、重塑价值观。用反思深度检验学习效果。精准地点评，但要小心点评成为告知。可将告知化为转告。只是介绍，并非告知，让学员谈看法。内容聚焦，在行动措施上追求落地。管理者的课堂应多呈现案例。事实上很多管理者更喜欢听身边的真实案例。"

25

年轻同事："在课堂上，我应该怎样更好地护持场域呢？"

我："护持场域是需要现场每个人去做的，并非只是你一个人的任务。但需要第一个看到并能这样做的人出现！你就应该是这样的人。但更重要的不是怎样护持场域，而是要清晰'要护持一个什么样的空间'，这是很重要的前提。"

26

学员："我们要办读书会，给点建议？"

我："请转告大家，好的读书方法不是评判它，也不是复述它——当然复述要比评判好很多，而是用自己的经历去拆解它。"

27

年轻老师："作为老师，我该怎样理解行动学习团队？"

我："爱因斯坦说，没有物质，只有'场'。在'场'的空间里，'场'的强度特别高的地方，那就是我们所认为的物质。"

年轻老师："您是想说，没有学员，只有行动学习团队？"

我："对！在团队里，发生学习概率高的情况下，学员才真正存在。"

28

年轻老师："感觉做点正确的事情很难，又不甘心沉沦！"

我："首先要知道什么是正确的，其次要知道怎样把正确的事情做对，找到和使用适当的方式。这很考验一个人的定力和能力。我希望你坚持住，去做正确的事情！"

29

学员："感觉到痛苦是不是还有救？"

我："一种痛，是对另一种痛的治疗。一种爱，是对另一种爱的认同。唯有平静，没有对手。试试只是平静地观察自己的感受。"

30

老教师："你为什么只痴迷于做中高层管理者培训？"

我："中高层管理者在有一定高度的平台上，他们拥有各种资源，甚至可以决定很多底层人的命运。这是我不得不做这个层次培训的根本原因。"

老教师："那如果任你选择培训对象呢？"

我："当然是优秀的高潜质的年轻人。这样的项目性价比最高。"

31

老教师："你怎样看这次论坛？"

我："很烦两个高频词，一个词是'重新定义'，另一个词是'颠覆'。我们后人所取得的成就，其实都是在前人的肩膀上取得的。所以，不要把自己看得多么了不起。人类的智慧是叠加起来的。钱穆先生有一句话说得好，'要对历史抱有一种温情和敬意'。当下培训界的制造和兜售概念的类似中间商式的做法挺无聊的。"

32

年轻老师："要我去当微课评委，请您给点具体的建议吧？"

我："先肯定，后批评。肯定最值得肯定的，批评最容易改进的。最后才提希望，最好是理念与方向性的。"

年轻老师："关于肯定，请您给点具体的建议。"

我："譬如，'你很有热情'可以改为'我看到你的眼神和手势是那么有力量，让我感觉到你是一位很有热情的老师'。"

年轻老师："哇！这差别真大！"

33

年轻老师："这么多年，您看过最好的培训总结吗？"

我："从未见过。"

年轻老师："那最好的培训总结应该是什么样的？"

我："最好的培训总结不应该只写我们做了什么，还应该写学员们改变了什么。"

34

老教师：“孩子非要做难的事情，我该怎样表态好呢？”

我：“先恭喜他有这份勇气。然后告诉孩子，当一个人勉强自己去做太难的事情的时候，一定要对结果抱着两可的态度。”

老教师：“对结果抱着两可的态度？”

我：“嗯！对有闯劲的孩子来说，这其实就是在引导他对结果抱着一种学习的态度。”

35

年轻老师：“课堂上经常有学员说：‘这是体制机制的问题，我有什么办法呢？’究竟是什么导致这样异口同声的观点？”

我：“从心理学的角度讲，成为受害者是一种掌控他人的模式。在国企处级以上干部当中这种心理模式非常普遍。扮演受害者是非常巧妙的高技巧的报复行为。”

36

年轻老师：“有时很纠结，自己究竟要不要取悦学员？”

我：“老师取悦学员是一种严重的妥协。这种老师是谋生型的。年轻人沾染上这样的习气很悲哀。”

37

年轻老师：“三到法并不难，为什么大家应用的效果很不同？”

我：“工具好学，难在应用。几十次的有效应用，才能说明问题。”

年轻老师：“所谓工具不就是好学易用吗？”

我：“工具好比倚天剑和屠龙刀，工具使用流程就仿佛剑谱。”

年轻老师：“明白了！得到倚天剑和剑谱的未必都是剑客。”

38

蒋老师：“我到 GE 看到，实际上他们是倒推着做培训的。他们在不断观察，实践当中什么东西有用，然后思考什么方式能够促进推广应用。整个培训链都是围绕这个做的。他们基本上不做公开课，不请外边的讲师。”

我："拿 GE 当标杆，学用结合就很难做到。不如拿 GE 当对手，就倒逼着我们走出新路。大庆油田第一次创业时期，就硬是蹚出了一条独特的路、有效的路。"

39

蒋老师："我们的大领导一天到晚忙于事务性工作，他真的忘了他自己的本职工作。GE 的首席人力官和我们说，大领导的任务只有两个，一个是定战略，另一个就是培养人。你看我们的大领导都干什么了？所以他没有真正履行他的职责。如果他意识到自己的职责，要培养人的话，一定会注重学习和培训。"

我："德鲁克曾说，他们只是处在高层，却并非高层管理者。"

40

蒋老师："GE 从上到下，都是以身作则。一把手真正把培训和用人结合在一起了。GE 的大老板都是做教练的，都是依靠行动学习来促进业务的。但是目前在我们国企，如果没有大领导的参与，全靠少数警醒的下边的人做行动学习，这远远不够。"

我："所以，当年的农村包围城市也是没有办法的办法啊！"

41

同事："感觉很难处理同事关系！"

我："洛克菲勒说，你与你自己的关系是所有关系的开始。"

42

同事："您多次讲到临在，那到底是什么感觉？"

我："夏天的时候，我每晚都会在学院里游泳。当我专注于游泳的时候，我感觉那只是自己的身体在游动，游动中的自己和水还有游泳馆上空的一些声音在一起交织，时间停止了。流动的是我，不再是时间。再如打太极拳，很享受那种与阳光清风在一起的感觉，感到太极拳就是中国人的精神体操、中国人的灵魂舞蹈、中国人的肢体哲学、中国人打通内心和宇宙的心灵频道，自己是一个地地道道的中国人。有时我也会一个人盘腿打坐，仔细观察一只布袋熊玩具，那个时刻没有思考，只有很多舒服的感受泛上心头。我也经常在学院的篮球场上一个人投罚篮，刻意练习。每轮投 50 个球，我的目标是进 50 个球，每次投三轮。我最好的纪录是进到45个球。凡投进超过40个球的时候，我感觉自己是很临在的。那感觉很惬意、很流畅、很静谧。每一个细微的技术动作，身体都有记忆，身体会自动化地投篮。甚至，我的脚边如果有一片落叶的话，我能清晰地感受到那片落叶跟我之间那种融为一体的关系。最难的阶段是有人从附近经过，会受到很大干扰。练到后来，有人从附近经过时，我都能心生欢喜。”

同事：“怪不得您强调管理者要临在，这是道啊！”

43

同事：“为什么对话中很多人能够脱口而出反对的意见？”

我：“人的意识中贮存了大量观念与习惯，时刻以生存为目标，出于对自己的担忧，总希望别人错而自己对。”

44

同事：“睡梦中为什么会出现很多荒诞和奇幻的景象？”

我：“人的潜意识遗传着千万年人类进化出的智慧，有无限能量，只在睡眠状态下才活跃。夜梦中潜意识会折腾语言、造成画面、处理白天意识里的担忧，也在梦中留下帮助我们解决问题的线索。所以，人在早上醒来是有经历的，会一身轻松，因为从狭窄的自我中走出来是休息过了。晚上，被自我折磨一天后，又会疲劳。自我的声音很吵，潜意识胆小会被吓跑。这也是有些人通过打坐获取宁静的原因，需要潜意识出来活动一下，使人轻松、提升智慧。”

45

同事：“为什么说‘谁痛苦谁改变’？”

我：“创伤是一种成长的资源，不应用来展示给他人。不要活在受害者的身份里。人受到伤害总是有原因的，要检讨自己的想法和行为。创伤代表事情已经过去，意义在于对未来的帮助。任何人只要还活着，就证明拥有继续活下去的一切资源和能力。”

46

同事：“这一天天都过得很狼狈！但总算都闯过了难关。”

我：“要学会为闯过难关找到优雅的解决方案。”

同事："怎样才能找到呢？"

我："你想成为什么样的人？"

同事："您几年前问过我这个问题！可是我一直没有想好。"

我："当聚焦在难关上而不是渴望的成果上的时候，就会深深地卡在难关里，并且会吸引更多的难关过来。以成果为导向，比以问题为导向要有效得多。想成为什么样的人，是最终成果。把头脑和心灵聚焦在你要成为的人上面，而不是你要闯过的难关上面，就会为闯过难关找到优雅的解决方案。"

47

同事："培训的本质到底是什么呢？"

我："你指的是传统的还是现在的？"

同事："当然是现在的！不过传统的培训的本质又是什么呢？"

我："传统的培训的本质是假设自己早已知道学员想要或需要什么，然后告知。现在培训的本质是假设学员有资源有能力去定义和解决所遇到的一切问题，然后提供工具一起来协同解决。"

48

学员："你怎样看候机大厅屏幕上的那些培训大师？"

我："你怎样看市面上的一些宗教人士？"

学员："现在很多宗教人士不过是披了宗教外衣的商人。"

我摊开双手表示已经用他的回答在回答他的问题。

49

学员："从培训师的角度，你怎样看货币？"

我："人类生活中的任何物质——当然也包括货币，本质都是人与人的关系。"

50

学员："从培训师的角度，你怎样看读书人？"

我："我看到太多人标榜自己喜欢读书，但却丝毫没有改变自己的生活状态。甚至连心态都没有改变。那么，那些书都读到哪里去了呢？"

学员："你还没回答我的问题呢？"

我："有开放的胸怀、反思的精神和强烈的好奇心。能像蜜蜂一样扎进生活里，酿出自己的、与生存环境不一样的东西。"

51

学员："从培训师的角度，你怎样看成年人这个概念？"

我："在我眼里成年人这个概念只是生理概念。我更想用成人这个概念，这个词有'完成人'的意义。人必在做事中学习做成人，必在谋生中谋心，否则会孤芳自赏地活在空中楼阁里。"

52

学员："从培训师的角度，你怎样看劳动或体育活动？"

我："锻炼身体、出汗、身体疲劳……这些都是有益于大脑思考、体验和收获人生智慧的。人的身体与大脑是连接的，是同步生长的。"

53

学员："从培训师的角度，你怎样用关键词复盘自己的前半生？"

我："观察，对于一切人的生活。思考，产生创意。读书，只读经典，反复读。实践，敢于探索、不信邪、喜欢使工作有创造性。听从教导，尊敬和爱戴自己的父母、长辈和导师。"

54

一次与同事在电视上看相声演出。

同事："相声与你讲的提问的道与术，有怎样的关联？"

我："提问有时就像说相声，一堆铺垫之后，突然惊艳一问，使人茅塞顿开。这一问若问早了，则漏掉包袱，全无'笑'果。"

55

年轻同事："按照您说的，我们成立了微信提问训练营！"

我："请转告大家，在今后的训练中，首先在意识上将群里所有人的提问视为合作，本着解决难题应有的思考逻辑推进，这样才会使难题主人有渐入佳境之感。"

年轻同事："那怎样打分呢？"

我："提问者，功力在洞察。打分者，功力在反思。"

56

年轻同事："除非在大讲座的情况下，您为什么不用PPT授课？"

我："因为流动着的问题永在当下，不会在PPT里。"

57

年轻同事："管理者培训，最重要的事情是什么？"

我："帮助管理者认清管理者的角色。因为目前几乎所有管理者培训都忽视或未能准确定义管理者的角色。这是第一重要的事。"

年轻同事："还有呢？最重要的事还有什么？"

我："帮助座中管理者廓清主业，这是第二重要的事。目前几乎所有管理者培训都忽视或未能做到这一点。至于怎样做好主业，除了促动学员对接经历，竟别无他法。请不要再问，没有第三件大事。"

年轻同事："那我问另一个问题，与学员对接经历是指什么？"

我："难题、案例、想法。管理者培训的本质就是对接经历。这如同两个人谈恋爱，爱是谈出来的，而不应有第三者来讲不相干的经历。"

年轻同事："老师算第三者吗？"

我："很多时候，老师不恰当地成了第三者。"

58

年轻同事："我要进组当催化师，给点建议吧？"

我："维护规则的时候像严厉的法官，放任学员的时候像开明的家长。优化心智模式比解决具体问题更重要。催化师激情四射不如理性从容。"

年轻同事："如果登台授课呢？"

我："插播段子不应成为取巧的设计。谁在讲不重要，重要的是谁在听。座中人对了，课才会对。"

年轻同事："还有呢？"

我："知识或道理如果不搭载故事或案例，便不是培训。换句话说，任何平淡无奇的常识，只有放入有血有肉的案例，才会成为摄人心魄的至理箴言。"

59

学员："听课或讨论中，自己还总是处在评判中！"

我："你能意识到就不算评判。每当你发现自己在评判时，马上抽离自己，想象身体飞升上去，然后向下俯瞰评判中的自己。"

60

年轻老师："您一直在企业里从事管理工作。您使自己成为培训师的最真实的、最直接的内心驱动力是什么？"

我："最初是为了推动企业内训，后来是为了分享亲身经历与思考，现在是为了让自己没有机会做事务性的工作。"

61

学员："我的孩子快进入不惑之年了，本来从小就挺聪明的，可总是因为疑心重而处理不好同事关系，这是怎么回事？"

我："疑心重的人格外聪明。这聪明只成就了疑心，疑心又助长了聪明。聪明的人总是会占到一些小便宜，于是总是吃大亏。"

62

同事："怎样让自己静下来？脑子里杂念太多。"

我："不在意杂念，杂念便不会被强化，慢慢便可以做到放松。孔子说自己'不知老之将至'，这是长期保持专注状态的缘故。"

63

老教师："有些中高层的学员对难题的解决并不真正关心。"

我："这是价值观决定的。"

老教师："什么样的价值观？"

我："维护好自己的权力，通过这份权力获得他人的尊重。尽量去结交人，至少不得罪人。想办法使自己既不受累又轻松地过安逸日子。"

64

在青岛学习组织系统排列。

老师："我很少见到国企的人来学'组排'，你为什么来学？"

我："一方面，国企是最好的修炼道场。可是很多人看不到这一点，不齿国企。另一方面，国家交付给国企的任务很重，该由什么样的人来完成呢？所以我来学习'组排'，感到任重道远。"

65

刘老师："说说你做'组排'的感受。"

我："对每次呈现出来的东西都会深感意外和震惊。"

刘老师："那讲讲最近的一次，发生了什么？"

我："例如在上周五做的组排中，决策的代表很震惊，他说忽然很理解决策者。案主很困惑，难道自己错得这么深？其他旁观的人也受到震动，恍悟真相原来如此。"

刘老师："有机会内在产生这样的触动，本身就是一种幸运。我做排列的经历，最受益的就是我自己，看到所有人的善，看到这个世界的美，这些让我特别有力量。有些东西不需要相信，它就是那样的。"

66

年轻老师："感觉学员对我的提问很迷离。"

我："是不是在你连续发问的时候？"

年轻老师："对呀，您怎么知道？"

我："可以连续发问，但要有停顿，等待回应。"

年轻老师："但有时只提一个问题学员也会迷离。"

我："一次只问一个问题，同时每个问题只包含极简单清晰的一个意思。内涵过于丰富的提问是会使人发蒙的，特别是在提问的总体数量不足的时候。"

67

年轻老师："为什么中国人常说梦是反的？"

我："因为潜意识会质疑意识，于是意识找到了一个呈现自己的出口，在夜里——当然有时也在白天，于睡眠中创造了一个潜意识不想要的现实。"

年轻老师：“我觉得就像一个人照镜子，人和镜子里的人其实都是一个人，但是当人在摸右耳朵的时候，镜子里的人却是在摸左耳朵。我觉得潜意识不想要的和意识想要的是同一件事儿，就是看站在哪个角度上去说。”

我：“相同之处是为了生存。那是潜意识和意识都想要的。不同之处是关于生存的方式。潜意识总是质疑得更多更深。”

68

年轻老师：“什么是智慧？”

我：“转的能力。”

年轻老师：“什么是转的能力？例如呢？”

我：“转化的能力，如从相反的方向进行阐释的能力、在萌芽的时候就看到衰败景象的能力、因预见而提前采取措施的能力。”

年轻老师：“智慧是一种能力吗？”

我：“如果你愿意，可以换成思考这个词。”

69

学员：“家里的书架上很多书，绝大部分都没读过。”

我：“有方便法门。随便拿出一本，随便翻到一页，一目十行地浏览，找出仿佛是自动跳入自己眼帘的一句话，也许这句话对内心有所触动，也许这句话使你联想到自己的某件往事，激活了你的工作经验或生活经验。但无论怎样，你都要把这句话原原本本地大声读出来，当然最好是写下来或读给家人。”

学员：“这就完了？”

我：“随之放下这本书，用自己的语言再复述一遍，然后询问自己或家人，对刚才听到的重述有何感受或评价？然后再尝试精确地用自己的语言再次表达自己所想要表达的意思，最好能够运用自己做过的事情以及工作经验或生活经验来证明你对书中这句话的理解。”

学员：“这就可以了？”

我：“然后说说你打算在今后再遇到类似事情或情形的时候怎样更好地做。越具体越好，最好具体到每一个行动的细节。”

学员：“这就算读过了？”

我：“是的。这时候你可以宣称这本书曾经读过！尽管只读过其中的一句话。

你可以用这种读书方式，读完你书架上所有的书，只消几天或几周的时间。与其让尘埃落满书架上的书籍，不如让自己行动起来，至少读懂每一本书中的一句话！”

70

同事：“学员喜欢的课越多越好吗?”

我：“好课太多会成为一场灾难。”

同事：“您是说要多在小组中进行研讨式学习?”

我：“确切地说是结成学习共同体而非划成小组。唯有在学习共同体中才拥有解决工作难题的一切资源。没有在关联个人经历中进行提问与反思，则什么都不会发生。”

71

同事：“那件事到底应该怎样做？我一直没想好。”

我：“没有人从一开始就知道如何做，你需要的只是开始做。”

72

每当有想不明白的问题，我会在微信里问段老师。

我：“段老师，请教一个问题，我发现前两个年度进来的毕业生不太愿意参加引导师训练营的学习活动，让他们去百度一下建构主义，然后再找专业书去读，他们甚至都没有去百度，这是什么原因呢?”

段老师：“您是怎样看的?”

我：“刚刚毕业的孩子会认为他们终于摆脱了管束，遇到像我这样对年轻人很主动且要求又比较多的人，他们会产生一种自动的逃离行为。在人们的印象中，主动给予的东西从来也不会是多么宝贵的，大部分人通常也不会珍惜平白无故得到的东西。另外，从本质上来说，未经亲身体验而得到的知识只是一个传闻，我给到他们的东西就是这样的东西，引导技术尤其如此。”

段老师：“您在分析心理原因，有客观原因吗?”

我：“这两年的培训项目很少配置引导类课程，前两个年度引进的孩子们迄今竟然连一次在课堂上的进组引导经历都没有。加之疫情的原因，训练营活动减少了。中层干部也不习惯于带队伍，孩子们作风有些散，有安逸舒适的价值取向。近年又一直传闻班子将要调整，大家也不在状态。”

段老师：“首先，孩子们有选择的权利。我只能猜测：（1）兴趣和好奇心很安静；（2）被更重要的事情覆盖了；（3）跟自己的关联思考未出现。这是表面的。深层是价值体系在做选择时没费多大力气就选择了忽视或暂时放下，然后就得过且过了。另一个维度，是不是我们还有一些工作没有完成？”

我：“太棒了！给我的启发非常大。如此深刻的洞察和精准的语言，不写一本书太可惜了！你的分析显然比我深刻得多专业得多也中正得多。”

段老师：“您谦虚了，我很了解您。您的品格在深刻地影响我们。”

我：“每次向你请教都会让我脑洞大开！”

段老师：“您的提问是给我的定期测试题。”

我按捺不住喜悦，很少发朋友圈的我即刻发了一个朋友圈：“真是幸福啊！跟高手请教一个模糊的问题却得到完整且精彩的回应。”

73

曾经的同事：“花卉画好不易！”

我：“花卉上乘之作，在于能画出随风的动感、叶叶相遮的光感、叶片光合作用的呼吸感。这须对枝、花、叶子有长时间观察。”

曾经的同事：“精辟！我就奇怪了，您又不画画，怎么知道的？”

我：“从好作品里读出来的。”

74

年轻老师：“催化中您总强调要抓小，具体指什么？”

我：“问题分解至最小，原因分析至最小，办法细化至最小。”

75

年轻老师：“为什么改变心智模式那么难？”

我：“人的心智模式是物质的，脑神经元联结为突触。冰冻三尺，非一日之寒。行动学习的难度大、失败率高。夏令营式的热热闹闹的所谓行动学习不是真正的行动学习。”

年轻老师：“为什么在催化中一定要强调行动和体验？”

我：“人的思想、情绪、心智模式都是由人的经历强化联结而成为突触，从某种意义上来说人是‘长’成的。改变想法、情绪、思维，相当于重新‘长’成新的人，这种突破是物质的突破，非一日之功，唯有体验才能做到。因此，人只能在行动中学习。派对式的、热闹的沙龙聚会，以晒朋友圈为目的的读书会，都不是真正的学习。”

76

学员：“故事和案例的区别是什么？”

我：“木板只是树的尸体，木柜却是这尸体的升华。”

学员：“什么意思？”

我：“故事只相当于木板。木柜才相当于案例，那是经过洞见性提问和深刻反思打造出来的有灵魂的成品。”

学员：“那树是什么？”

我：“生活。”

77

学员：“喜欢与爱的区别是什么？”

我：“譬如善良吧，那是因为爱，不是因为喜欢。可是，每个人都觉得爱是因为喜欢，只因喜欢与否决定是否去爱。这也就是很多人做不到善良的根本原因。”

78

学员：“活在当下是指什么？怎样才能活在当下？”

我：“人生其实就那么几十年。可是很多人就像永远能活着似的那么活着。这就很难懂得活在当下的道理和方法。”

79

同事：“为什么您的课会激怒某些学员？”

我：“这是人被触犯到价值观或内在假设所常有的一种反应。”

80

大学历史系教授：“你的行动学习可以用到大学教书吗？”

我：“可以。前半堂课读原著，譬如《史记》《资治通鉴》《春秋》《说文解字》《文心雕龙》《古文观止》。后半堂课讨论，学生联系个人生活经历来讨论。

下一堂课也可以请学生自己编剧本来演，你来当观众。世界史和中国民族史也可以这样来学。”

81

老教师：“感觉这些年最失败的是对自己孩子的教育！”

我：“很多年来我目睹很多案例，从中悟出四个字，‘善良’‘奉献’。只有这四个字才是促使一个人成为成人的治疗和挽救方案。善良，是对自己最好的爱护；奉献，是对自己最好的疗愈。”

82

同事：“你唱歌挺好听的！”

我：“我觉得唱歌一定要用心唱。不仅是用嗓子唱。把经历唱进去，再把经历唱出来。过于关注唱功，会忽略歌本身的意义。唱歌就是抒发心情。最重要的听众，其实是歌者自己。歌唱这件事首先应该是为了唱给自己听的、为了抒发和打动自已的。”

同事：“分析深刻的培训之道啊！”

83

同事：“学员们总是急于解决，总是问‘这件事应该怎么办？’。”

我：“在催化之前的导入部分就要告诉他们，工作中思考的逻辑是‘为什么’在前，然后是‘是什么’，最后才是‘怎么办’。将‘怎么办’放在前面的这个顺序是错误的。”

84

同事：“没想到你有那么强烈的使命感！”

我：“推动我个人实践的一直是使命感。那是一种舍我其谁的使命感。从儿童时期就有。一直非常清晰，也非常强烈，从未间断。”

85

同事：“我已经很尊重他们，但内心其实并不舒服！”

我：“所以你要学会的是：尊重每一个人，同时使自己舒服。”

86

学员："我们这代人，很多都很后悔没有教会孩子孝顺父母。"

我："你发现了很重要的问题。付出，是最大限度地疗愈自己；贡献，是最大限度地善待自己。心里有别人的人，才会圆满和幸福；心里只有自己的人，可能会发展为最不幸的人。"

87

学员："为什么我的孩子对很多事情都排斥？"

我："排斥代表内在欠缺的部分在显现。"

学员："可孩子现在什么都不缺啊，内在欠缺什么呢？"

我："那要从孩子幼童时候开始追忆和反省你俩是如何做父母的。"

88

年轻老师："怎样才能快速解决小组内的冲突呢？"

我："教练是不负责解决冲突的。教练是负责制造冲突的，然后把冲突交给学员去提问、反思和解决。"

89

年轻老师："有些管理者经历很丰富，却在小组内贡献不足。"

我："经历只有被正确地解构才会成为财富。经历本身并不直接等于财富。如同身上伤疤多不等于作战经验丰富一样。"

年轻老师："那年轻的或经历不够丰富的管理者呢？"

我："读书是帮助他们解构有限经历的最好的方法。"

年轻老师："可我们新入职的老师们也读过很多书啊！"

我："管理者读书的准备要比书生长太多。"

90

年轻老师："可当时看不出有多大反思的效果啊？"

我："事后反思有时需要几年、十几年。有一次课堂上我问学员：'现在回想中学老师，当初喜欢的现在认为怎样？当初不喜欢的现在又认为如何？'我看到很多人点头沉思。”

91

年轻老师：“国学在引导技术中真的那么有用吗？”

我：“无用之用，往往是大用。你看在武术或技击中，腰有用吗？闪躲或拳脚的发力，总是腰在发挥不易看到的大用。至于太极拳讲究的松腰开胯，那是需要下功夫才能修习到的境界。”

92

同事：“你怎样看现在的企业培训机构一把手？”

我：“年轻的往往将岗位当跳板，年老的将岗位当躺椅，二者或不愿作为或不擅作为，于是给社会上留出来很多滋生所谓培训专业机构或培训大师的机会，这也算当前培训界乱象丛生的重要原因。”

同事：“根本原因是什么？”

我：“企业一把手不懂培训的本质，用人失当。”

同事：“企业培训机构一把手究竟要不要懂培训业务？”

我：“我看到有人不懂业务也能当好一把手，这是因为太优秀。懂业务也未必一定能当好，但至少不会当得很差。半懂不懂最危险，不好预测会怎样，如果他会用人就会好很多。”

93

同事：“我累了，不想去吃晚饭。”

我：“有时候，当一个人说自己累了的时候，差不多来自一种熟练的臆断。仿佛告诉自己的身体‘你很累了’，瞬间身体就表现出服从的样子，马上瘫软。这种累其实只是给自己找的不想干某件事情的借口，身体就被自己训练成那个样子！你不会是这样的吧？”

同事：“我判断我可能就是这样的。走，我们一起去吃饭！我忽然想到，有些学员也将自己的意识训练成了无辜无助的样子！”

94

年轻老师：“我想研究管理学。”

我："很好，做什么用呢？"

年轻老师："授课啊！"

我："不如多研究催化技术，促动学员们探讨管理。"

年轻老师："可我总想自己来研究。"

我："你的优势是什么？"

年轻老师："有充足的时间替学员们读书，潜心研究管理学。"

我："然后使自己成为告知型的老师？那不会产生多么实际的效果，这你清楚。研究管理，一定要有真实的管理经验，否则会很难，甚至会弄不清楚基本概念。"

年轻老师："怎么可能会弄不清楚基本概念？"

我："难以置信是吗？知道容易，悟到是需要体验的，做到则需要长期反复地实践，到那时候才会真正懂得管理的基本概念。"

95

年轻老师："为什么往往小组里的权威会成为大喇叭？而他们所讲的又往往是大而化之的东西？"

我："工作中养成的习惯使然。脑子里大而化之的概念是严重妨碍学习的。尤其是当他接触新事物的时候，总是习惯于迅速地综合、提升、抽象，试图一言以蔽之。这样得到的无非是一些正确的废话，无助于解决问题，甚至还不如一条具体的措施来得实在。"

96

年轻老师："催化后往往会发现掉落很多内容。"

我："对于掉落的信息，你要知道这是不可避免的。重要的是要经常重复对方的话或者请对方重新表述，很多时候在对方重新表述的时候，他通常会重新定义他的问题。"

97

年轻老师："我要去组织读书会活动，您有什么要嘱咐的？"

我："无论谁发言，过程中你都应该争取关联到他人，而不是那个人唱独角戏。在我看来，这是企业读书会的本质。"

年轻老师：“那如果又有人大而化之发言呢？”

我：“你要求大家带书去，请他翻到那页，读出引发他思考的那句。或者他没带书来，你就说：‘我带了书来，我来帮你找，你刚才讲的是哪一章节，哪句话？’如果他继续大而化之发言，你就转向他人：‘你们怎么看？’‘谁有不同的想法？’要知道，你只是主持人，不是主人。让参与者成为主人是你要做的工作。”

98

年轻老师：“在小组催化中，我要注意些什么？”

我：“请学员遵守学习公约。”

年轻老师：“可您每次提出的学习公约都不一样啊？”

我：“要看班级状况，也要看现场的状态。”

年轻老师：“对我将进行的这次催化，您认为公约应该是什么？”

我：“从班级状况和学员之前的表现看，建议你将公约确定为‘引用课程内容时要用原汁原味的话’‘慎重对待看似不重要的问题’‘始终讨论最重要的’‘经常注意到自己是如何思考的’‘至少带回去马上能做的第一件事’。”

99

老教师：“难道评判不好吗？”

我：“评判本身没有好坏。好坏要从评判的结果上说。但评判的本质只是关于过去。评判像是一种原罪。评判往往使我们陷入过去展望未来。我们必须要与他人联结、与世界的万事万物联结。经由好奇和反思而与他人共创的未来，那才是我们想要的。”

老教师：“一个人怎么可能关闭评判呢？”

我：“仰望满天繁星的夜空时，你会想到什么？只有好奇，没有评判。每个人都可以做到关闭评判，只是时间很短。评判是无法被超越的。人无法做到不去评判。但人必须做到将评判限定在最后一刻、很短的一刻，那样才有机会沉浸于好奇从而进入真正的思考。”

老教师：“可总是发觉自己一直在评判！”

我：“觉察到自己正在评判，已经不完全是评判，那可能是真正进入思考的开始。不要试图停止评判。因为这本身就是一种评判。这是对评判的评判。当评判升起的时候，我们只需要觉察到自己正在评判。接纳评判中的自己。甚至可以表达评判，允许自己有评判，但不要相信它。可以相信评判背后的好奇、好奇背后的反思、反思背后的创意。我们只有这样做，评判才会释放我们。否则我们就身陷在评判的囹圄之中无法逃脱。”

100

老教师：“为什么在定义问题阶段要花那么多时间？”

我：“因为国企中大部分所谓的问题都不需要解决。”

老教师：“为什么有那么多的问题都不需要解决？”

我：“因为不良的心智模式能够制造大量的伪难题。”

老教师：“此外呢？还有什么原因？”

我：“对‘什么才是我们最重要的事情？’总是不清晰。”

101

老教师：“在你眼里，性价比最高的培训项目是哪个？”

我：“优秀的、非常有潜质的、有情怀的年轻人才培训。”

老教师：“那都是一些什么样的年轻人呢？”

我：“那些年轻人虽然职位很低，但愿意聚焦成果、能够承诺贡献、学习意愿强、可塑性强、35 岁以下、有业务专长。”

老教师：“为什么说这样的培训项目性价比最高呢？”

我：“这些年轻人未来对组织的贡献会更大、更长久。这才是高回报的培训项目。我甚至认为他们才是真正意义上的高层管理者。所以做高层管理者培训，对象仅以职级划分是太过粗放的模式。”

老教师：“你做过这样高回报的项目吗？”

我：“是的，所以很有感慨。那个班平均年龄 35 岁，职级很低，但是他们是我教过的最好的学员！一年的行动学习项目，共集中学习十次，每次两天。甚至每次我都能看到他们在改变，每个人的目光和精气神都发生了很大变化。他们展现出来的集体智慧很高，令人震惊！这个项目是公司一把手亲自确定的，学员是他亲手选的。这位一把手再过两年就退二线了，等于给后任培养人才，难得！”

老教师：“这样的行动学习项目只能是一把手工程。”

我：“自上而下搞不成，就自下而上搞，农村包围城市。”

102

年轻老师："您为什么如此重视学员个人微案例解构？"

我："人的大脑，本质上属于过去。它是由一个人过去所有的经验、观念、想法、意见、信仰、态度和评判所组成的。因此，人的头脑只会把过去投射到现在或未来，只会根据过去的想法来看眼前的现实。这就使得他一定是在用评判的眼光看现实，用过去的眼光看现在。这样做会觉得舒适和安全。其负面结果是把身边的一切变化都当成了自己已知的范畴，然后对环境或新的生活的体验就变得麻木。"

年轻老师："所以您觉得外部案例不能更好解决问题？"

我："是的。目前人们所找到的摆脱这种结局的方法有三种：第一种是信仰各种宗教。第二种是进行各种灵修，这与第一种方法大同小异。第三种就是科学地刻意练习。它是从深度聆听的训练开始的，是从对过去的每一个事件重新学习开始的，也就是对过去的每一个事件都进行重新解释，然后贴上新的标签。这种方法是目前最可取的负面作用最小的方法。所以我主张管理者的案例教学要特别重视学员个人微案例解构。"

103

学员新官上任。

学员："如果两位下属发生冲突来找我仲裁，我怎么处理更好呢？"

我："你先判断一下，三天内不解决会不会引发大的混乱，如果不会——通常不会，你完全可以这样说，'我给你们三天的时间自己去协商解决'——通常能够自行解决，'到那时候如果还不能解决再来找我'。"

104

学员："我的同事对流浪狗很好，经常给吃的。但对我不好，他退休的时候把所有资料删空都不留给我。还名牌大学毕业的呢！"

我："说明你比流浪狗强大，不需要他的帮助。"

学员："他还名牌大学毕业的呢！"

我："这怪不到名牌大学身上。"

学员："他把很寻常的工作干成了刁难人的工作。但他离开的那天，对我说：'假如从头再来，绝不会活成今天的样子！我才知道，要恨就恨这单位领导们的不作为，我才成了这样子。’其实，还不是怪他自己？”

我：“你觉得流浪狗之前在哪儿生活？”

学员：“什么意思？”

我：“流浪狗也并不想成为今天这样子。”

学员：“你是说真的要怪领导喽？他自己没责任吗？”

我：“你的故事深深教育了我。”

学员：“什么？”

我：“深深地谅解他人。”

学员：“那你打算先做点什么？”

我：“对流浪狗好一点。”

105

学员：“想办您的读者会，请您去。只是我不知道怎么确定主题。我其实就想弄明白一个问题，就是迄今您所做的所有的一切，都是在做一个什么事，在解决一个什么本质的问题。能用一句话解释吗？那读者会的主题我可能就会这样设定。”

我：“你提的这个问题，我没想过，好像不太好回答。我只能根据感觉说几句。做干部管理工作 13 年，做培训从 2000 年起到今年刚好 20 年。这两件事其实对象都是人，干部管理是识人用人，培训是育人。所以人应该是我几十年工作的焦点、根本点、出发点、落脚点。用一句话来解释和概括吗？我想因为人和人在一起就构成了社会，这个社会的本质应该是人的关系。其实人的本质也就是折射了这样一种社会关系。所以用一句话解释就是我想让这个关系变得好一些。一个人被用到了对的位置上，那对社会就好一些；一个人各种能力水平得到提高，对社会也会好一些，对他人的影响也会好一些。”

学员：“就是这个，我心里朦朦胧胧的感觉就是这个。”

106

年轻老师：“喜欢过周末，可以睡懒觉，找同学玩。”

我：“我也是。”

年轻老师：“啊？这可没想到。那您是？”

我：“可以更有效地沉浸在工作里。”

107

同行：“给我新组建的公司想几句话吧，送给员工。”

我：“在这里，每个人都将充分地享有尊严。”

同行：“这句好！我就是这个意思。还有呢？”

我：“在这里，诚实将被看作最为高贵的个人品质。”

同行：“太好了！还是你懂我。再来一句？最后一句！”

我：“在这里，每个人都应采取自主管理的方式去创造出独特的价值。”

同行：“得了！就这三句！”

108

同行：“能否从根源上讲一下如何做好培训？”

我：“很多国企在初创时期会摸索着培训员工，颇有独到之处，却在壮大之后不再做培训，丢了好的传统，只跟着社会上培训公司那些二道贩子屁股后跑，购买课程或外包项目，成了三道贩子和店小二，没有研发能力。其实海外很多培训项目或课程也是商学院那些没干过企业的人开发的，当赚钱的生意来做。脱离企业实际的课程是没有灵魂的。有的社会培训机构甚至声称一个培训项目能完成 209 项能力标准的学习，简直是反人类。”

同行：“你是讲要自己做研发？这不是很难？”

我：“没什么难。回顾我党早期农民运动讲习所的农民骨干培养、在战争中学习战争的指挥员授课、抗日军政大学的中央高层带头授课、延安时期鲁迅艺术学院倡导的直接服务工农兵、‘两弹一星’时期的集体科研攻关、大庆油田创业时期的岗位练兵，都是很了不起的创造，活生生的最佳培训研发范本。盲目跟着洋人屁股后面跑，会有什么出息呢？不相信自己的创造、不崇尚自己的实践，终究是不会有作为的。”

109

年轻老师：“您曾经说培训有两个基本假设，学员承诺采取真实的行动、师生能够共创行动计划。我想问，成为成人的基本假设是什么？”

我：“你问了一个非常好的问题。我想过这个问题，成为成人也有两个基本假设，相信就能做到、做到才会知道。成为成人的任何方式和任何事实都没有违背这两个基本假设。这两个基本假设是先验的。这两个基本假设是不需要讨论的。凡不接受这两个基本假设或在无意识行为中没有运用这两个基本假设的人都不可能发展成为成人。”

110

年轻老师：“有老师说：‘当一个人没钱时，就会做一个省钱的决定，但省钱的结果是无法成长，丧失赚钱的机会，结果就会变得更没钱。’您对这句话有什么看法呢？”

我：“（1）有钱的时候也会做省钱的决定。（2）没钱的时候做省钱的决定，也会获得成长。（3）去赚钱的过程中，未必一定会获得成长。”

年轻老师：“您的分享让我眼前一亮！有一点很好奇，可以问一下吗？关于第三点，您是怎么想的呢？”

我：“例如我去搞电信诈骗之类的，若能力提高很快，能说那是成长吗？方向对了，同时能力提升，才算成长吧。”

111

年轻老师：“有老师说：‘我们永远赚不到自己认知以外的钱。’您对这句话有什么看法呢？”

我：“你是怎样想的呢？”

年轻老师：“说明思维很重要。而拥有终生学习力才能不断提升思维。我想知道您是怎样想的？”

我：“我在想，当句子中有‘赚钱’二字的时候，生命中很多更饱满更深刻的事情就不会发生了。譬如你说的终生学习力。”

112

年轻老师：“课程结束后，忽然学员来问一个我在课程中早已回应过的问题，这时候我应该怎么办？再重复回应一次吗？”

我：“当然可以。不过用故事回应会更好。恰巧在昨天的培训师班上，我就遇到这样的问题。学员问，为什么那老师不多讲一点知识？我说，我来讲一个故事吧。一个大厨口述教两个人做清汤狮子头。那两个人一个是厨师，一个是新手。你觉得那个厨师脑子里会是什么呢？是画面。新手脑子里会是什么呢？是文字。那现在你们脑子里是什么呢？是反思。如果你就是那个厨师，你想请大厨怎样来教你呢？如果你是那个新手，你想请大厨怎样来教你呢？更重要的问题是，如果你是这家餐馆的经理，你会怎样组织这些授课呢？如果你们回答这些问题能令自己满意，那么就等于对今天的课程做了一个很好的总结。”

年轻老师：“哇！我立刻脑子里全是画面。”

113

年轻老师：“马歇尔·卢森堡在《非暴力沟通》中说，‘任何愤怒情绪的核心，都是一个未被满足的需求’。您觉得怎样？”

我：“没错。但我想说，任何愤怒情绪的核心，都隐藏着一个未被发现的改变自己的正确方向。”

年轻老师：“精辟。”

114

年轻人：“跟您学了这么久这么多，您能简单形象地归纳一下吗？”

我：“恰好这几天想到四重门的隐喻，可用来回答你。第一道门，是时间之门。时间只在当下才有意义，是唯一可以采取行动的时候。第二道门，是修炼之门。修炼自己，修炼自己的判断。因为唯有行动才会取得成果，但一切的行动，唯有从修炼自己起始。而一切的表象，从不以人的意志为转移，只能靠修炼自己的判断，才可形成内在的精神，这是动力之源。第三道门，是主体之门。知道行动中的自己是谁，那应该是从本我与超我中反复重生的自我，懂得协调，会做决策，聚焦做自力可成的事情。第四道门，是幸福之门。知道自己为什么行动，知道自己一切行动的理由，崇尚科学，学会彻底的慈悲，而体验是必由之路。”

年轻人：“懂！然后呢？从第四道门往哪里去？”

我：“时刻不离第一道门。人生就像在四重门之间循环往复。”

工作断想录

这些短句，当初像风一样光顾，仿佛不会再来第二次。及时收集下来的意义，是为在岗位上继续修行蓄积灵感与能量。

学习原理与管理原理

○图像识别、分类，这是学习发生的两大标签。前者是捷径，依靠实践总量所形成的经验。后者是核心能力，能够创造出新的区域。阿尔法围棋，正是发现了这两个标签，才成功地击败了人类的围棋世界冠军。

○舒适区，往往代表熟练的重复与熟练的无能。

○当堂质疑，无论对老师还是对学员，都是最好的学习机会。

○先假设是对的，再质疑。质疑不是不相信，而是希望相信。质疑，只是多给自己一次思考的机会。

○决策最重要的依据不是眼前的事实而是内心的信念。因为信念来自过往大量更有价值的事实。更重要的是，信念所带来的勇气才是制胜的法宝。眼前的事实，放在事实的历史长河中都不算什么。何况，唯有实践才会带来成果。而实践才是管理的本质，管理的本质并非科学。

○识别度愈高，愈专业。但若无痕迹，方由术入道。

○现实中，职责的界线，依能力而定。

○任何时候开始做一件正确的事情都不晚。

○自主管理的精髓：我愿意、我能够。

○常识很重要。但常识对实践经验丰富的人更有用，对缺少实践经验的人只是一堆空洞的大道理。常识唯有情境化才有现实意义。

○实践经验丰富的人，需要多做抽象工作以升华为更有复制和传播价值的理论。但这理论用于指导他自己或与他经历相似者的实践往往更有效，对于他人很难轻易产生实践上的效果。对于缺乏实践经验的人，只有根据自己的需要将理论安装上情境才会有用。

○理论被安装上情境之后，难题才有复活力和吸引力去收集能量，进而使能量聚焦于难题，难题才有希望得以解决。

○案例与故事是有区别的。被加工的案例是充满隐喻的故事，案例则是真实的、被标准过滤的事件。

○很多传统授课型的老师，有时连一个故事都不讲，干巴巴讲知识提建议。根本原因在于不知道学习究竟是怎样发生的。

○不拘泥于对与错，则视野大开。

○员工没有问题，干部有。干部也没有问题，双方互动就会有问题。

○所有真实的消息都是好消息。

○年长者不要主动帮助年轻人。那代表他很可能在忽视年轻人的成长需求与能量。要知道人们有足够的信息与资源去成长。

○从反对中汲取营养和价值，才符合平衡的原理。

○不熟悉反对的声音，是一种缺陷。

○对管理者来讲，把一切知识都当作知识去学习是很可怕的。最可怕的不是没有知识，而是只有知识。学习发生的状态是觉醒。

○小心主人翁精神会带你超越边界。随后会出现无谓的压力、莫名的痛苦、无意义的树敌。

○成功的培训，最大的变化是学员愿意且能够对自己的学习负责。

○才华是双刃倚天剑，是没有被实践淬炼的屠龙刀。

○理想的企业文化：每个人自由地以各自的方式做出一份独特的贡献。

○每一个难题都是一份邀请函，只有心怀爱与开放才能收到。

○兴趣不是行动前的想象，兴趣是行动后的选择。甚至需要与某些东西长期周旋之后才能决定是否感兴趣。

○放下掌控心，才会有人追随。放下功利心，才会创造价值。

○高层领导者的业务能力对于组织的影响，远低于道德水平对于组织的影响。其中最重要的要素就是世界观、人生观、价值观。

○聚焦于贡献，可以消除办公室政治的影响。

○工作的意义必须上升到人生的意义才会被工作者体验和牢记。

○使昨天有所不同，今天才会有所不同，未来才会有所不同。预测未来的最好方式就是去改变对昨天的看法，这样才有机会创造出不一样的未来。

○只有假设才有可能让人们挣脱现实中的束缚，但这并不意味着假设就是真理。在以假设为前提进行思考和行动的时候，只能以每一次行动的效果来决定下次还要不要使用这一假设。

○有多大的共识，就隐藏了多大的分歧。

○从行动学习中获取价值的可能性建立在对管理本质的认知程度上。

○真正搞清楚原理，才会打通术。

○知道 100 个答案，不如只知道 10 个答案，但要知道这 10 个答案是从哪里求证来的。即便如此，也不如就只知道 1 个答案，不仅知道这个答案是从哪里求证来的，还有求证过程的真实体验。

○管理就是实践。在实战家眼里，领导力与执行力没有本质区别。

○管理的复杂性：没人想做不好，没人想做坏人。

○大，可细分为无数的小，图小便成其大；难，可细分为无数的易，从易便解其难。催化的要领：以小为大，以少为多。

○行动学习须镶嵌进业务当中，工作难题是行动学习的大纲。

○若简单地区分，故事与案例最显著的区别是：陈述之后，未经刻意反复提问促动反思的，是民间故事；反之才是管理案例。

○管理假设：任何问题都可以解决；任何问题都源于人际关系管理。

○今后的竞争，无论对于人或对于企业，已经没有传统意义上的输赢，在竞争过程中发生脱胎换骨般改变的一方才有可能会成为真正的赢家。死掉是企业的宿命，高手在于讲究死掉的方式和时机。人，才是生生不息的。

○中国文明的精髓是一个“和”字。自主管理模式，深得这一精髓。

○中层典范：通过正确地执行，使不够正确的决策成为正确的决策。

○问题永远没有目标重要。很多问题与目标相比，不需要解决。

○事实只相对于假设才有更深的意义。事实是用来验证假设的。真相是能够眼见的、正确有效的假设。能够眼见的、错误且无效的假设只宜称为事件。

○除非你来做，否则你永远不可能知道。

○在管理学里，正确这个词，其实真正的含义是：有效。

○对杀过猪的人来讲，技能来自于杀过多少猪，并非来自于杀过多少品种的猪、何种产地的猪、公猪还是母猪。甚至臻于杀猪之化境，也并非取决于杀过多少猪。探求培训之道与术，也是如此。

○若问管理者与领导者的区别，听起来似乎是挺有学问的一个问题。若问军人与军官的区别，任谁听来都是一个愚蠢的问题。

○一切知识工作者都是管理者，管理者的层次非由职级而由对组织的影响而定。而一切知识工作者都应该深知：我们不是因为有了答案才行动的，而是因为有了行动才知道了答案。

○对今天的大多数人来讲，知先于行、知高于行。但自古以来，一向是行重于知。并且，未来也将会如此。

宏观设计与微观设计

○几乎所有企业高管，都认为培训是一件简单的事情。这很麻烦。

○老总亲自审核甚至拟定培训方案的企业，至少不会太差。老总经常亲自授课的企业，至少是有希望的企业。有一批优秀管理者、技术专家、技能高手经常登台，讲实践、讲体验、讲理想信念，这必定是优秀企业。

○绝大多数企业人力资源部的人员，缺乏真正埋头做培训的接地气经历。但这还不是最悲催的，最悲催的是他们以为自己懂培训。

○最不了解培训需求的，可能就是企业人力资源部的人员，这很可怕。

○只知花钱购买课程，是无能的表现——根源在不懂培训。

○合班上课，效率提高了，效能下降了。

○企业大学与高校合作，利用研究生、博士生资源，既解决企业大学的劳力问题，又为国家培养懂企业的人才，两全其美。

○企业大学自主招生小型混成班是主攻方向，可摆脱上级人力资源部门的限制与约束。学员来自不同企业的混成班，行动学习的效能翻番。

○变法者才真懂法、尊法。

○晚上也上课就仿佛打上甘岭战役。极限挑战，可能带来突破。

○工学矛盾是不懂培训的人制造的最有迷惑性的伪命题，是无能做出高品质培训的最大借口。工学本就是一体两面。

○管理者的素质能力模型，或许只是近现代一个伟大的臆断。

○在企业大学里，从年轻人身上能看到校长的影子。

○组织内的年轻人，谁带像谁。在企业大学里，当慎之惧之。

○企业大学没本事的表现：满足于邀请外部老师授课、热衷于购买外部课程或将研究性项目甚至执行类项目招标出去、陷入只会开流水账会议不去深入研讨深层次问题的泥沼。

○培训如棋。普通员工下跳棋，规则简单，上手快；基层干部下军棋，有对抗性、娱乐性；中层干部下象棋，更复杂，需要运筹；高管下围棋，敬畏宇宙之大与变化之无穷，于模糊之中，非灵活不可。

○学员的培训需求基于难题。组织的培训需求基于行业发展趋势。

○培训既要着眼于解决遇到的难题，更要着眼于解决将遇到的难题。

○需求三问：你今年的重点工作有什么是我的培训能帮上忙的？你想做出的第一个改变是什么？你最在意下属的什么行为？

○聚焦、做减法，是企业大学高层决策者的核心能力。

○家族长辈们讨论孩子的前途，其实是蛮横霸道的上帝视角。企业的管理者与培训师们不要做同样的事情。

○以病例为核心，培养即战力，是医院推动行动学习的要点。以复杂的棘手的难题为核心，培养决策力，是企业推动行动学习的要点。

○培训项目设计者的主业是听课、评课、深入企业调研、与学员一对一访谈。坐在办公室里搞培训项目设计，只是副业。

○培训项目迭代不是课程名称迭代而是内容迭代。培训项目设计人员连课都不听、连学员反馈都不去搞，还谈什么迭代！

○每一个需求都会带来一个频率。同类需求才会发生同频共振。

○当前国企培训的现状：没有实践过的人给实践过的人讲授如何实践。“经历倒挂”问题不解决，国企培训没有出路。

○研发才是核心能力：暂时可做什么？内部优秀管理者上讲台；重点想做什么？引导学员；理想是做什么？共创课堂，在课堂上做研发。

○死亡，是人类最伟大的发明。凡有句号的事物，必引发探究其终极意义。假若培训必死，或许正是培训所要达成的初衷。

○理想的组织形态：自发组织团队、业务无边界、弹性工作时间、重视同侪评估、薪资差距极小、贡献评估代替晋升、极少召开事务性会议、随时启动价值观实践大会。

○组织机构，每隔几年即根据行业趋势、组织使命和人员素质重塑。

○传统的组织结构图里面，隐藏着巨大的危机。

○理想的团队：任何人在任何时候都有权利要求讨论任何问题，直至得到令自己满意的答案；对任何人的工作邀请都只能用“同意”“有条件同意”的方式进行回应，没有“不同意”的选项。

○在学校里，在培训机构里，不应该有谋生者。不应该只把手里这项工作当工作来做。这里更不应该是追求仕途的地方。这里应该成为纯粹的人聚集的地方，以钻研学术为追求。这里不应该是混日子的地方。心目中只应该有学员，只应该有学员所在的组织。

○企业大学也好，培训中心也好，全世界这类机构规模都不大。因此一把手不能像管大企业一样过于超脱。一把手必须互动到机构中的每一个人，而且必须精通培训业务。培训机构的所有核心业务都是一把手工程。

○评估的精髓：以一对一的访谈为主，座谈为辅。

培训师与学员

○只讲不破冰不培训还不够。一堂课，要破冰几次才行。有些破冰是大师级水平：灵机一动，信手拈来。我叹服其功力深厚。

○老师不要在课间休息时回答学员的问题。有问题在课堂上问才是共创共享的态度。课间休息时间，只是休息时间。

○培训的道是不变的，术是变的，术为道服务。道是恒量，术是变量。

○培训师通常的心境应该是这样的：有机会做一点点小事情，多上一堂课，已经很好！比之昧行，何若秉烛之明?

○新生进入企业大学急于备课是掉入了一个温柔的陷阱，迷醉于传统讲授式的旋涡，只会加速陈旧力量的循环。首先做行动学习，从观念上挽救自己，才可能跳出奔向死亡的内循环。

○实战派培训师的课程，无论讲管理、技术还是技能，一定有其哲学根源。

○优秀培训师的一大标签：用小故事讲大道理。

○学员是风，老师是风车。没有风，风车不动；风来，风车动；风劲，风车飞转。风车将风转化为能量。这是灵活的课堂。

○讲授与行动学习不是两只手，讲授只是行动学习的一根手指。

○在行动学习的课堂上，始终都流动着能量。老师不要着急，只是给予关注，并给予学员充分的时间去整合、转化。这样沉静的老师，自然散发着能量，学员都能接收到。

○老师要珍惜学员的时间，不要聊自己一时感兴趣却与课程主题无关的闲话。对于课堂上的时间管理，老师要外松内紧。老师在课堂上其实有大量时间可以节省。即便从语言组织上也大有潜力可挖。

○老师不要咄咄逼人，那会给学员压迫感。也不要太显露。放松的课堂，学员才会有创造欲和创造力。

○学员只是一个抽象的概念。坐在面前的才是真实的学员。假如他带来了难题并且想解决它，那就是一位真正的学员。带来难题并且想解决它的学员，自动会接收到大量信息。

○现实中，大量学员没有带来难题，于是大量信息或能量他们接收不到。优秀的培训师要觉察到这一点，帮助他们发现自己的难题，这要花掉课堂上很多时间。因此课程表大体上没有什么特别的意义。学员只会从课程表上先入为主地产生固化的判断，不利于老师的教学。师生双向随机流动信息的课堂，才有机会发生真实有效的学习。

○案例解构质量取决于提问质量。

○任何一个案例的完整解构，都不可能只反映一个问题。

○任何一个案例，只要真实，只要主人公在场，就必定成为精彩案例。只是必须产生足够数量的、极具洞见性的提问来成全。

○学术不是评书，并非越有趣越好。

○任何学科都可互动且应该互动。因为一切学科都从实践中来，完全可以立足实践设计互动。跨界的行动学习更有对冲性。

○用已知而学，为未知而教。

○引导师心中不可先有一个答案再去引导，必须彻底地好奇学员的想法。脑子里标准答案太多的老师，不是好老师。

○引进案例，不如自己研发。研发的过程，就是最好的案例教学。

○知道而悟不到，悟到而做不到，难矣哉！

○优秀的态度类、心智类、价值观类课程，往往会激怒个别学员。不要怕。这恰恰是培训效果的显现。

○画出未来的成果，使之可视，激发想象。

○新知进来的唯一方式是被归旧。若无觉察，便无法发生学习。

○成果导向，是目标的意义。增强合作意愿，是方法论的胜利。

○谁坐在下边听课，决定老师的状态。

○在课堂上讲“因为时间关系”这句话，无疑等于证明自己的课程设计有问题。不论给你多少时间，你都必须对它负责，使时间正合适。

○很多时候，仅仅是倾听，就会解决问题；很多时候，仅仅是澄清问题，就会解决问题；很多时候，仅仅是换个时间点来做，就会解决问题；很多时候，仅仅是等待，就会解决问题；很多时候，仅仅是换上谦和的态度，就会解决问题；很多时候，减少人手，反而会解决问题。

○是非的本质属于过往。纠结于是非就是反复陷入过往，就难以面向未来、难以面向改变、难以面向内在的资源与力量。

○对管理者来讲，拥有太多没有经过体验的道理是危险的。那会使他陷入一种臆断的习惯里，然后运用这种习惯去完成创造性的工作。

○所有活着的人都有优势。教练对话的精髓是从对方经历中探寻和提取成功要素，使对方看向自身的优势。那些成功要素就像各味中药一样，对话过程就是萃取有效配方的过程。

○行动是提问的答案，而提问则是在呈现行动的更多可能。

○回应洞见性提问，切忌像答记者问。因为发言人的立场早已是颠扑不破的。若不打算成为反思者、承诺者、行动者，就不会听到任何洞见性提问，或者说任何提问都会变得毫无意义。

○要成为解决者，就必须学会替代与迁移。当不能获得一个想获得的东西的时候，那就寻找一个替代品。好比没有钢就用铁，没有铁就用石头，没有石头就用木料。再运用通过木料获得成果的这份能力，迁移到做其他事情上去。

○要随时准备结束对话。与预算的时间无关，与是否解决无关；与效果有关，与各自状态有关。

○如果问题解决遇到困难，不妨改变对问题的描述方式，将问题转换成另一个问题，或者看起来转换成了另一个问题。朝三暮四行不通，就朝四暮三。

○愈是允许，对方便愈会开放；愈是允许，对方便愈会自律；愈是允许，对方便愈有力量。允许，是一股难以觉察的、应当善用的能量。

○使对方纵向地与自己比较，会带去鼓励；使对方横向地与他人比较，会带去激发。这是两个很好的教练式对话的角度。

○澄清的方法：向对方要感受、向对方要故事、向对方要细节、向对方要画面、向对方要数字、向对方要关键词、向对方要反面的描述——反面的描述（往往人们更擅长）就是换一个角度去澄清正面的意义。

○一件事只要开始做，这件事情本身就能教会你学习剩下的部分。

○慈悲这件事情不是从道理上让你来接受的，而是让你从行动上来体验的。缺少体验的接受，没有实际意义。

○即使没有任何人提问，你对自己某段经历的每一次描述——特别是发出声音投入感情的描述，也是对那段经历的一种改变。何况有教练来提问呢？其实从面向未来的角度，我们应该这样说：经历就是用来改变的。这种改变，将体现在你对自己那段经历中沉淀着的重要信息的新的发现、由此产生新的认知并发展出新的行为。

○如果说有什么是人生最重要的决策，那就是决定自己成为什么样的人。

○搞清对方那个甚至连他自己都未必能看清的意图，澄清那个甚至连自己都未必能看清的意图，是所有高效对话的不可逾越的前提。

○不刻意地帮助对方，往往对对方的影响更大，对方会变得愈加敏感。

○在听别人故事的时候，要想："我怎样才能在这个故事里成长?""我想成为什么样的人?"当从这两个角度产生一些想法的时候，把它转化成提问抛出去。你这样彻底地关注自己，才能给对方带去深度聆听，才能给对方带去新的发现、新的认知和新的行为。"我怎样才能在这个故事里成长?""我想成为什么样的人?"这两句提问可以放入任何人的任何故事里去，使对方同我们一起饶有兴致地倾听他自己的故事，将对方和我们自己代入个人体验中最深层次的那部分里去思考。

○活着的人都有优势，但是大部分活着的人都没有目标——谈论自己的目标与承诺针对自己的目标立即采取行动是截然不同的两回事，更谈不上对成果的想象。一个人应该这样看待什么是理想的人生：左边是目标，右边是对成果的想象，你在中间全是练习和体验。

○没有任何人能教会另一个人学习，除非他自己愿意担任这个角色。

○被提问和旁观他人被提问，感受是截然不同的，甚至有天壤之别。

○只有行动才能将荒唐的想法变成奇妙的构思。

○对话中，愈轻柔愈显力量，愈跟随愈生推动，愈慈悲愈有技巧。

○对方若评判，只需问："你是怎样知道的?"收到回应后再问："这又是怎样知道的呢?"如法炮制多次，直至对方沉默。

○对方若沮丧，只需问："那又能怎样?"收到回应后再问："那又能怎样?"如法炮制多次，直至对方沉默。

○对方若振奋，只需问："这样做就会得到你想要的吗?"收到回应后再问："这样做就会得到你想要的吗?"如法炮制多次，直至对方沉默。

○不要急于处理，要敏于觉察，觉察比急于处理重要得多。

○对话中，把关注点放在双方状态上，放在对话效果上。

○在教练对话中，对方的回应，有些会是应付，这很正常。教练一定要区分哪部分是承诺，只有承诺那部分才是成果，其他都不是，其他只是聊天。

○对话中，不由自主地会拿自己的价值观跟对方的价值观相比对，这种比对会带来困扰。但真相是，那绝不是困扰，而是继续推动对话的灵感的源泉，那恰恰是提出洞见性问题的机会，也是丰盛自己的机会。

○想法的离奇度，从另一面看就是价值度。不要总想着兑现，让后人兑现不是更好吗?那恰恰证明离奇的想法若穿越时空愈久远，价值便愈大。

○能够在团队里激起涟漪的，才是管理者的学习。

○老师给的答案适合用在考场，在老师引导下自己发现的答案适合用在管理上、适合用在实践里。

○真正实用的培训是在给学员创造经历。学员在回顾经历的时候，就已经在创造经历了，并且是最重要的那部分经历。管理者永远在差异化中学习。每个人带来的案例、想法、难题都不一样，但都有相似性，相似性成全了这种差异化学习。管理者的团队学习本质上是相互成全。

○将瞬间的评判悬挂起来，然后驱动好奇心，探索其他解释。只有其他的解释才算是新的学习。而那个悬挂起来的评判，代表过往的学习。

○期望是用来提升我们的，它甚至不仅仅是用来实现的。

○竭尽所能、耗尽能量地去追求自己所期望的，就可以给自己打满分。哪怕那个期望只实现了很小一部分。

○只要意图是真实的，任何意图都可以转化成一句中正的、有尊重意味的、饱含着慈悲的、灵活的、聚焦的、有价值的提问。

○一个人的任何想法都是对的，因为任何想法必定来自他的经历。你能改变他的经历吗？不能。但你能制造他新的经历，允许他按照他的想法去做，就等于帮助他创造新的重要经历。他才是决定这份经历意义的主人。

○沟通中，尝试请求对方换一个词重新表达。仅仅如此，对方的信念可能就会暗暗发生改变。但换什么词必须由他来做主。

○教练不是老师，教练是请对方做决定的那个人。

○当过去与现在的行为重新呈现并且被本人重新评估，他对未来将要采取的行为才会清晰起来。

○当有意运用模型去提问的时候，就不够中正了，就不会活在对方的事件里，就不会活在那个时刻里，就不会活在对方的情绪或者难题里。而是游离到了另外一个地方，把自己当作了老师，而不是当作伙伴。

○对方的资源和力量都在对方的难题里，如果提问不能带给对方资源和力量，也并不是说明这个提问不好，只是说明应该换一个提问。没有什么提问是好的或不好的，只有什么提问在此际是有效的或无效的。

○没有病人会按医生学到的药方生病，医生必须灵活。没有对手会按武者学到的套路出招，武者必须灵活。灵活，是引导师的外家功夫。

○若对方处在低能量的状态，不要用高能量去调动，对方会很反感，这就不是引导而是攻击。很多有问题的人非常反感说教，因为说教代表高能量。此际唯有共情与接纳，才能实现有效沟通。

○对老师来讲，埋怨学员“盔甲太厚”，无异于医生对患者说：“你不该得这么重的病!”医生没有挑选病人的权利。

○最棒的学习一定是深切的新鲜的回忆。在那样的情境里，每个人有想法浮现的时候，并没有句子同时浮现，只有感觉在胸口或喉间涌动，而一开口，流出来的都是未经理性处理的句子，自己也在谛听。

○所有的回应都是回忆。

○对培训师来讲：研究能力 = 天赋 + 实践 + 勤奋

○老师达到中正状态的障碍：急于告知、贪多（总想给学员很多）、炫耀博学、讨好学员、追求自我满足感甚于帮助学员解决问题的迫切感。

○引导师要牢记学员都是管理者并非在校生。引导师必须深刻理解管理和管理者的角色含义，对管理者行为模式有深刻的洞察。这是引导技术中道的部分（冰山下的部分），仅靠术（冰山上的工具或流程）是不够的。

○好医生看的不是病而是人。好老师看的不是难题而是人。

○直接原因，马上简单处理；间接原因，稍后系统处理；主要原因，长期重点处理；杠杆性原因，短期内只聚焦面对其中的一个。

○引导师一定要坚定地不露痕迹地从管理的概念和管理者的概念入手开始引导，否则后面产生的一切都可能会是错的。

意识与潜意识

○人的记忆都是有选择的。不被意识选择的部分会沉淀到潜意识里，但不会消失，它只是等待突发事件来唤醒。提问就充当了人为制造的“突发事件”的角色。再经提问将已有的信息与醒来的信息进行价值区分。最后经提问对已区分的信息进行强化或弱化。这便是将事件变成事实的过程。

○冥想也是实践。冥想是一种特殊的高级的实践；是通过滤掉嘈杂、令人目眩的一切声色，以获得少数的、唯一的真相；是悟道的最后一关。

○态度是外显的价值观。

○情绪是从潜意识里生起来的，其动机永远是对的。只是在浮现出来的过程中，被意识参与了一些意见，然后打上一些标签而已。譬如愤怒，其动机是改变。但是意识给打上的标签是让他人改变。若创造机会深入觉察，会发现愤怒是很好地让自己改变的一个路标。

○高光时刻与至暗时刻，在人生中是等价的。如果不将至暗看成是黎明前的那一部分，就无法彰显黎明的宝贵。至暗时刻蕴含重大机会，它是一种幸运，是上帝馈赠的礼物。正确解构至暗时刻之后，原来所形成的隐喻将被改变成新的正面的隐喻，去滋养生命中的每一个时刻和每一个领域。

○所有的回应都是评判，所有的回应也都是回忆。洞见性提问能够引发深度回忆，将那些被意识选择性遗忘的、沉淀到潜意识里的、真实而重要的片段都回忆出来，去超越对方此前的评判，从而创造一个新的隐喻。

○过早过频的评判，妨碍最终做出更好的评判。评判是一项重要的、需要好好修炼的技能，这项技能并非来自于评判本身，而是来自于深度聆听与自我反思。除非采取行动之前的一刹那，任何时候我们都无须去作评判。

○学习如登山。不要抱着赶路的心态。坐直升机登顶不是体验者的态度。山顶不是最重要的，有比山顶还重要的东西。或许遗忘的某一个细节被唤醒，就会带来新的隐喻，定格为生命中永恒的旗帜般的画面。

○你从一个念头跨越到另一个念头，中间思考的宿主是什么？养成找到中间那些宿主的思考习惯，意义重大。那些宿主就是自己思考的驿站分布，供强大的意念流动和驰骋。

○一切不现实的想法，都来自现实，其中便总有现实的部分。此际只须问一句：“其中马上就能采取的行动是什么？”于是，整体的理想状态下的想法就会变成局部的现实状态下的想法，创意就会变成方案。

○灵感是沉淀在潜意识里的最辉煌的那部分。无论活到多大年龄，保持适度的简单、愉悦和天真就等于在挽留和培育自己的灵感。

○从最成功和最有成就感的事件当中追溯当初的那些灵感，就能摸清自己灵感的脾气、秉性，慢慢就能呼唤它、调动它、向它求助、驾驭它，最终跟它交朋友。不跟它交朋友，自我会活得很市侩、很油腻、很功利，会失去作为灵长类动物的那种荣耀感。

○要熟悉灵感来临的模式，这只能从经历里去发现。然后培育新的模式，不满足于旧的模式，才能暗示它，才能引导它。当养成向灵感求助的习惯时，它才会真正被驯服，就好比把家里的土狗训练成猎犬。

○未来总是令人担忧或恐惧的。但若只跟对方要他当下的一个新的行为，并不难。得到那行为后，便肯定它、放大它、反复提及它，对方就会自动去滚雪球。若一开始就跟对方要大雪球，往往不得。

○其实很多成果都是想象出来的，不一定要真实发生。只要效果在心理层面显现出来，就完全可以视为已经得到。

○故事比道理本身更会讲道理。能用故事讲的道理，就不要用道理去讲。培训师、管理者、家长都应该成为擅长用故事讲道理的人。道理不能推动的事情，交给故事去推动。

○意识熟悉的事情，会交给潜意识去管理。潜意识每时每刻都在工作。因此潜意识变得越来越强大，会悄悄整合出大量新的信息储存起来——培训就是激活这些信息。

○其实我们任何人的任何行为的任何意图都没有任何问题，一定都是正确的。哪怕一个人抢劫银行，他的正确的意图是要致富。错误的永远不会是意图，错误的只会是实现意图的手段。

○需要警惕的恰恰是理性。理性不足以支持我们解决宇宙中的事情，任何理性都解决不了未来的事情。只有感受能够帮助我们面对未来。感受会把我们的理性推升到另一个维度，而理性只是在产生它的维度里说话。

○对方的语言并不代表对方，只代表从对方深层意图里面流露出来的些许线索。有效的对话需要不断搬用对方的语言去做澄清和确认。

○成年人渴望被欣赏。管理者、培训师必须善用这股能量。

○人的内在角色很多，几乎囊括他所见识或想象过的一切角色。情境会教他调动哪一个角色出来。

○压力会产生化学反应，那对身心有害。将负面意念转化为正面意念，也会产生化学反应，那对身心有益。学习，真正有益于健康。

○认同只是关于自己。不认同，才会连接到他人及世界。这是智慧最有意义的部分。质疑并非不认同，而是希望共同提升一个维度去认同。

○讲道理的内在含意是命令对方接受。讲故事则只是建议，至多算劝降。讲故事会让对方正面的东西出来，目的是邀请对方超越自己。

○想要什么很重要。不想要什么不重要，那不是正面意义。但很少有人知道，恰恰对想要的东西必须非常小心！万一得到会发生什么？

○从远处看，他人与我无关。从近处看，他人与我有关。抽离自己去俯视，自己与自己无关。

○每个人不得不成为一个独特的体系。一个人告诉另一个人的，都是对的。这个对不是代表标准，而是代表体系。

○假使故事是虚构的，听故事的人的反应也全部是真实的。听者的反应永远忠诚于他一生所构建的体系、隐喻。

○身在何处不重要，心在何处才重要。心在任何地方都会创造出活着的优势。这样的心只能由丰盛的体验修炼而成。

○人的一生的关键时刻，会成为其他所有时刻的最深刻的隐喻。

○时时处处注意到自己的幸运，形成的隐喻都将是正面的。并且这些隐喻会自动生长，其影响将波及生命中的各个领域。

○勇敢地去成为自己想成为的那个人吧！这世间再没有比这更美好和强大的隐喻。给自己一个很高大的身份，立即会产生更宽更深的觉察。

○在脑海中创建一个能够时时刻刻激发自己的画面，比读一百本书还重要。画面与潜意识连接更紧。潜意识比意识更善于学习。

○静下来，才会听到内心的声音。

○所有生理反应都是心理反应。所有心理反应都通过身体表达。向自己的身体学习。身体进化出的智慧藏得很深。

〇只有当我们宣称什么是负面的时候，它才会真正是负面的。负面是意识制造的标签，用于给自己创造一种安稳的受害者的无辜的感觉。

〇任何人的潜意识永远不会有加害这个人的行为。因此任何人都可以放心大胆地向潜意识索要他想得到的任何东西。潜意识需要被调教。

〇自己来决定能不能成为自己期望成为的那个人。这是一个机会。

〇期望不同于预测。预测是大脑的低级功能，是无力的大脑的作品，是等待发生的状态。期望是大脑的高级功能，是充满创造力的大脑的作品，是正在努力发生的状态。

〇当深深地感谢的时候，觉察就发生了。无论感谢什么。哪怕是自然灾害、战场上的敌人或生活中伤害你最重的人。深深地感谢能够使自己从潜意识当中获得更多意想不到的能量支持。

〇谁犯的错误会更多？创造型人才，但正是那些伟大的错误可以成就他。庸人很少犯错，但犯一个错却往往是致命的。

〇人性是讨厌建议的。故事可以绕过对抗心理，直击痛点却产生按摩效果，使对方产生觉察，自己给自己提出建议。

〇每个人都生活在隐喻中，但多数人只是下意识应用。“百姓日用而不知。”觉察力强的人则有意识地运用隐喻。

〇人生无噩梦。情节或许可怕，但主题一点都不可怕。主题永远是正面的。真相往往被可怕的情节所掩饰。

〇中国画中还有诗、书法、印章，挂在家中，就是一个完整的隐喻。音乐、建筑、山川，都是如此。如果你愿意，任何事物都是隐喻。

〇面对难题一筹莫展的时候，不妨构想一幅令自己感到满意的理想画面。那里蕴藏着解决方案。处理后的画面更有价值。隐喻是框架、桥梁、参照物、暗示、调整性楔子，令人无法抵触。

〇身体的智慧是全息的。心脑给出意愿，头脑开始思考，但腹脑会质疑。三脑合一，你才会成为完整的自己、站在大我的位置、坐在驾驭自己的权力之椅上。不要总是令自己处在思考的状态。学会运用感知吧！当你感知时无法思考，当你思考时亦无法感知。

〇骗人是无效的。不要骗人。这主张与道德无关。你所掩盖的终将会作用于你。你所欺骗的也终将会作用于你。真相无法隐藏。

〇怀疑并非不相信，而是有点相信。相信亦并非知道，而是知道一点。知道不等于能够做到，但源于曾做到过一点。

〇意识学会退一步，便有灵感的门打开。

〇动物会欺骗其他动物甚至同类。但人类在此外还会多出一样本领：会欺骗自己。这尤其是领导干部在自我认知上最大的障碍。

〇心理有残疾，说到底还是不够善良、不够懂得感恩。

〇一个人的仁厚和才干天然会激怒某些人，无须格外去得罪，而一个人的空疏和寡陋则天然会引人同情或带去安全感。

〇过度相信或聚焦目标会忽视目标的叠加态。每一分努力都会使目标发生变化。有时仅仅是观察它，目标就会发生变化。

〇先骗自己，再骗他人。此即很多社会培训机构或培训师的工作流程。

〇维护小我或团伙的内在驱动力最具破坏力。

〇滋养大我或组织的内在驱动力最为高效，也最令人喜悦。

〇庸俗地理解情商只会发展出庸俗的关系。慈悲心才是最高的情商。

〇讲故事是更有力的辩论。欣赏是最深刻的批评。

〇回顾高光时刻，回答：如何能经常做到？

〇即兴画出一时不能解决的难题，然后开始诵诗、歌唱、舞蹈、表演哑剧（用肢体夸张地发泄情绪）、煽动性地演讲，看看接下来会发生什么。

〇越是学习脑科学和量子理论，越是感叹释迦牟尼的智慧。

〇意识是有能量的，由多股能量扭结而成，其中理性是比较容易被人们看到的一股能量。但其中愿力这股能量才是最强大的能量，是不容易被人们看到的能量。一个人能够做到的越多，身体里面积累的能量就越多。身体里面最大的能量是行为转化成意识的能量。

〇从关注升华到专注，再从专注进入迷离，便会进入禅定。当意识高度聚焦，而身体又呈放松状态，潜在的智慧才会来帮忙。

〇人本具足智慧，只是后天遗失，外求则本末倒置。断舍离的出现，只是末端行为。发展本体才是正念正法。

〇心里有，眼睛才能看到。

〇评判是很难杜绝的。重要的不是杜绝评判，而是迅速地把评判切换到聆听和觉察的那部分上去。这种切换，不是失败，而是修炼。切换得越多，不代表失败越多，而代表修炼得越深。

第六辑

对话的艺术

组织成员之间的联结深度与联结方式将沉淀为组织文化。深度交谈是组织成员的必修课，这种交谈使组织文化和个人灵魂面临危险，但渡过危险便获重生。无论是培训师还是管理者，对话是主要工作方式之一。在对话中运用隐喻与提问技术，会使对话更为高效。本辑收录的24篇文章，就是运用隐喻与提问技术的真实案例。

糖炒栗子

某天早上，一个培训群里有人问我：“到底什么是行动学习？”

我感觉此时理论性的探讨可能不会有效果，便随机创造了一个隐喻：“行动学习的结果就像是糖炒栗子，原料栗子是人们在实践中应用的知识和形成的经验，而糖就是催化师的洞见性提问，炒勺、铁锅、炉子与火，只是结构化研讨的工具。”

果然，对方不再追问，探讨结束。

结语 当难题出现的时候，若理论解读有难度或讨论时间等条件不具备，可以创造一个隐喻来应对。玛丽莲·阿特金森说：“为自己的目的去创造自己的隐喻。”与专业人士讨论专业问题的时候，同样适用。

农夫与石头

一次，我上“提问的道与术”这门课。

学员都是中高层管理者，几乎异口同声地以绝对的口吻说提问会“惹麻烦”，因为提问“太敏感了”。

对话中，他们一门心思找那些做不到的事情来痛陈理由，却从不提及他们打算做哪些能做的事情。

于是，我创造了一个隐喻：“一位农夫犁地，碰到一块石头，一门心思要抠出来，别的农夫开始播种了，他还在那里弄那块石头呢！最终，等他弄出来了石头，他错过了播种的季节。”

一位学员理直气壮地说：“不弄出石头来，不是也耽误种地吗？”

我说：“待秋收后再弄石头不好吗？在犁地的当下，他的注意力为什么不可以在容易犁的那部分土地呢？”

瞬间，我看到大家接受的表情。

结语 听故事并非孩子们的专享。对朋友、同事、学员、病人都可以运用隐喻。家长、教练、医生、老师以及那些心智成熟的人要擅长此道。故事是有灵性的，好故事能够进入身心领域，打开一扇门。

每一块云彩下都有不同想法的人

一位年轻人沮丧地坐在我面前，描述着他生活中的满天乌云。

他甚至提到昨晚做的梦，满天乌云。

我只是倾听。

良久，他抬头望着我，似乎在说："您不说点儿什么吗?"

我说："有一次我坐飞机，从舷窗往下看，看到一片片的云朵。从舷窗再往上看，一望无际的蓝色天空，一尘不染。过了一会儿，我看到下边的云朵不知什么时候变成了黑色。再抬头看看上方，依然是一望无际的蓝色天空，干净得一尘不染。"

年轻人听得出神。

我："我忽然想，那每一块乌云下方生存的人们，他们此刻看不到那一望无际的、干净得一尘不染的蓝色天空。他们当中的某些人，譬如曾经淋在雨中的我，甚至感觉那时满世界都在下雨。"

年轻人若有所思。

我："其实每一块云彩下都有有不同想法的人。这取决于人们对头顶上方那块云彩以及这块云彩之外世界的看法。"

年轻人轻轻点头。

结语 隐喻与梦境像两只手。左手与右手的方向相反，但看上去那么相同。解读梦境，才可破解生命的隐喻，以获得自由。梦是最真的、最深的隐喻，一直在支持我们的生活。噩梦也是一扇通向自由的门，只是不那么容易打开。现场创造隐喻的线索来自对方提供的素材，那需要抓住对方语言中的某些带有隐喻色彩的词汇。抓住的证据，就是对方认同的故事中的东西——那原本就是他自己的东西。

一个人的言行不等于这个人

同事："同事说我不善于表达，我不开心。"

我："你让我想起一句话，'一个人的言行不等于这个人'。"

同事："什么意思？"

我："有一次训练营课前我让几个年轻人画几张海报，一个年轻人在群里说：'那老师要教大家画海报了。'一位中年老师闻讯而来，年轻人就分配她画海报。她愣了，问我：'不是说你要教我们画海报吗？'我只好说：'我教的方式就是直接画呀。'她严肃了，认真地说：'那老师，你认为我下次还会来吗？'结果，她真的从此再也没出现在我的课堂。"

同事："忽然懂了！一个人的言行不等于这个人。"

我："什么意思？你懂什么了？"

同事："假如是那位年轻人故意骗大家，她却因为别人的欺骗再也没使自己有机会学到新的东西，岂不是很不值？可假设年轻人并不是有意骗她，她却因自己恼怒而丧失机会没学到东西岂不是更冤？"

我："还有呢？"

同事："对了！还有，同事说我不善于表达，我不开心，也不值，也很冤。'一个人的言行不等于这个人'这句话太好了！"

结语 故事本身会讲道理。生活本身就是隐喻。假若一个人能够时时处处注意到自己的幸运，那他一生所形成的隐喻都将是正面的。并且这些隐喻会自动生长，其影响将涉及生命中的各个时刻和各个领域。勇敢地去成为自己想成为的那个人，这世间再没有比这更美好和强大的隐喻。

左派与右派

朋友问："你赞成左派还是右派？"

我：“你说的左派是指什么？右派是指什么？”

朋友愣了一下：“简单说吧，是路线问题。”

我：“好吧。你会开车吗？”

朋友：“当然。”

我：“开车的时候，你会怎样打方向盘？”

朋友：“什么意思？那要看路啊？”

我：“目标是确定的，它在路的远方。路向左，你向左打方向盘。路向右，你向右打方向盘。这没问题，任何人都会做，这并不难。”

朋友：“这还用说吗？”

我：“假设路是直的呢？”

朋友：“把稳方向盘，不要乱动啊！”

我：“不对。”

朋友：“不对？”

我：“回想一下，真实情况下你是怎样在直路上开车的？”

朋友：“哦，不是一直不动，是轻微左右晃动。”

我：“对了！就是忽左忽右，一刻不停地忽左忽右，尽管动作很轻微，这样才能直线行驶。谁要是把方向盘狠命地保持固定，那一定会翻车。”

朋友：“好像开始明白一点了！只要目标确定，路线总是时左时右。即便是平坦的直路，都不会使车轮保持绝对的直线行驶。”

我：“为什么组织行为就不可以适用这样的道理呢？任何一个组织，都有使命和战略，都有路线问题。那么，左派对，还是右派对？向来争执不休。答案很简单，看路的方向。路向左，左派就对了；路向右，右派就对了；路是直的，左右就都是对的，因为要动作相当轻微地忽左忽右。管理总是面对不确定的未来，总要在调整中前进。”

结语 很多人以为教练就是提问大师。但其实教练也是讲故事大师。如果在讲故事中不时提问，那当然最好。将一个政治问题谈成生活技能问题，顾虑会减少很多，思路则会开阔很多。

关于人性

年轻人："您的很多课程经常涉及人性或让我们想到人性的某个特质或侧面。您是有意这样做的吗？在您看来，人性究竟是什么？您能用最简单的语言描述一下人性吗？"

我："不能，我无法抽象地描述人性。或许有人能，但我很怀疑抽象的人性描述根本就是障眼法。"

年轻人："怎么不能？譬如自由、博爱、慈悲、利己、害怕未知，这些词汇和概念不就是人性的某个特质或侧面吗？"

我："我不知道你在讲谁的自由、谁的博爱。你是怎么理解的？你又怎么知道他人是怎样理解的？"

年轻人："糊涂了，难道有区别？"

我："难道没有区别？当狮子来跟你讲博爱的时候，你以为它会爱你吗？它或许只是在陈述吃掉你的高尚理由。在狮子眼里，我们人类或许只是天然的、并不算可口的食物，只配饥荒时打个牙祭。但最可怕的是狮子样的人类，视其他人类为垃圾人口，嘴上喊着他们理解的博爱。"

年轻人："能不能简单地告诉我，该怎么看待人性呢？"

我："不能。因为在我看来，不同的民族、不同的地区、不同的时代、不同的社会状况、不同的生产力水平、不同的文化，会发展出不同的人性。同时，这人性会反过来作用于这个民族、地区、时代、社会、生产力、文化。或许有永恒不变的人性吧，但我不知道那是什么。"

结语　"当狮子来跟你讲博爱的时候，你以为它会爱你吗？"当隐喻出现的时候，往往沟通的坚冰会破开一道缝隙，允许外面的光芒照射进来。

给公司起个好名字

微信里的对话。

朋友："我已经下定决心要辞职，成立自己的文化传媒公司。"

我："我赞成。"

朋友："真的？那我的心就落地了。"

我："公司的定位是什么？"

朋友："反映石油城市、石油人的生活。"

我："公司叫什么名字？"

朋友："还没想好，有点难。"

我："乔布斯曾说'活着改变世界'。这句话对你有什么启发？"

朋友："就要这样的感觉！您懂我。"

我："公司的名字很重要，要有灵魂。"

朋友："您有什么建议？"

我："你最擅长做的事情是什么？你心里最想要的是什么？熔铸在这两件事情当中的灵魂是什么？好好回答这三个问题，或许你会想出一个好名字。"

朋友："嗯！我有感觉了！为什么会这样？我很奇怪。在您没问之前，我一点概念都没有。您问了之后，我忽然觉得，那种微妙的感觉一直就在我身上。"

过了几天。

我："名字想好了吗？"

朋友："还没。但感觉仍在。我在等我自己呢。您给我想出来了吗？"

我："这件事需要你自己做。这是一个从怀孕到生产的过程，既值得又重要，别人不能代劳。"

朋友："嗯！我知道的。有您关注，我很在意我自己。"

结语　"你最擅长做的事情是什么？""你心里最想要的是什么？"在教练技术中，这两句是既普通又很神奇的经典传统提问。"熔铸在这两件事情当中的灵魂是什么？"这句提问是此际创造的最重要的隐喻，它使前两句经典提问在被提问者心中瞬时产生联结，头脑中会激荡起无数思绪，倘有画面伴生，更会生动起来。“好好回答这三个问题，或许你会想出一个好名字。”这句则隐藏着催眠的力量。“我有感觉了！为什么会这样？我很奇怪。”这是对话当下产生的效果。“这件事需要你自己做。这是一个从怀孕到生产的过程，既值得又重要，别人不能代劳。”这又是一个重要的隐喻。“有您关注，我很在意我自己。”这句话很有分量，是对话几天后产生的长久涟漪，会荡漾很远。

丑陋的钻石

与一位年轻人的一段对话。

年轻人：“有两个相反的选择，不知应该何去何从。”

我：“什么事情呢？”

年轻人：“假设不告诉您是什么事情，您能告诉我怎样做吗？”

我：“我这有一个故事，也许能帮助你做出选择。一个女孩儿，每天上班经过地下商场的一家首饰店，瞥见很多件钻石首饰，一颗颗闪闪发光。其中一颗钻石，她给它取了一个名字——丑陋的钻石。每次经过，都多瞅几眼。终于有一天，她上去问价，果然这颗丑陋的钻石便宜很多。所以她也没出手买，因为毕竟是丑陋的钻石。一天，忽然发现那颗丑陋的钻石不见了。她莫名有些失落，悔恨当初没有出手买下来，毕竟一直以来只有这颗丑陋的钻石最吸引她的目光。她要离开这座城市了，最后一次经过这家首饰店时，忽然鼓起勇气问那颗钻石的下落。店主已经不记得了，但从抽屉里拿出一颗钻石，问：‘是不是这颗？’女孩惊叫：‘就是这颗！’它还是那么丑陋，并发着不算美丽的光。”

我戛然而止。

年轻人眼里泛着泪：“她买下了吗？”

我：“我不知道，她还站在那里想呢。”

我与年轻人黯然相对，良久无语。

结语　“假设不告诉您是什么事情，您能告诉我怎样做吗？”正是这句使我极感意外的话，激发了我的创作欲，脑子里灵光乍现，才有了这个充满隐喻力量的故事，以至很长一段时间内，我自己都忍不住几次猜测那女孩会不会买下那颗丑陋的钻石。

独自跳舞的女孩儿

一次，一位堂兄的女儿遇到很麻烦的人并且带来很麻烦的事情。女孩的妈妈约我一起吃饭聊天。女孩先到了，我们相对坐在卡座里。

我说："你有兴趣学一段舞蹈吗？"

女孩："好呀！"

我："这段舞蹈，叫'一个人的双人舞'。"

女孩睁大了眼睛。

我双手比画着："双手合十，心里选择一只手掌是自己，另一只手掌是对方，那给你带来麻烦的人或者给你带来麻烦的事。"

我观察着，等待女孩做选择。

我："先体会相抗，好！"

我观察着女孩在与对方相抗。

我左右移动着双掌："对方力量强，你就退，这没什么，允许对方强。但不要离开对方，跟随它的力量。"

我看到女孩虽然在退，却露出惊异的表情。

我："这没什么！你退就好了。对方的力量若在消退，你再迎上去。"

我看到女孩虽然在迎进，却露出痛苦的表情。

我："很自然，你迎上去，对方会强起来。允许它强起来，你可以像之前一样后退。"

女孩开始自如地左右移动，渐渐露出轻松的表情。

我："反复体会相互迎合的感觉。你看，对那些难缠的人，你是有办法的。无须一味迎击，也无须一味后退。"

女孩甚至有些游刃有余。

我："人生就是接纳一切遭遇，笑着、平静地看着这些遭遇。不回避，并与之一起舞蹈。"

女孩放下双手，我看到她同时放下那些令她感到难缠的人与事。

女孩的妈妈到了，女孩容光焕发，高声地叫妈妈快坐下。妈妈有些惊异地看着我，似乎在问："刚才发生什么了？"

结语　观察到效果，才做下一步。“反复体会相互迎合的感觉。”“无须一味迎击，也无须一味后退。”“人生就是接纳一切遭遇，笑着、平静地看着这些遭遇。不回避，并与之一起舞蹈。”这一小段隐喻性极强的舞蹈，对这女孩仿佛正餐前的一道开胃小菜。这其实是特定情况下由案主自己完成的系统排列。

具体

年轻老师：“在课堂上，例如学员分享后，催化师具体要做些什么？”

我：“营造轻松的氛围，让分享和聆听分享的学员处在愉悦的状态。催化师对任何一位学员的任何发言都应肯定，至少挑出一点最值得肯定之处进行肯定。然后鼓励他，最好针对态度或状态来鼓励。对重要的内容，至少重复三遍，但要在三个不同的恰当时机进行重复。”

年轻老师：“嗯，还有呢？比如难一点的？”

我：“联结其他的学员，请其他学员谈谈看法，然后巧妙地加工、精致地改造分享者的发言，自然而然地带出自己所知道的重要信息，这样做能够使其他学员提升联结能力和认知水平，这是催化师最重要的工作。”

年轻老师：“这就难了！催化师如何才能做到这些呢？”

我：“手里要有工具。”

年轻老师：“我们已经学习了很多工具啊？”

我：“你们那是学招，还得练功。招可学，功难练。催化师的工具好比十八般兵器，各有各的用法，但在需要功力才能发挥出应有威力这一点上是一样的。那份功力，是兵器之外的东西。譬如体能、经验、策略、技术。体能是哪里来的？专业地进行体能训练，长跑、举重等。经验是哪里来的？反复应用。策略哪里来的？精心设计。技术哪里来的？从老师那里学来的理论，然后自己反复地练习。行动学习也是如此，所有的工具，都是像兵器一样的东西，需要功力才能有用。”

年轻老师：“催化师的功力，具体又是指什么？”

我：“知识、经验、策略、技术。催化师的知识相当于武者的体能。什么知识？管理学、哲学、心理学、国学。知识是哪里来的？读书、听课。经验是哪里来的？反复应用。策略哪里来的？精心设计。技术哪里来的？从老师那里学来的理论，然后自己反复练习。”

年轻老师：“核心的技术是什么呢?”

我：“提问。”

结语 将十八般兵器对应催化师的工具，功力自然成为主要矛盾。武者的体能对应到催化师的知识、经验、策略、技术的获取路径则完全一致。这样的解读，甚至可以升华对武术的认知。

同时

微信里的一段对话。

王女士：“早上在机场，工作人员让我在八号安检窗口排队，半小时后那位工作人员又让我去七号窗口排队，而且态度恶劣，但七号窗口都是急于登机的旅客，不肯让我插队。我去找了值班经理，才顺利通过安检。回头想想很生气，我还带着孩子，拎了很多包。当时，真想投诉那个工作人员。你说我怎么这么容易生气呢?”

我：“去投诉他，‘同时’不生气，你需要做到的只是这一点。而要做到这一点，那就必须使投诉变成公益心。你觉得呢?”

王女士：“啊！您总是能让我的情绪平复下来。”

我们经常忽略“同时”，那是因为潜意识里总是在很多情况下做“二选一”的权衡。潜意识是二进制的，很善于“二选一”。如果我们遇事允许自己做“同时”的选择，生活会美好很多。

结语 还是那句话：生活就是隐喻。情绪波动的时候，那是隐喻在召唤你来相识。认识到情绪背后的隐喻，就会知道它什么时候、在什么事情上会再次造访。如果觉得它不够好，那就想办法改变它。改变它的宗旨，那自然是为了能够使情绪发生相应的改变。“公益心”成为此际转化情绪的新的隐喻或标签。

幸福

又一段微信里的对话。

王女士："我的情绪怎么那么糟糕，光想哭。"

我："发生了什么事情?"

王女士："就是想哭，什么难过的事都没有。"

王女士："工作、生活，什么都好好的啊!"

王女士："最近一直这样，我也不知道怎么了。"

王女士："我最近算是很顺利的啊!"

王女士："白天都好，晚上就不行了。"

王女士发来两张自拍照："你看我，看起来容光焕发啊！白天工作什么的都特别能够集中注意力。"

我："哭的时候，你脑海中会浮现出来什么画面呢?"

王女士："浮现小时候我爸爸在的时光，还有以前学校的样子。"

王女士："现在每天要面对一些特别会讲故事又比我见识和阅历丰富很多的人，我必须精神高度集中才能跟上。"

我："其实我跟你一样，也会哭。"

王女士："你的共情简直毫无痕迹啊!"

王女士："我有点怀念过去简单安稳的环境。"

我："可在我看来，你就在这样的环境中啊?"

王女士："是啊，悄无声息的安逸。"

我："哭不是问题。也许你在用哭调整你的幸福。人体在寻求一种平衡。你觉得呢?"

王女士："啊?"

我："请你凭直觉告诉我，我是你的下列哪个角色，只能选一个，也必须选一个：父亲；朋友；导师。"

王女士："父亲。"

王女士："我有时也觉得我老公是我爸爸。"

我："所以，搞清楚了。你的哭是因为幸福。你需要平衡，你跟我说这些是因为把我当作父亲。说出来的幸福，会翻倍。”

王女士：“我觉得你太厉害了！”

王女士：“人很难觉察自己情绪背后的东西。我爸在的时候，我从来没意识到自己有恋父情结，就是从小看不起同龄的男生，比我小的男生在我眼里就更不用提了。我爸去世后直到和我老公在一起，我才意识到自己想要什么样的感情。谢谢您！”

我：“从此你可以放心地哭了。”

结语 生命本身就是隐喻。将生活中那些充满隐喻的片断收集起来，自觉整合与运用，才能向好的方向发展。这是每一位成年人的功课。

轻松感

还是与王女士的对话。

王女士：“要读博，还要带孩子，有几年没上班了，现在忽然上班感觉有些压力。每天要面对很多未知的东西、新的复杂的事情，都要去学习。虽然给我的空间还是很大的，但就是没有轻松感。”

我：“也许你需要提升自己的轻松感。”

王女士：“什么意思？”

我：“去学习获得更高级的轻松感啊！”

王女士：“啊？”

我：“使得过去自己靠轻松得到的轻松感升级为靠充实得到的轻松感。”

王女士：“这是个好主意！”

王女士：“我太追求结果了。而且希望能尽快取得一些老板要求的结果。然而事实上任何事情的进度都是有规律的。”

我：“享受结果也许只需一秒钟，但享受过程的时间几乎是整个事件的时间。你愿意选择享受哪个时间？”

王女士：“嗯，明白了。”

结语 用隐喻去思考组织的未来、自己的未来，将两者结合起来，就能创造出强大的吸引力，让自己飞升进入生命中最神秘的空间。

选择

与某位中年老师的一段对话。

老师："现在有时间吗？我想聊聊自己的选择。"

我："可以。"

老师："我要成为像刘老师那样的老师。"

我："很好啊！"

老师："但不可能做到。"

我："你为什么不去问问刘老师，她是如何成为自己那个样子的？"

老师一怔，不作声。

我："你从什么时候开始想成为刘老师那样的人的？"

老师："大前天。"

我："三天里你做了什么？"

老师："您好严肃。"

我："我只是看起来严肃。"

老师又一怔，停了一会儿："我很焦虑。"

我："有三个选择，留在原地、向东、向西。"

老师："什么意思？"

我伸出手，停在空中，又向下按去："你现在就在这里，这里代表焦虑。你愿意停留在这里吗？"

老师斩钉截铁："不愿意。"

我将手向左摆动："那么，你就向东，回到舒适的老地方去？"

老师的眼睛随着我的手移动："不！"

我将手又向右摆动："或者向西，到现在的你以为你做不到的地方去？"

老师的眼睛随着我的手移动，口气决绝："向西！"

我："你决定了？"

老师："但向西做不到。"

我："你想什么时候成为刘老师那样的人？"

老师："越快越好。"

我："第一步先做到什么程度？"

老师："能钻进去。"

我："然后呢？你想怎样做？"

老师："我忽然明白了！明天我去问问刘老师就知道了！"

结语 "有三个选择，留在原地、向东、向西。"只有当第三个选择出现的时候，更多的选择才会打开。"你想什么时候……""第一步先做到什么程度？""然后呢？你想怎样做？"面对这些发问，任何人都会被内在的具象思考牵引着向前，直至令他满意的想法出现。

刚入职的教练

一次，一位刚刚入职的年轻人无意中给我当了一回教练。

年轻人："那老师，您的谈话曾经陷入过死局吗？"

我："很多。"

年轻人："试举一例。"

我便讲起曾经的一段故事。

年轻人："我可以问几个问题吗？"

我："当然。"

年轻人："您如何认定，这是一个死局呢？"

我有些愕然。

年轻人："假如您当时只做一点改变，便不会陷入您后来以为的死局，那您会做怎样的改变呢？"

我心里仿佛被撞了一下："微笑！使自己看起来不那么严肃。"

年轻人鼓励我："可您现在看起来很和蔼！"

我明显被鼓励到，语速很快："其实之前很多朋友批评我过于严肃，有几次我回应说：'后来我自己也不敢照镜子，因为有一次偶然照镜子吓我自己一跳，好严肃啊！'没想到这样自嘲的回应方式，效果很好。"

年轻人："假如您当时再做第二点改变，那会是什么呢？"

我心里仿佛又被撞了一下："多倾听一会儿，或许就会好很多。"

年轻人："我没有问题了！"

我："对了，你的结论是什么？"

年轻人笑了："您来作结论。"

我想再过几年，我可以安心退休了。

结语 所谓"死局"，根本是一个陷阱性的隐喻。不承认，便不是"死局"。刚入职就有这么强的学以致用能力，让我很有动力前进。

开始才是工作最重要的部分

一次，与资深媒体人小兰在微信里有一段对话。

小兰："我现在想去开发课程，想去超越自己，去讲课。内心有了这样的觉知和动力。只是不知道应该怎么培养自己。"

我："你现在不用去考虑怎样培养自己。这不是主要问题。"

小兰："那主要问题是什么呢？"

我："开始。"

小兰："开始什么？"

我："开始讲课啊！柏拉图说，开始才是工作最重要的部分。"

小兰："还不够理解。"

我："打个比方你就明白了。假设你想去学修理自行车，那最重要的问题并不是担心自己不会修理，而是如何去修理你的第一辆自行车。"

小兰："明白了！如何去讲我的第一节课？这才应该是我的重要问题。可我需要明白，为什么要讲、讲什么、如何去讲、讲完之后我要做什么？"

我："这些问题也不是你现在要考虑的。你总要先去尝试着修理你的第一辆自行车。然后在修理第二辆自行车的时候，才会考虑到你前面提到的这些问题。及至修理第三辆、第四辆、第五辆自行车的时候，你就能学会回答你自己前面提出的问题了。"

小兰："嗯！我总要开始。或者说，每个培训师都是独一无二的。只是在我心里，我看到很多问题，压迫着我想去说，但我又说不明白。"

我："这不是很好吗？只要有这种内在的欲望和冲动就应该将它付诸行动，

在行动之前不用去考虑太多。行动的过程才是思考的最佳时机。”

小兰：“但是讲课要面对很多人，一旦有问题回答不上来，怎么办？”

我：“有问题回答不上来，那是好事情。因为这样你就知道自己对什么样的问题回答不上来了。同时，能让你的学员提出一些你回答不上来的问题，也是一份授课的成功。问题回答不上来更是一份共同探讨的契机，这也是行动学习的本质要求。”

小兰：“这是境界了！一般讲课的人，最怕回答不上来问题。看来我需要在讲课中修行。我妹妹曾说，经商是最大的修行。”

我：“做任何一个行业，都是一种修行。把行业当作修行的道场，才是人生的好态度。”

小兰：“对对对！这才是题眼！就像您在《隐藏的教练》中说的，‘你想要什么？’这才是最重要的。”

我：“这个问题，也是常问常新。”

小兰：“还有，这本书您提到‘炫耀知识、取悦学员或过程中取悦自己是多数培训师的深层动机’。我在想，不然呢？如果不是这样，什么才是正确的动机呢？现在几乎所有的培训师都这样子啊？”

我：“如果爱学员如同爱自己，应该就是可以了。”

小兰：“哦，极对！还有，我要是讲自己的经历，会有夸奖自己的嫌疑。所以我现在好像真的不知道应该从何入手。”

我：“考虑到有夸奖自己的嫌疑，其实杂念就产生了。这对学员，就不够真诚。”

小兰：“明白了。我觉得我应该朝这个方向走去，因为我发现在培训他人的过程中，首先会培养自己、改变自己。”

结语　修理自行车，成为此次最简单的隐喻。遇到难题的时候，尝试请求一个隐喻，或创造一个画面。从观察自己开始，才能学会观察他人。自觉，便可觉人；自达，便可达人。

从设计到试讲

年轻老师：“如果讲提问的课，最简单的版本您怎么设计？”

我："先产生难题贡献者。然后就是让学员们围坐一圈，向难题贡献者提问。最后分享和点评。"

年轻老师："为什么要围坐一圈？"

我："能量聚焦，不分心。"

年轻老师："不这样坐不可以吗？"

我："可以。"

年轻老师："我是说，不这样坐会怎样？"

我："效果差很多。"

年轻老师："为什么？"

我："围着火炉聊天，有双重温暖。你懂的。"

年轻老师："如果我来讲提问，可不可以把沟通放进去，加入一点技巧，显得丰富一点呢？"

我："可以。"

年轻老师："我是说，这样做会怎样？"

我："效果可能会差很多。"

年轻老师："怎么会？"

我："问题出在你那句'显得丰富一点'上。"

年轻老师："什么意思？"

我："课堂并非越丰富越好。你内在关心的焦点或者说你担心的是给学员的不够多，怕准备的内容不够支持一整堂课。"

年轻老师："太对了！您怎么知道的？"

我："半天的提问课，学不到多少东西——我指的是技能。"

年轻老师："明白！学知识总是容易的。换上传统的老师，半天会念叨很多理论、体系、结构等一大堆知识出来的。"

我："管理者需要的是技能。"

年轻老师："不过，我连这些知识也讲不出来。脑子里没东西。"

我："老师不需要有太多的东西。老师只需要一个姿态，就是把时间交给学员。这需要决心和勇气，当然也需要一点点简单的设计。"

年轻老师："按照您提供的版本，恐怕无法通过试讲。"

我："试讲，其实对于当前培训趋势来说接近于伪命题。传统的讲授式才存在试讲的问题。好的课程是现场互动出来的。"

年轻老师："看来今后试讲这个程序也要与时俱进呢！"

结语 “围着火炉聊天，有双重温暖。”道理讲不通的时候，需要故事或画面出场。其实这个隐喻来自我的童年记忆。童年有多么重要？它可以造就一生的隐喻。

假如一定会输

一次在课堂上，我引导学员们练习头脑风暴法，讨论如何取胜。

但讨论出来的点子有些偏于常规。

我忽然问：“请换一个方向思考，假如一定会输，你有何想法?”

学员们似炸了锅，迅速提出以下想法：

“少输一点!”

“抓一个垫背的!”

“消耗对方主力。”

“示弱，请求对方不要赶尽杀绝，以免力量失衡之后产生更强的竞争对手，增加许多不确定因素。”

“战略退却，转型。”

“将不易降职或免职的管理者放上去。”

“亡羊补牢，全面建立备胎计划。”

“将失败总结成案例，汇入组织案例集，作为培训教材。”

我总结道：“这些想法，跟之前讨论的取胜之道有何关联呢?”

学员们又似炸了锅，迅速进入下一轮头脑风暴。

结语 隐喻使对方进入他自己的体验。所有被隐喻激荡出来的想法，都是人们最擅长做的事情。这对教练来讲，是很好的觉察机会。

唯物主义和唯心主义

年轻老师：“您怎么看唯物主义和唯心主义?”

我："唯心主义是唯物主义的另一种说法。"

年轻老师："啊？难道唯心主义就是唯物主义吗？"

我："你有小名吗？"

年轻老师："是乳名吗？有。但我不能告诉您。"

我："不告诉我，那小名也在。对，那小名指的还是你。"

年轻老师："我该怎么理解呢？"

我："小名是最初父母对孩子的印象、预感或预期，在家里叫的。等到成年，才正式形成比较符合实际的期待，有了大名。古人还有字呢！供社会上的人叫，以示相互尊重。"

年轻老师："这么复杂的问题，被您隐喻得似乎好懂一些了。"

我："暂时先这样理解吧。想深入了解的话，建议你去读脑科学方面的书籍。"

结语 隐喻会使对方产生兴趣，从而进入新的学习区域。

我是怎样学会骑车的

在某次参训中，老师要求学员们两人一组，相互讲一个学会某项技能的故事，然后两人再为对方的故事提炼隐喻。

我对伙伴娓娓讲道："印象最深的是学习骑车。那时候我大概十一岁，而车是28型'金鹿'，那对我来说太大了！但我模仿其他小孩，用'掏裆'的办法，就是将一条腿从车梁下伸过去。大概我慢慢觉得这样骑车不雅观又太累，又自创了扶杖子上车法，东北人将篱笆叫杖子，比人还高。我扶着自家的杖子上车，像成年人一样骑车，很自豪！但下车还得找杖子，我又自创了双脚刹车法，就是从车子上跳下来，用双脚刹车。"

伙伴："你学骑车的经历，我觉得含有三个隐喻。一是模仿他人，能获得同样的成功，很快乐。二是创造条件，借助资源，能获得不一样的成功，更快乐。三是终究要依靠自身，不去借助外力，学会自己来结束一件事情，功成身退，这已经不只是快乐，而是恬静。你觉得是这样吗？"

我："你提炼得很精彩。每个人的童年都创造了很多隐喻，要用一生去发现，这对自己很有益。人生要重视所有的第一次，那往往是最高峰的体验，会对自己产生深远的影响。”

结语 对孩子的培养，最好的教育不是告知，而是给机会体验，帮助孩子获得丰盛的，能够使自己受益终生的、正面的隐喻。

贝利是我

参训时，一位伙伴请我分享如何认识自我的各个侧面。

我说：“一个人的内在有很多部分。要练习让这些部分都有觉知，就要给自己机会让这些部分都发声，产生合作。譬如一名足球运动员在控球的时候，注意力既要集中在球上又不要集中在球上，他要观察对手都在哪里。但对手只是在扮演拦截者，双方在合作演出，来打一场精彩的比赛，这是球迷们买票来看比赛的原因。所以对方球员的本质是合作者。如果不是这样的话，自己的球队踢进多少个球都没有意义。不仅自己的队友是一个整体，甚至对手们也是这一整体的一部分。贝利带球闪过我不会有成就感，但他带球闪过马拉多纳会很有成就感，因为马拉多纳更擅长与贝利漂亮地合作演出。”

伙伴是球迷，听得入神。

但他的入神的眼睛里有一丝困顿。

我就在等这一丝困顿出现的时机。

我盯着他的眼睛，问：“但是，为什么不可以把他们——场上所有的22名球员，都看成我们自己呢？于是他们成为自己的各个侧面？”

伙伴大惊：“这太开脑洞了！”

结语 调动对方熟悉的体验，悄悄输入自己对另一件事情的看法，会唤醒对方沉睡着的大量信息来处理新输入的信息，沟通就变得容易。

关于赋能

年轻老师：“您怎样理解有些老师强调的赋能这个词？”

我："这个词很久以前我也用。"

年轻老师："现在呢？"

我："现在用的人多了，反倒引起我的警惕，早已不用了。"

年轻老师："为什么？"

我："如果是讲老师给学员赋能，从脑科学的角度讲不通。"

年轻老师："不符合建构主义？"

我："同时违背实践理论、心理学原理和管理学常识。"

年轻老师："什么意思？"

我："我问你，你在家里最擅长做什么？"

年轻老师："做饭。"

我："那你想将来怎样使自己的子女也擅长做饭呢？"

年轻老师："唔，假使孩子长大了，我想我会给孩子买几本书、下载一些做饭的视频、亲自演示给孩子看我是怎样做饭的。"

我："你当初是怎样学会做饭的？"

年轻老师："妈妈教的啊！唔，好像不是，达到擅长做饭这个程度，更多还是自己不断在做饭中学会的。"

我："你的反思是什么？"

年轻老师："您是说能力是从实践中得到的，无法直接赋予吗？"

我："你不觉得，赋能这个词放在师生关系里，是很霸道蛮横的上帝视角吗？根本就搞错了师生关系的本质。老师的本质是为学员服务、成为学员解决难题的助手。即使讲赋能，也应是去主角化的赋能。"

年轻老师："什么是去主角化的赋能？"

我："在老师为主角化的生态中，被赋能者的资源与收益都被老师这个主角控制着。但其实老师没有资格也没有必要控制学员的资源与收益。老师应该请学员们自己贡献难题以及解决难题的资源，请学员们自己确认各自的收益，请学员们回到岗位上自己赋能自己并掌握自己的命运。"

年轻老师："或者我们讲以学员为主角化的自我赋能呢？"

我："嗯，这样讲没问题。"

结语　先问你想怎样教？再问那你当初是怎样学会的？得到的回答往往出入很大。对话当中插入这样的提问，自然产生隐喻的效果，从中不难反思到师生关系的本质、教育的本质。

关于管理本质的对话

年轻老师："您在课堂上讲，管理不是科学。可我看到，美国人认为管理是科学。泰勒的科学管理也说管理是科学。您在挑战泰勒吗？"

我："我怎么敢！我向泰勒致敬。"

年轻老师："那为什么您在课堂上讲管理不是科学？"

我："因为讲管理是科学的风险远远大于讲管理不是科学的风险。对于管理来说，最大的风险来自管理学家。"

年轻老师："什么意思？您是指什么？"

我："你要是从事过管理工作就能理解这话的意思。"

年轻老师："但我从事过班级管理。"

我："好吧。那我这样来问你，当你相信班级管理是一门科学的时候，你会做些什么？"

年轻老师："找相关的书籍来读。"

我："然后呢？"

年轻老师："然后运用。"

我："当你相信班级管理不是一门科学的时候，你会做些什么？"

年轻老师："探索。"

我："然后呢？"

年轻老师："然后总结。"

我摊开双手，表情似乎在说，"OK，就是这样"。

年轻老师："啊！这两个提问太妙了。不过，科学是自然科学与社会科学的集合。管理学既是自然科学又是社会科学，很多词典里也是这样解释的。很多人以为科学只是指自然科学，忘掉社会科学也是科学。"

我："我不同意社会科学这种说法，还是称社会学妥当一些。管理科学这种叫法也不妥，称管理学就妥当一些。"

年轻老师："为什么呢？一字之差，这很重要吗？"

我："我这样问，易经、佛学是科学吗？"

年轻老师："似乎不能算科学。"

我："称社会学可以吗？"

年轻老师："似乎可以。"

我："那称社会科学可以吗？"

年轻老师："应该不可以。"

我摊开双手，表情似乎又在说，"OK，就是这样"。

年轻老师："啊！这两个提问太妙了。不过，您的意思是说管理学如同易经、佛学一样吗？"

我："当然不。"

年轻老师："那我这样问，管理学与易经、佛学的相同之处是什么？"

我："只能被经历，无法被教导。"

年轻老师："不太懂！"

我："管理对于过去而言，只是事件、历史。对于现在，只有困扰、难题。对于未来，只有不确定。为什么会这样呢？因为管理只是实践，没有标准答案。即使是成功者本人亦不可复制自己的成功，何况他人。"

年轻老师："管理既是实践，也有理论。理论要研究，要传承，就需要教导。师傅带徒弟，也要教导，要言传身教。佛祖也在教导众生啊？"

我："是否被教导，谁说了算？"

年轻老师："您说过，沟通的意义取决于对方的反应。那您是说，是否被教导，是由被教导者说了算？"

我第三次摊开双手，但没有让表情代劳："如果教导能进来，那代表体验已经发生，过往经验已经被调动或整合。"

年轻老师："如果教导不能进来，那代表体验没有发生，过往经验没有被调动，也就谈不上经验整合，学习便无法发生。是这样吗？"

我肯定："教导无效，等于没有教导。"

年轻老师："那您怎么看当今中国的管理学？"

我："炒西方旧饭，换新名词，加上臆想，这就是今天中国的管理学。"

年轻老师："怎么会这样呢？"

我："不深入基层，不相信基层员工，管理学是没有前途的。"

年轻老师："那管理的本质到底是什么？"

我："管理的本质不是什么？"

年轻老师笑了："科学？"

我没有笑："管理的本质不是科学。管理是没有标准的。凡是有标准的管理，只能叫操作，还不能称为管理。”

年轻老师点头：“我喜欢权变管理理论。”

我：“我喜欢自主管理这种说法。权变管理的本质还是管理。而自主管理的本质已经不仅仅是管理，更多的是聚焦于生命成长的意愿、方式、感受以及非物质性结果。今天世界上发生的自主管理趋势已经突破了传统的权变管理理论。这一点非常伟大。”

年轻老师好奇地说：“那管理的本质到底是什么？”

我：“等一下。管理最大的前提是搞清楚在什么地方搞管理。在非洲不搞泰勒的定额还是不行，发达国家的趋势则是自主管理的趋势。你看李光耀20年前在香港的演讲，彭定康听傻了！李光耀那才是真懂管理。”

年轻老师执着地说：“那管理的本质到底是什么？”

我：“管理的本质是解决尚无答案问题的技能。毛泽东、邓小平、任正非、李光耀都是深谙管理之道的高手。管理的本质是通过实践释放天赋。大部分人做不到这一点，也领悟不到这一点。他们只是跟随者。”

年轻老师：“可您不是说人人都是管理者吗？”

我：“参加马拉松比赛会有多少人？”

年轻老师：“明白了！灵魂一问！重在体验，过程比冠军重要。”

结语 你在讲现在，对方在体验过去。沟通的双方，目的在未来。隐喻是最不留痕迹的干预。谈话卡住的地方，需要一个故事出现。有能力过上充满隐喻的生活，才有机会不断为自己创建出新的身份。

管理者的心学

年轻老师：“引导学员制订行动计划书，很难做到具体！怎么办？”

我：“这是谁的问题？”

年轻老师：“哦，也许我说成了学员的问题。”

我：“你的问题是什么？”

年轻老师：“我怎样做，学员制订的行动计划书才会具体呢？”

我：“好问题。我来讲一个故事吧。前些年考古发现一块清代侗族的石碑，上面说若发现某个族人偷粮食，将被罚800文。但偷蔬菜、水果，则罚1200文。今天的侗族老人解释说，因为偷粮是为了救命，而偷蔬菜、水果是为了享受。这个故事对你有什么启发？”

年轻老师：“精彩的故事！措施很具体，又直指价值观，由此衍生出民族文化，一代一代传承下去。”

我：“那你打算怎样做？”

年轻老师：“搞清楚行动计划的顶层设计与总体战略是什么？”

我：“很对。”

年轻老师：“可是，这样就能使措施很具体吗？”

我：“我再讲一个故事。有一位名叫威尔逊·李·弗洛雷斯的人，一次到新加坡，他打电话到李光耀办公室，跟秘书说请求李光耀能为其所买的《李光耀回忆录》签名。李光耀的秘书并没有拒绝，但说每本由李光耀亲笔签名的回忆录，价值是1万新元——当时约合5万元人民币，售书的所有收入将捐给慈善机构。问他是否愿意，那人欣然同意。”

年轻老师：“这个故事也很精彩！措施同样很具体，同样直指价值观。可是，我的问题是这样就能使措施很具体吗？”

我：“这个故事不同于前边那个故事的地方是什么？”

年轻老师：“啊！是提问，多了一句提问。”

我：“对你的启发是什么？”

年轻老师：“学员的难题，必须有解决的愿意。我的任务是提问，引导解决方法更具体。是这样吗？”

我：“很对。”

年轻老师：“可是，我的问题恰恰在于，我应该问些什么呢？”

我：“那么，现在重新表述你最初产生的问题？”

年轻老师：“我怎样提问，学员制订的行动计划书才会具体呢？”

我：“准确。”

年轻老师有些苦涩地笑着：“说了半天，那告诉我，我怎样提问，学员制订的行动计划书才会具体呢？”

我：“我也不知道。”

年轻老师惊异地说：“可您一直信心满满，一副有好主意的样子啊！”

我诡异地说：“我必须这样做。”

年轻老师跟着开玩笑：“原来一直是装的？我懂，您是想告诉我，老师课堂上必须这样做，给自己和学员思考的时间，也让自己和学员鼓足信心。但您知道怎样提问才会引导出更具体的措施，对吗？”

我正色道：“我真的不知道。但是，我有五句话，你可以作为母版，跟随着、变化着来提问，推动学员自己找到更具体的措施。”

年轻老师：“我要的就是这个！第一句？”

我：“使命是什么？”

年轻老师：“还可以怎样问？”

我：“核心价值观是什么？”

年轻老师：“还可以怎样问？”

我：“战略是什么？”

年轻老师：“懂了！第二句？”

我：“原则是什么？”

年轻老师：“还可以怎样问？”

我：“重要观点有哪些？”

年轻老师：“都是指组织层面吗？”

我：“是的。”

年轻老师：“懂了！第三句？”

我：“标准是什么？”

年轻老师：“还可以怎样问？”

我：“工作要求有哪些？”

年轻老师：“也都是指组织层面的吧？”

我：“是的。”

年轻老师：“懂了！第四句？”

我：“方法论是什么？”

年轻老师：“还可以怎样问？”

我：“常规方法有哪些？”

年轻老师：“这都是指组织层面的吧？”

我：“是的。”

年轻老师：“好！最后一句，第五句？”

我：“超常规的措施是什么？”

年轻老师：“还可以怎样问？”

我：“创新的措施是什么？”

年轻老师："还可以怎样问？"

我："可以量化的措施是什么？"

年轻老师："还可以怎样问？"

我："更具体的措施是什么？"

年轻老师："这是指组织层面的吗？不像啊？"

我："你猜得很对，这不是组织层面的，是个人层面的。"

年轻老师："啊！这才是学员自己能够决定和执行的部分！我要的就是这个。可是，这五句之间是什么关系呢？"

我："层层递进的关系。"

年轻老师："这是您开发的工具吗？"

我："是的，我把它称为五级落地。产生于很多年前一次课堂上的灵感，逐步发展成关于解决问题的工具。做任何事情，追根溯源，都有一个最根本的原因，那便是五级落地的第一级：使命、核心价值观和战略。为了实现第一级，必然要求清晰地确定做这件事的基本原则和主要观点，这便是第二级的内涵。落到第三级，就是标准和要求。第四级，就是方法论和常规方法。落到第五级，就是超常规的、创新的、量化的、更具体的措施。这五级，可以看作战略系统的落地流程。"

年轻老师："这五级的落地，真的能解决问题吗？"

我："近几年的课堂实践，围绕这五级的战略系统，我又发展出两个辅助系统作为反思的层次，分别是组织系统与个人心智系统的反思，使得整个工具更加灵活高效。这两个部分，每个部分同样是通过五句提问来完成引导的。三个部分，构成完整系统，使用起来很有效。"

年轻老师："从组织系统，怎么反思？是哪五句提问？"

我："从组织系统的角度来反思，也分五级：第一级，我——关于个人；第二级，你——关于伙伴或对方；第三级，他——关于第三方；第四级，我们——关于组织；第五级，外部世界——关于整个系统。"

年轻老师："听蒙了……"

我："变成五句提问就好理解了。譬如一个人在做一项工作的时候，时常问自己这样五个问题：（1）我该怎样改进？（2）我与我的伙伴应如何做？我与对方应如何合作？（3）谁受到了重要影响？（4）组织该如何做？我怎样告知？（5）对外部的影响是什么？成果是什么？"

年轻老师："哦！很好理解，更加理解组织的含义。很锥心的五问啊！"

我："这五个问题，分别对应组织系统的五级。当他这样问自己的时候，便是在从组织系统的角度来反思自己的工作。这样做十分重要，也十分必要。你可以用自己的工作试一下，看看效果。"

年轻老师："我刚才就是这样做的，所以才感受到了！那么，您刚才说的个人心智系统的反思呢？又是怎么回事？"

我："从个人心智系统的角度来反思，也需要五级：第一级，解释——呈现事实细节；第二级，焦虑或抗辩——产生焦点；第三级，汲取——价值探索；第四级，假设——必然成功；第五级，我——舍我其谁？"

年轻老师："又听蒙了！变成五句提问就好理解了吧？"

我："是的。譬如一个人在做一项工作的时候，时常问自己这五个问题：（1）我为什么要那样做？（2）我的焦虑或辩解说明了什么更重要的问题？（3）还可以探索哪些更有价值的可能？（4）假设一定会成功呢？会怎样？我当如何？（5）这如果不是我的使命，又会是谁的呢？"

年轻老师："啊！更加理解自我反思的含义。又是很锥心的五问啊！"

我："这五个问题，分别对应个人心智系统的五级。当他这样问自己的时候，便是在从个人心智系统的角度来反思自己的工作。这样做十分重要，也十分必要。你刚才的反应好像已经试到了效果？"

年轻老师："是的，感受到了！战略系统、组织系统、个人心智系统，这三个部分是什么关系？"

我："战略系统是主干，组织系统和个人心智系统是辅助。"

年轻老师："很强大！但要灵活应用这15句话，要靠磨炼。回过头来，战略系统那五问，您能再情景化地、更完整地复述一下吗？"

我："好的。（1）我们做的这件事情与组织的使命、核心价值观和战略有怎样的关系？（2）我们做这件事情的基本原则和重要观点是什么？（3）我们做这件事情的基本要求和工作标准是什么？（4）我们做这件事情的方法论和常规方法是什么？（5）假如没有任何限制，我们做这件事情所能采取的超常规的、创新的、量化的、具体的措施是什么？"

年轻老师："啊！听起来又完全不一样呢？现在我感到，这五句提问可以构成管理者的完整思考路径。"

我笑着说："这15句提问，也可以简单地称为管理者的心学。"

年轻老师严肃地说："这倒很贴切。回想开头您讲的那两个小故事，说明只有更加落地，措施才有力量。还说明拥有鲜明而深入骨髓的核心价值观，才会产出更加落地的措施。当然，仅强调第五级也不行，没有上四级支持的第五级是没有灵魂的。”

我：“总结得很精辟。”

年轻老师笑着说：“我算好学生吗?”

我：“有人听艾里克森讲催眠术，认为自己听懂了。艾里克森转向他强调说‘如果你没有把每个细节都彻底实践一番，你是不会理解它的。’”

年轻老师：“明白！我要把每个细节都彻底实践一番，才会理解它。”

结语 潜意识是慷慨的，我们问什么就会得到什么。提问的“母版”就代表普遍性，聆听者会找到自己的体验。过于个性化的描述，对方会联想不到自己的体验。所谓“共同语言”，就是能够方便辨识的潜意识所共有的普遍性的语言。

特辑

真实的课堂

管理者的课堂究竟应该是什么样子的？本辑收录3篇长文，均源自真实课堂的相关实录。其中有共创授课、临机设计、线上训练。假如前六辑是论证，本辑则是实证。

学习是怎样发生的

第一期催化师培训班正式开班，授课现场十分简约，老师与学员每人坐着一把椅子，全体环坐成圆圈，没有播放PPT，也没有书桌，只在老师和学员的身后立着若干块白板。本文为根据录音整理的课堂实录，有删节。

班主任："今天下午是那老师给我们班讲的第一堂课，题目是'学习是怎样发生的'，让我们以热烈的掌声欢迎那老师授课！"

那老师："今天下午，我们抛开在本科生阶段形成的对于学习这件事的认知，把自己放在以做事为基调的组织里，在这样的组织里没有考试，只要绩效。我请在座的各位思考一个问题，到底什么是管理？我的课堂，允许和鼓励大家交头接耳。"

学员们陷入沉思，没有人交头接耳。

那老师："我没有问书上或老师是怎么讲的，我只是问你自己是怎样看的。如果由你来给管理下定义，你怎样下这条属于你的、来自你的实践和认知定义？"

学员宏："管，就要有规则。理，就要求规则建立在原理之上。管与理要结合好，还得让大家能接受。"

那老师："很好！我听到两个关键词，'规则''原理'。基于原理建立规则，组织内的人按照规则做事。我这样理解对吗？

学员宏："嗯，对。"

那老师："其他人呢？"

学员军："管理就是提高效率，所有能够提高效率的手段，都可以称之为管理。"

那老师："非常好！科学管理之父泰勒也是这样讲的，'管理就是提高效率'。泰勒还有一句话也很重要，'管理的本质是思想变革'。"

学员飞："我觉得管理是一门综合艺术，是将人财物合理配置，并使人与人之间和谐共处的一切方式和手段。"

那老师："很棒！你刚才讲管理是一门艺术，是整合各要素的多种手段，还谈到了人和人之间的关系，使人们和谐相处。"

大家开始交头接耳，并且声音渐渐变大。

那老师：“之前的同学讲到管理是基于原理建立规则、提高效率、整合要素、处理人际关系。这些见解都很好！我要问大家，特别是刚才回答问题的同学，你的认知是从哪里来的呢？”

学员们陷入思考。

那老师：“你对于管理的认知到底是从哪里来的？曾经有人告知过你，还是来自实践当中的感受？或来自最近发生的一个事实？在这个地方花点时间想一想，你是怎么知道的？”

学员宏：“书上看的，又关联了自己的经验。”

那老师：“什么书？关联到的经验是什么？”

学员宏：“德鲁克《卓有成效的管理者》，关联到自己在培训管理中制定工作流程的过程。”

那老师：“与其他同类机构的工作流程进行过比较吗？”

学员宏：“比较过。”

那老师：“比较之后你做了些什么？”

学员宏：“改进和完善。”

那老师：“真的是这样吗？具体哪里有改进？”

学员宏：“倒不记得，其实只是在见面的场合聊过。”

那老师：“那你这样比较过多少家？”

学员宏：“不多，发现每个机构都有些不同的目标。”

那老师：“想过到其中的某一家机构实地考察一下吗？”

学员宏：“没有机会。去过的机构，目标也不同。”

那老师：“为什么要选目标不同的去考察？”

学员宏：“因为我们在做市场，而那些机构跟市场没有关系。”

那老师：“你给我的感觉，一直在用‘总之跟我关系不大’来思考问题。其实，管理者不需要考虑哪些问题不是自己的。因为指出哪部分不是你的问题，不是你的工作，就好比说，你想登珠峰，你不会愿意去了解一万种不能登上珠峰的办法。”

学员宏：“也许潜意识对复杂任务有抗拒。”

那老师：“嗯，往往是这样。我们还回到刚才那个问题上，你对管理的认知是从哪里来的？”

学员亮：“管和理这两个字究竟是什么含义？”

那老师："这两个字各有含义，但这两个字放在一起的含义显然更重要。管理的实践会赋予管理这个词特有的意义。过去中国人读书，如果想深究其含义的话，恐怕要好好读一读《说文解字》，那本书把每一个中国汉字的含义搞得很清楚。从字义的角度去认知一个词的好处究竟是什么呢？这恐怕是多年的应试教育留下来的一个伤痕。我们显然更需要考虑，近百年来的管理实践究竟赋予管理这个词什么样的特有的意义。"

学员亮："德鲁克讲，管理就是实践。"

那老师："大家认同这种说法吗？你能用一个例子来证明吗？谁来给我们讲这样一个例子？"

学员谨："今天上午我们玩那个游戏是翻扑克牌，刚开始大家如果纯粹按照班主任老师教的规则去做，就没有那么高的效率。然后我们就讨论策略，让每个人只需在翻牌的时候记住自己的位置，并完成自己的任务。通过这个例子，说明管理就是通过一个策略，把无序的东西变为有序，提高效率，达到目的。"

那老师："班主任在讲规则的时候，你觉得是简单还是复杂？"

学员谨："比较客观和正常的规则。"

那老师："这个规则好记吗？"

学员谨："比较好记，但想获胜就很难了。"

那老师："班主任老师能教你怎样赢吗？"

学员谨："只能说是教规则和方法，但要是学会并且赢，只能靠自己琢磨。"

那老师："如果你每次都能赢，你能教会他人每次都赢吗？"

学员谨："也不一定。"

那老师："这就是一个结论，这个结论是非常重要的。我们反思一下，你是否经常用告知的方式想让某一个人赢呢？"

有的学员似有所悟，频频点头。

那老师："不仅如此。我们换一句话说，你做的时候你是这样做的，然后你教给另一个人的时候，却是那样教的，那我会问，你的目的是什么？"

学员谨："为了更简单吧？"

学员钢："想快点教、多教点。"

那老师："这些回答太令人震惊！你居然是为了简单、快速、更多，可是我们教本身不是为了让对方赢吗？什么时候悄悄地改变了？成为简单、快速、更多？究竟是什么原因？"

学员宏："不仅是简单、快速、更多的问题，自己的弯路不想让他们去走了。"

那老师："不想让对方走你走过的弯路？何以见得对他们来讲是弯路呢？"

学员钢："还要靠自己实践。"

那老师："很对！还要靠实践。只教是没有用的，这个结论在之前我们已经得出来。我们现在是在问另一个问题，就是你是通过实践赢的，然后你却通过告知的方式让别人去赢？"

学员宏："别人也需要实践。"

那老师："很好！你又给出一个新的答案，就是我在告知你如何赢的时候，是告诉你要如何通过实践才能赢的，是不是？那如果把你刚才讲的这句话变成一套程序，是课堂上所规定的一个程序，它会是什么？"

学员宏："演练。"

那老师："噢？演练？谁同意？同意的请举手，不同意的请举手，没想好的同学请举手。"

学员们三三两两地举手，此起彼伏。

那老师："刚刚三部分举手的人加起来为什么不是今天学员的总数？"

学员们哄堂大笑。

那老师："请把今天得到的结论记下来，放在一个好找的地方，留待日后去审视它。"

学员们在记录本上飞快地写着。

那老师："我们这个班的学员要成为的不是告知型的老师，而是催化师。催化师是促动人们自己解决自己的问题，他要非常小心自己的权威性，因为越是专业权威，越容易发生一些偏差，做到中正是最重要的。对这段话，谁有问题吗？"

学员钢："已经很有实践经验的权威人士，怎样才能在向着催化师的这条道路上迈进的过程中去主动地发生一些改变呢？"

那老师："每个人都听清这个问题了吗？课堂上产生的所有问题，都不是只问一个人的，而是问所有人的，同时需要提问者来回答。"

学员钢："我刚才给自己挖了个坑，现在掉进去了。"

那老师："这是个很严肃的问题，你看到什么才产生这个问题？"

学员钢："我听到您刚才说到催化师不是讲课的那个人，他应该保持中正才是最重要的，要小心自己的权威性。而往往被人们誉为专家或权威人士的人，他在做催化师的时候就很容易以专家的身份自居，'我告诉你这个事情应该是这样的，那样是不对的'他如何保持中正？怎样从权威到中正？路径应该是什么？"

那老师："我们换个角度，你作为学员，你担心那样一个老师出现吗？"

学员钢："因为您说催化师不是一个单纯讲课的老师，而我们现在的学员更多的是希望——比如说我们今天坐在这儿，就是要听那老师告诉我们催化师是怎么炼成的，我们是来听课的，那老师就是这方面的权威。"

那老师："到现在为止我讲了什么？30 分钟的时间我们都做什么了？"

学员谨："带着大家思考，带着大家自己找答案，用提问的方式引导着我们思考。"

那老师："那你们听起来很主观的一段话是哪段话？是不是就是刚刚这段话啊？你们是不是真的担心有那样一个老师站在你面前，他用他的权威性覆盖了全场，然后担心自己被导向偏差的方向？"

学员珠："任何事情要从两方面来看。角色在这里摆着，老师和学生。学生可以接受权威，也可以不接受。好学生不关心权威性，只考虑我希望自己接受什么。我想要什么就吸收什么。但对我家孩子，我很有可能就会发挥权威性，直接告知，不会提问式引导。当然我也可以放任孩子，或告诉孩子可能的几种选择，孩子可以去尝试，但我总会是一个孩子面前的权威。成年人有更健全的人格，都有自己的判断，老师想当权威也不容易。但也许多少年之后，学生发现当初自己不喜欢的老师其实是很有权威性的好老师。所以，我觉得任何事都要从两方面来看。理论与实践，相互成全。"

那老师："很好！她在讲，任何事都要从两方面来看。理论与实践，相互成全。"

学员军："催化师的概念，本身是从化工企业的化学反应当中借用来的，为什么要放催化剂呢？因为两种以上物质发生反应的时候，是需要有催化剂助燃的。没有催化剂是不是就不可能发生反应了？并不是的。只不过放催化剂之后反应得更快速、更成熟、效果更好、成功率会更高。那么培训中有了催化师，可能我们在点燃思想火花的时候效果会更好，更能推进具体实际问题的解决。催化师是从中协助或给出渠道，将来动手解决实际问题还是要靠企业自身。催化师最终是要脱离你的，就是说你不能仅靠催化师解决实际问题，你才是解决实际问题的终端。所以，催化师即使再权威也应该中正，也应该脱离，就是说你既要融合，又要脱离。这是一个既矛盾又辩证的关系。"

那老师："非常好！刚才两位同学发言，前面这位同学讲的是一个成年人，坐在这里是有判断的，但同时会被影响，是吗？"

学员珠："是的，学生受到老师影响的程度取决于学生本身。"

那老师："学生终究会受到老师一些影响，不过影响程度因人而异，可以这样概括吗?”

学员珠：“对。”

那老师：“后面这位同学讲的催化师是从化学角度来解释这个含义。他这段话隐含了这样一个概念，就是企业里面是能够完成催化师所要完成的任务的，企业里面有这样的人力资源。”

学员军：“您能不能再解释一下刚才的话?”

那老师：“你刚才是在说催化师不过是在课堂上展现的一个过程，而企业是要自己解决问题的，不能总是从外面请催化师来简单地做培训。”

学员军：“您说得很透彻，我是这个意思。”

那老师：“那么你这段话隐含了一个方向，就是要在企业里挖掘到一个资源，这个资源，通过自力可成的方式来解决问题。请大家注意我刚才问的是什么，在这两位同学发言之前，我问的是什么？有同学问，‘权威性的老师如何做到中正?’然后我这样问，我说换一个角度，当那样一个老师出现在你面前的时候，你担心的是什么？对吧？我是问到这句话，然后引出两位学员的发言。刚才我也概括了一下。在这个过程中，你们观察到了什么?”

学员宏：“其实人在聆听他人的时候，并不是听到了发问者真正的意思。而是按照自己的思路去推测出一个答案，但这可能跟问题相差很远。”

那老师：“我可不可以用一个词概括你刚才的回答，这个词叫‘过滤器’?”

学员宏：“很准确。”

那老师：“我们今天在座是多少人?”

班主任：“算上您 24 位。”

那老师：“那总共有多少个过滤器呢?”

几位学员脱口而出：“24 个?”

那老师：“那么，现场的任何一件事物，是不是还是那个东西？所有事物还在这个地方，可以观测。可是我们每个人看它的角度不一样，我们关心的也不一样，于是我们赋予它意义。原本它有意义吗？它的意义就是它等待着每个观测它的人赋予它意义，有多少个人就有可能被多少个人所过滤，最后储备在脑子里面一个概念。你说这概念是主观的还是客观的?”

学员们沉思。

那老师：“我们对世界的认知是不是这样一点点地构建起来的？比如在这个房间里，有多少种事物：茶杯、白板、椅子、窗帘。会有多少呢？太多了！我们的观测是怎样的？有限的。在这有限当中，你有没有选择权？你决定关注什么?”

学员们越发陷入沉思。

那老师："那我再继续问，选择权是怎样形成的？这个选择的模式是如何构建的？"

学员宏："经历、习惯。"

那老师："很好！还有呢？还有兴趣点或与自己的相关点。每个人这样的模式和他内在的系统而言，有没有规律呢？有人说是习惯、模型、思维定式、潜意识、心智模式。这便是我们的'过滤器'，用这个'过滤器'去干吗了呢？去到另一个相似的环境去做我们曾经做过的事，就是选择你对什么感兴趣，你决定记住什么。还回到我们最初的话题上，现在你决定怎么对管理下定义？"

学员飞："管理就是把组织进行活动的各项要素的能动性充分表达和发挥出来，去实现目标。"

那老师："非常好，我听到这里面有几个关键词，一个是'要素'，这个要素恐怕有硬件和软件吧？还有'能动性'，是谁发现这个要素的能动性？它是这种要素的内在属性吗？"

学员飞："是人的因素使然。"

那老师："嗯！你后面讲要实现一个'目标'。要素加上能动性等于目标，这就是你给出的定义。大家同意吗？同意或不同意的理由是什么？"

学员钢："同意，但我要在这个公式中加入反馈和修正。"

那老师："很好！加一个反馈是为了修正行动或目标吗？"

学员钢："接下来产生的第二个目标会更好。"

那老师："我懂了！这是一个闭环。"

那老师在白板上下左右各画了四个圆圈，在圆圈里分别写上"目标""要素""能动性""反馈"。然后将这四个圆圈用弧线连接在一起，在每段弧线上都画上了顺时针的箭头。

那老师："这就是你定义的管理。这是一个闭环图。哦——等等！不是闭环会更好。"

那老师接着从"目标"的那个圆圈里出发画出一个更大的圆圈，并且不断地画下去，像靶子那样环环相套，直至白板边缘。

那老师："这是一个阿基米德螺线。没有尽头。管理是无限地由内向外循环。当一个目标实现了之后就开始考虑新的要素、新的能动性、新的反馈。"

学员们对图形很感兴趣，纷纷拿手机来拍照。

那老师："接下来请思考，什么是管理者？你如何定义管理者？"

学员钢："我们刚给管理下过定义，后面加上'这样的人'。"

几位学员笑出了声。

那老师："当然可以！你用非常简单的方式解释了什么是管理者。比如有人说'管理就是实践'，按照你的定义就是：'管理者就是实践的人。'实践前可以再加一个形容词或者定语，诸如'管理者就是坚定实践的人''执着实践的人''有效实践的人''丰富实践的人'，太多了！但没有两个人会是一样的。当你用这样相同的文字去描述两个不同的管理者的时候，会包含什么样的危机呢？"

学员飞："同质化？"

那老师："我们已经在这个危机里面生活了多久？我们已经被影响到什么程度？"

学员飞："从入职到现在。不知道什么程度。"

学员们哄堂大笑。

那老师："还有谁来定义管理者？"

学员音："管理者就是当官的。"

学员们继续哄堂大笑。

那老师："这是一个非常现实也非常有趣的解释。"

学员光："我非常赞成，管理者就是拥有某些管理权力的人。"

那老师："我看到这不只是你个人的看法，我看到这几乎是所有人的看法。为什么这样的认识如此普遍？是因为它揭示了真理吗？"

学员光："它揭示的是现实。"

那老师："我们需要尊重的是什么？"

学员光："现实。"

学员钢："真理。"

那老师："我现在借此来回答前面关于中正的问题，当一位权威懂得尊重现实，同时懂得尊重真理的时候，他就是中正的。"

学员们纷纷点头。

那老师："我问大家一个问题，面对这样一个现实，你想改变的是什么？"

学员钢："让现实接近真理。"

那老师："使得现实越来越接近真理。有个人叫拉姆·查兰，他在最近的一次演讲当中说了一句话，'改变这个世界的人，可能就是你'。"

学员宏："我百度到了，发群里。"

那老师："对这句话，有人说可以借助'量子纠缠'理论去理解。在 NLP 里面也有一句话，恰好可以放在拉姆·查兰这句话后面，‘如果那个人不是你，那又会是谁呢?’请大家仔细体会一下这两句话的含义。”

学员宏重复道：“如果那个人不是你，那又会是谁呢?”

那老师：“念出声音的感觉如何?”

学员宏：“使人充满力量！改变世界？这个人也可能不是你，但改变你自己的人一定是你。”

那老师：“很棒！我再问一个问题，改变世界的那个人是如何做到的？他通过什么做到的?”

学员钢：“超越自己。”

学员秀：“什么叫改变世界？发明与创造?”

学员钢：“你搬一次家就改变了世界。”

那老师：“什么叫改变世界可以有一万种不一样的说法，我们怎么看有如此多种说法这个现象?”

学员宏：“世界是你眼中的世界。”

学员钢：“世界有一万种可能。”

那老师：“太好了！不让思维停留在一种评判上，再往下一步探询对我们是有利的。在讨论任何问题的时候，最后都要问一下，什么对我才是有利的？如果某个事物有一万个定义的话，那么这一万个定义中哪些对你是有利的?”

学员宏：“人生是选择的结果。”

那老师：“关于什么是管理者，德鲁克有这样几句话，近百年来这个世界发生的巨大改变，是运用知识工作的人成为主要劳动者，管理者泛指一切知识工作者，譬如护士和传达员都成为管理者。我们如何理解我们前面得到的某一个结论，‘管理者就是有权力的人’‘就是当官的’?”

学员光：“那如果有人说我现在就是管理者，我会不同意。”

那老师：“你可以不同意。然后会发生什么?”

学员光：“德鲁克的观点也是泛泛而谈，人人都是管理者嘛，我还能管我们家孩子呢！上古社会原始人类，他也能管理自己的长矛是吧?”

学员们哄笑。

那老师：“你可以这样看。这样看之后呢？会发生什么？哪个定义对我们是有利的？对一个事物的看法一定是来自他过往的经历，他在经历里面沉淀下来一些认知，他无法脱离这个认知。新的学习，只能在差异化中发生，只能在反思中发生。”

学员宏："也许人们不想脱离熟悉的安稳区。"

那老师："太好了！这两个词非常准确，'熟悉''安稳'，因此不改变的动机来自哪里？"

学员钢："安全的舒适区。"

那老师："当然每个人都有不改变的权利，你只需要愿意承担不改变的后果就可以。我们大家现在座位的形式是什么？就是一个圆。我们站起来，让自己感受一下不同的阵形，带给人内心的感受。"

那老师组织大家站成五排方正的队列。

那老师："我给大家半分钟时间感受一下，这个队形带给你的是什么？"

学员们纷纷说："安全感""受约束""在组织内""好奇后面将要干什么"。

那老师："我们每一个人都非常熟悉这种阵形，几乎从出生到现在为止都在这个阵形里生活着工作着。刚才你们都听到，有人说'受约束'，有人说'在组织内'，我们发现受约束和在组织内它有相似性。这个队形是客观的，可是反映在人内心的感受是主观的。我们再换一个队形。"

那老师组织大家站成锥形的队列。

那老师："我再给大家30秒钟感受一下，这个队形带给你内心的感受是什么？"

学员们纷纷说："有方向""很有力量""责任重大""视线开阔了""有跟随感""目标一致"。

那老师："都听到了吗？站在锥形顶端的那位学员说'责任重大'。站在锥形底端的那位学员说'有跟随感'。我们请他们两位互换一下位置。好的，谢谢！现在你们是什么感觉？"

刚才站在锥形底端的学员说："压力好大。"

刚才站在锥形顶端的学员说："豁然开朗，很轻松，因为我能在这个位置看到每一个人的状态。而在前面，我处于比较茫然的状态，我不知道后面的人在干什么，虽然我很想引领好大家，但是我不知道后面发生了什么。"

那老师："还有呢？如果这是个家族，谁在顶端这个位置？"

学员们异口同声："族长。"

那老师："好，我们换个阵势，站成圆圈手拉手，然后想办法让它变得非常圆。好的，谢谢！我给大家30秒钟体会这个阵形带给你的感受。"

学员们："跟大家都有沟通""更顺畅更团结""团结起来，感到平衡。不，是平等""圆桌会议最好，大家说话都听得到，也能看清说话的人。"

那老师："如何用两个字概括你们的感受？"

学员们："平等""舒服""高效"。

那老师："好，大家回到座位上，你的收获是什么？"

学员钢："位置决定一切。"

学员秀："我们的身体会告诉我们真实感受。"

那老师："嗯！这是一个很重要的发现，身体已经感知到一些意识感受不到的东西。还有呢？我们现在理解不理解为什么我们要这样坐着上课？而且我为什么要让大家经常调换座位，不要身边都是熟人？"

学员宏："开放的心态。"

学员秀："尽快熟悉起来。"

学员珠："我倒觉得取决于个人，内心强大坐哪儿都行。"

那老师："真的是坐哪儿都行吗？你愿意坐在不同的位置上有不同的感受出现，还是愿意坐在哪里都一样的这种感受出现？"

学员珠："那要看在什么情形下。"

那老师："那么，你觉得哪一种选择会使自己成长得更快？"

没有人吱声，都在思考。

那老师："我们回到之前的话题，什么是管理者，德鲁克说，管理者都是决策者。这句话大家怎么理解？怎么看？"

学员光："平淡无奇，简直是一句废话。"

那老师："你可以这样看。我们评论这句话的目的是什么？我们有没有注意到，我们的评论是在想使自己得到什么？管理者是或不是决策者，这两种假设会发展出怎样不同的行为？这些行为将带动或促成什么？哪一种假设对自己是有利的？"

学员光："我没有读过德鲁克的书，您之前说要肯为自己的过滤性选择承担结果，那确实是这个道理，自我意识活动只是过滤性选择的过程。"

那老师："概括得很好！也许很多人都这样，当他强烈不同意什么的时候，其实他是缺少一个承担结果的前提。"

学员军："我突然想起我国也有一句相似的老话，'发扬主人翁精神'。"

那老师："德鲁克讲到在一个医院里流传着一句话，'白莉安会满意吗？'白莉安是一个护士，她常说的一句话是'我们尽到最大努力使患者满意了吗？'后来连新来的院长都常说这句话。德鲁克还鼓励管理者之间经常互问'我能为你做些什么？'设想你的身边有一位管理者经常这样问他的同事，三年五年之后他会成为这个组织中什么样的人？"

学员光："也许还在那个职位上呢！"

那老师："假设就是这样一个人三年五年之后还在那个职位上，他会成为一个什么样的人呢？"

学员钢："白莉安式的人。"

学员光："我想说，他或许能成为老总。"

学员珠："更多的可能是不再像原来那么有激情，我们身边这样的人很多。"

那老师："白莉安就是在护士岗位上退休的，但她成了一个定义护士工作标准的人。"

学员宏："默默无闻的平凡人很多。"

那老师："是的。组织的使命恰恰应该是使默默无闻的平凡人合力做出一番不平凡的事业。上半堂课就到这里吧，我们休息 15 分钟。"

执行的空间

这是一份完整的课堂实录，放入本辑是希望强调课堂是师生共创的操作台，在培训项目普遍很难实现理想化设计的情况下，如何灵活而有效地执行有缺陷的项目设计，才是培训师优先考虑的重要现实问题。

其实，执行的空间很大。

一次，晚上接到同事电话："那老师，救个急吧！没办法，这么晚打电话。明天上午能否给一个领导干部培训班上一堂研讨课？"

我平静地接受："好吧。"

一来，只好接受。二来，省得对方滔滔不绝——我还要休息。

一个时期以来，由于身体的原因，我几乎很少上课。

第二天，我特意提前 20 分钟走进教室，感受现场，期待产生灵感。

题目大得吓人：如何以新时代中国特色社会主义思想为指导，全力推动集团公司高质量发展、创建世界一流示范企业。学员数量多得惊人：68 人。研讨时间却少得可怜：半天。

我并没有想好应该怎样进行，但要开始上课了。

面对这么多学员，我决定先从建立行动学习公约开始。

我在一架白板的大白纸上写下一行标题：行动学习公约。同时针对今天的情形，心里迅速想好了五条学习公约。

我先写下第一条，“参与”。然后转身问学员：“参与会带来什么?”沉默。我目光沉静，耐心而坚决地等。开始有学员陆续回应，终于有学员说出：“体验。”我满意地在“参与”二字后画了一个箭头，将“体验”二字写在箭头后面。我边写边说：“我先不讲什么是行动学习，只带领大家先去体验。”

我又写下第二条，“开放”。然后转身问学员：“开放会带来什么?”这次只沉默了一小会儿，便开始有学员陆续回应，但都没有被我的目光认可。我在学员们充满期待目光的注视下，在“开放”二字后画了一个箭头，将“觉察”二字写在箭头后面。我看到很多学员在意味深长地点头。

我继续写下第三条，“意愿”。然后转身问学员：“意愿会带来什么?”学员不再沉默，纷纷积极回应，终于有学员说出：“动力。”我满意地在“意愿”二字后画了一个箭头，将“动力”二字写在箭头后面。

接着我写下第四条，“聚焦”。然后转身问学员：“聚焦会带来什么?”更多学员积极回应，终于有学员说出：“深度。”我满意地在“聚焦”二字后画了一个箭头，将“深度”二字写在箭头后面。

最后我写下第五条，“落地”。然后转身问学员：“落地会带来什么?”大家都积极回应，终于有学员说出：“行动计划。”我满意地在“落地”二字后画了一个箭头，将“行动计划书”五个字写在箭头后面。

学员们的热情被点燃，同时我看到他们对接下来将要做什么产生了好奇。

我将第一张大白纸编为 1 号，将第二架白板的大白纸上编写为 2 号，然后写下一行标题：重新定义工作难题。

我转身对学员们说：“今天的研讨主题很大，但行动学习要求我们每次只讨论一个具体的问题，拿出具体的对策。所以，我们需要根据主题，重新定义我们所要解决的具体难题。”

此时我心里想好了，接下来要带领学员们讨论三个问题。

我走到第一组，替他们在小组白板的大白纸上均等分画了两条竖线，将大白纸划分出纵向三个区间。

然后，我走回到自己的第二块白板前，写下第一句话：“时代思想的七个重点。”边写边说：“请每个小组在小组白板的大白纸的左侧区间里，写下你们小组讨论出来的七条意见，即新时代中国特色社会主义思想的七个关键词，这些关键词与我们集团公司的发展要有很紧密的关联。”

各小组纷纷行动起来，很热烈，也很快地就写好了。

我写下第二句话："形势任务的七个挑战。"边写边解释说："请每个小组在小组白板的大白纸的中部区间里，写下你们小组讨论出来的七条意见，即我们集团公司面临的七个最重要挑战的关键词，这些关键词要紧紧关联着集团公司的高质量发展。"

小组的讨论更加热烈，也很快写好了。

我又写下第三句话："战略目标的七个特征。"边写边解释说："请每个小组在小组白板的大白纸的右侧区间里，写下你们小组讨论出来的七条意见，即代表世界一流示范企业特征的七个关键词，这些关键词要紧紧关联着集团公司的总体战略。"

各小组开始出现争论，但依然很快完成。

我说："现在迅速画出一条或几条贯穿三个区间某些关键词的连线，要看到这些所连接关键词的逻辑关系，然后聚焦在一个或几个问题上，这便是我们面临的、迫切需要解决的实际问题。"

各小组争论在增多，但都找到关键词并画出了逻辑线。

我在大白纸上画出一个收益与成本的二维矩阵，解释道："收益指今天的研讨成果，成本指今天的研讨时间，把你们找到的问题放在四个象限中，看看剩下的时间用于解决哪个问题才是性价比最高的？用红笔圈上。"

各小组都很快找到了今天想要面对的问题，用红笔圈上了。

我在大白纸上写下"聚焦"二字，说："这便是公约上说的聚焦，我们各小组刚刚都完成了聚焦。"

学员们陷入沉思。

我将第三架白板的大白纸编写为 3 号，然后写下一行标题：形成行动计划书。我说："接下来，我们要针对聚焦的这个问题，制定行动计划书。"

学员们一下子显得严肃起来，似乎进入大战前的状态。

我在大白纸上写下第一行字："症状七个，故事带入。"边写边解释说："请各小组用讲故事的方法，针对问题罗列出七个症状。"

有学员问："为什么要讲故事？"

我说："不带评判地陈列事实，这是澄清问题的第一步。"

这个环节的用时明显比前面的环节用时要长。

接着我在大白纸上写下第二行字："原因五个，五 W 带出。"边写边解释说："针对找到的症状，寻找最重要的五个原因，过程中要用连续追问五个为什么的方法。”

有学员问：“一定要有五个追问吗？”

我说：“如果你觉得五个追问不够，可以六个、七个。”

大家笑了。

我在大白纸上写下第三行字：“形成目标，PE－SMART 原则。”边写边解释说：“从五个原因中，选出一个最重要的原因，将它转化成符合 PE－SMART 原则的目标，即正面语言描述、符合整体平衡、具体而明确、可衡量、有挑战性且可实现、重要的、有时限的。例如：六个月提高产量 10%。”

各小组进度有快有慢，但都在规定时间内完成了。

我在大白纸上写下第四行字：“形成措施，五级落地＋洞见性提问。”

我转身面对大家：“所谓五级落地，就是工作中的任何事情，无论大事小事，都存在从第一级的战略开始，落到第二级的原则、第三级的标准、第四级的方法、第五级的创新这几个层次，追求最落地就要在第五级上多动脑筋，因为只有最落地才最管用。”

学员问：“能举个例子吗？”

我说：“好的。中华牌香烟在境外的包装，都是黑肺、烂喉咙的图片，为什么？第一级的战略就是限烟，第二级的原则就是立法，第三级的标准就是包装导向，第四级的方法就是图片与文字，第五级的创新就是几个数字，50%、8、12、4，我请大家猜一下，这些数字代表什么？”我边说边将这几个数字写在大白纸上。

大家纷纷猜测这些数字的意思，没有一个人猜对。

我说：“50%，代表这些图片所占香烟盒的面积不得少于 50%。8，代表吸烟有害健康的文字不得少于 8 种语言。12，代表这样令人毛骨悚然的图片不得少于 12 幅，每月更换。4，代表 8 种文字的高度不得小于 4 毫米。”

学员们面面相觑，无人作声，集体陷入沉思。

我提醒大家，如果要讨论五级落地的措施，就要靠每个人都不断地在讨论过程中提出洞见性问题。

有学员问：“为什么要靠提问？怎样才能提出洞见性问题呢？”

我说：“因为提问使人无法拒绝思考。洞见性提问，会整合小组呈现的信息，形成新的信息。我来给大家讲一个洞见性提问的故事。一次，一个小组做投标书，在关键环节上陷入困惑，组长说先叫一份外卖，大家加夜班也要完成标书。外卖送来了，组长灵机一动，花钱雇外卖小哥用一个小时的时间倾听他们的想法，然后提一个问题。承诺无论问题提得怎样，都付钱给他，但请他务必凭直觉提出一个自己最好奇或最关心的问题。小哥提了一个问题拿钱走人后，大家都认为小哥的问题很愚蠢，白白浪费时间和金钱。组长却说，我们必须完美地回答这个愚蠢的问题。在大家尽力回答这个愚蠢问题的过程中，灵感出现了，标书完成了。这份标书为组织赢得的利润，远超付给小哥那份佣金的几百万倍。”

大家又面面相觑，无人作声，陷入沉思。

在各小组完成任务后，我请他们走到其他小组的白板前观看、交流。

待大家回到座位后，我问：“谁有什么问题吗？”

有学员问：“其他重要原因也需要这样转化成目标吗？”

我点点头。

又有学员问：“今天只解决了其中的一个目标啊，其他目标怎么办？”

我问：“如果一个目标实现了，其他目标会发生什么改变？”

有学员说：“会跟随向好的方向去改变，或者自动地实现。”

我笑着说：“是的，就像量子纠缠一样。”

接着我在大白纸上写下最后一行字：AL = P + Q + R + i。

在大家期待解释的目光下，我说：“我们今天上午体验了行动学习，现在我告诉大家什么是行动学习。这是行动学习的公式，A 代表行动，L 代表学习，P 代表程序性知识，Q 代表洞见性提问，R 代表反思，i 代表执行计划。”

有学员问：“什么是程序性知识？”

我说：“就是指操作性知识，例如关于一件事情怎样做的知识。”

学员问：“那是什么意思？”

我说：“关于一件事情究竟是什么的知识，通常称为陈述性知识。这样的知识靠外面输入即可。就好比在校生，学到的大多是这样的知识。而程序性知识，大多是在实践中获得的。”

学员问：“在校生不能学到程序性知识吗？”

我说：“当然可以，但在校生还是会将程序性知识当作陈述性知识来学。因为他很少有机会或有愿意来体验这些知识。所以，无论他的学习成绩多么优秀，事实上都需要他将这些知识运用在今后的工作中才会真正懂得和悟透这些知识，从而获得实实在在的经验和能力。”

学员问：“为什么这个公式当中如此强调程序性知识？”

我说：“对管理者来讲，经历是最重要的财富，经历比履历还宝贵。经历当中最重要的，是他自己的经典案例或他观察到的身边人的经典案例。这些案例当中最宝贵的，就是成功要素。这些成功要素，就仿佛程序性知识。所以，在小组里讲亲身经历的故事，才是最好的学习团队。”

学员问：“用一个关键词概括，程序性知识到底是什么？”

我说：“经验。一个人，无法不通过过往经验理解新事物。一个团队，通过讲故事、提问题，即可以改写和升华每个人的经验。”

我看到没有人再提问，便说：“下课。”

其实，执行的空间真的很大。

有时大得惊人。

哪怕是不够正确的决策，通过正确的执行也可以将这不够正确的决策变成正确的决策。

提问训练营

2020 年伊始，新冠肺炎从武汉蔓延开来，整个中国陷入一场全民抗击疫情的战争。学院延期开学，在家里办公、远程授课成为学院的主要工作方式。本文为学院疫情期间第一个远程培训项目提问训练营第一单元两节课的授课纪实，根据录音整理，有删改。

我：“大家好！今天是我们催化师培训项目第一次进行线上远程学习。首先，让我们向奋战在抗击疫情第一线的医护人员致敬！向各行各业坚守在工作岗位上为我们创造安全舒适生活环境的人们致敬！正是他们的担当与付出，使得我们能坐在家里进行今天这样一堂课。”

我：“今天第一节课是提问集中训练。首先，我用 20 分钟讲 3 个问题。”

我：“第一个问题，为什么要学习提问？要回答这个问题，就要了解提问有什么功效，有什么用处，这就等于在探讨提问这件事的意义。我们发现，当人们被问到一个问题的时候，哪怕他不想回答对方，答案都会瞬间闪过脑际。所以，提问的意义，在于能够促动对方思考，这是显而易见的。人类的思考过程，其实是问和答的过程，人们每个行动的前提都有一个提问，不可能没有，这是由大脑工作原理决定的。比如今天早上吃的是豆浆还是牛奶、油条还是面包，这是问过自己的。你可能会说，我没有问过啊？那是因为对太熟练的事情，意识就会交给潜意识去做，你便感觉不到提问。所以，提问的结果是什么？行为。人们的行为统统是对提问的回答，只是很多提问不被我们的意识所感知到。如此说来，提升一个人的提问系统，就可以改变他原来的行为方式，也便可以改变行为的结果。所以，不是只有当老师才要学习提问，而是任何人都要学习提问。因为人类的思考的本质就是一问一答地进行，答案只是将提问付诸行动所产生的结果。问是动机，答是结果。回答提问的方式只能是行为。一个人不升级提问系统，行为系统便不会升级。唯有系统地升级自己的提问能力，才能使我们有机会觉察自己的动机、价值观与内在假设。所以，将无意识运用提问刻意训练成为有意识运用提问，才有机会提升行为系统，这才是学习提问最重要的理由。”

我：“第二个问题，提问这件事情，有什么原则吗？或者说，有什么结构或原理吗？我的体会，还是有的，我总结为五个关键词。我由大到小、由深至浅地讲解一下。第一个关键词就是慈悲。慈悲是一种来自高维的能量，能解决在低维度里不能解决或难以解决的问题，不需要基于知识的增长就能够做得到。这个问题无法再继续讲解，只能自己去体验。第二个关键词就是尊重。尊重不只是见面主动打招呼这样的事情，尊重是允许对方成为他自己。从这一点上说很多家长们做得都不够好，总想让自己的子女替自己去完成一些什么事情。同时尊重还有一个很重要的意义就是坚信对方自己能够达成目标，不需要你主动提供支持。不经征询就主动提供支持有时反而是一种干扰，至少是不信任，不信任便已经是一种不够尊重。第三个关键词就是中正。比如你说‘既然他不喜欢你，那你为什么还要去做呢?’这就明显不够中正，有承认对方判断的倾向或含义。如果改为‘我看到你认为他不喜欢你，那在这种情况下，你会选择做些什么呢?’这样说就中正许多。第四个关键词就是灵活。这不用过多解释。比方说，你的一句问话，没有从对方的眼神中看到有效的反应，那就换一个词，重新表达，或许就有效。这要接入对方的语言模式中才能做到，这便是灵活。不要急于问第二句，因为你的武器库存量并不多，换个词去重新表达，其实还是第一句那个意思，但可能对方听起来是第二句。第五个关键词就是聚焦。始终盯着最重要的事情进行对话。对方的目标是什么？你提问的意图是什么？你要达成什么？本次对话的意义是什么？招招不离后脑勺。”

我：“第三个问题，怎样提问？有什么技巧吗？当然有。第一个技巧，也是最简单的技巧，就是把你想说的话想办法加上一个问号使之成为一句提问，这要刻意练习才能慢慢驾轻就熟。例如你一天说100句话，试试看能不能将其中的某些话换成问话？这样一天只说50句话，与说100句的效果一样甚至更好。第二个技巧，也是最重要的技巧，学界公认提问的鼻祖是苏格拉底，他的三句提问很经典：是什么？为什么？怎么做？这可当作一切提问的母版。比如你问一万句，归类的话，也只是这三句。第三个技巧，是相当具体的技巧，就是5W2H：WHY——为什么、WHERE——在哪里、WHO——谁、WHAT——什么、WHEN——何时、HOW——方式、HOW MUCH——多少。你不要说，这个我知道啊！不，很可能只是知道，要会用才算数，要能够做到才算数。比如，我问：'这件事情，董事长会怎么想？'这就是在运用WHO啊！再问：'这件事情若交给我做，我会选择谁来与我合作？'这也是在运用WHO啊！又问：'这件事情，谁来评价比较合适？'这还是在运用WHO啊！这样的问法，可以连续问30个问题，都是在运用WHO。"

我："我常讲，只有提问才能学会提问。好，下面开始练习。"

训练前一天，已经在学员中邀请一位难题贡献者，并将难题及难题产生背景提前发布上线，以便学员们提前进行思考。

难题："承担的额外任务影响到自己的正常工作和生活，怎么办？"

难题产生背景："假期里，我在一个学习社群看到一个'行为契约教养法'的在线学习，通过考试后会承接一些任务。我很好奇，便报名参加。五天的线上课程，要完成九天的打卡任务，再通过考试，才会被选入进而承接一些任务。线上课程学完，怕自己专业水平不够，不能完成承接任务，所以只打卡六天，完成考试。结果却被选中承接任务，和五位老师一起完成上海一所中学6个班级、每个班级45位学生的学生与家长之间行为契约的点评工作。2周，每天进行点评，每天工作6个小时，已经进行了2天，或许后面会轻松一些。但这项任务对自己的工作和生活有些干扰，情绪上有些烦躁，我该怎么办呢？"

学员们纷纷进行提问，共产生62个提问，难题贡献者根据感受和触动程度一一进行打分（1—10分）与回应。其中部分提问与回应如下：

提问："如果不做这项工作，这6个小时您会做什么？"

回应："这个问题让我有所反思，感觉很棒。"

提问："您承接任务的内容，对您了解'行为契约'有什么帮助？"

回应："的确有很多帮助。这个问题引发我更多积极的思考。"

提问："您选择只打卡6天，除了感觉水平不够，还有别的原因吗？"

回应："有，其实不想被选中，怕耽误时间。"

提问:“你有没有做什么事情缓解这几天烦躁的情绪呢?”

回应:“这个问题让我感觉自己已经做了一些努力。”

提问:“您预期能从‘额外任务’中获得哪些收益?”

回应:“或许还有很多收益需要我去挖掘。”

提问:“对你来说,学会这项内容意味着什么?”

回应:“这个提问引发我进行深层次思考,感觉不错。”

提问:“一天6个小时的工作,是什么让你坚持下来的?”

回应:“这个问题让我感觉很舒服。”

提问:“如果再给你1次选择的机会,你还会参加这个活动吗?”

回应:“好问题!或许这个问题有了答案,困扰会减少。”

提问:“您和其他老师完成任务后,有哪些可以迁移到本职工作?”

回应:“今天上午刚刚思考过,不过还不够清晰。”

提问:“承接任务是当初在线学习群里的一种行为契约吗?”

回应:“想立马回答不是,但或许就是自己确定的契约!很有启发。”

提问:“如果将烦躁情绪看作成本,您觉得整体收益是怎样的?”

回应:“回答您的问题会很耗神,但值得思索。”

提问:“您所期待的状态是什么样的?”

回应:“有想立马回答的冲动,不过又有反思。这个问题简洁有力。”

提问:“假如这个难题很完美地解决了,您会通过哪些迹象知道呢?”

回应:“这个问题让我想去描绘画面,并有所期待。”

提问:“假设您坚持完成了这个任务,您会有什么样的感受?”

回应:“这个提问让我更关注现在的感受。”

提问:“之前遇到过类似情况,您是如何处理的?”

回应:“这个问题感觉很好,要静下心来思考。”

提问:“现在感觉如何?”

回应:“这个问题让我感觉我的感觉被人关注了,很舒服。”

提问:“每天的点评内容能不能给您带来一些新的感觉?”

回应:“是的,对今天和明天有一些期待。”

提问:“您每天6个小时的工作会给服务对象带来什么?”

回应:“这个问题会引发我不同角度的思考。”

提问:“哪些个人优势使您被选上并顺利完成了这两天的工作?”

回应:“想过这个问题,这个问题让我感觉很好。”

提问："他人会怎样评价您这两天的工作?"

回应："这个问题让我感觉心情不错。"

提问："假设您现在放弃了这项任务，会有什么影响？感受会怎样?"

回应："想过这个问题，感觉不太好。"

提问："你希望做完美的自己还是别人眼中完美的自己?"

回应："很棒的问题。"

接着，我开始对学员们的提问进行点评。

我："在点评之前，我想跟难题贡献者确认几个问题。（1）加入这个活动，你最初的目的是什么？后来的目的是什么？其中的变化是什么呢？你在多大程度上达到了这些目的？（2）你烦躁的原因究竟是什么？是你达到了起先的目的却参加了一些额外的活动所引起的烦躁吗？还是说只是参加活动本身所引起的烦躁呢？（3）参加这个活动一定会干扰到你的工作和生活，那么根据自己的价值判断，你现在会做怎样的选择呢?"

难题贡献者："回答那老师的第一个提问，最初目的是好奇，后来的目的是自己的计划和兴趣兼顾的同时想把任务完成好，我感觉在个人与群体的关系方面，目标发生了变化。至于多大程度上达成了目标，七成吧。回答那老师的第二个提问，烦躁的原因有很多，或许是都想兼顾吧。回答那老师的第三个提问，希望自己调整好心态，平衡好工作和生活，继续完成后面的任务。"

我："好的，感谢所有人的积极参与！其实大家的提问都非常好，我想从四个方面来进行点评。第一个方面，就是针对难题贡献者的问题，我们提问的切入点是什么？我是这样看的，有三个比较好的提问切入点：第一个就是探知她烦躁的真正的原因是什么？因为这是一个关于情绪的难题。第二个就是她的目的是什么？她的目的有什么变化？第三个就是在这件事情当中，她的价值观是什么？这是我做的第一个方面的点评，就是校准这个难题的提问的切入点。"

学员："老师，先关注烦躁的情绪会不会让对方感觉不好?"

我："首先从情绪入手，去接纳对方的任何情绪，对方才不会抗拒，才会舒服，才会跟随。"

学员："那具体怎样说才能避免对方产生不好的感觉呢?"

我："认可、肯定、夸奖。比如说，我很羡慕你，居然能在疫情期间去完成这样一个活动，并且在我看来，你把额外的任务与工作和生活协调到这个程度，那是很不容易的……所以我好奇的是……"

学员："您省略的地方应该是什么呢？"

我："那是你要问的内容，是那种让对方完全自己来做区分、做选择的内容。难题贡献者的区分和选择跟提问者没有任何关系。若做到这一点，那个时候会是难题贡献者感觉最好的时候。所以，提问者不要刻意去支持对方，也不要急于去解决问题。"

学员："需要先了解对方受到额外任务干扰的程度吗？"

我："需要的，澄清永远是第一步，并且不会得高分。澄清事实的部分，就像建筑打地基一样，它不会解决问题，但会决定解决问题的高度。"

我："那我要点评的第二个方面就是针对这个难题，我们提问的方式需要注意些什么？第一个就是每一个提问必须且最好是单一的含义，含义不要太丰富。第二个就是一定要注意到自己的意图是什么。当你想好了问句的时候，先问一下自己，我的意图是什么？让自己有机会去修改它，让它更有效。第三个就是开放性的问题、意义性的问题，不要问得太早。第四个就是在这个过程中要让难题贡献者自己做区分、自己做选择，区分主要是价值的区分。第五个就是当我们在支持对方做价值区分的时候，要知道通常人的意识和潜意识的答案是不同的。所以我们要的是对方潜意识中的答案。而潜意识在做价值区分的时候，它只会是两进制的。就是它只能在两两之间做比对。所以我们关于价值方面区分的提问，应该是每个提问当中是有两个选择的，不要有两个以上的选择。而且要多次地拿出两两区分的这种价值区分的提问，才能完成探知。第六个就是有的提问是可以在前面加入一个隐喻的。比如说，你在帮助对方做价值区分的时候，你可以用这样的方式代入进去：'我们当然知道鱼和熊掌是难以兼得的，那么在假设能够兼得的情况下，你会做出哪些不同的事情呢？'这就是用隐喻来代入。"

我："第三个方面，就是我们提问题的人怎样做才能有助于对方深度聆听呢？第一点就是要给足时间。其实难题贡献者在刚才这个提问节奏的过程中是没有足够时间做出反应的。所以我们的训练应该是等难题贡献者思考一下，给一个分数和一个简要的回答，再有人问第二个问题。第二点就是我们提问的人比较多，其实这应该是个团队作战，不是每个人单兵作战，不是每个人单兵在跟难题贡献者交流，我们应该是一个团队。这个团队首先需要产生的问题就是关于情绪的问题。首先要接纳难题贡献者的情绪。其实我们在刚才提问的过程当中，到中后段的时候才会出现一些针对情绪的问题，情绪的问题出现在前面才是最合适的，首先要接纳她的任何情绪。第三点，我要再强调一下，就是你只有更加关注提问者自己的意图，对方才会更快更好地进入深度聆听的模式。第四点就是提问者不刻意去支持对方，也不要急于去解决问题。在这样的心态下，才有可能让对方受到感染，然后进入深度聆听的状态。”

我：“第四个方面，就是想讲一下提问训练的要点是什么。我讲两个要点。第一个要点就是被提问的那个人，也就是案主，她永远是对的。如果我们大家不这么看，大家在提问的过程中就很难获得效果。记住！她永远是对的。第二个要点就是我们提问的人只要参与进来，他就有足够的力量，能够提出有效的问题。这是要坚信不疑的。”

学员：“能再解释一下，开头部分讲的提问系统和行为系统指的是什么吗？提问系统不改变，行为系统能改变吗？”

我：“提问系统是指支持到自己日常行为的所有的提问，包括冰山上面的和冰山下面的，我们需要觉察的是冰山下面的，那是属于价值观和内在假设的部分。冰山下面的提问支持我们日常所有的重要行为或下意识的行为。行为系统指的是我们日常中所有的行为、一切行为。人的每一个行为之间都是有关联性的，这才成为一个完整的人。如果提问不改变，行为是不会发生改变的。正是从这个意义上讲，学习提问对从事任何工作的任何人来讲都是相当重要的事情。”

训练进入分享环节，学员们纷纷开始发布学习收获：

“印象最深的一句是‘案主永远是对的’，很受启发！可以帮助自己真正地尊重对方。”

“今天的收获还是很大的。我感觉自己在提问时总是离不开自己的价值观，能有这样的感知，是因为听了那老师开头讲的内容。”

“面对情绪的问题，要先关注案主的情绪，并接纳案主的全部情绪。刚才自己的提问大多在认知层面，通过练习看到自己的思维惯性，并学习到从情感层面提问的方式。通过伙伴们的提问与案主的回答，认识到提问应该更聚焦、让对方感觉到更舒服。”

“提问的过程中要时刻注意自己的意图是什么？我为什么要问这个问题？我想通过这个问题达到怎样的目的？这样才能让自己不断修正问题，使它更有效，也能够让对方更快更好地进入深度聆听状态。”

“首先，提问要更多关注人而不是事本身。其次，提问要注意灵活的语境、怀着一颗慈悲的心、尊重与中正、聚焦目标、助人解决问题。最后，把平时的话变成问句，这样可以和自己的内在假设经常对话，觉察反思。在生活中尝试刻意练习，尽量减少语句，从僵化、优化到固化形成习惯，促进自己改变，应用到工作和生活中，使之成为性格化的一部分。”

“提问的时候默认问题的拥有者是正确的，需要从情绪切入。还有关于价值观的问题该如何进行提问，发挥提问对于引发思考的功效，能把提问技术运用到与学员的沟通中去。”

“案主永远是对的。提问应首先从情绪切入，接纳对方的任何情绪，对方才不会抗拒，才会感到舒服。”

“首先需要尽可能地澄清事实，从情绪切入，关注提问者自己的意图，时刻提醒自己让对方进入深度聆听的状态。”

“线上进行提问练习不应该是单打独斗，而是团队合作。”

“提问者要足够尊重难题贡献者，不要强行带领对方去你想去的远方。根据难题贡献者的反馈可以及时了解其真正在意的问题和价值取向，灵活调整方向很重要。”

“接纳对方，真正的慈悲——这可能需要不断地自我修行。深度聆听。可以让子弹飞一会儿。”

“心怀慈悲。慈悲是接纳、包容，将对方视作有丰富情绪、有自成体系的价值观和语言体系的个体，不批评，不指责。提问需聚焦，提问前需明确目的。”

“学会倾听才能抓住问题的实质。提问好似剥洋葱，层层递进梳理线索。及时关联、深度思考，向内询问‘WHY’。”

“提问要有明确的目的性，要反复斟酌，不能为了提问而提问。要给被提问者思考的时间，节奏恰到好处。要关注和接纳被提问者的情绪，不作负面评价。”

难题贡献者分享感受：“今天作为难题贡献者感觉很幸福，感受到同学们在真诚地帮助我，非常感谢大家的提问，很受启发。同时也感到给情绪中的人讲道理或过早地提问意义和价值的问题有时是在制造杂音。让对方进入深度聆听的状态，或许需要自己先进入深度聆听的状态。要用好等待的力量，或许并不是急于提出一个问题，就能够帮助到对方。那需要静静地等待，感受对方。”

第二节课，学员们两两结对，线上另辟空间，轮换角色进行提问练习。即时将练习对话发布到线上，供大家相互参考、借鉴和学习。

我：“看了一下大家的练习。总体有这样两个感觉，一是每一个提问都很好。我可以清晰地透过每一个提问探知到提问者的意图，这些意图都是很不错的。二是有了好的问题，一定会有好的效果吗？其实是不一定的。通常情况下，假如一个好的问题是十分的话，那效果是达不到十分的，可能五分、六分、七分、八分、九分。所以我们要思考一个问题，为什么问题那么好，效果却不是特别理想呢？”

我："我接下来讲的，其实不能说是点评。因为点评提问的真正权威是谁？不是场外的任何一个人，而是场内的人，最重要的就是那个案主。一个好的问题必须被案主听进去，它才会是一个好的问题。这就像有一个广告上讲的：信号好才是真的好。案主听进去了，那就是信号好，那才真的算是好问题。所以，好问题不只是在理论层面谈论的问题。"

我："具体看，每组的提问还是很不错的，比较系统，从第一个提问到最后一个提问，是递进的，每个提问都很清晰。那么从对方回馈的角度来看，会有几分的落差，这个落差也是正常的。通常，落差体现在行为改变的承诺度、落地性还不够。我们要知道，我们通过提问想要什么？我们要的就是被提问者最终承诺采取比较落地的行动。当行为发生改变的时候，我们才会说那些提问是有效果的。被提问者回馈过来的，其实是代表一种反思的意愿、反思的方向和反思的能力。"

我："但要看到，有的练习，每一个提问单独拿出来都是非常好的，但是提问和提问之间的那种关联度、逻辑感、递进的感觉和清晰度还不是很够。也请大家注意借鉴，有的练习，提问很亲和、很友好，使被提问者没有什么压迫感。还有令人惊喜的，回馈过来的要高于提问，这是什么原因呢？我猜测可能是有过训练的基础，或有着很强的反思的意愿和能力。"

我："有的练习，提问很不错，有连贯性，也很中正，很有力量。但是过于直接。这样的话就会给人一种压迫感，像被提问追着一样。被提问者会对你的提问产生一点小焦虑。有的回馈虽然不错，反思的意愿度比较高，但是反思有点偏于理论上的反思。我们主张偏于体验性的反思，这才是我们想要的。"

我："我想再强调几个细节。第一点，提问者自始至终都要精心地护持这个场域。使对话环境很安全、很轻松、很和谐，相互之间能建立起信任和尊重。提问者要很友好，从肯定入手，从接纳、允许入手。一定要营造一种相信对方没有问题、一切都 OK 的气氛。第二点，我们不要急于去进入最核心的部分。先做一些很简单的澄清，当被提问者进入一种事实层面的问题阐述、澄清和回忆状态的时候，他通常会是比较放松的，这也有助于提问者了解更多的真相、事实和细节。第三点，一个难题它不是凭空产生的。你要相信难题的拥有者，他是成功地解决了类似很多问题的。一个人无法完全接受全新的认知。他只能回到过去的经验里面，去找到一些相似的成功案例，从里面提取一些成功要素，然后把这些成功要素整合在一起，才能解决一个新的难题，才能在这个过程中有一些新的认知。所以我们提问者不要急于灌输一些东西，要从被提问者的过往经历那里，直接去拿到一些东西。在这里我们应该强调拿来主义，并且要肯定和欣赏拿到的这些东西，然后再想办法迁移到那个难题上。”

我：“第四点，我们不要让我们的对话完全陷入问和答的状态里。那样很刻板僵化，而且容易产生疲惫感。我们就是在对话，我们就应该像日常对话那样很轻松、很和谐，只不过偶尔在对话当中，很轻松、很巧妙、很自然地嵌入一个提问。就像画龙点睛一样，我们一直在画龙，提问就是点一下睛。第五点很具体，我们不主张在提问里面有‘有没有’‘是否’之类的词，这不够开放。例如‘你有明确的目标吗?’改为‘你已经明确的目标是什么?’‘你是否考虑过采取相反的做法?’改为‘如果采取相反的做法，会怎样呢?’还有，不宜用‘偏差’这个词。换一个什么样的词呢?换一个中正的词，也能表达偏差的意思，那就是‘不同’。‘那么形成这两种认知的偏差的原因是什么呢?’改成‘那么形成这两种不同认知的原因是什么呢?’用词越是中正，语言越有力量。”

我：“第六点，我们对于什么是难题的理解，恐怕有一点不是很准确的地方。首先我们遇到的难题，它是体验性的，不是理论性的，进入理论性的探讨，那是学术的问题。尤其像我们这样的练习者，应该从那种实实在在的、扎扎实实的、带温度、带色彩的工作和生活中的具象难题入手去练习会更好一些。难题偏于理论的练习，不易见效。难题贡献者还要注意，我们不负责解决别人的难题，我们只针对自己的难题。如果别人的难题跟你的难题有相似的地方，只需要剥离出跟自己相似的一部分作为难题就可以了。所以难题要小，要完全是自己的。所谓完全是自己的，是代表你有体验，并且你有一种愿望去解决。不是为拿出来练习，而是为拿出来准备形成一个新的行动方案。”

我：“第七点，请大家记住瑞文斯说过一句话，‘足够数量的提问几乎可以解决一切难题’。什么叫足够数量?我体会到几个数字。就是提问最少要有 15 个，30 个就是比较好的，但最好是 60 个到 120 个。提问数量的分布，我的体会它是一个葫芦形。大家都知道，葫芦下面那部分大，然后有一个收束，葫芦上面那部分小，然后就是嘴部。下面最大的那部分是基础性的、澄清性的提问，中间那个收束是意义性的提问，意义性的问题不要太早，然后上面那部分就是措施性、方案性的提问，要比意义性提问的数量稍多。掌握好这个葫芦形，就有利于将我们的提问数量进行正态分布。第八点，发问者要专注在对方的难题里面进行思考，始终与他站在一起，提问要做到澄清和聚焦，要聚焦于对方自力可成的结果上，就是依靠他自己的力量就可以达成。要把提问嵌入一堆轻松的聊天里，那聊什么就很重要。聊什么呢?通常是提问者带来的知识，带来自己的体验，带来的历史典故或者大家之言，或者带来数字和画面，然后轻巧地提出一个问题。铺垫就是在画龙，提问就是在点睛。”

我：“第九点，要注意做区分。例如对练习中谈到早教的问题，没有对早教做区分，只把所有的早教都当成一个性质的机构在谈论。早教的机构是不同的，早教的理念是不同的，方法是不同的。因为把所有的早教机构都看成是一样的理念、一样的方法，于是针对性的方法就变得很单薄。那行为上肯定就没有更多的选择。做区分的目的是什么？是有更多选择。对管理者来讲，能力强，就代表选项多。选项多，就代表能力强。”

我：“第十点，我们这个学习团队是双重体验的，既体验提问者的感觉，也体验被提问者的感觉，这是我们这个团队的学习优势，但同时也隐含问题。为什么呢？因为当你作为提问者的时候，你可能会有游离到被提问者的感受里去的情况。而被提问者这边更可怕的就是会游离到提问者的感觉或角色里面，去评价对方的提问，从而游离了他对难题的关注。”

我：“最后一点，要完成提问。比如那个关于焦虑的提问，很精彩，但其实有一点遗憾，就是没有完成提问。往往越是好的提问，越是有一点遗憾。既然已经得到对方焦虑的程度是七分，就要使用这个数据，可以继续发问，‘那么你允许自己的焦虑程度是几分呢？’他有可能会说三分、四分、五分。你知道这样会给他带来什么？就是被提问者会觉得很多人允许他焦虑，从而自己也会允许，从而即刻减轻焦虑。还有那个关于按钮的隐喻，其实非常好，但还是没有进行完全。‘假如有那么一个按钮，按下去立马就会获得成功，你会去按吗？’对方说会去按。这个时候你就要接着发问，‘那么按下去获得你想要的之后，你会怎样奖励那个按钮的设计者呢？’你完全可以这样问啊，或者这样问，‘那按下之后，你得到了你想得到的。可在这个过程中，你会失去什么呢？’将那些诠释性的、价值性的提问放在最后，对话的意义便会恰到好处地显现出来。尤其当前面的一些澄清性的、情绪安抚性的提问都没有效果的时候，就不能问这些价值性的、意义性的问题。因为这样的问题会给人压迫感或令人不舒服，甚至产生焦虑和反感。但如果确实在前面需要提一些意义性的问题，那最好每个句子的含义不要太丰富。为什么太丰富反而不好呢？因为会不够清晰，对方会不知道从哪个角度去回答。含义丰富的句子要分开，拆成两三个问题，这样就很明确，对方比较容易回答，这就要求我们把提问的句子进行精练。提问的句子还要白话一些，不要太书面，也不要太深奥。”

后 记

这是一本经过20年亲身实践，在不间断的独立思考中逐渐清晰和沉淀下来的总结。

20年前，我在大庆油田从事干部管理与培训工作时猛然想到一个问题："我们为什么一定要请那么多专家教授讲课？我们从中到底想得到什么？培训后我们究竟能在工作中用到什么？取得什么？"

那时我极认真地得出两点结论：第一，好的管理，要求管理者能够解决问题。而解决问题的本事，谁都无法教，只有通过个人实践才能获得。第二，管理者必须走自我成长之路，这也决定着企业培训必须走内训之路。尤其大型企业内部要培养大批的培训师，由优秀管理者、技术专家和技能拔尖人才担纲授课，以完成企业绝大部分的培训任务。

这本书便是对当初那两点结论的全部实践、验证和思考。

全书共分七辑，共百余篇长短文，长的过万字，短的数百字。真实性、实战性、学术性，是写这本书过程中内心对自己的重要提醒。简要地说，这本书重点回答了两个问题：第一，什么是管理与管理者？第二，管理者如何才能发生学习？

若由我自己判断，这本书毫无疑问适合从事培训工作的人阅读，当然更适合对个人内在成长感兴趣的所有知识工作者阅读。但从我内心深处来说，特别希望领导者能够阅读本书。但无论是谁，若能对其中一篇文章走心，而对个人、团队和组织或有裨益，亦足将使我深感欣幸。

那子纯

2021年3月26日

图书在版编目（CIP）数据

管理者怎样学习 / 那子纯著 .—北京：中国工人出版社，2021.6
ISBN 978-7-5008-7661-8

Ⅰ.①管… Ⅱ.①那… Ⅲ.①管理学 Ⅳ.①C93

中国版本图书馆CIP数据核字（2021）第097489号

管理者怎样学习

出 版 人	王娇萍
责任编辑	左 鹏
责任印制	黄 丽
出版发行	中国工人出版社
地　　址	北京市东城区鼓楼外大街45号 邮编：100120
网　　址	http://www.wp-china.com
电　　话	（010）62005043（总编室） （010）62005039（印制管理中心）
发行热线	（010）62005996 82029051
经　　销	各地书店
印　　刷	天津中印联印务有限公司
开　　本	710毫米×1000毫米 1/16
印　　张	24.75
字　　数	450千字
版　　次	2021年8月第1版 2022年10月第4次印刷
定　　价	68.00元